공적인 것의 쇠락

합리적선택이론의 확산과 공공성의 위기

저자 약력

연세대학교에서 법학사를, 전남대학교에서 행정학 석사(행정조직의 효과성 평가체계에 관한 연구)·박사(공공선택이론에서의 민주주의)를 취득하였다. 시장과 정부를 아우르는 정치경제학과 그 방법론을 주로 공부하고 있다.

공적인 것의 쇠락

: 합리적선택이론의 확산과 공공성의 위기

인 쇄 2020년 8월 25일
발 행 2020년 8월 31일

저 자 고 송
발행인 정병석
발행처 전남대학교출판문화원
등 록 1981. 5. 21. 제53호
주 소 61186 광주광역시 북구 용봉로 77
전 화 (062) 530-0571~2
영업부 (062) 530-0573
팩 스 (062) 530-0579
홈페이지 http://www.cnup.co.kr
이메일 cnup0571@hanmail.net

값 20,000 원

ISBN 978-89-6849-737-7 (93350)

이 도서는 2017년 대한민국 교육부와 한국연구재단의 지원을 받아 수행된 연구임 (NRF-2017S1A5B5A07063131).

공적인 것의 쇠락

합리적선택이론의 확산과 공공성의 위기

고 송 저

전남대학교출판문화원

■ 책을 내면서

이 책은 '공적인 것의 쇠락'이라는 제하에 '합리적선택이론의 확산과 공공성의 위기'를 부제로 하고 있다. 이에 나타난 바 그대로, 합리적선택이론에서와 같은 공적 영역에 대한 경제학적 사유가 확산된다면 공공성은 쇠퇴하고 위기로 치달을 것이라는 점이 책의 내용이다. 그러나 이것은 누군가에게는 분명 무례한 일일 게다. 나의 생각과 주장을 펼치기 보다는 남의 것을 폄하하려는 시도에 가까운 것이기도 해서 '이런걸 해야하나?'라는 자괴도 문득문득 들곤 했다. 기어이 책 형태로 세상에 나오게 된 바에 이에 대한 변명을 해야겠다.

내가 이러한 기획을 한 것은 청춘들 앞에서 지식 전달이라는 일을 한 이후부터였다. 과제제출이나 시험을 앞 둘 때면 꼭 받는 질문이 있다. 기준은 무엇이고 어떻게 작성해야 하느냐고. 또 간혹 나는 학생들에게 사정을 한 경우도 있었다. 수업에서 다뤄지는 내용이 여러분들의 머리 속에서도 되새겨질 수 있는 바늘 구멍만한 틈이라도 열어달라고. 이러한 일들이 벌어질 때마다 화가 났다. 많이 미안하지만, 어쩌다가 이렇게 바보로 살기에 딱 좋게 길들어져 버렸을까. 그들은 지금까지의 거의 모든 시간을 학생신분으로만 채워 왔으므로 답은 너무나 뻔하다.

학생들은 아마도 교육부 고시 형태로 발간되는 『교육과정』에서 말하는, '일반화'된 지식이나 '보편적'인 지식과 같은 것을 기대하는 것 같다. 질풍노도(疾風怒濤)라는 시기를 선택형 문제풀이로만 보내왔으니, 앞으로도 그래야 하는 경우가 많을 것이니, 책의 내용을 그렇게 받아들일 법도 하다. 그러나 학창시절을 이렇게 보내는 이들의 삶이, '지식은 일체의 믿음을 배제하는가?' '과학의 용도는 어디에 있는가?' '국가는 개인의 적인가' 등을 논술형으로 시험 치르고 나서야 대학에 입학할 수 있는 이들의 삶과 다를 것임은 살아보지 않고서도 안다.

어차피 학생신분인 시절에 지식은 무엇인지, 그 지식에 과학적이라거나 일반적이란 말을 덧붙이는 것이 어떤 의미인지에 대해 생각해볼 기회가 있었다면, 이러한 유형의 책은 필요 없을 것이다. 혹은 한가로이 무슨 '사상사'와 같은 종류의 책을 접해 왔어도 마찬가지일 것이다. 그러나 학계에서마저도 이러한 논의를 무익한 것으로 보거나 논의 자체에 대해 불편해한 지 오래다. 그러므로 어쩌면 청춘들이 이러한 쪽에 관심을 갖지 않게 된 지금의 상황을 반가워해야 할지도 모르겠다. 교과서나 교재로 쓰이는 책에 있는 내용이면 해당 영역에 대해 알아야 할 보편적인 지식인 양 받아들이는 현실.

규제완화나 민영화, 정부역할의 축소와 같은 공적 영역에 대한 제언들이 힘을 얻게 된 데에는 이러한 분위기가 크게 작용했을 것이라 생각한다. 그러나 '사회과학의 여왕'이라는 경제학에서 나온 것이니까 일단 관심을 줄 수 있다고 쳐도, 그러한 주장들은 OECD 데이터 정도만 찾아봐도 고개를 갸웃할 것들이다. 보다 본질적으로, 선거에서의 낮은 투표율, 정치에 대한 불신, 정부 정책에의 무관심 등을 문제적(problematic) 현상인 것이 아니라 인간의 본성에 맞고 합리적인 것으로 간주하고자 하면서 어떻게 이러한 논의가 가능할 것인지 의문을 가져야 할 것이다. 과학적이기 위해 그런다고? 이 책에서 나름 정리하고자 했던 것들이다. 그 요구와 주장들은 너무나 완강하고 또 세상을 위기에 빠뜨리고서도 과학적 이론이라는 외투는 그대로인지라, 나 자신의 지금 능력에서는 이러한 저술 방식을 택했다.

책의 상당 부분은 10년 전, 나의 박사논문에서 다루었던 것들이다. 여기에 이후의 공부와 학교 수업을 위해 준비한 것을 추가하였다. 시간은 제법 지나 버려서 정체되어 있구나라는 반성을 스스로 하고 있다. 글쓰기를 하고 싶다는 마음과 부담도 있었지만, 누구를 독자로 해야 하나라는 의문에 막혀 지금까지도 자습이나 하고 있는 사정이었던 것 같다. 늘 망설이고만 있는 중에, 한국연구재단의 '시간강사 연구지원 사업'에 선정되어 이 책을 내놓는다.

많이 부족하다. 그래서 나의 지금과 이 책이 나오기까지 도움을 주신 분들을 떠올리기도 죄송스럽다. 그래도 꼭 두 분께는 감사의 말씀을 드리고 싶다. 먼저 청로(靑蘆) 김성기 교수님이시다. 이분께서는 애초 학문을 하겠다고 대학원에 들어온 것이 아닌 나를 수업 발표와 과제 부과로 괴롭히시더니, 기어이 나로 하여금 박사논문까지 쓸 수 있도록 만들어 버리셨다. 대학원 과정에서의 독서목록과 빌려주신 책들을 따라가다 보니 나는 이렇게 되었음을 지금까지 절감하고 있다. 다른 한 분은 전남대학교

행정학과의 이영철 교수님이시다. 이분께 나는 석사와 박사논문 심사를 받았는데, 그 당시 간단 명쾌한 지적과 답변으로 나는 자신감을 얻었고 상실의 시간들도 건널 수 있었다. 또 이 책의 내용과 같은, 지도같은 것이라곤 전혀 없는 길들을 나름 방향을 갖고 걸을 수 있도록 지금도 도와주시고 계신다. 부디 지금의 이 책이 두 분께는 누가 되지 않기를 바란다.

2020년 8월

고 송

차 례

제2부 민주주의 정치과정과 원리

제4부 합리적선택이론의 뒤안길

머리말

위기와 두 거장: 서글픈 변절?

> 내가 보는 바로는, 1995년부터 시작해 규제가 대거 풀린 세계 시장은 … 하나의 균형상태에서 다른 균형상태로 평온하게 이동하는 것 같다. 애덤 스미스의 보이지 않는 손이 세계적 규모로 작동하고 있는 것이다. … 여러 측면에서 우리가 구축한 세계적 교역 및 금융시스템의 분명한 안정성을 통해, 1776년 애덤 스미스가 주장했던 단순하지만 역사적으로 증명된 원칙이 확인되었다. 즉 개별적 경제주체들이 자신의 이익을 추구하며 서로 자유롭게 교역할 때 안정적이면서도 성장이 빠른 경제체제가 정착된다는 원칙 말이다
>
> Greenspan, 2007

> 그러나 나의 모든 지적 체계(intellectual edifice)는 작년 여름에 무너졌다. Greenspan, 2008

위에 인용된 문구는 한때 '세계 경제대통령'으로까지 불렸던 앨런 그린스펀(A. Greenspan) 연방준비제도이사회(FRB) 전의장의 것이다. 2007년의 것은 그의 회고록에 나온 것인데 우리는 여기서 그가 재임 시에 갖고 있었던 확고한 신념을 알아낼 수 있다. 이 책은 출간 즉시 미국의 온·오프라인 서점가를 석권하였고 또 각종 언론 매체는 이를 한동안 베스트 셀러 1위의 책으로

올려놓은 바 있다. 우리나라에서도 미국에서와 거의 같은 시기에 『격동의 시대 - 신세계에서의 모험』이라는 제목으로 출간되었다. 그러나 금융위기의 원인을 규명하려는 미국 의회 청문회에서, 그는 회고록에서의 자신만만한 태도를 전격적으로 뒤집는다.[1] 불과 13개월의 시간이 흐른 뒤였다.

> **그린스펀**: … 결함을 발견했습니다. …
>
> **핸리 왁스맨(위원장)**: 당신은 당신의 세계관이, 당신의 이데올로기가 틀렸다는, 작동하지 않는다는 사실을 알았다는 말씀이군요.
>
> **그린스펀**: 정확합니다. 그것이 바로 제가 충격을 받은 이유입니다. 제가 40년 이상동안, 그것이 예외적으로 잘 작동하고 있다는 상당한 증거를 갖고 있었기 때문입니다.

또 현대경제학의 초석을 다졌다는 평가를 받았던 폴 새뮤얼슨(P. Samuelson)에게서도 2008년의 그린스펀과 같은 입장을 찾아볼 수 있다.[2] 놀라운 것은 경제학을 사회과학의 여왕이라는 반열까지 올려 놓았던 그가 '경제학은 정확한 의미의 과학과는 거리가 먼 것'이라 하면서, 당시의 금융위기는 그가 재직한 MIT나 시카고 경제학이 원인이었음을 인정하고, 자책까지 하였다는 점이다(Mea culpa, mea culpa).[3] 이 인터뷰 뒤 얼마 되지 않아 그

1) Committee on Oversight and Government Reform, The Financial Crisis and the Role of Federal Regulators, 110th Cong., 2nd Sess., October 23, 2008.
2) 이것이 그가 노벨 경제학상을 수상하게 된 공로이다. 또 이를 토대로 저술된 그의 경제학은 20세기 기간 동안, 말 그대로 베스트 셀러였다.
3) 2009년 6월 18일의 인터뷰

는 고인(故人)이 되었다.

두 인물의 위와 같은 입장에 대해서는 그린스펀의 자서전 제목만큼이나 격동적이었던 2008년의 상황에서 미국 민심에 대한 고려가 포함된 것이라 할 수도 있을 것이다. 그러나 이 측면을 부정할 수 없다 하더라도 경제학의 문외한도 알만한 이 두 인물이 보인 노년의 변화는 한편으론 서글프기까지 하다. 학계와 실무계에서 누구보다도 치열하게 자기 자신의 삶을 살아왔었고 또 그러한 그들의 삶을 세상은 인정해주고 있었기 때문이다. 이제 그들이 남긴 화려한 업적과 명성은 어디에 있을까?

위기 뒤의 학문은?

정부가 주축이 되는 공적 영역의 운영과 작동에 관한 논의에서 이 두 인물이 가졌던 사유방법과 내용이 지난 세기의 후반을 지배하였다. 또 위기를 목격하고서는 일생에 걸친 사유체계를 철회하는 두 거장의 소회가 공개된 지금 시점에서도 그 흐름은 약해질 기미가 보이지 않는다.

그러나 인류의 학문 혹은 과학 활동이 어떻게 전개되고 발전되어 왔는지를 돌아볼 때, 지금과 같은 사정은 이해하기 어렵다. 일반적으로 말하자면, 현재의 주류적 과학 이론 등으로 설명 혹은 예측될 수 없는 사태, 이른바 '희귀한 사례'에 직면할 때에는 그 분야의 다른 이론 등이 경쟁하면서 그 공백을 메우려 했었기 때문이다. 20세기 초반 세계대공황 이후 고전파 경제학을 대체하였던 케인스(J. M. Keynes)의 등장은 전형적 예이다.

---

http://www.theatlantic.com/politics/archive/2009/06/aninterview-with-paul-samuelson-part-two/19627/

최근의 금융위기는 그 여파만을 보더라도, 그동안 지배적이었던 '과학적' 이론을 위태롭게 하는 희귀한 사례 즉 '검은 백조'에 비견될 만하다. '과학혁명'으로 유명한 토마스 쿤(T. Kuhn)을 끌어들이면, 혁명의 전조로서 '변칙사례(anomaly)'라 해도 무방할 것이다. 세계 유수 대학의 저명한 학자 어느 누구도, 어느 연구기관도 그 사태를 예견해 내지 못했기 때문이다. 오히려 그 이전의 정부 조치들에 대해, 위기로 치달을 수 있는 지나친 규제완화라 조심스러워하는 주장들에는, 이름도 알지 못하는 사람의 생각이라 비아냥거리기도 하면서 의도적으로 관심을 두지 않았다.[4] 우리를 더욱 이해할 수 없게 하는 것은 '글로벌 경제위기'라는 시대어가 유효한 지금 시점에서도 금융위기 이전의 정부 정책의 상징인 '민영화'나 '규제완화'라는 슬로건들을 여전히 접하고 있다는 점이다.

이러한 상황은 '경제학 제국주의(economics imperialism)'라 일컬어지고 있다. 이 말이 함축하듯, 사회과학의 거의 모든 분과학문들은 경제학적 설명에 의해 그 고유영역이 허물어져 왔다. 국가 역할이나 정부기능은 물론 민주주의 정치체제의 운영과 관

---

4) 금융위기 사태 뒤에 이를 지적하고 문제시하는 학자들의 주장도 적지 않다. 그러나 일반인들에게도 이를 상기케하는 유명한 일화는 그 기간 동안 런던정경대학을 방문한 자리에서의 엘리자베스 영국 여왕의 질문이다. 여왕은 "왜 아무도 금융위기가 올 것을 미리 알아차리지 못했습니까?"라 물었다. 짧지만 여왕의 이 질문은 특히, 경제학계의 정곡을 찌르는 것이었다. '예측'을 과학의 제1목적으로 보는 사조가 지배적인 것이었기 때문이다. 이에 대해 영국 학사원(British Academy)은 7개월 뒤에 장문의 편지 형식을 통해 답했다. 이 편지에서 영국의 대표적 경제학자들은, 글로벌 금융위기를 예측하지도 막지도 못한 원인은 세계의 명석한 석학들조차 시스템 전반의 위험을 이해하는 데 실패했기 때문이고, 또 예측했더라도 이미 과도한 금융규제 완화로 경제당국이 경기과열을 진정시킬 수단 자체가 없었을 것이라 밝혔다.
http://www.britac.ac.uk/events/archive/forum-economy.cfm

련해서도 경제학에 토대를 둔 사고가 국정 운영 논의의 중심을 차지해 오고 있다. 그 주된 내용이, '시민의 자유보장을 위한 규제 완화와 철폐', '공기업 등을 민영화하여 다시 주인(국민)의 손으로', '시민이 원하는 양질의 서비스 공급', 한 마디로 '작은 정부'로 요약할 수 있는 것이고 보면, 경제학적 처방에 기초를 둔 국정운영은 그동안 공적 영역에서 상충되는 이념이라 여겨져 왔던 민주성과 능률성을 동시에 제고하는 것으로 보이기도 했다. 급기야 공공부문에 관한 분과학문들 내에서는 경제학적 방법에 의존하는 시각이 헤게모니 위치에 있거나, 적어도 다양한 패러다임 중 한 축을 차지하는 것이라는 평가도 내려졌다(Frederickson & Smith, 2003; Lowi, 1992: Rhodes, 1991). 이 책이 다루는 합리적선택이론(Rational Choice Theory) 혹은 공공선택이론(Public Choice Theory)은 이 흐름을 나타내는 명칭이다.[5] '경제학적 방법을 비(非)시장 영역에 적용하는 접근'라는 정의(Mueller, 2003: 1)에서 알 수 있는 바와 같이,[6] 이 이론은 그 제국주의적 성격을 정면에서 표방해 왔다.

야비한 인간들의 희망. 성공할까?

정의에서부터 나타나는 합리적선택이론의 이러한 측면은 시

5) 합리적선택과 공공선택은 명칭은 다르지만, 이것이 드러내는 의미는 같은 것으로 보는 것이 일반적이다. 각각에 대한 개념 소개에서는 '비시장 영역(공적 영역 혹은 정치적 영역)'과 '경제학적 방법'이 핵심인데, 두 경우 모두 반드시 포함되어 있기 때문이다. 용어의 사용빈도를 보면 합리적선택이론이라 하는 경우가 더 높다. 그러나 법학이나 행정학 분야에서는 공공선택이론이라는 용어를 더 선호하고 있는 것으로 보인다.

6) 경제학 내부에는 여러 분파가 있다. 합리적선택이론의 정의에서 등장하는 경제학이란 그 다양한 학파 중 주류라 할 수 있는 신고전파 경제학neoclassical economics의 영향 하에 있는 부류를 가리킨다.

도 그 자체만으로도 대단히 파괴적인 것이다. 뮐러(D. Mueller)의 위 정의에서 이미 행해진 '시장'과 '비시장'의 구분은 인류 사유의 원형이라는 고대 그리스로까지 소급되는 것이기 때문이다. 그런데 합리적선택이론은, 사적 영역에서 이뤄지는 인간 활동은 공적 영역을 파괴할 수도 있는 힘을 가지고 있으므로 설정한 공과 사의 구분(Arendt, 1958: 2장)을 해체 혹은 희미하게 하면서, 공익 혹은 공동선에 기초한 민주적 정부라는 전통적 이론에 도전하고 있는 것이다.

경제학의 이러한 시도가 가능한 것은 정부활동 등도 경제체제의 일부라는 점, 그러므로 공공부문도 경제학의 합리적 공리나 법칙을 따라야 한다는 점, 이에 어긋나는 공적 영역의 인간 활동에 대해서도 비합리적이고 비능률적이라는 경제학적 판단이 가능하다는 것을 전제한다. 이러한 경제학의 영향에 따라 이제는 일반 시민들도 시장과 정부에 관한 특정한 시각, 즉 정부의 직접 생산·공급과 시장에 대한 규제는 자원의 능률적 배분을 왜곡하며, 시장은 재화와 서비스 생산에 있어 보다 능률적이다 라는 믿음을 갖고 있는 경우가 흔하다.

그러나 경제학의 분석도구를 채택하는 합리적선택이론이 국정운영이나 공공부문의 개혁과 관련하여 어떤 지침을 제공한다고 할 때, 여기에는 커다란 아이러니가 있다. 이 이론 체계는 공적 영역의 행위 주체인 정부와 정치인·공무원은 물론 일반 시민들에 대해서도, 그 주류적 입장에서는 공적 영역을 작동시키는 기본 원리인 민주주의적 정치과정 자체에 대해마저도 대단히 회의적인 시각을 갖고 있기 때문이다. 이는, 이후에서 상세히 다루겠지만, 합리적선택이론을 통한 논의의 기초와 결론을 형성하는 몇 가지 핵심적 내용을 통해서 확인할 수 있다.

· 공적 영역에서 합리적선택을 가능하게 하는 다수결 방식의 의사결정은 불안정하다.
· 사회문제 해결을 위한 집합적 선호결집은 불가능하다.
· 정부 정책 과정은 탐욕스런 이익집단이 주도하고 그 결과는 이 집단 구성원들의 사적 이익을 위한 것이다.

이것들은 민주주의적 국정운영에 관한 전통적 이미지와 부합하지 않는다.[7] 그래서 이 이론 체계를 받아들인다면, 예컨대『공공선택이론 입문 (Public Choice – A Primer(Butler, 2012))』이라 번역할 수 있는 책을『나쁜 민주주의』라 하는 것도(이성규·김행범, 2012) 가능할 것이다. 같은 번역 책의 부제로 원저에는 없는 '정치인 관료는 왜 사익만 추구하는가?'도 붙일 수 있을 것이다. 또 대의제 민주주의가 지배적인 공적 의사결정 방식임에도 일반 시민의 낮은 투표율, 정부 정책에의 무관심 등은 문제인 것이 아니라 합리적 현상이며, 정치라는 용어의 의미를 기만과 부패·탐욕과 비효율성 등을 뜻하는 더러운 어떤 것으로 간주하는 것도 당연할 것이다. 그러면, 이들이 주체가 되어 형성해 나간다고 해왔던 공적인 것들은 어떻게 될까?

19세기의 극작가 칼라일(T. Calyle)은, 오늘날 고전파 경제학이라 분류되는 당대의 학자들이 영국 자본주의 사회를 비관적으로 전망하는 것을 보고 그 분야를 '암울한 학문(dismal science)'라 한 바 있다. 합리적선택이론에서는 그 암울성이 더욱 고조되는 것으로 보이는데, 공적 영역에 관한 이 이론에서의 논의의 토대가 되는 축들이 모두 부정적 이미지를 함축하고 있기 때문이

7) 요컨대 어떤 국가의 의무교육과정에서 위에서 소개한 내용으로 교육하는 경우는 없을 것이라는 점에서 그렇다.

다. 그래서 합리적선택이론의 논리를 일관되게 밀어붙이면, 궁극적으로는 '공적인 것의 폐지만이' 추구할 만한 가치 있는 유일한 공공 목적이 되어버릴 것이다(Mashaw, 1997: 23).

과연 그러면서도 예컨대 민주적 정부로의 개혁 요구는 어떻게 가능할까? 또 합리적선택이론은 그 실천을 추동하는 이론으로서의 역할을 제대로 수행해 낼 수 있을까?

책의 구성

이 책은 합리적선택이론이 공공정책과정과 같은 공적 영역의 작동과 민주주의에 대해 어떻게 이해하고 있는가 등을 서술하고, 그러한 내용으로 귀결되게 하는 접근방법 혹은 사유체계를 다루었다. 또 이들 사항에 대해 주로 비판적 태도를 유지하였다. 그렇지만 이때에는, 외부자의 시각이 아니라, 합리적선택이론의 내적인 전제와 정합성에 주안점을 두었다. 이 과정에서 합리적선택이론과 상반된 시각을 기준으로 할 경우, 생각의 차이에 불과할 수 있는 한계를 줄이기 위해서다. 책은 총 4부로 구성되어 있다.

제1부는 합리적선택이론의 기초적 사항들에 관한 것이다. 주로, 국가와 정부를 아우르는 공공부문의 실제와 작동에 접근하려는 경제학의 기본적 사항들이다. 전통적으로 경제학은 공적 영역에 대비되는 시장이라 불리는 사적 영역을 대상으로 하는 것이지만, 그 경계가 이에 한정되지 않고 공적 영역에 확장하려는 시도가 있었는데 이것이 오늘날 합리적선택이론이라 불리게 되었다. 그러나 경제학의 정의를 음미해보면, 이것은 그리 이상

한 것이 아닐 수도 있다. 가장 널리 인용되고 있는 것은 라이어넬 로빈스(L. Robbins)에 의한 것인데, 그는 '경제학은 여러 목적과 대안적 용도를 갖는 희소한 여러 수단과의 관계로서 인간 행위를 연구하는 과학이다'라 하고 있다(1935: 9). 즉, 경제학의 대상을 단지 '인간 행위'로 하고 있을 뿐, 시장과 비시장이라거나 공과 사의 구분을 전제하지 않는다. 그렇다면 경제학의 분석과 설명은 비시장 영역에서의 정부의 정책결정, 정당들의 행태, 시민들의 투표와 같은 이른바 정치적 행위에 대해서도 가능할 것이다.[8] 그러므로 합리적선택이론의 기초는 현재의 주류적 경제학의 기초와 같은 것이고, 이에 대한 충분한 이해가 이뤄진다면 합리적선택이론 체계를 파악하는 것은 쉽다.

제1장은 합리적선택이론이란 무엇인가라는 개념을 다룬다. 이미 언급한 바와 같이, 동양에서든 서양에서든 공적 영역과 사적 영역 혹은 정부와 시장은 서로 이질적인 것이라 구분하여 왔다. 그러나 합리적선택이론은 이 구분을 허물고자 한다. 그 단초는 어떤 영역이든지 간에 실제 행위 주체는 동일한 '그 인간들'이란 사실이다. 합리적선택이론의 출발점이자 핵심은 바로 이것이다. 또 이 장에서는 이와 같은 사유를 전개한 인물들을 중심으로 간단한 역사와, 현재 합리적선택이론의 학파라 불리는 몇 가지 흐름에 대해서도 소개하고자 하였다.

제2장은 인간의 행위를 분석하려는 합리적선택이론의 도구가 되는 (미시)경제학의 기본적 사항들에 관한 것이다. 합리적선택이론이 가장 활발히 전개되고 있는 영·미 국가 대학들의 커리큘

---

8) '경제학 제국주의'라는 부정적 어감을 갖는 새로운 용어가 등장하는 것만 봐도 이것은 논란거리다. 경제학의 대상 영역과 관련한 사상사적인 변천에 대해서는 Chang, 2003: 제1장을 참조.

럼을 보면, 이 과목에 대한 강좌는 경제학과에서 설강되는 경우가 흔하다. 그 이유는 그 대상이 공적 영역임에도 분석 도구들이 경제학에 고유한 것이라 보기 때문이다. 그러므로 합리적선택이론을 제대로 학습하기 위해서는 경제학의 기초 개념과 이론들을 개괄적으로나마 섭렵하는 것이 필요하다. 이 장에서는 경제학의 기본 개념인 극대화·균형·능률성과, 소비자이론과 공급자이론을 통해 도출하는 시장에서의 균형, 그리고 시장 균형의 특징을 다루는 후생경제학 정리 등을 다루었다. 경제학원론이나 학부 수준의 학습단계에서 이 부분을 접하면, 경제학은 학습자들을 매료시키기에 충분하다. 그 내용들은 시장의 능률성 혹은 우월성을 말하는 우아한 정리(定理)라는 클라이맥스를 향하여 전개되고 있기 때문이다. 그러나 신고전파로 지칭되기도 하는 주류 경제학의 이 부분은 경제학 자체의 아킬레스건이기도 하다. 이 장의 끝부분에서 왜 그러한지를 이해하기 쉬운 형태로 소개하였다. 노벨 경제학상 수상자들을 포함한 최정상 경제학자들을 혼란으로 몰고 간 이 문제가 해결되지 않는 한, 예컨대 '시장실패'라는 너무나도 낯익은 용어는 '논리적' 근거가 없다. 그저 원론 수준만을 다루는 경제학 교육 현장에서의 관행일 뿐인데, 이것이 과학이라는 이름으로도 가능할지 여부에 대해서는 보다 깊은 논의가 절실하다. 지금의 학문 풍토에서는 낯선 것이겠지만…

제3장은 합리적선택이론의 방법론적 전제, 즉 주류 경제학의 학문 방법에 관한 내용들이다. 먼저 알아야 할 것은, 많은 경제학 이론 혹은 정리들은 시장에 대한 경험적 관찰을 통해 일반화된 것들이 아니라는 사실이다. 이들은 일정한 사항들을 전제하고 이로부터 연역되는, 그 내부에서는 당연한 것들을 모형화 한 것들이다. 이것이 현재의 주류 경제학을, 가장 처참하게는 '점성술'과

비교하기도 하는 이유이기도 한데, 이 장에서는 경제학에 전제되는 사항들인, 방법론적 개인주의(methodological individualism)와 인간에 대한 독특한 가정인 경제 인간(*homo economicus*), 그리고 인간 간의 상호관계는 공적 영역이라 하더라도 시장의 교환(exchange)으로 보려는 가정들이 다뤄졌다. 특히 경제 인간과 관련해서는 동물과는 다른 인간 고유의 속성이라 여겨지기도 하는 합리성(rationality)의 개념과 그 요소들이 다뤄졌다. 합리적선택이론을 소개하는 거의 모든 문헌에서 등장하는, 이미 언급한 바 있는 '다수결 방식으로 채택하는 의사결정의 불안정성'은 이 합리성 개념을 투표절차에 확장하여 적용하려 할 때 나타나게 된 것이다.

제4장은 합리적선택이론의 종착점이 과연 어디인지를 미리 확인하는 것으로 구성되었다. 경제학에 대한 기본 개념과 방법론적 전제들을 상정한다면, 이 자체만으로도 공적 영역에 대한 합리적 선택이론의 대체적인 윤곽은 드러난다. 시장이 실패하듯이 공적 영역 혹은 정부도 실패할 수밖에 없다는 것이다(political failure or government failure). 왜 그러한 것인지를 경제 인간 가정을 정치인·관료 등의 공적 영역의 주체에 대해 확장한 행동동기(함수)에 대한 논의를 통해 간략히 다루도록 한다.

제2부는 경제학적 사유를 통해 민주주의 정치과정과 원리에 대해 검토하는 내용들이다. 정치학 등에 대한 체계적 학습이 없다하더라도, 민주주의 정치체제와 국정은 어떻게 운영되는지에 관해서는 이미 알고 있다. 합리적선택이론은 시장에 대비되는 공공부문의 현상들을 경제학의 분석도구를 통해 규명하려는 것인데, 경제학은 비록 민주주의나 이를 담은 헌법에 대해 기여한

바는 없더라도 그 사유체계의 일부, 특히 게임이론은 이를 이해하고 개선하는데 어느 정도 유용한 통찰을 담고 있다(게임이론이 가격이론 등과 다르다는 것은 제2장에서 다뤄졌다). 경제학 그리고 합리적선택이론은 간단한 도형이나 모델을 통해 복잡한 정치·행정 현상, 나아가 모든 인간 현상을 이해하고자 하는 것이니만큼, 민주주의 기본적 사항들이 경제학의 도구들을 사용한다면 어떠한 내용이 될 것인지를 도출해 낼 수 있는 것이다.

제5장은 투표에 관한 것이다. 누구나 알고 있는 바와 같이 투표는 민주적 절차에 따른 기본적 의사결정 방법이다. 그러나 시민 혹은 유권자가 경제학에서 가정하는 '경제' 인간이라면 어떤 결과를 예상할 수 있을까? 먼저 투표를 할지 여부 자체가 문제시될 것이다. 개별 유권자의 투표 가치는, 전국적 규모의 선거라면, 거의 '0'에 가깝기 때문이다. 그럼에도 투표율은, 50%를 하회하더라도, 경제 인간 가정에서는 상상할 수 없을 정도로 높은데 그 이유는 무엇일까? 합리적선택이론의 기본 가정인 '경제인간'의 관점은 출발에서부터 해명할 수 없는 난관에 봉착한 것으로 보인다. 그러나 이에 대한 시도는 별개로 혹은 미해결로 남겨놓고, 투표의 집계 문제와 그 결과의 하나인 투표 순환의 문제는 수많은 모형들이 시도되어 올 만큼 합리적선택이론의 핵심사항 중의 하나이다. 중위투표자 정리(median voter theorem)와 애로우의 일반 가능성 정리(general possibility theorem)가 바로 그것이다.[9)]

제6장은 공적 영역에서 이른바 '대화와 타협'이라 일컬어지는 정치적 활동을 게임이론을 적용한 시장에서의 협상(bargain)이라

9) 흔히 불가능성(impossibility) 정리라 하고 있다. 그러나 애로우가 사용하고 있는 명칭은 일반 가능성 정리다.

는 아이디어로 유추해보려는 것이다. 시장에서의 거래는 참여자인 경제 인간들의 자기 이익 극대화를 위한 협상 개념으로 파악되고 있고, 또 이 시장에서의 협상 결과는 사회적으로도 바람직하다는 것이 경제학 정리들의 핵심이다. 과연 공적 영역에서도 그러할까? 그럴 수 없다는 것이 게임이론(game theory)을 적용한 합리적선택이론의 결론이다(민주주의 공핵democratic empty core). 시민의 지대추구(rent-seeking)와 정치인들의 연합(coalition)은 이로부터 비롯된 것이라 말해지는데, 각각의 내용을 통해 공적 영역은 기본적으로 불안정하고 믿을 수 없다는 세간(世間)의 말들이 떠오르는 지점이기도 하다.[10] 그럼에도 상당수의 국가에서, 특히 선진국이라 불리는 국가들에서 공적 영역은 나름 안정적으로 유지되고 있는데, 이는 미스터리일까?

제7장은 대부분의 국가가 채택하고 있는 권력분립과 정부 형태에 관한 내용들이다. 통치자들의 권력을 분리하여 상호 견제토록 하겠다는 취지에서, 현대 국가라면 모든 나라에서 채택되고 있는 것이 권력분립 원리이다. 이 발상은 주류 경제학에서 상정하는 인간에 대한 관점과 정확히 일치하는 것이라 할 수 있다. 그러나 권력을 분리하고 또 독립해놓았다 하더라도 이들의 관계에서 나타나는 민주주의의 운용은 그리 낙관적이지 않다는 것이 여러 가지 논리로 도출되고 있다. 입법부와 집행부를 중심으로 왜 그러한 것인지를 경제학의 사유를 빌어 살펴보도록 한다. 여기에서의 핵심은 투표 방법, 정당의 존재, 집행부 구성원인 관료들의 사익추구, 또 입법부와 집행부 간 일치된 이익의 가능성이다.

10) 토지의 임대료라는 기본적 뜻인 지대는 지금은 거의 부정적 의미를 갖고 있다. 그러나 경제학자들의 애초 논의는 그러한 것이 아니었다. 오히려 혁신의 원동력이라 보았다.

제8장은 권력분립의 연장이라고도 볼 수 있는 중앙정부와 지방정부 혹은 지방정부들 간의 관계에 대한 것이다. 경제학에서 정부는 공공서비스의 공급자로 다뤄지는데, 정부는 단일체의 정부(unitary government)라 하더라도 중앙과 지방 및 복수의 지방정부로 구성된다. 이는 공공서비스의 공급에 있어서도 이른바 경쟁의 메커니즘이 작동될 수 있음을 시사하는 것이어서 시장에서와 같은 공공서비스의 '능률적' 공급을 떠올릴 수 있게 한다. 공공서비스의 성질을 분류하고 이를 중앙이 공급하는 것이 나은지 아니면 지방이 공급하면 능률적인지, 또 각 지방 정부의 공공서비스 공급에 경제학의 경쟁 논리를 도입할 수 있는 여지(Tiebout theorem) 등이 다루어졌다.

근대 이후 민주주의 원리가 정착되어오면서부터, 국가 혹은 정부는 자유의 적으로 간주되곤 하였다. 지금도 그 흔적은 쉽게 찾아볼 수 있지만, 근대라는 그 시기의 경향 혹은 정도만큼은 아닐 것이다. 경제공황이나 위기에 처할 때 정부 등의 공적 영역은 훌륭하게 그 상황을 극복할 수 있음도 보여주었기 때문이다. 그러나 20세기 후반에는 근대의 자연법 논지들과 유사한 지적 흐름이 등장하였는데, 이때에는 과거와 다른 근거들이 제시되었다. 여기서의 핵심은 시장을 정부와 대립하는 것으로 이해하고, 시장이 정부보다 능률적이라 말한다. 그리하여 '작은' 정부는 한 시대의 사조가 되었다. 공적 영역에 대한 경제학적 사유 즉 합리적선택이론은 이러한 지적 흐름을 주도할 만큼 강력한 영향력을 발휘하였다고 평가되고 있는데, 어떠한 내용들이 그러한지 이 책의 제3부는 행정부 조직과 그 활동에 관한 내용을 담았다.

제9장은 행정부와 관료조직에 관한 것이다. 공무원 등의 관료

들이 자신의 이익을 극대화하고자 하는 경제 인간이라면, 행정 조직은 어떠한 양상을 띨까? 즉 공무원 수로 측정될 수 있는 조직의 규모와 담당 기능에 관한 예산 등은 어떠할까? 여러 분과 학문의 개론서 수준에서도 등장하여 우리에게 낯익은 니스카넨(W. Niskanen) 등의 가설 혹은 모형은 이에 대한 것들이다.

제10장은 공공정책 과정에 관한 합리적선택이론의 접근에 대한 것이다. 입법부의 의원들이 자기 자신들의 이익을 극대화하려 한다면, 정부 정책을 담은 법률 등이 공익을 구현하는 것이라 할 수 있을까? 공무원 관료들도 이기적 인간이라면 그 법률 등을 제대로 집행할 수 있을까? 또 시민 개개인은 이기적인 이러한 정치 주체들을 '나'의 이익을 위해 활용할 수 없을까? 또 이를 간파한 시민들은 어떠한 행동을 취할 수 있을까? 이익집단이론(interest group theory)은 공적 영역의 모든 행위 주체들을 등장시켜 공적 주체들의 탐욕 추구의 과정을 해명하려고 한다는 점에서 합리적선택이론의 핵심이라 할 수 있다. 또 그 결과를 경제학의 일반균형을 응용한 균형분석(equilibrium analysis)을 통해 확인할 수 있는데, 이것은 정부 활동의 부정적 결과 즉 필연적 손실(損失)을 말하는 것이다.

제11장은 경제학적 사유가 제시하는 공적 영역의 바람직한 방향, 즉 처방에 관한 내용이다. 합리적선택이론의 기본적 사항들을 적용해보면서 앞의 4장에서 예단(豫斷)한 바와 같이, 이어진 민주주의 원리나 국정과정 등에 대한 경제학적 시각을 확인해 오면서 분명해진 바와 같이, 합리적선택이론은 이에 대해 분명한 입장을 취하고 있다. 한마디로 하면, 정부 등은 공적 영역에서의 활동을 가급적 줄이거나, 더 나아가 아예 하지도 말라는 것이다. 같은 뜻으로, 시장에 맡기면 사회문제 등이 저절로 해결된

다는 것이다. 그런데 이 확신은 무엇에 근거를 두는 것일까? 프리드먼(M. Friedman)같은 학자 등이 즐겨 쓰는 것은 '많은 경험적 연구가 보여주는 바와 같이'라는 상투어다. 그러나 그러한 경험적 연구는 '일반적으로는' 없다고 보아야 할 것이다. 오히려 경제학적 사유가 득세하였던 지난 수십 년 동안에 분명해진 것은, 주류 경제학의 처방에 역행하는 중국이나 인도는 흥(興)하고, 그 처방에 충실했던 동구권 유럽이나 남미는 쇠(衰)해왔다는 사실이다. '작은 정부'로 포섭되는 많은 정책제안들이 근거하고 있는 것은 그동안의 경험이 아니라, 경제학에 기초를 둔 각종 정리(定理)라는 것을 제11장에서 밝혔다. 또 이와 같은 사유가 앉고 있는 심각한 문제에 대해서도 짚어보았다.

합리적선택이론은 공적 영역에 관한 종래의 혹은 전통적 접근을 문제시하고 경제학적 분석도구들을 일관되게 적용한다. 그리하여 그 내용은 많은 부분에서 이질적이기까지 하다.11) 그렇다면 보다 중요시 되어야 할 것은 그러한 내용을 낳게 하는 사회과학의 일환으로서 경제학이 취하는 사회현상에 대한 접근방법이다. 즉 합리적선택이론의 내용은 '특정한' 세계관이나 학문 방법을 적용한 결과로 민주주의 원리, 정부에 대한 관점과 적정한 역할, 그리고 시민상에 대한 각각 회의적인 것들을 담고 있는 것은 아닌지 하는 의문을 제기할 수 있는 것이다. 그래야 합리적선택이론의 창시자격에 속하는 털럭(G. Tullock)이 왜 무정부주의자로 분류되기도 하는지, 또 시장지상주의자들에 의한 공적인 모든 것은 해체되어야 한다는 주장이 어떻게 가능한지 이해할 수 있을 것이다. 아울러 그 대안적 사유도 모색해볼 수 있을 것

11) 다시, 초중등 교과과정의 사회과 과목을 상기해보자.

이다. 이 책의 제4부는 이에 대해 기초적 수준에서나마 다루고자 하였다.

제12장은 합리적선택이론 혹은 경제학적 방법의 세 가지 핵심을 살펴보는 것으로 구성되어 있다. 그 세 가지란, 인간이란 어떤 존재인가(경제 인간 가정의 문제), 사회현상에 대한 지식을 개인에 대한 연구만으로 습득할 수 있는지(방법론적 개인주의의 문제), 그리고 주류 경제학에서 상정하는 과학적 방법(실증주의 과학철학)이다. 여기서 미리 밝혀 두고자 하는 것은 이미 이들 각각에 대해서는 경험적으로는 지지를 얻지 못하고 있고, 철학적으로는 폐기되었다고 보아야 한다는 점이다. 어쩌면, 그럼에도 굳건히 유지되고 있는 학문의 현실이 의아할 뿐이다. 그러나 이 놀라움을 학습자들이 느끼지 못하게 하는 방법은 의외로 간단한 것이었다. 학부나 대학원의 커리큘럼에서 과학철학 혹은 학문 방법론이라 불리는 교과목을 폐지하면 되는 것이었다. 이 장은 이처럼 사라져버린 내용들을 간략하게나마 되새겨 보려는 것이다.

제13장은 민주주의에 대한 경제학적 접근의 한계를 다루고 있다. 비록 합리적선택이론이 국정운영의 현실을 잘 묘사하고 있는 부분이 있어도, 만약 민주주의가 우리의 미래를 제시하기도 하는 가치(價値)로 여겨진다면, 바로 지금의 실제를 다루는 연구 대상들은 극복해야 할 문제점이거나 불만들이어야 할 것이다. 그러나 민주주의 자체를 우리가 경험할 수 있는 현실의 것에 국한하여 정의한다면, 공적 영역은 우리 인간들의 탐욕이 적나라하게 드러나는 격전장으로 보여질 뿐이다. 또 이러한 내용들이 과학적 이론인 것으로 치밀화 된다면, 개인에 대비되는 시민 따위의 개념은 없을 것이다. 이 장에서는 경제학의 분석도구 만으

로 현실의 공적 영역을 분석하고자 하는 것은 자칫, 20세기 초중반에 풍미하였던 가치와 사실의 분리가 낳은 '사회과학의 비극'이 재현될 수 있음을 경고하고자 하였다.

제14장은 경제학과 합리적선택이론에서의 새로운 경향을 소개하고 또 경제학적 방법을 고수하는 한 나타날 수 있는 문제점을 다루었다. 그리고 하나의 지적체계 혹은 이론이라 불리는 것들이 어떻게 현실의 세계에서 적용되고 구현될 수 있는지 여부를 합리적선택이론에 적용해보고자 했다. 현시점에서는 주류적인 것이라 할 수 없지만 경제학 내부의 흐름 중의 하나는 과거의 전통과 단절하려는 새로운 시도들이다. 이미 익숙한 행동경제학은 이의 대표적인 것이라 할 수 있을 것이다. 무엇보다 특정한 사항을 '전제'하는 것이 아니라 '현실'의 인간과 사회의 모습을 반영하려 한다는 점에서 그렇다. 이러한 경향이 직접적인 합리적선택이론 단행본 저술한 학자들의 경우에서도 나타나고 있는데, 그 대략적인 내용을 소개하고, 그러나 이러한 새로움에서도 피할 수 없는 공적인 것에 대한 경제학적 사유의 한계를 서술하고자 했다.

제1부 합리적선택이론의 기초

제1장 합리적선택이론의 개념

제2장 인간 행위에 대한 경제학의 분석구조

제3장 합리적선택이론의 방법론적 전제

제4장 중간정리: 합리적선택이론의 종착점

제1장

합리적선택이론의 개념

1. 합리적선택이론의 의의

합리적선택이론은 공적 영역에서의 인간의 활동, 즉 종래 정치 현상이라 여겨져 왔던 것들의 연구에 경제학적 방법을 적용하는 것이다. 즉 합리적선택이론은 '시장'에서의 경제 주체들의 행동분석을 위해 경제학자들이 사용하는 원리나 분석도구들을, 시장과 대비되는 것으로 간주되어왔던 공적 영역에서의 정치 주체들의 행동을 분석하는 데에도 사용하고자 한다.[1] 따라서 그 연구대상은 투표제도와 투표 행태, 정당정치, 정책과정, 그리고 관료제 등이 되는데, 넓게 보면 이들은 법학이나 정치학, 행정학의 관심대상이 되어왔던 것들이다. 한편, 경제학적 방법을 비시장 영역에 적용하는 경우를 지칭하는 용어로써 합리적선택이론만이 쓰이고 있는 것은 아니다. 그 외, 합리적 선택이론, 합리적

---

1) 개별적 분과학문에서 합리적선택이론을 다룰 때 이렇게 소개하는 것이 일반적이다. 그러나 이러한 사유를 인류 지성사에서 추적하다 보면, 원조는 홉스(T. Hobbes)이다. 그의 계약론적 사회사상과 윤리학은 앵글로색슨 국가들의 도덕 및 정치철학의 바탕이 되고 있다(박정순, 2019: 30). 정의론으로 유명한 롤스(J. Rawls)도 자신의 이론 체계를 합리적선택이론의 하나로 간주한 바 있다. 나중에는 실수였다고 후회하였지만(Rawls, 1985).

행위자 모델, 사회적 선택이론, 신정치경제학, 실증적 정치경제학, 실증정치이론 등이 있다. 이들은 비록 명칭상으로는 다르게 불리고 있다 하더라도, 공히 신고전파 경제학의 방법론에 따라 시장 영역 이외의 사회현상과 행동을 모형화(modelling) 하려 한다는 점에서는 같다.

전통적 경제학의 영역에서 보았을 때에도, 정치 주체나 정치 과정에 대한 경제학적 분석은 새로운 분야라고 할 수 있다. 시장에서의 경제 주체들의 행위를 분석 대상으로 삼았던 경제학자들은 공사의 구분을 전제로 하였으므로 시장에서 각 개별 주체들은 자신의 이익을 추구하는 합리적 인간을 당연히 가정하면서도, 공적 영역에서의 정치 주체들에 대해서는 시장에서와 같은 이기적 인간을 가정하지는 않았다. 예컨대 정부역할을 경제학적으로 규명해왔던 전통적 후생경제학자들은 공공정책이란 정치인이나 정부 관료들이 정치 공동체의 '공익'을 위해 만들어낸 결과물인 것으로 선험적으로 간주하여왔다.

합리적선택이론은 전통 경제학자들의 이러한 인간상을 의문시하는 것으로부터 시작되었다. 공적 영역의 실제, 즉 법률이나 공공정책이 결정되고 집행되는 과정에서는 정치 주체들이 공익을 우선시한다는 관념에 배치되는 여러 현상들을 매우 쉽게 발견할 수 있기 때문이다. 따라서 합리적선택이론가들은 전통 경제학이 인간의 본질에 대해 일관성을 결여하고 있다고 비판한다. 민주주의 정치 체제에서 정치인이나 정부 관료들도 일반 시민들 중에서 선출된 사람들이고 또 일반 시민들과 함께 살아가는 사람들이므로, 합리적 자기 이익 추구에 익숙한 사람들이라는 점, 그래서 그들이 정치 영역에 들어왔다 해서 전혀 다른 종류의 인간으로 갑자기 변하는 것으로 볼 수 없다는 것이다.

이를 시발점으로 합리적선택이론가들은 시장과 공적 영역에서의 인간을 서로 달리 상정하고 전개되는 이론들이 얼마나 과학적인가 하는 점을 문제시한다. 즉, 정치인은 공익 추구의 동기에 따라 행동하고 정부는 '자비로운 독재자'로 사회후생의 극대화를 추구한다는 전제 하의 전통적 이론과, 정치인도 사익 추구의 동기에 따라 행동하며 정부 관료들도 부처이기주의에 따라 행동할 것이라는 합리적선택이론 중, 어느 것이 현실을 더 잘 설명·예측할 수 있는지를 따져 보자는 것이다. 그러므로 합리적선택이론은 지식획득의 방법 혹은 학문 방법론에도 독특한 입장이 있는 것인데, 이에 대한 것은 뒤에서 자세히 보기로 한다(제2장과 제 4편).

전통적 정치학이나 경제학 내부에서의 많은 비판에도 불구하고 20세기 후반부를 통하여 합리적선택이론의 지반은 급속하게 확산되어 왔다. 또 그 선구자 중의 한 사람인 뷰캐넌(J. M. Buchanan)이 1986년 노벨 경제학상을 수상함으로써 학문적 위상도 공고하게 되었다. 이로써 우리는 이미 '정치 시장'이란 말을 쉽게 접할 수 있고, 또 민주주의 자체를 공공정책에 대한 수요와 공급이 상호작용하는 시장과정으로 개념화는 경우도 흔히 본다. 결국 합리적선택이론은, 물건을 사고파는 시장의 수요 공급에 상응하여 공공정책은 거래 대상으로, 유권자와 이익집단·정당 등은 수요자로, 대통령이나 수상과 그 각료·선출직 관료와 입법부 의원 등은 공급자로 파악하고자 하는 이론이라 하겠다.

아래의 그림은 이상의 내용을 경제학 용어를 사용하여 표현한 것이다. 낯선 것은 아닌데, 공적 영역의 중심 주체라 할 정부가 시장에서의 재화나 서비스의 공급자로 다뤄질 수 있으므로 이 부문에 대한 경제학적 분석도 가능할 것이라는 점이 그 메시지이다.

합리적선택이론의 가능성: 정부도 공급의 주체다

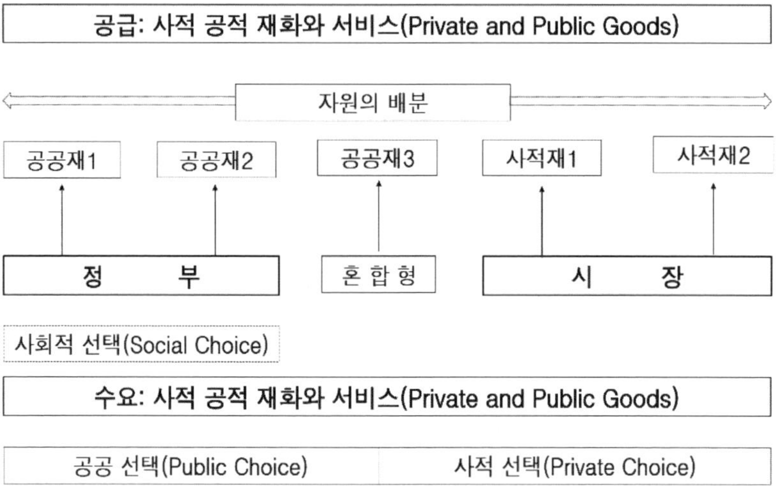

2. 선구자들의 통찰

합리적선택이론이 일관성 있는 논리체계를 갖추는데 있어 선구자적인 위치에 있다고 평가되는 인물은 앤서니 다운스(A. Downs)이다. 그 이유는 시장이 아닌 비시장 영역에 대해 경제학의 분석도구를 적용한 최초의 시도였을 뿐만 아니라, 그가 『민주주의의 경제학 이론(An Economic Theory of Democracy, 1957[1997])』에서 전개한 정치적 행위자에 대한 기본가정, 즉 시장에서의 행위자들과 같은 이기적 행동동기를 가는다는 점이 이후 합리적선택이론의 전개에서도 그대로 받아들여지고 있기 때문이다. 그 기본 가정은 그가 분석하고자 한 민주주의의 대의정치과정에서 핵심인 정당정치와 관련한 행위자들에 대한 것이다. 그가 분명히 언급하고 있는 정치주체는 투표권자와 이들의 표를 얻어야 하는 의회 구성원(후보자)이다.

> 첫째, '정치적 의사결정에 참여하는 유권자는 그 정치 과정으로부터 자신이 얻을 수 있는 효용을 극대화하고자 한다'
>
> 둘째, '입법자는 선거에서 득표수를 극대화하려 하고 그러므로 감표를 최소화하는 세입 정책을 수단으로 득표를 극대화하는 지출정책을 실행한다(1957[1997]: 83-84)'
>
> 셋째, '투표를 하거나 공공 정책에 관해 알려고 하는 것은 비용이 들고 또 개인이 투표를 통해 얻을 수 있는 이익이란 사실상 없기 때문에, 유권자로서는 공공 정책에 관하여는 무지의 상태로 남아있는 것이 합리적이다'

이상의 가정은 당시 공적 영역에 대한 분석에서는 새로운 것이었는데, 이는 그 이전에 발표된 애로우(K. Arrow)의 '일반 가능성 정리'로부터 영감을 얻은 것이다. 사제지간(師弟之間)이기도 한 이 두 학자의 저술의 요체는, 민주주의 정치 체제에서의 집합적 선택의 분석에서도 시장의 개별적 주체의 행동 분석기법을 그대로 적용하려 한다는 점에 있다.[2)]

합리적선택이론의 발전 과정 초기에 나타난 주요 저술로 또

2) 애로우의 문헌이 다운스의 것보다 먼저 출간되었음에도 다운스가 최초의 합리적선택이론가로 간주되고 있다. 그 이유는 애로우의 '일반 가능성 정리'와 관련된 시도는 경제학 영역에서 '사회 후생함수' 도출에 관한 논의이기 때문이다. 즉, 그가 민주주의의 기초인 다수결원리를 다루었다 하더라도 이것은 민주주의 원리 자체로서가 아니라, 사회 후생함수를 도출하는 방법의 하나로서일 뿐이었기 때문이다.

지적할 수 있는 것은, 로널드 코스(R. Coase)에 의한 경제학상의 '외부효과' 분석에 관한 것이다. 이전까지의 지배적이었던 피구(A. C. Pigou)류의 후생경제학 관점에서는, 어떤 경제활동에 외부성이 존재한다면 정부가 개입하여 처리한다는 것이었다. 이른바 시장실패가 존재하는 영역이기 때문이다. 그러나 코스에 의하면, 정부개입보다는 외부효과와 관련된 적절한 재산권의 설정과 그 거래를 위한 시장을 창설하는 것이 보다 능률적이다(1960). '코스 정리(Coase theorem)'라 불리는 이 논지는 경제학의 전통적 주제인 적절한 정부활동 범위에 관한 논의에서 시사하는 바가 대단히 크다. 사회경제적 문제를 해결하기 위한 정부의 활동이, 경우에 따라서는 의도되지 않는 비용으로 말미암아 문제 상황을 더욱 악화시킬 수도 있다는 점, 그러므로 정부 활동 범위의 축소를 함축하고 있기 때문이다. 또 종래의 시장과 정부에 대한 역할 논의가 가격이론을 축으로 하는 자원배분론, 특히 후생경제학에서 전개되어 온 반면, 코스의 외부효과와 관련 된 논의는 그 가격이론이 아니라 게임이론이었다는 점에서도 의미가 크다.[3)]

그러나 합리적선택이론의 진정한 바이블은 이상의 문헌들보다 조금 늦게 출간된, 뷰캐넌과 털럭의 『국민합의의 분석: 헌법적 민주주의의 논리적 기초(The Calcullus of Consent: Logical foundations of constitutional democracy, 1962[1999])』라 할 수 있다. 여기서 그들이 특히 강조한 것은, 경제학에서 다루는 시장 행위자로서의 개인과 집합적 의사결정과정에 참여하는 정치적 행위자로서의 개인은 동일하다는 점이다(인간 가정의 대칭성).

3) 이 장의 보론을 참조.

이것을 이전의 이론가들은 전혀 고려하지 않았다는 점을 그들은 반복적으로 부각시키고 있고, 또 이를 현시점에서 합리적선택이론의 최고의 업적으로 자평 한다. 그러나 정치적 인간과 경제적 인간의 동일한 취급에도 불구하고, 그들이 사회적 선택 영역에서의 피지배자 등의 규범이, 개인적 선택에서의 것과 정확하게 같은 것이라 결론을 내릴 필요가 없다고 본 점은(Buchanan & Tullock, 1962[1999]: 제 4장)은 주목할 만하다. 공적 영역과 사적 영역의 차이를 인정하고 있기 때문이다.

젊은 뷰캐넌의 시장과 정치의 구분

비교 기준	정치 시스템	시장 시스템
의사결정의 불확실성	있음	없음
참여에 대한 의식	있음	없음
결정에 대한 개인 책임	없음	있음
대안의 성질 투표권의 가분성 선택대상의 질 선택대상의 종류	 없음 상호배타적 적음	 있음 비배타적 많음
강제성 유무	있음	없음
개인 간 역학관계	같음	다름

※ 출처: Buchanan, 1954B를 표로 요약

위 표에서 보는 바와 같이, 젊은 뷰캐넌은 사회의 조직 원리로서 시장체제와 정치체제 간의 차이를 명백히 했던 적이 있었다. 그러나 이점은 이후의 합리적선택이론의 전개에서는 철저히 배제되었다.

이외에도 정치과정에서의 투표에 대한 접근을 정당 간의 연합(coalition)을 강조하면서 전개하고 있는 라이커(W. Riker)의 『The Theory of Political Coalition(1962)』, 공적 영역에서의 집합적 행동과 관련하여 소요되는 비용을 무임승차의 문제로 분석하고 있는 올슨(M. Olson)의 『집합행동의 논리: 공공재와 집단이론(The Logic of Collective Action: Public Goods and Group Theory, 1965[2003])』도 합리적선택이론의 전공자들에게는 필독서로 여겨지고 있다.

3. 이론의 분기

뷰캐넌은 합리적선택이론 혹은 공공선택이론의 진정한 선구자이면서 대표적 인물로 알려져 있고 또 이 공로를 인정받아 노벨 경제학상을 수상하였다.[4] 따라서 합리적선택이론이라 불리는 영역에는 그의 사상이 많이 반영되었다고 할 수 있을 것이다. 그러나 그의 경제학 정의나 연구영역에 대한 입장을 자세히 들여다보면,[5] 그의 주장이나 사고가 예외적인 것도 있고, 연구 중점이나 공공부문에 대한 처방도 다른 경우가 있다. 따라서 '비시장적 의사결정 행위를 경제학적으로 연구' 혹은 '정치학에 경제학을 적용'하는 분야를 합리적선택이론이라 하고는 있지만, 합

4) 노벨상 수상의 이유에서 공공선택(Public Choice)이란 용어는 나오지 않는다. 공식적 수상 계기는 "경제이론과 정치적 의사결정이론을 위한 계약론적, 헌법적 토대를 진척시킨 공로"이다.
http://nobelprize.org/nobel_prizes/economics/laureates/1986/

5) 이 장의 보론을 볼 것.

리적선택이론이 단일한 이론체계라거나 모든 합리적선택논자들이 동일한 경향을 갖고 있다 할 수는 없다. 합리적선택이론가들의 윤곽적인 차이는, 대표적 학자들이 소속된 대학의 명칭을 딴 학파별로 나타내는 것이 보통인데, 간단하게는 아래 표와 같이 정리할 수 있다. 이는 합리적선택이론의 특징적인 면모들이 1949년 ~ 1971년 기간 동안에 갖추어진 것으로 보는데 따른 것이다(Orchard and Stretton, 1997: 409).[6)]

합리적선택이론의 학파

학 파	대표적 학자	특 징
Virginia	Buchanan, Tullock	자유 중심의 헌정 경제학
Rochester	Riker, Ordeshook	게임이론 등의 실증 정치학
Bloomington	Ostrom 부부	제도 중시, 개인과 공동체의 조화
Chicago	Stigler, Becker	철저한 신고전파경제학

※출처: Mitchell, 1988; Rowley, 2008을 정리

합리적선택이론의 학파는 위 표와 같이 크게 네 학파로 분류하는 것이 일반적이고, 대표적 학자들은 시카고 학파를 제외하고 모두 공공선택학회(Public Choice Society)의 회장을 역임한 바 있다. 그러나 공공선택이론가 이면서 이와 같이 분류하지 않는 경우도 있는데 합리적선택이론의 개요 격인 글에서, Mitchell (1988)은 시카고 학파를, Rowley(2008)는 블루밍턴 학파를 언급

6) 1949년은 뷰캐넌의 'The Pure Theory of Government Finance: A Suggested Approach, *Journal of Political Economy* 57: 496-505'이 발간된 해이고, 1971년은 G. Stigler의 'The Theory of Economic Regulation, *The Bell journal of economics and management science*, 2: 3-21'이 발간된 해를 가리킨다.

하지 않는다. 이로부터 어쩌면, 이 두 학파 간에는 어느 정도 이질성이 존재하고 있다는 것을 추측할 수 있을 것이다. 만일 이것이 맞다면, 시카고 학파는 합리적선택이론으로 분류되지만 정통경제학을 표방하면서 활동의 주 무대가 'Public Choice' 지(誌)가 아닌 'Journal of Law and Economics' 지라는 점에서, 블루밍턴 학파는 대표적 인물인 오스트롬 부부가 모두 공공선택 학회 회장을 역임한 바 있고 또 한때 방법론적 개인주의와 경제 인간 가정을 따랐지만, 이제는 인간의 경제적 이기심 외 다양한 동기를 인정하고, 공동체 '문화와 제도' 등이 개인의 동기와 사회적 양태를 형성하기도 한다는 점을 인정하고 있다는 점을 지적할 수 있을 것이다.

보론: 선구자들이긴 하지만...

A. Downs(1930~)

다운스의 위 공적 영역의 행위 주체에 관한 가정 중에는 공직자 일반에 대한 것은 없다. 자신의 박사학위 논문이기도 한 그 저술은 정당 정치에 초점을 둔 것이었기 때문이다. 그가 행정부를 구성하는 정부관료에 대한 행동동기를 다룬 것은 그로부터 10년이 지난 시점인 『Inside Bureaucracy(1967)』를 통해서였다. 그러나 이 저술을, 합리적선택이론을 집대성하고 있는 뮐러는 합리적선택이론의 문헌으로 간주하지 않는다.

왜 그럴까?

다운스는 경제학의 기본 가정에 충실하게 공무원 관료 역시 합리적 존재인 것은 인정하고 있지만, 그들의 행동 동기를 경제 인간으로 귀일시킬 수 없는 형태로 세분화하고 있기 때문이다. 즉 1967년의 위 책에서는 공무원 관료들을 승진지향형(climbers), 보수적 자리 보존형(conservers), 열성적 이념 지향형(zealots), 자기 자신보다는 외부를 의식하는 추종자형(advocates), 정치주의적 성향이 강한 경세가형(statesmen) 등으로의 분류를 시도하고 있는 것이다. 사실 다운스의 『민주주의의 경제학이론』이 발간된 이후 세간의 비판이 있어왔는데 그 초점은, 지금도 그러하듯이, 인간 가정에 대한 부분이었다. 그래서 그는 이미 1962년의 논문 "공익: 민주주의에서의 의미(The Public Interest: Its Meaning in a Democracy)"에서는, 공적 영역에서의 인간의 행동동기로서 자기이익의 극대화 외에도 공익 추구도 인정하고 있었던 터였다.

다운스의 이 태도변화를 가리켜 털럭은 "다순스가 이 분야(합리적선택이론)에서 급속하게 발을 빼 버"린 것으로 표현한다(1998: 9).

Ronald Coase(1910~2013)

앞에 소개한 코스 정리는 우리에게도 익숙한 것이고, 뮐러의 『Public Choice Ⅲ』에서는 최초로 등장하는 경제학의 정리이기도 하다. 그러나 여기에는 쉽게 이해하기 어려운 부분이 있다. 위 내용만을 보면 그는 보수적인 경제학자들과 기업인들의 영웅일 것이다. 그의 정리가 정부의 경제적 역할이 제한되어야 한다고 주장하는 것으로 보이기 때문이다. 그러나 코스 자신은 그의 이 논문이 이처럼 해석되는 것에 대단히 불편해 한다(1992: 717). 그의 이 같은 입장은, 그가 노벨상을 수상하는데 결정적이었던 논문인 "The Problem of Social Cost"의 가장 중요한 아이디어는 마르크스(Karl Marx) 사상의 일부를 차용하여 확대 발전시킨 것임을 알면 수긍할 수 있을 것이다.

또 '코스 정리(Coase theorem)'이라 불리지만, 그의 글 어디에도 theorem이란 용어는 없다. 이 명칭은 코스를 초청한 시카고 대학 교수들의 어느 저녁 식사 모임에서, 베커(G. Becker) 교수의 제안에 따른 것이라 한다.

코스가 시카고 대학에 재직한 탓에 그는 간혹 시카고 학파로 분류되기도 한다. 그러나 그가 채택한 경제학 방법론을 고려하면 이는 잘못이다. 그는 이 학파의 방법론자들인 프리드먼이나 베커 등의 것에 격렬히 반대하였다. 코스는, 가격이론(수요이론)이 중추가 되는 주류 경제학의 방법론에 대해, 그러므로 이 경향을 따르는 합리적선택이론에 대해 지극히 회의적이었던 것이다. 그의 경제학 방법론에 대한 요지는, 경제학은 인간과 사회에 대한 특정한 사항을 가정하고 구축된 가격이론 중심의 '순수 이론(pure theory)' 대상으로서 시장이 아니라 '실제'의 시장을 연구대상으로 해야 한다는 것이다. 그는 그러한 주류 경제학을, 실제 현실과는 맞지 않는 허구일 뿐이라는 의미에서 '칠판 경제학(blackboard economics)'이라 비하한 것으로도 유명하다.

J. M. Buchanan(1919~2013)

표준적인 경제학의 정의로 자주 인용되는 것은 앞에서 본 로빈스의 희소성'과 '선택' 그리고 '자원배분'에 관한 학문으로 보는 것이 일반적이다. 그러나 뷰캐넌은 이와 다르다. 그는 "나는, 경제학의 중심은 자원배분의 이론이 아니라 시장의 이론이 되어야 함을 제안하며, ···· 경제학자들은 선택(choice)보다는 교환을 경제학의 주요 문제로 다루기를 희망한다"고 하고 있다. 얼핏 보아 이 용어들은 경제학 관련 서적에서 쉽게 접할 수 있는 것이어서 짧지만 여기에 나타나 있는 차이를 놓치기 쉽다. 그러나 이 차이는 심오한 것이다. 예컨대 뷰캐넌처럼 경제학을 이해한다면, 우리에게 너무나 익숙한 '시장실패market failure' 개념조차도 허용될 수 없는 것이기 때문이다. 이점은 그가 비록 시카고 대학에서 박사학위를 받았으나, 그에게 결정적으로 영향을 끼친 인물은 당시 미국에서 오스트리아 학파 경제학의 전도사였던 나이트(F. Knight) 이었음을 알면 이해될 수 있을 것이다. 경제학을 자원배분이나 선택 보다, 시장과 거래에 초점을 맞춰 이해하고자 하는 이 부분이, 그에 대한 오스트리아 학파의 영향을 여실히 보여준다. 그러므로 이 학파에서는 '시장실패'란 용어에 대해서도 아예 성립할 수 없는 것이라 본다. 간혹 뷰캐넌은 이를 분명히 하기 위해 경제학Economics 대신 '거래 이론Catallactics' 이란 말을 쓰는데, 이 역시 오스트리아 학파의 용어이다.

제2장

인간 행위에 대한 경제학의 분석구조

합리적선택이론은 경제학의 제 이론과 방법에 기초를 두고 있다. 그래서 이 장에서는 주류적 경제학 내부에서 가장 기초적인 것으로 여겨지고 있는, 강학상 미시 경제학(micro economics)이라 알려진 사항들에 대해 개괄적으로 살펴보기로 한다. 이에 익숙하지 않았다면 아래의 내용들은 어느 정도 부담을 느낄 수도 있을 것이지만, 사실 경제학 교재 수준의 그 핵심들에 대해서는 단순한 직관만으로도 접근할 수 있는 것들이다. 합리적선택이론은 이 논리, 즉 종래 시장영역에 관련된 분석도구들로 공적 영역에 대해서도 접근하고자 하는 것이다.

한편 여기에서 경제학의 거시 부분은 언급되지 않고 있다. 그 이유는 경제학의 '방법'과 관련된 논의는 주로 미시경제학을 중심으로 전개되어 왔기 때문이다. 또 1970년대 중반 이후의 이른바 '미시적 토대(micro-foundation)'에 대한 논의로 거시 경제학에서도 이 부분들은 출발점으로 전제되고 있다.

우리나라의 경우 경제학 교육은 초·중등 교육과정부터 이뤄지고 있다. 주로 신고전파라 불리는 주류 경제학의 것인데, 그러다가 이하에서 다룰 내용들에 대해서는 초보적 수준에서나마 대학교재에서 설명이 등장한다. 경제사상사라든가 방법론에 대한 취급은 거의 없는 상태에서 이것은 문제다. 대단히 논쟁적인 것들이, 마치 임진왜란에서의 이순신 장군처럼 다뤄지고 있기 때문이다. 이 책에서는 합리선택이론의 분석도구와 구조 등을 소홀히 하지 않으면서 그 부분들도 꺼내 보도록 하겠다.

1. 경제학의 세 가지 중추 개념

극대화

경제학에서는 인간, 즉 소비에서든 생산에서든 각각의 행위 주체들이 자신들 이익의 극대화(maximization)를 추구한다고 가정한다(경제 인간, *homo economicus*). 소비자는 효용(utility)을 극대화하고, 기업은 이윤을 극대화하며, 국회의원과 같은 정치인은 선거에서의 득표수를, 공무원 관료들은 수입을, 사회봉사 조직과 같은 자선단체들은 사회후생의 극대화를 추구한다고 간주한다. 인간은 합리적이며, 합리성은 극대화를 요건으로 하기 때문이라는 것이 그 근거이다. 이와 같은 인간의 합리성이 쓰이는 한 예를 보면, 사람들은 재산, 권력, 명예, 사랑 등을 위해 자신을 만족시킬 수 있는 대체 가능한 여러 가지 수단들이 주는 효용의 크기가 다를 때, 이를 그 대체 수단들이 주는 만족감의 크기에 따라 그 순서를 정할 수 있다는 것, 이들 중 자신에게 주어진 자원의 제약 하에서 최선의 선택을 한다는 것이다.[1)]

주어진 제약 하의 최선의 선택문제는 극대화라는 수학적 방법으로 설명될 수 있다. 즉 수학에서 정수(正數)를 작은 수에서 큰

1) 주류 경제학에서의 인간과 합리성에 대해서는 다음 장에서 자세히 보기로 한다.

수까지 순서를 정할 수 있는 것과 마찬가지로, 합리적 인간은 자신에게 주는 만족 값의 크기에 따라 선택가능한 여러 수단(재화)들의 순서를 정할 수 있다. 따라서 보다 나은 선택은 보다 많은 수와 관련되는 것이고, 경제학은 이 조합을 '효용함수'라 한다. 또 선택 상의 제약은 가능성의 제약이라 한다. 주어진 제약 하에서 최선의 선택은 바로 주어진 가능성 제약 아래에서 효용함수를 극대화하는 것이다. 그래서 예컨대 소비이론은, 소비자는 물건을 살 때 자신의 예산 제약 하에서 효용을 극대화한다고 표현하고 있다.

이렇게 보면 극대화란 자신이 할 수 있는 최선을 다한다는 의미로 이해될 수 있다. 그러나 실제의 인간은 그렇지 못한 경우가 많고, 더 기본적으로 대체 수단들이 주는 효용을 계산하기 어려운 경우도 많다. '행동 경제학(behavioral economics)'으로 알려진 분야는, 위와 달리, 인간의 합리성을 미리 가정하는 것이 아니라, 현실의 실제 인간 행동에 대한 관찰을 토대로 경제학의 각 주제에 접근하고자 한다. 그러나 행동경제학과 같은 접근 하에서는 오늘날 경제학교과서에서 볼 수 있는 위 미시경제학의 기본구조와 같은 이론 정립은 불가능하다.[2] 그러므로 이 장에서는 전통적 미시경제학의 핵심만을 다루기로 한다.

균형

경제학의 두 번째 기초적 수학 개념은 균형(equilibrium)이다. 균형이란 외부의 교란요인이 없는 상황에서는 '하나'의 상호작

2) 이를 달리 말하면, 현재의 경제학 서적들은 '실제'의 인간행동을 묘사하는 것은 아니라는 말이다. 또 이것이 행동 경제학이 태동하게 된 직접적 계기다. 경제학의 방법론, 실증주의, 도구주의 등과 연관되어 있다.

용 유형이 그대로 유지된다는 것을 의미한다. 경제학은 인간의 상호작용이 일어나는 장소가 어디든, 합리적선택이론이 그러는 것처럼 어떤 상황에서든, 시장은 물론 회사 내이건, 학교 교실이건, 결혼이든, 심지어 범죄이든 간에, 그 패턴은 균형을 유지하려 하는 것으로 가정한다.

앞의 극대화와 균형 간에는 밀접한 관계가 있다. 즉 모든 개인이나 집단의 행동은 극대화를 추구하지만, 이 극대화 행동은 이들이 안정된 상태인 균형을 지향한다. 행위자들의 궁극적 목표는 균형이 아닌 극대화일 것이지만, 이들의 상호작용은 균형을 성립시킨다. 안정적 균형(stable equilibrium)이란 외부적 교란요인이 없는 한 변화가 없이 그 상태가 지속되는 경우를 말한다(비유하면, 산골짜기의 눈덩이가 아닌 산꼭대기의 눈덩이). 산꼭대기의 눈처럼, 외부의 교란요인이 없다면 상호작용은 안정적 균형에 도달하게 된다. 이처럼 가정된 균형을 전제하고 여러 시장들의 관계를 분석하는 것을 '비교 정학 분석(comparative statistics analysis)'이라 하고, 경제학의 가장 강력한 도구이기도 하다.[3)]

그러나 현실 삶에서는 균형이 도달하기 전에 또 도달된 뒤에도 교란요인이 개입한다. 실제 경제학에서도 경제성장이나 경기순환과 관련해서는 불균형을 분석하기도 한다.

능률성

또 하나의 기초적인 경제학의 수학적 개념은 능률성(efficiency)

3) 이 장의 보론에서 다루는 내용의 부제는 '벌거벗은 사회과학의 여왕'이다. 이 의미는 경제학적 분석의 가장 강력한 이 도구가 사실은, 논리적으로 성립될 수 없음에서 비롯된 것이다.

이다. 그러나 여기에는 크게 보아 두 가지 개념이 있다고 볼 수 있는데, '생산과정'에서의 능률성과 '자원배분'에 있어서의 능률성이 그것이다.

생산과정에서의 능률성은 다음 두 조건 중 하나의 조건이 충족되는 경우를 말한다.

· 같은 양의 산출(outputs)을 더 작은 양의 투입(inputs)으로는 달성할 수 없는 경우
· 같은 양의 투입으로는 더 많은 양의 산출을 달성할 수 없는 경우

배분과정에서의 능률성은 이를 제안한 사람의 이름을 따서 '파레토 능률성(Pareto efficiency)'이라 불리는 것이다. 이에 의하면, 다른 사람의 후생을 악화시키지 않고서는 적어도 어떤 한 사람의 후생을 개선시킬 수 없는 상태를 능률적이라 한다(만장일치). 예컨대 시장에는 철수와 영희의 두 사람의 소비자와 빵과 우유라는 두 재화만이 존재한다고 가정하고, 애초부터 두 사람에게 두 재화가 배분되어 있는 경우, 이 상태가 파레토 능률적인가를 생각해 보자. 만약 두 사람 중 철수(혹은 영희)의 만족을 낮추지 않고서는 영희(혹은 철수)의 만족을 더 높일 수 있도록 빵과 우유를 재배분할 수 없는 경우, 이 배분이 파레토 능률적이다.

그러나 현실에서, 특히 정부 정책 등에서 파레토 능률적인 상황을 찾기란 불가능하다고 보아야 한다.[4] 그래서 실제의 정책

4) 하늘에서, 그것도 무인도 같은 곳으로 떨어진 유성이 금(金)인 경우와 같은 상황에서나 상상 가능할 것이다. 자신의 이 논리에 따라 파레토(V. Pareto)는 당시(19세기 말, 20세기 초) 유럽 상황에서 사회주의와 재분배

영역에서 능률성이 기준으로 사용되는 경우 그것은 파레토 능률성 개념이 변용된 '비용-편익 능률성(cost-benefit efficiency)'과 '후생(복지) 능률성(welfare efficiency)' 개념이 사용되고 있다. 이에 대해서는 후생경제학 부분에서 보기로 한다.

2. 경제이론의 구조

원론이든 미시든, 어떤 경제학 책을 접하든 그 큰 틀은 아래의 그림으로 요약할 수 있다. 여기서 굵은 선은 경제학 내부에서 전체와 부분의 경계를 나타내는 것이다.

경제학 이론

시장이론

생산물시장		**생산요소시장**
소비자이론	**생산자이론**	
· 한계효용이론 · 무차별곡선이론 · 현시선호이론 · 불확실성 하에서의 선택이론	· 생산기술 · 생산비용 · 이윤극대화	·생산요소의 수요와 공급 ·노동시장 및 자본시장

완전경쟁시장
독점시장 및 독점적경쟁시장
과점시장 및 게임이론

일반균형이론
후생경제학(시장실패)

정책은 불가능하다는 것을 강변했다. 정부정책을 통한 어떤 변화 시도도 그의 이 기준에서는 개선일 수 없기 때문이다. 이러한 논지를 편 그를 그래서 자본주의 계의 마르크스(K. Marx)라 부르기도 한다. 그는 마르크스의 공산당선언이 있던 해인 1848년에 태어났다.

가격이론과 게임이론의 구분

미시경제학은 크게 보아 시장에 관한 이론과 그 시장의 상태를 기술하거나 처방하는 분야(위 그림의 하단 부분)로 나누어진다고 할 수 있다. 또 구분되고 있는 것은 시장이론 내부에서의 가격이론과 게임이론의 구분이다. 위 그림에서 게임이론은 과점시장과 관련해서 나타나고 있는데, 이는 게임이론과 관련된 논의들은 가격이론과는 본질적으로 다른 것임을 나타낸다. 그러므로 경제학의 교재수준의 문헌에서도 시장이론에서의 행위자와 게임이론에서의 행위자는 전혀 다른 양상으로 서술되고 있다. 앞에서 경제학의 중추 개념의 하나로 '균형'을 들었는데, 이 균형에 대한 최초의 증명은 가격이론이 아니라 게임이론을 통해 이뤄진 것이었다.[5] 이 사정을 감안하여 여기서는 게임이론을 별도로 보기로 한다.

경제학이란 일반적으로, 경쟁적 목표 사이에 어떻게 희소한 자원을 배분할 것인가에 관한 학문으로 정의되고 있다. 예컨대, 현재 갖고 있는(주어진) 돈으로 노트북을 살까 아니면 스마트폰을 구입할까? 휴가 기간에 여행을 할 것인가 아니면 독서를 할 것인가? 우리는 사용가능한 돈과 시간이 한정적이기 때문에

---

5) 폰 노이만(John von Neumann)과 내시(John F. Nash, Jr.)에 의한 일반균형의 '존재' 증명을 가리킨다. 내시가 그 1 페이지 짜리 글로 노벨경제학상을 받았다는 것은 유명하지만, 그의 증명 방식은 가격이론을 적용하는 경우에서도 결정적인 것이었다(11장의 보론을 참고). 뒤에서 다루겠지만, 게임이론의 중요성은 비단 이에 그치는 것은 아니다. 우리의 경우 대학원 과정에서도 낯선 것은, 사실 가격이론은 엄밀히 말하여 근거가 없다는 점이다. 따라서 이를 토대로 하는 미시경제학의 대부분도 근거가 없다. 그렇다면 지금의 주류 경제학을 어떻게 이해하여야 할까? 이것은 학문(과학)인가 아닌가의 판단에 관한 논의에서 심각한 문젯거리이기도 하다. 그래서 경제학 내부에서 부각되는 것이 가격이론을 대체하는 대안의 도구가 게임이론이다.

이 상황에서 필연적으로 선택을 해야만 한다. 미시경제학은 이처럼 사람들이 어떻게 의사결정을 하는가에 관해 '특정한' 철학적 배경 하의 방법론을 적용하여 '일반적' 이론을 제공하고자 하는 학문으로 이해될 수 있다.[6)]

3. '경제학에서의' 합리성: 개념과 조건

인간의 특성으로서 '합리성'의 사전적 의미는 '이치에 맞는 성질' '논리의 법칙이나 과학적 인식에 맞는 성질' '이성이 받아드릴 수 있는 것' 등 다양하다. 그러나 경제학이, 이미 본 바와 같이, 목적 수단관계로 정의되고 있으므로 경제학에서의 합리성이란 '행위가 능률적으로 이루어지거나 사태가 목적에 적합한 성질' 정도의 뜻을 갖는다. 여기서의 목적이란, 경제학에서 전제하는 인간, 즉 행위 주체인 경제 인간의 목적인 자기 자신의 이익이다.

따라서 경제학에서 합리성 개념은 독특한 것이라 할 수 있는데, 이는 통상적인 우리의 일상생활에서의 언어사용과도 벗어나 있다고 할 수 있다. 그 이유는 예를 들어

"당신은 참 합리적이군요!"

이라고 말하는 상황을 상상해보면 알 수 있다. 이 말을 경제학적으로 옮기면

"당신은 참 야비할 정도로 이기적이군요!"

6) 이어지는 다음 장은 이를 다룬다. 이에 대한 사회과학방법론 혹은 과학철학과 같은 내용들에 대해서는 간략하나마 4부에서 보기로 한다.

의 뜻인데, 우리의 일상 언어생활에서 합리성의 의미를 이런 뜻으로 사용하는 경우는 거의 없다.

경제학의 중요성 혹은 경제학 교육의 필요성을 언급하는 교과서나 교재들은 이 부분을 은폐하고 있다. 마치 합리적 이라는 인간의 행위는 '타인과 연관된' 행위는 없는 것처럼 기술하고 있기 때문이다. 모든 인간을 로빈슨 크루소로 간주한다는 것인데, 그러나 로빈슨 크루소에게 단 한 명의 인간이 출현하자 그의 모든 삶은 뒤틀려 버렸음을 애써 감추고 있는 것이다.

아무튼 합리성 조건에 따라, 경제학에서 행동주체 즉 인간은 자신이 좋아하는 것과 싫어하는 것을 알고 있으며 좋아하는 정도에 따라 순위를 매길 수 있다고 가정된다. 예컨대 소비자는 두 가지 선택 중에서 어느 것이 더 좋은 지 혹은 두 선택이 동일한 정도로 좋은지 말할 수 있다는 것이다. 이는 구체적으로는 다음 조건으로 구체화되어 표현되고 있다.

선호의 완전성(completeness)

어떤 선호가 완전성 조건을 충족한다는 것은, 선택 가능한 상품과 서비스의 조합들 중에서 소비자는 어떤 임의의 두 조합을 비교해서 둘 중 어느 조합을 더 좋아하는 지 순위를 매길 수 있다는 것이다. 예를 들어, 상품과 서비스가 담겨 있는 서로 다른 조합 A와 B가 있다고 할 때, 소비자는 항상 어느 것이 더 좋은 지 혹은 동일하게 좋은 지 중 어느 하나를 말할 수 있어야 한다는 것이다. 이 조건에 따라 소비자는 자신의 선호와 관련해서는 '모르겠다'고 답해서는 안 된다.

선호의 반사성(reflexivity)

이는 같은 상품 조합 간의 비교는 무차별하며, 같은 상품 조합에 대한 선호도는 바뀌지 않아야 한다는 조건이다. 예를 들면, (빵·우유)의 조합 A와 또 다른 (빵·우유)의 조합 B 간의 비교는 의미가 없다는 것이고 또 이러한 선호는 바뀌지 않는다는 것이다.

선호의 이행성(transitivity)

A, B, C 세 개의 상품조합이 있을 때 어떤 소비자가 A를 B보다 좋아하고, B를 C보다 좋아한다면, 이 소비자는 반드시 A를 C보다 좋아해야 한다는 조건이다. 또 이 조건은 A와 B를 같은 정도로 좋아하고(무차별하고), B와 C를 같은 정도로 좋아한다면, 이 소비자는 A와 C도 같은 정도로 좋아해야 한다는 조건이기도 하다. A를 B보다 좋아하고, B보다 C를 좋아하면서, C를 A보다 좋아하는 경우, 선호가 순환(circular preference)된다고 말한다. 선호의 이행성은 이러한 개별 선호의 순환성을 배제한다는 것이다.

물론 이러한 인간의 합리성 가정이 현실에서 성립된다고 보기는 어렵다. 예컨대 소비자의 기호 혹은 선호는 광고 등의 영향에 따라 바뀌는 경우는 매우 흔하다. 만약 그렇지 않다면 상업광고나 정치광고 등은 거의 무가치한 행위가 될 것이다. 그러나 미시경제학의 최정점(最頂點)인 '일반균형이론'으로의 전개에 있어 이 조건들은 반드시 충족되어야만, 그 의미에서 전제되어야만 한다. 달리 말해, 이러한 가정들을 전제하지 않는다면 미시경제학 내의 많은 정리(定理)들은 성립되지 않는다는 의미다.

또 선호 개념과 관련해서 반드시 알아야 할 것은 경제학은 이를 외부에서 주어지고(given) 또 주관적인 것으로 취급된다는 것이다. 사실 서로 다른 사람은 서로 다른 기호를 갖고 있을 것이므로 어쩌면 이는 당연한 것일 수 있다. 그래서 서로 다른 개인들 간의 선호의 강도를 비교해서는 안 된다는 것도 매우 타당한 것으로 보인다. 그러나 각 소비자들 간의 후생 비교 불가 혹은 불능 문제는 공공정책을 수립하고 집행하는 데 매우 중요한 의미가 있다. 이에 대해서는 후생경제학 부분에서 다루기로 한다.

제약하의 극대화

미시경제학에서 극대화 개념은 특정한 제약이 부가된 상태에서 다루어진다(제약 하의 극대화, constraint maximum). 그러나 이는 매우 단순한 개념으로 다음과 같이 정의할 수 있다.

> 제약 하의 극대화 혹은 경제적 최적화란 한계비용(marginal cost)이 한계편익(marginal benefit)과 일치하는 점이다.

이 원칙이 도출되는 과정을 보기 위해, 어떤 의사결정자가 자신에게 가장 유리한 수준을 일차적으로 결정했다고 가정해보자. 이때 자신의 일차적 결정이 옳았는지 확인해보고 싶다면 어떻게 해야 할까? 그는 일차적으로 결정한 수준을 '한계적(marginal)'인 아주 적은 정도로 변화시켜 보아야 한다. 만약 그가 자신의 일차적 수준을 한계적으로 조금 높인다고 해보자. 일단 이런 수준의 증가에 따른 비용의 변화, 즉 한계비용이 발생한다. 하지만 이러한 수준의 변화는 비용뿐 아니라 편익의 증가, 증 한계편익도 발생시킨다. 이때 한계편익이 한계비용보다 크면 의사결정자은 자신의 일차적인 수준을 한계적으로 증가시킴으로써 이득을 보게 된다. 따라서 의사결정자는 한계편익이 한계비용보다 높은 한, 계속하여 그 결정 수준을 높이게 될 것이다. 그러다가 결국 한계편익과 한계비용이 같아지는 수준에서 멈추게 되는데, 이것이 바로 이 의사결정자의 극대화점이다.

수요·공급의 법칙이나 그 곡선 등은 이상의 제 가정들을 소비와 생산 국면에서 재화나 서비스의 가격과 연관시켜 묘사하려는 것들이다.

4. 시장균형

시장균형(market equilibrium)은 효용을 극대화하려는 소비자와 이윤을 극대화하려는 생산자의 상호작용을 분석하려는 것이다. 경제학의 꽃이라 할 수 있는 일반균형과 후생경제학은 전적으로 ‘완전경쟁’ 시장을 전제로 전개된다.

완전경쟁이란, 대단히 많은 수의 기업이 존재하여 어떤 기업도 시장 가격을 변화시킬 수 없고, 대단히 많은 수의 소비자가 존재하여 어떤 소비자도 시장 가격을 변화시킬 수 없는 경우를 가리킨다. 경쟁자의 숫자가 매우 많은 상황이므로 행위자는 다른 경쟁자를 의식할 필요가 없다.

물론 경제학 밖의 실제 세계에서는 오히려 경쟁자의 수가 매우 제한되는 것이 일반적이고 또 각 경제주체는 경쟁 상대방을 의식한다. 그런데 이것은 뒤에서 보는 게임이론이 분석 수단으로 활용된다.

완전경쟁 시장의 균형

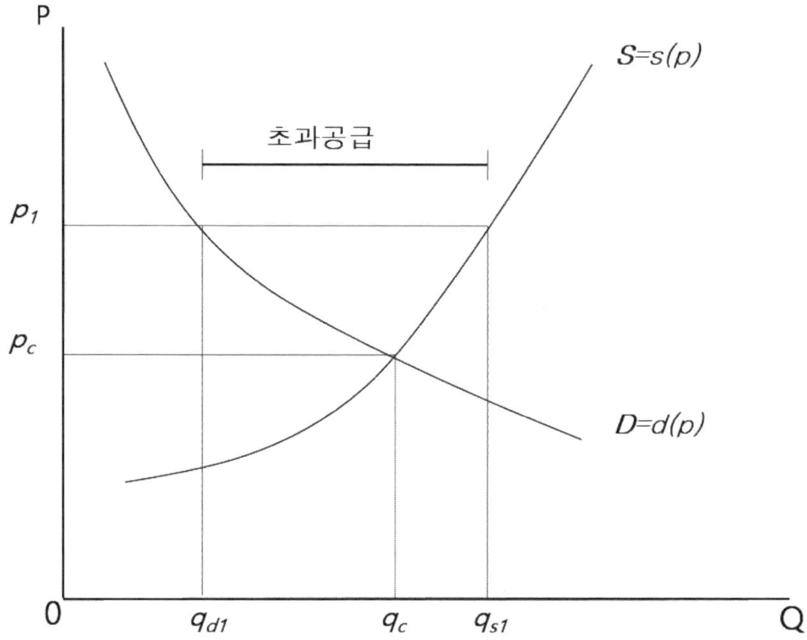

완전경쟁 산업에서 해당 상품에 대한 시장수요곡선과 시장공급곡선은 위 그림의 각각 우하향하는 와 우상향하는 곡선 형태로 나타난다. 바로 이 두 곡선이 교차하는 지점에서 시장균형 가격과 생산량이 결정되며, 이때 공급량과 수요량은 일치한다.

위 그림의 pc, qc조합을 균형이라 하는 이유는, pc, qc 조합이 아닌 그 이외의 경우를 살펴보면 쉽게 이해될 수 있다(기초적 개념 '균형'을 상기할 것). 최초의 시장가격이p1이라면, p1에서 생산자는 qs1의 생산물을 공급함으로써 자신의 이윤을 극대화할 수 있고, 효용을 극대화하려는 소비자는 qd1 단위의 재화를 구입하게 될 것이다. 이 경우 p1에서 공급자가 팔려고 하는 공급량이 소비자가 구입하려는 수요량을 초과하기 때문에 공급과 수요의 결정이 서로 일치하지 않는다. 이처럼 시장 상황이 초과공급이라면 어떤 변화가 나타날까? 시장가격이 하락하게 될 것이다. 가격이 하락함에 따라 소비자는 수요량을 늘리고(수요의 법칙), 공급자는 공급을 줄이게 되어 공급량과 수요량 간의 격차는 좁혀지게 될 것이다. 이러한 과정을 통해 시장가격은 pc에 이르게 되며, pc에서 생산자(즉 기업)의 공급량과 소비자의 수요량은 일치하게 된다.

균형분석의 응용

시장은 균형을 향해 조정된다는 균형 분석의 아이디어는 특히 정부 활동이 일어나고 있는 경우에 대단히 많이 적용되고 있다. 여기서는 정부가 주택임대 시장에 개입하여 가격을 조절하고자 할 경우를 보기로 한다.

주택임대 시장이 아래 그림과 같다고 가정하자. 여기서 임대주택의 수요는 우하향하는 *D*곡선으로 나타나고 있고, 공급은 우상향하는 *S*곡선으로 나타나 있다. 임대시장이 완전경쟁 하에 있다고 가정하면, 이윤극대화를 추구하는 주택 소유자와, 효용극대화를 추구하는 임대주택 소비자의 독립적 행동의 결과 r_1의 임대료에 h_1 단위의 주택이 공급되고 수요될 것이다. 이때 각 곡선들이 이동될 요인이 없는 한, 이 가격과 공급량의 조합이 그대로 유지될 것이다.

이제 정부가 주택임료 r1이 지나치게 높다고 판단하여 그 수준을 하향 안정화하는 정책을 시행하려 한다 가정하자. 정부는 법률 등으로 균형시장 임대료 r1보다 낮은 수준인 rm의 임대료 상한(ceiling)을 설정하고, 적어도 같은 수량의 주택이 r1보다 낮은 임대료에 거래되기를 기대한다고 하자. 과연 정부가 개입하여 무주택자 등을 보호하려는 위 정책은 성공할까?

정부 개입의 경제 분석: 주택임대료 제한의 경우

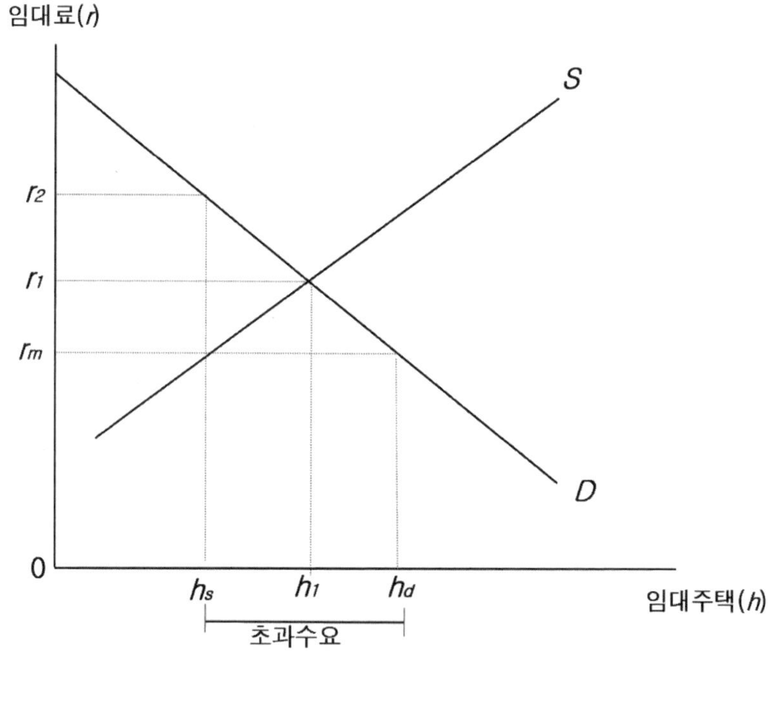

r_m에서 소비자는 r_1보다 더 많은 h_d 단위의 임대주택을 수요하려 할 것이다. 하지만 이 때 주택소유유자들이 시장에 공급하려는 임대주택의 단위는 h_1보다 적은 h_s 단위이다. 즉 보다 낮은 임대료로 임대하는 것은 수지에 맞지 않으므로, 공급자들은 r_m 수준에서는 주택을 임대용도로 사용하려 하지 않을 것이다. 이때

정부에 의한 임대료 상한의 설정 결과는 h_d-h_s 에 상당하는 임대주택의 초과수요, 즉 공급부족이라는 결과다.

만일 임대료 상한 규제가 엄격하게 집행될 경우 임대주택의 공급부족 현상은 계속될 것이다. 이 상황에서는 이른바 '줄서기'와 같은, 임대주택의 초과수요자들 중 h_s를 배정하는 방법, 즉 비가격 메커니즘이 마련되어야 할 것이다. 어떤 요인으로 수요곡선이 좌로 이동하거나 공급곡선이 우로 이동하게 되면 주택부족 문제는 해결되어 갈 것이다. 경우에 따라서는 임대주택의 공급자가 통상적 수리와 유지관리를 하지 않으면서, r_m의 임대료가 경쟁적 임대료가 될 때까지 주택가치의 하락을 방치하게 될 가능성도 있다.

그러나 이 임대료 상한 규제가 느슨한 경우, 소비자와 공급자는 이 부족을 해소하는 수단을 강구할 것다. 예컨대, r_m의 임대료만을 지불하는 다른 소비자보다 더 우선적으로 임대하기를 원하는 소비자는 무상서비스나 뒷돈(side payment)을 제공하여 r_m을 초과하는 실질임대료를 지불 할 수도 있다. 이러한 추가 서비스와 뒷거래의 가액은 주택단위당 r_2-r_m일 것이다.

이상에서 본 바와 같이, 어느 경우이든 시장에서의 정부 활동은 사회적으로 보아 바람직하지 않는 결과를 가져온다는 것이 균형분석의 결론이다.

5. 일반균형과 후생경제학

지금까지의 미시경제학에 대한 소개는 소비자와 기업의 의사결정(선택)을 설명하는 기본 개념인 극대화, 균형, 능률성의 논의에 초점을 맞춘 것이다. 후생경제학(welfare economics)은, 어떻게 많은 개인과 기업들 간 의사결정의 상호작용이 개인의 복리 후생에 영향을 미치는가를 분석하는 분야다. 여기서는 예컨대, 능률성과 형평성 사이에는 내재적 갈등이 존재하는가? 정부규제가 없는 시장은 개인의 후생을 어느 정도 증대시킬 수 있는가? 정부가 시장에 개입해야 하는 경우와 수단은? 경제이론은 공정한 분배 여부를 규명할 수 있는가? 등의 주제를 다룬다. 이처럼 후생경제학의 주제는 앞 미시이론과 달리, 보다 나은 상태를 상정하고 처방한다는 점에서 규범적(normative) 경제학이라 불리고, 보다 추상적이고 철학적인 성격이 짙다.

일반균형과 후생경제학 정리

주류 경제학의 가장 위대한 성과는, 독립적으로 자신만의 효용을 극대화하려는 소비자와, 자기 기업만의 이윤을 극대화하려는 기업의 독립적 의사결정의 상호작용이, 모든 시장을 동시에 필연적이면서 자발적으로 균형에 도달되도록 한다는 명제에 필요한 조건을 밝히고 있다는 점이다. 이러한 조건들이 충족되어서 달성되는 균형을 일반균형(general equilibrium)이라 한다. 이는 모든 개별 상품(제품, 서비스 등) 시장에서 한계이익과 한계비용이 일치되도록 하는 경쟁이 작용할 경우에만 달성된다. 이것이 가장 위대한 성과인 이유는, 이 일반균형 하에서는 사회적으로도 최적이라는 점을 밝히고 있다는 점 때문이다. 즉 후생경제학의 사회적 최적성(social optimality) 개념에는 생산과 소비의 능률성은 물론, 분배에서의 능률성도 포함되어 있다. 그래서 일반균형이론을 빼놓고는 현대 경제학을 논의한다는 것은 거의 무의미한 것이 되어 있다. 이를 말하고 있는 것이 후생경제학 정리이고, 이에는 두 형태가 있다.

> 후생경제학 제1정리: 모든 소비자의 선호체계가 강단조성을 갖고 경제 안에 외부성이 존재하지 않으면, 일반경쟁균형의 배분은 파레토 능률적이다.

여기에는 이미 본 바 있는 제 조건(가정) 외에 다음의 조건이 추가되어 있다. 이들의 의미를 먼저 보기로 한다.

선호의 강단조성(strong monotonicity)

이는 어떤 두 상품의 조합 A, B가 있고, 각 상품을 어느 쪽이 더 많은 양을 포함하고 있는 지 비교한다고 할 때, 만약 A가 B와 같거나 더 많은 양을 포함하는 동시에, 최소한 하나의 상품에 대해서 A가 B보다 더 많은 양을 포함하고 있다면, 소비자는 A를 B보다 선호한다는 의미다. 쉽게 말해 '더 많은 것이 좋다(the more, the better)'는 것을 소비자들은 받아들여야 함을 뜻한다.

외부성(externalities)의 비존재

바다 한 가운데에 격리된 로빈슨 크로소가 아닌 한 경제주체의 행위들은 서로 영향을 주고 받는 경우가 많다. 경제학에서 말하는 외부성이란, 한 경제주체의 행동이 다른 경제주체의 효용함수나 생산함수에 의도하지 않는 영향을 미치는 것을 말한다. 그러므로 외부성의 '비'존재는 시장 참여자는 모두 로빈슨 크로소처럼 행동한다는 가정이다. 앞에 본 바 있는 '합리성'에 따라 각 행위자는 모두 완전정보를 갖고 있다고 전제되어 있기 때문이다.

일반경쟁균형이 이뤄진다면 이 상태에서의 자원배분은 파레토 능률적이라는 후생경제학 제1정리는, 애덤 스미스(A. Smith)의 '보이지 않는 손(invisible hand)'의 존재 증명이라는 의미를 갖는다. 즉 여기서의 소비자는 자신만의 효용을 극대화하기 위해 또 생산자는 자신만의 이윤을 극대화하기 위해 활동할 뿐, 각자의 행동이 사회에 미칠 효과는 전혀 고려하지 않는다. 그러므로 때론 무질서와 혼돈이 난무할 수도 있을 것이다. 그러나 이 정리는, 시장의 힘은 각 경제주체의 상충하는 욕망을 조정하고 안정과 균형을 부여한다는 것, 그 결과 사익과 공익은 조화를 이룬다는 것을 말한다. 이러한 시장의 능력에 대해 이론적 정당화를 제공하고 있는 것이 바로 후생경제학의 제1정리다.

> 후생경제학 제2정리: 초기부존자원이 적절하게 분배된 상태에서, 모든 사람의 선호가 볼록성을 가지면, 파레토 능률적인 배분은 일반경쟁균형이다.

제1정리는 일반경쟁균형 하의 배분은 파레토 능률적임을 보이고 있다. 그러나 반대로, 어떤 파레토 능률적인 배분을 전제하고, 이것이 일반균형의 상태에 있게 하는 가격체계가 존재하는지 여부도 물을 수 있다. 후생경제학의 제2정리는 일정한 조건이 만족되면 이에 '그렇다'라고 답하고 있다.

초기부존자원(initial endowment)이라는 개념에서 나타난 바와 같이 이 정리는 소득에 격차가 있을 수밖에 없는 경제주체들의 존재, 즉 형평성이 사회문제가 될 수 있음을 인정하면서, 이를 일반경쟁균형을 통해서 해결할 수 있다는 것을 말한다. 다시 말해, 능률성 외 형평성도 동시에 달성하는 자원배분이 경쟁균형을 통하여 실현시킬 수 있다는 것이다. 이를 정부의 역할과 관련해서 보자면, 이 정리는 형평성 달성을 위해 능률성의 손상을 부담할 필요가 없다는 것, 즉 가격체계로 작동되는 시장은 경제체계의 능률성을 해치지 않으면서도 형평성 문제를 해결할 수 있으므로, 정부의 적극적 역할은 필요 없다는 것을 함축하고 있다.

시장실패(market failure)

후생경제학의 제1정리에 따르면 각 경제주체가 이기적 동기만으로 행동함에도 모든 시장이 완전경쟁인 경우, 가격 메커니즘에 의해 파레토 능률적인 자원배분이 이뤄진다. 그러므로 이 논리는 자원배분에 관한 자유방임(laissez-faire)의 핵심적 근거, 즉 '시장실패가 있는 그 경우에만 정부는 할 일이 있다'로 작용되어 왔다.

그러나 이 정리가 성립하기 위해서는, 후생경제학 정리에서 나열되고 있는 가정은 물론, 이 장의 시작부터 전제되어 왔던 모든 가정들이 충족되었을, 그 경우에 한정된다. 시장실패란 이러한 조건들이 충족되지 않아서 가격 메커니즘에 의한 자원배분이 파레토 능률성을 달성하지 못하는 경우를 나타내는 집합개념(集合槪念)이다.[7] 간혹 현실의 예를 들어 가면서 시장의 부정적인 상황을 시장실패라 하는 경우가 있는데, 이는 잘못이다. 시장실패란 '순전히' 논리적 개념이라는 것, 이것이 간과되고 혼돈되어 사용되는

---

7) 이것이 시장실패의 정확한 개념이다. 상세하게는 이 장의 보론에서 다시 나온다. 너무나 익숙한 개념이지만 논리적으로는 파탄된 이론에 근거하고 있다.

경우가 많다는 것이다. 그러므로 그 쓰임의 빈도와는 다르게, 시상실패의 정확한 개념조차 명확히파악하고 있는 경우는 드물것이다. 후생경제학 정리를 도출하는데 필요한 제 가정, 이것이 현실과 부합하는지 여부로 시장실패 유형을 결정한다는 것. 그러나 위와 같은 사정을 언급하는 교과서 수준의 문헌은 몇 안 된다.

몇 번 언급한 바와 같이, 주류적 경제학은 실제의 인간, 현실의 시장을 분석하는 것이 아니라, 이들에 대해서는 특정한 것으로 가정하고 또 특정한 방법을 사용하여 논지를 전개 한다. 더 정확하게는, 실제 인간들의 어떻게 행위하는가라는 현실의 상태는 논외로 하고, 이들 인간의 영역에 균형점이 있다는 것을 전제한 후, 이 균형을 위해서는 어떤 조건들이 필요한가를 밝히고자 하는 것이다. 이러한 사정은, 일반균형이나 후생경제학의 발전과정에 있어 중추적 인물인 애로우(K. Arrow) 회고에서도 분명히 나타나고 있다. 이는 경제학 교재 수준의 내용만을 접해왔다면 이해하기 어려울 것이다. 그는 시장의 결과가 사회적으로 바람직하기 위해서는 얼마나 많은 조건들이 필요한가를 보이기 위해 그러한 연구를 진행했다고 한다(Marglin, 08: 292). 요컨대 애로우에 의존하여 판단하자면, 일반균형이나 후생경제학 정리들이 정부 활동을 부정시하면서 시장 메커니즘의 옹호로 작용하고 있다는 것은 원저자의 의도를 벗어나 있다는 점이다.

이처럼, 경제학에서 전제되고 있는 가정들은 현실과 전혀 무관한 것일 수 있다. 여기서 과연 그래도 현실에 적합한 이론 혹은 지식체계가 될 수 있을까라는 의문을 제기할 수도 있을 것이다. 주류적 경제학 진영에서는 그동안 이에 대해 ‘그렇다’라고 답하여 왔다. 그러나 이에 대해서는 심각한 의문이 있고, (과학)철학의 주류에서는 이미 ‘그렇지 않다’고 결론이 내려진 상태이다.[8)]

시장실패의 각 유형과 개념, 그리고 이에 대한 정부의 대응에 대해서는 경제학이나 행정학의 원론 수준의 책을 참조하기 바란다.

비용편익 능률성

경제학에서 일반적으로 쓰이고 있는 능률성 기준은 파레토 능률성이라는 점, 그러나 이는 특히 정부 정책의 실제에서 지극히 제한된다는 한계를 가지고 있음은 앞에서 보았다. 파레토 기준에서는 어떤 정부 정책으로 인한 이득자는 모든 손실자에게 '현실적으로' 보상을 하여야만 하고, 명시적 보상이 없는 경우 손실자는 어떤 변화도 거부할 수 있다는 것이 전제되어 있기 때문이다('다른 사람의 후생을 악화시키지 않고'). 그래서 그 대안으로 개발된 개념이 최초로 주장한 이름을 따, 칼도-힉스 능률성(Kaldor-Hicks efficiency)이라고도 불리는 '비용-편익 능률성(cost-benefit efficiency)'이다.

이 기준은 특별히 의미가 있는데, 그 이유는 손실자가 잃은 양보다 더 많은 이득이 존재하는 경우, 정부 개입을 통한 변화를 인정하는데 있다. 이는 '비용-편익'에 그 취지가 나타나 있듯이, '현실적'인 보상이 아니라 보상할 '가능성'만 있다면 이것도 '잠재적'으로는 파레토 개선이라 보자는 것이다(그래서 '잠재적 파레토 능률성'이라 불리기도 한다). 또 이는 보상 가능성을 통해 파레토의 최적 개념을 확대한 것이어서 보상의 원리(principle of compensation)라고도 한다. 이로써 정부정책을 평가하는 기준으로서 경제학의 능률성 기준은 유효하게 되었는데,[9] 이는 다음의

8) 이러한 내용이 4부에서 다뤄졌다.

칼도 표현에 잘 나타나 있다.

> 어떤 종류의 정책이 물리적인 생산성의 증대와 집계적인 실질소득의 확대를 가져오는 경우에 항상 이 정책에 대한 경제학자의 판단이 개개인의 만족의 비교가능성이라는 문제 때문에 저해를 받는 것은 아니다. 이러한 모든 경우에 모든 사람들을 이전보다도 풍요롭게 하거나, 또는 적어도 누구도 전보다 못한 상황으로 만들지 않고 약간의 사람들을 풍요롭게 하는 것이 가능하기 때문이다. 어떤 정책에 대한 판단을 확정하기 위해서는, 그 결과 불리하게 되는 모든 사람에 대하여 그 손실을 충분히 보상하고도 사회의 다른 구성원은 이전보다도 풍요롭게 되어간다는 것을 명확히 보일 수 있으면 충분하다(Kaldor, 1939: 550).

칼도의 이 주장은, 보상 가능성이 있다면 모든 사람의 찬성을 얻을 가능성도 있으므로 파레토 능률성은 결국 건재할 수 있게 되는 것이다. 힉스는 이에 대해, 손해 보는 사람이 이익 보는 사람에게 경제상태의 변화를 찬성하도록 매수당한다면 그러한 변화는 후생의 개선이라 볼 수 있다고 보아 지지한다. 이에 더 나아가서 이 판정기준은 완전히 객관적 검증이며, 건전한 경제정책의 기준이 되는 근거로서 다른 어떤 것보다도 유용하다고 한 바 있다(Hicks, 1939).

현재의 정책분석의 실제는, 경제적 타당성 조사 등의 이름으로 비용편익분석을 통해 행해지고 있다. 가치판단 배제라는 명분, 즉 개인 간 효용 비교 불가를 준수하면서, 모든 항목을 금전

9) 다시 말해 공공정책의 실제 효과를 예상하거나 분석하는데 사용되는 능률성은 칼도-힉스 능률성이다.

적 화폐단위로 측정한다. 이 실제의 비용편익분석에서 화폐가 단위로 실시되고 있음은 주목할 필요가 있다. 주류 경제학의 미시적 분석에서 화폐는 등장하지 않고 오직 두 재화의 상대가격만이 있을 뿐이기 때문이다. 이것이 의미하는 바는, 현재의 상품이나 서비스 가격은 경제 전체적으로 보아 균형가격임을 사전적으로 전제하고 있다는 점이다.10)

후생 능률성(welfare efficiency)

> 아사(餓死) 직전의 사람들에게 먹을 것을 제공하는 비용과, 그렇지 않는 사람들에게 영화 한편을 관람케 하는 비용이 같을 경우, 제한된 예산 하의 정책담당자는 어떤 결정을 내려야 할까?
>
> 일정기간 성장하고 있는 한 국가의 소득배분 추이가, 상위 1%는 300% 증가, 하위 80%는 2% 감소일 때, 이에 정책 담당자는 어떤 입장, 정책을 취해야 할까?

파레토 능률성과 그 변형인 칼도-힉스 능률성에 공통적으로 전제되고 있는 것은, 개인의 선호는 주관적인 것이어 동일한 기준으로 측정·비교할 수 없다는 것이다. 그 이유는 개인의 효용은 유용성이 아니라 욕망의 상태이므로, 관찰과 비교는 불가능하다는 점, 경험적 관찰이 불가능한 것은 과학의 대상이 아니다는 경험주의

10) 그러나 칼도와 힉스가 부가한 '충분한 보상이 이뤄질 수 있다면' 이라는 '잠재적' 보상이란, 가치중립의 파레토 체계 내에서는 결코 이뤄질 수 없다는 것이 새뮤얼슨, 스키토프스키(T. Scitovsky) 등에 의하여 이미 밝혀진 바 있다. 그래서 '비용편익분석의 역사는 정치적 선택을 안내하는 경제학의 기준이 얼마나 무용한가를 증명하는 것(Dorfman, 1978)'이라는 혹평도 있다. 손해보다 이익이 많다는, 그저 그런 것일 뿐이라는 것이다.

적 사유를 조야하게 적용하려는 과학관 때문이다(positivistic demarcation). 이는 경제학 교재 수준에서는 기수적(cardinal) 효용함수가 아닌 서수적(ordinal) 효용함수라는 표현으로 간단히 언급되어 버리지만, 여기에는 정책담당자들이 위 상황에 대해 어떻게 해야 하는가라는 답을 내포하고 있다. 경제학적 방법에 충실하면, 여기에 어떤 입장을 취해서는 안 된다. 측정·비교할 수 없는 것에 대해서는 어느 것이 '더 좋다'라는 가치판단을 내려서는 안 된다고 보기 때문이다.

이러한 사고의 연원은 공리주의의 선구자이면서 '양적' 공리주의자라 일컬어지는 벤섬(J. Bentham)에까지 거슬러 올라가는 것이다. 그러나 경제학 내부에서 고착화되는 계기는 파레토 능률성 개념의 채택에 있다. 즉 파레토 능률성 개념은 사람들 간의 효용비교가 불가능한 상황에서도, 자원 배분의 사회적 능률성 달성 여부를 알 수 있도록 해주는 도구로 간주되고 있다.

그러나 애덤 스미스 이래 피구(Pigou)가 활약했던 1930년대까지 전통적 경제학은 이와 다른 입장이었다. 위의 상황을 일반화시켜서 보자면, 부자로부터 가난한 자에게로의 소득이전은 '기수적' 효용함수를 이용하여 정당화되는 것이었다. 이것이 가능한 것은 예컨대 1,000원의 효용은 부자와 가난한 자에게 다르다는 것을 받아들임에 있다. 여기에 '한계효용체감의 법칙'을 적용하면, 훨씬 많은 소득으로써 충족되는 최종 욕망의 크기는, 훨씬 적은 소득으로써 충족되는 최종 욕망의 크기보다 적을 것이므로, 누진세 등은 강도(强度)가 적은 욕망을 희생시켜 강도가 큰 욕망을 충족시키는 것이 되어, 한 사회의 경제적 후생을 증대시킨다는 결론을 내릴 수 있기 때문이다.

사회심리학자 매슬로우(A. Maslow)의 욕구단계(hierarchy of

needs)론에는 이것이 직접적으로 투영되어 있다. 이에 따르면, 가장 저위에 위치한 생리적(physiological) 욕구나 안전(safety) 욕구는 인간의 가장 본질적인 욕구인 것이어서, 이것이 충족된 연후에라야 인간은 보다 고차원적인 욕구 충족을 지향하는 것이라 한다. 이를 경제학적으로 풀어 쓰면, 이러한 본질적 욕구의 충족은 고차원의 욕구가 충족되는 보다 강도가 크다고 말할 수 있는 것이다.

경제적 후진국에 대한 원조를 주된 기능으로 하는 세계은행(World Bank)이 간혹 사용하기도 하는 '후생(복지) 능률성'은 바로 피구나 머슬로우 등의 사고를 받아들이는 것이다. 이 기준 하에서는 국가경제 전체가 성장하는 경우라야 어떤 정책이 성공적인 것으로 판단하지 않는다. 또 그렇다 하더라도 여기에는 (잠재적)파레토 기준만이 적용되는 것이 아니다. 한 국가의 경제를 구성하는 사람들의 계층을 부나 소득 등을 토대로 나눈 다음, 상대적으로 빈곤계층의 후생증진에 가중치를 두어 계산하면서 경제상태의 개선인지 여부를 가리기도 한다.

6. 게임이론

인간사에서는 한 행위주체의 의사결정이 다른 주체의 의사결정에 영향을 미치는 경우가 흔하다. 이때 행위의 결과에 따라 그 주체들 간의 이해관계가 달라지는 경우, 행위자는 상대방의 취할 행동방식 등을 고려하며 자신의 의사결정을 내릴 것이다. 이러한 상황은 행위주체가 하나의 전략(strategy) 위에 의사결정을 하게 되는 게임의 상황과 같다. 전략이란 상대방의 반응에 대응하는 행동계획을 말하는데, 게임이론은 전략이 주된 역할을 하는 상황에 적용될 수 있는 행동 원리나 제도를 모색하려는 분야이고 이는 다음 세 가지 사항을 갖는 경우이다.

· 게임이론의 참가자(player)
· 각 참가자들의 전략
· 각 참가자들의 전략에 대한 보수(payoffs)

게임이론 중 대표적으로 소개되고 있는 이른바 '용의자의 딜레마(prisoner`s dilemma)' 게임을 생각해 보자.[11] 용의자 1과 용의자 2 둘은 어떤 범죄를 공동으로 행하기로 하고 또 실행하였다. 이들이 범행 장소가 아닌 다른 곳에서 경찰에 체포되어 연행되었고, 검찰측은 이들의 교감(交感)을 막기 위해 격리하고 분리 심문하였다. 이들이 기소되는 경우 실제 형량은 검사의 구형에 따라 결정된다. 이들에 대한 증거는 단지 정황증거뿐이며, 이러한 증거만으로 기소할 경우 검사는 경미한 처벌을 구형할 수밖에 없다. 즉 두 용의자 모두 징역 1년 형을 구형받게 된다. 검사는 이들 중 적어도 한 용의자로부터 범행 자백을 기대한다. 이들 중 한 사람이 다른 용의자와 공범으로 범행한 사실을 자백한 경우, 자백하지 않는 용의자는 7년 형을 구형받고, 자백한 사람은 검찰에 협력한 점이 참작되어 6개월 형만 구형받게 된다. 만약 두 용의자 모두 자백한 경우, 각각은 5년 형을 구형받는다. 이러한 상황에서 두 용의자는 어떤 선택을 할까? 자백할까? 아니면 묵비권을 행사할까?

11) 흔히 죄수의 딜레마라 하고 있지만, 아래 상황을 보면 실형을 받고 구치되어 있는 죄수는 아니다. 그 이전단계인 '용의자(容疑者)'라 해야 정확하다.

용의자 딜레마 게임의 전략(보수행렬)

용의자 2		용의자 1	
		자백	묵비권행사
	자백	5, 5	0.5, 7
	묵비권행사	7, 0.5	1, 1

이 용의자들이 취할 수 있는 전략은 위에서 보는 바와 같은 보수행렬(payoffs matrix)로 나타낼 수 있다. 각자는 자백하든지 아니면 묵비권을 행사할 수 있다. 즉 각자가 취한 전략에 의한 보수는 4개의 셀 안에 수자로 표시되어 있다. 첫 번째 숫자는 용의자 2, 두 번째 숫자는 용의자 1의 보수를 나타낸다.

위 표와 같은 보수행렬 형태를 게임의 전략형(strategic form)이라 하는데, 또 다른 표현 방법으로 개방형(extensive form)이 있다.

'용의자의 딜레마' 게임 전략(개방형)

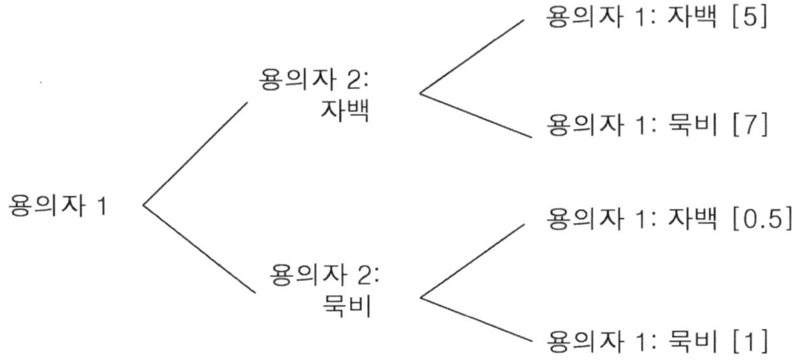

이는 위 그림과 같이 의사결정 전략을 나무구조로 도표화하여 분류와 예측을 수행한다(decision tree).

이 두 용의자가 처한 상황에서 최선의 전략은 무엇일까? 용의자 1이 자신의 최선 전략을 어떻게 선택하는가를 보기로 한다(이 게임은 이른바 대칭 게임이기 때문에 용의자 1의 결정은 용의자 2의 최선전략과 같다).

용의자 2가 자백하는 경우 그는 어떤 전략을 취할까? 만약 용의자 1이 묵미권을 행사한다면 자신은 7년 형을 구형받는다. 하지만 자백하는 경우 5년 형을 구형받게 되므로, 용의자 2가 자백하는 경우 용의자 1의 최선의 전략은 자백하는 것이다.

그러나 만약 용의자 2가 묵비권을 행사하는 경우라면, 용의자 1이 자백하면 6개월만 구형받지만, 묵비권을 행사하는 경우 1년을 구형받는다. 따라서 이 경우도 용의자 1의 최선 전략은 자백이다.

이처럼 용의자 1은 상대방의 전략에 관계없이 항상 자백하는 전략을 선택하게 될 것이다. 이때의 자백은 게임이론의 용어로 우월전략 혹은 지배전략(dominant strategy)이 된다. 다른 참가자의 선택과 무관하게 한 참가자의 최선 행동은 동일하다는 의미이다.

용의자 2도 용의자 1과 같은 논리로 계산할 것이므로 그도 자백하는 전략을 택하게 될 것이다. 그러므로 이 상황에서 자백은 두 용의자 모두에게 우월전략이 된다. 만일 이를 실행에 옮겼다면 두 용의자 모두 5년 형을 구형받을 것이다.

용의자 쌍방이 자백하는 이 게의 해(解)는 두 명 모두 자신의 전략을 변경할 사유가 없다는 의미에서 균형이다. 게임이론에서 이런한 균형을 ‘내시 균형(Nash equilibrium)’이라 한다. 내시 균형은 상대방의 전략이 바뀌지 않는 한 누구도 자신의 전략변경을 통해 유리하게 될 수가 없는 상태를 말하는데, 이렇게 보면 앞에서 완전경쟁시장에서의 균형은 게임에 다수가 참가하는 내시 균형의 한 예이다.

그러나 게임이론에서 가장 중요한 개념인 내시 균형은 결점이 있다. 어떤 게임에서는 존재하지 않거나, 경우에 따라서는 복수로 존재하기도 하기 때문이다. 이런 상황에서라면, 경제학의 중추적 기본 개념 중의 하나인 균형이란 용어를 엄밀하게는 쓸 수 없다. 바로 이점에서 경제학에서 균형을 평가할 때 기준이 되는 파레토 능률성과 내시 균형은 일치하지 않는다고도 할 수 있다.

그 이유를 다시 용의자 딜레마 게임을 통해 생각해보기로 한다. 위에서 두 용의자 모두 자백하는 것이 내시 균형이라 했다. 그러나 이는 파레토 능률적인 해가 아니다. 묵비권을 행사하면 더 나은 결과를 가져올 수 있기 때문이다. 또 이 파레토 능률적인 해는 실현될 가능성도 없는데, 두 용의자들이 자백하지 않기로 했다하더라도 이에 의무를 지우는 수단이 없기 때문이다.

이상의 용의자 딜레마 게임은 그것이 한 번만 실행될 경우를 상정한 것이다. 그러면 이 게임이 반복된다고 하면 결과는 어떻게 될까? 위의 보상규칙을 그대로 적용하여 반복게임(repeated game)을 생각해보기로 한다. 이때 상황이 변하면 용의자들의 최선의 전략이 바뀔 수 있을까?를 알아보는 것이 이 게임의 핵심이다. 같은 참가자들이 게임을 반복해서 할 경우, 보복의 가능성이나 장래 자신의 명예를 염려해야 하는 경우가 있을 수 있으므로, 참가자들의 전략은 한 번만 게임할 때와 달라질 것이라는 미리 추론할 수 있을 것이다.

그러나 반복게임이라 하더라도, 게임이 무한히 반복될 것인가 아니면 유한히 반복되는 것인가에 따라 결과는 달라진다. 용의자 게임이 유한히 반복될 경우 용의자들은 여전히 자백 전략을 택한다. 적어도 합리적이고 이기적인 인간은 상대방을 고려하는 협조적 행동을 하다가도, 마지막 게임에 이르러서는 자신만의 이익을 고려하게 될 것이라는 점이 핵심 이유다. 반면 무한히 반복되는 경우, 그들은 서로 협력하여 묵비권을 행사하는 전략을 택할 수 있다.[12] 이때에는 참가자들 간 협조할 유인이 지속적으로 존재하기 때문이다. 이른바 맞받아치기 전략(tit-for-tat)은 이러한 경우 최선의 전략으로 알려져 있는데, '상대방이 먼저 자백하지 않는 한 나도 계속 부인하되, 일단 상대방이 자백을 하고 나면 그 이후로는 계속 자백을 한다'는 것이 이익이기 때문이다.

보론: 벌거벗은 사회과학의 여왕

이 장의 초반부인 미시경제학의 구조를 다루면서, 가격이론은 그 근거가 없음을 각주에서 언급한 바 있다. 이를 논증하는 방법에는 몇 가지가 있을 수 있는데, 먼저 경제학이 토대를 두고 있는 '특정한' 세계관이나 학문방법을 문제 삼아 경제학의 법칙이나 정리 등을 기각하는 것이다. 그러나 이에는 쉽사리 합의될 수 있는 기준이 없을 뿐만 아니라 깊게는 인류의 지성사를 관통하고 있어야 한다는 부담이 있다. 그래서 이에 대한 부분은 제4부로 미루기로 한다.

또 하나의 방법은 논의의 전개가 정점(頂點)을 향해 가는 미시

12) 자기 이익만을 고려하는 이기적 인간이라도 협력은 얼마든지 가능하다. 이 게임에서 나타나는 것처럼, 협력이 자기에게 이익일 것이기 때문이다.

경제학의 논리적 흠을 지적하는 것이다. 여기에는 위의 방법과 같은 한계는 없을 것이므로 여기서 이점을 간략히 보기로 한다.

일반균형과 후생경제학 부분에서 분명해진 바와 같이, 경제학은 시장의 위력, 그리고 이로부터 도출되는 정부 역할에 관한 강력한 지침을 갖고 있는 것으로 보인다. 일반균형이론이 미시경제학의 최정점인 이유는 바로 이를 정리(定理)의 형태로 말하고 있기 때문이다. 그런데 이 '일반균형'을 이끌어 내는 경제학의 논리는 성립되지 않는다는 것, 그리고 이러한 것을 증명한 사람은 다름 아닌 일반균형이론을 정립한 그 사람이었다는 것은 거의 알려지지 않고 있다.

19세기의 경제학자 발라(L. Walras)에까지 소급하는 일반균형이란 '모든' 시장에서 소비자가 원하는 수량을 충족시키는 공급이 가능한 '균형' 가격이 있다는 것을 말한다. 더 놀라운 것은 이 균형은 더 나아가 파레토 능률적이라는 점이다(후생경제학 정리). 1950년대에 애로우와 제라드 드브뢰(Gérard Debreu)는 이 일반균형의 '존재'를 증명해 냈는데, 그 의미는 각 개인은 자신의 이익을 위해 의사결정을 하지만 그 총합의 결과는 모든 경제주체들의 이익에도 부합된다는 것, 즉 스미스의 '보이지 않는 손'의 수학적 증명이라 알려진 것이었다. 그러나 이 균형은 경제학의 기본개념인 균형의 성질을 그대로 보유하고 있을까?

일반균형정리의 파탄

앞에서 본 바 있는 균형 개념에 의하면, 이 균형이 경제학적으로 의미가 있기 위해서는, 오직 하나 즉 유일해야 하고(균형의 유일성), 또 외부의 충격에 의해 경제가 그 균형으로부터 일탈했을 때 가격메커니즘의 자동적인 작동에 의해 경제 상태는 애초의 균형으로 수렴해야 한다(균형의 안정성. 이준구, 2019: 15). 또 앞에서 보아온 미시경제학의 기본 개념들, 즉 선호, 생산기술, 부존자원 등에 따라 균형의 특성이 정확히 기술될 수 있어야 한다. 이러한 조건들이 모두 충족되어야, 경제 상황이 달라졌어도 균형을 비교할 수 있을 것이다(비교 정학, comparative statics). 특히 비교정학의 가능성은 중요한데 그래야만 서로 다른 대안관계인 정부 정책을 결정하는 기준을 제시할 수 있기 때문이다.[13]

그러나 애로우와 드브뢰에 의한 균형의 '존재' 증명이후 경제학의 사정은 대단히 복잡하게 전개되었다. 과연 이 균형이 경제학 내부의 개념적 특성을 갖고 있는지 여부, 곧 경제학의 체계가 논리적 정합성을 갖추고 있는지 여부의 문제로까지 확대되어 버렸다. 그러다가 1970년대에 이르르면, 애로우와 드브뢰에 의한 균형은 경제학에서 사용하는 균형이라 할 수 없다는 것으로 매듭지어졌다. 일반균형을 주류 경제학의 클라이맥스라 하였는데, 제2장에서 본 경제이론의 구조가 파탄나 버린 것이다. 단순한 직관만으로도 이해할 수 있는 가장 간단한 그래프를 통하여 보기로 한다.[14]

---

13) 어떤 정책의 경제적 타당성 분석이라 행해지는 것은 이를 밝히고자 하는 것이다.

14) Kirman, 89에 잘 정리되어 있다. 이 저자는 비주류 경제학자이거나 외부인이 아니라 주류 경제학의 수학적 토대를 방어하려 했던 최정예 근위병에 가까운 인물이다. 보론의 부제, '벌거벗은 여왕'은 이 논문의 제목을 패러디한 것이다.

총초과수요함수의 성질: 형태의 임의성과 균형의 복수

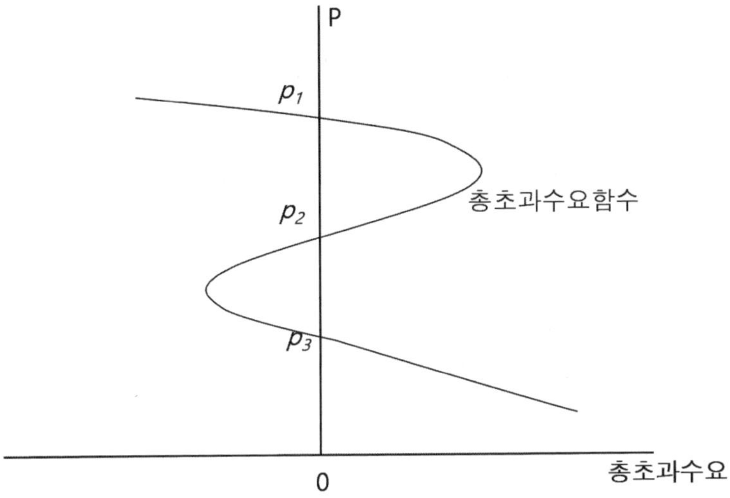

일반균형에서 말하는 의미 그대로 균형이 되기 위해서는, 그 개념에 나타난 바처럼 균형은 '존재'할 뿐만 아니라 '유일'하고 '안정적'인 것이어야 한다. 이것이 보장되기 위해서는 개인의 효용, 생산 기술, 자원 배분 상태가 주어진 상태에서 도출되는 각 상품의 '총초과수요함수(aggregate excess demand function)'가 y축을 2사분면에서 1사분면으로 통과해야 한다(즉, 음의 기울기). 또 균형이므로 그 값은 항상 '0'으로 수렴되는 성질을 갖는다(균형의 안정성). 그러나 조넨샤인(H. Sonnenschein), 만텔(R. Mantel). 드브뢰는 계속되는 증명을 통하여, 어떠한 형태의 총과수요함수도 그 대응하는 선호체계와 생산기술상태, 부존자원을 가질 수 있음을 밝혔다.[15)]

증명자들의 이름 첫자를 따서 'SMD 정리'라 불리는 이에 의하면, 선호체계와 생산기술상태, 부존자원 등 세 가지 자료만으로 계산했을 때 총초과수요함수가 위 형태와 같지 않을 아무런 이유가 없다.

앞의 그래프가 의미하는 바는, '세' 개의 균형을 갖는다는 것, 그러므로 균형의 유일성 조건 위반하고 있고, p_2에서의 균형은 불안정하므로 균형의 안정성 조건도 위반하고 있다는 점이다.

파탄의 후유증

: 거의 거짓말을 가르치고 배우고 시험까지

사정이 이러하다면 이 일반균형 개념을 토대로 하고 있는 이후의 논리인 후생경제학정리도 마찬가지로 성립하지 않는다고 보아야 하고[16], 후생경제학 제1 정리에서 도출된 시장실패의 개념은 성립될 수 없는 것이다.

그런데 현실은 어떠한가? 일반균형이론에 토대를 둔 시장의 능률성은 경제학 교과서나 교재에 여전히 실려있고, 그 수준일 뿐인 일반인은 물론 학계에서도 굳은 믿음으로 남아있다.

그렇다면 왜 주류 경제학은 지금까지도, 논리적 정합성이 결여된 지식체계를 유지하고 있을까? 이 대단히 심각한 질문에 대해 가장 많이 인용되는 것은 '대안이 없다'라는 새뮤얼슨(P. A.

---

15) 드브뢰는 애로우와 함께 일반균형의 존재를 증명한 자이면서 동시에 애초의 증명은 논리적으로 증명이라 할 수 없음도 밝힌 인물이다. 수학자로 출발했지만, 그는 이 공로로 1983년 노벨 경제학상을 수상하였다.

16) 그래서 경제학의 도구는 '가격이론' 대신 '게임이론'으로 급격하게 대체되는 것이다. 이상을 포함하여 이것이 의미하는 경제학 전반에 대한 우리나라의 문헌으로는 박만섭 외(2005), 경제학-더 넓은 지평을 향하여, 이투신서.

Samuelson)의 답변이다.[17] 어찌 보면 이는 너무 간단하고 초라하기까지 한 것으로 보인다. 그러나 과학철학의 논의를 볼 때, 이는 한 때의 뜨거운 논쟁거리를 반영하고 있는 것이다. 쿤(T. Kuhn)의 패러다임(paradigm)은 바로 과학의 실제에서 이와 같은 상황을 포착하고 있는 개념이다. 그에 의하면, 주류적 경제학의 경우처럼, 한 지식체계 내에 해결할 수 없는 문제들이 있다하여 과학자들이 자신들의 패러다임을 곧바로 버리는 경우는 없다고 한다(정상과학, normal science). 그 난제들을 해결하는 새로운 패러다임이 등장해야만 한다. 새뮤얼슨의 대안이란 바로 새로운 패러다임을 의미하는 것으로 볼 수 있고, 앞서 언급한 행동경제학은 아직 그 위상, 즉 새로운 정상과학의 지위를 갖지 못했다는 것으로 쿤을 적용할 수 있을 것이다.

이 장을 마무리하면서, 주류 경제학의 '방법'을 정리하기로 한다. 먼저 경제학은 법칙 연역적(deductive-nomological) 체계라는 것을 이해하는 것이 중요하다(시장실패는 현실의 상태로부터 투영된 개념이 아니라 '순전히' '논리적' 개념이라는 앞에서의 언급은 이 때문이다). 이는 인간과 사회에 관한 특수한 가정, 그리고 지식탐구에의 특수한 방법을 채택한 결과인데, '경제 인간'과 '방법론적 개인주의'로부터 인간사회의 본질적인 것 혹은 그 내부에서는 당연한 것으로 보이는 사항을 연역하고, 이를 수학적으로 모형화한 것이 바로 경제학이라는 점이다. 여기에는 과학에서 의미 있는 명제는 분석적 진술(analytical sentences)[18] 종

17) 일반균형을 향해서 경제학 이론들이 진챙되는 방식으로 교재를 집필한 최초의 학자.

18) 오직 그것을 구성하는 어휘들의 의미에 의해서만 참인 진술. 예) '모든 총각은 결혼하지 않았다.' '모든 어머니는 여자다.' 이 문장의 참 거짓을 가리기 위해서는 각 단어의 뜻이 담긴 사전만 있으면 된다.

합적 진술(synthetic sentences) 뿐이라는 것,[19] 간결성과 엄격성을 유지할 수 있는 논리는 연역논리 뿐이라는, 인류 지성사의 한 때의 정통이 고스란히 담겨 있다. 그러므로 주류 경제학의 사유를 빌려 예컨대 정부의 역할을 논의한다는 것은 객관적이고 보편적인 지식체계에 근거하고 있는 것이라기 보다는 이상과 같은 특정한 철학적 단편들이 녹아들어가 있는 것임을 알아야 한다. 이 사항들의 일부로 경제 인간 가정과 방법론적 개인주의를 다음 장에서 보기로 한다.

19) 세계에 관한 사실로 관찰을 통해 참이거나 거짓을 확인할 수 있는 진술. 예) '교탁 앞에 한 명의 남자가 서있다.' 이 문장의 참 거짓 여부를 판단하기 위해서는 교탁이 있는 장소를 보고 그 앞에 사람이 있는지, 그 사람이 남자인지를 확인해야 한다.

제3장
합리적선택이론의 방법론적 전제

1. 방법론 논의의 중요성, 그러나 실제

방법론이란 어떤 지식 주장에 대한 지적 상태(cognitive status), 쉽게 말해 그것이 믿을 만한가에 대한 의문들을 해소하기 위한 논의들이라 할 수 있다. 지식 중에 으뜸은 과학적 지식인 것으로 간주되고 있으므로 과학적 방법론이라 지칭하는 것이 일반적이다. 이 경우 방법론이란, 어떤 이론이 과학이라 인정되는 이론들이 공유하는 적합한 기준에 따라 이해되고 평가될 수 있는지 여부에 관한 논의라 할 수 있다.

그러므로 학문(과학)의 영역에서 방법론은 가장 기초적이면서도 중요한 것이라 할 수 있다. 어떤 주장 혹은 이론에 대한 지적 상태를 확인할 수 있어야 우리는 이것을 끌어들일 수 있기 때문이다. 정부의 공공정책의 경우에도 이점은 그대로 타당하다. 사회문제를 해결하기 위한 정책담당자들의 의도와 희망은 취하고자 하는 조치들에 대한 지식으로서의 위상에 결정적으로 영향을 받기 때문이다.

그러나 실상은 학술적 연구를 전문적으로 수행하는 학계에서도 무시되거나 장애물로 간주되고 있는 것이 현실이다. 20세기

초반 유럽에서 실증주의 논의와 케인스의 경제이론이 부각되기 시작했을 때 나타난 다음의 표현은 방법론 논의의 이러한 특성을 잘 나타내고 있다.

> 방법론에 관한 논의는 단조롭고 장황한 것으로 이미 정평나있다. 방법론 논쟁은 서로 간에 치명적인 갈등을 노출하는 계기가 될 뿐 아니라, 상대의 주장을 제재하는 합의된 방식도 없고, 비록 논쟁에서 이긴다 하더라도 그것이 학문 자체에 눈에 띄는 도움을 주지도 않는다. 방법론상의 결론은 별 쓸모가 없을 뿐 아니라, 그 결론에 도달하는 과정도 피곤한 일이다.
>
> 그러나 방법론 학자의 경우, 지루하다고 해서 겸손을 가장하고 물러서 있을 수도 없다. 그는 누구에게나 조언을 하는 자세로 나서야 하며, 가치가 있건 없건 간에 다른 사람이 건설적인 의도로 이루어 놓은 업적을 비판하고 나서기 마련이다. 방법론 학자는 자신을 과거에 대한 최종적 해설자로서, 그리고 미래를 가르치는 사람으로서 내세우게 된다.
>
> R. F. Harrod (1938: 383)

학계에서의 사정이 이런 바에야 교육현장에서는 어쩌면 처참한 결말을 낳을 수밖에 없는 구조이다. 방법론은 미리 전제되어 있을 뿐이어서, 교과서에 기술된 내용에 대한 학생들의 다른 발상이나 생각들은 아예 차단되어 버리기 때문이다. 대학교재 수준에서도 사정은 거의 같다. 대부분 초반부에 언급은 하고 있지만, 너무나 짤막한 소개 수준에 지나지 않는 것이어서 그것이 마치 어떤 종교의 경전인 양 받아들이기를 강요할 뿐이다.[1)]

1) 토마스 쿤의 정상과학과 패러다임 개념은 정확히 이것을 표현하고자 한 것이다(Kuhn, 2012[1965]). 간략하게 말해, 정상과학 내부에서 패러다임에 대한 비판이나 반대 등은 차단된다는 것이다.

2. 합리적선택이론의 방법론

합리적선택이론을 비시장 영역의 행위에도 '경제학적 방법'을 적용하는 연구라 했을 때, 경제학적 방법이란 '신고전파' 경제학이 취하는 경제주체의 자기효용 극대화 행위, 외부적으로 주어진 고정된 선호와 같은 일련의 '가정들'이다(Becker, 1986: 110). 그러나 역시 경제학 교재수준의 문헌에서는 이 부분을 간략한 언급에 그친다. 이 사항들이 결코 자명한 것이라거나 합의가 도출된 적도 없는데도 말이다.

방법론 논의 이러한 사정을 감안하면, 어느 정도의 사상사 분야에 대한 섭렵이 필수적인 것으로 보이고, 그렇다 하더라도 특정한 입장 표명은 여전히 논쟁적 상태일 수밖에 없다. 필자가 보기에, 이 부분에 대해서는 뷰캐넌의 경우가 비교적 분명한 입장을 개진하고 있는 것으로 보이므로 여기서는 그의 입장을 중심으로 추적해 보기로 한다.

뷰캐넌은 과학철학자 러커토시(I. Lakatos)를 따라, 합리적선택이론 혹은 자신의 헌법경제학(constitutional economics)을 '연구 프로그램(research program)'이라 하고, 여기서 전제하는 가정들을 '견고한 핵(hard core)'에 해당하는 것으로 보고 있다. 또 그는 이를, "연구프로그램에 의해 규정된 지적 전통의 내부에서 활동하는 학자들에 의해서 거의 도전받지 않는 프로그램의 핵심적 요소"들로 "상대적으로 절대적인 것으로 받아들여지며 가정들은 그 자체로서 과학적 설명이 이뤄지는 동안 스스로 제약이 되"고, "외부의 지적 도전들은 이 프로그램의 핵심적 요소들을 향한 것"으로 이해한다(1991: 13-14).[2] 여기서는 먼저 합리적선

택이론의 방법론상의 특징을 뷰캐넌이 견고한 핵으로 설명하고 있는 사항을 통해 알아보기로 한다.[3)]

그러나 보다 중요한 것은 이 견고한 핵들의 연원과 이를 전제했을 때 이후의 함의들일 것이다. 견고한 핵은 합리적선택이론의 방법론적 전제일 뿐만 아니라, 관료의 행태나 공공재 이론과 같은 구체적인 하위 프로그램들(sub-program)의 내용, 그리고 국가나 민주주의에 관한 시각을 도출해내는 논리체계 상의 대전제이기도 하기 때문이다.

방법론적 전제가 갖는 이 규범적 함의에 대해서도 뷰캐넌은직접 자신의 입장을 밝히고 있다. 그는 자신의 주요 저작인『국민합의의 분석』의 공저자였던 털럭과는 달리, "공공선택이론은 미래의 전개 및 발전방향에 대한 각종 시도에서 좀 더 규범적으로 되어야 한다고 생각"하고, 더 대담하게 혹은 무모하게는, 존재하는 사실 상태로부터 당위를 이끌어내는 자연주의적 오류(naturalistic fallacy)를 범했다는 비판을 감수하면서까지, "어떤 의미에서 당위란 가정되는 현재 상태로부터 도출되는 것"이라고 하면서(1991: 17-18), 연구자가 채택하는 방법론에는 '과학주의적' 고려만이 포함된 것이 아님을 밝히고 있기 때문이다.[4)] 물론 그의 지적 작

2) 러커토시는 과학철학자 포퍼(K. Popper)의 수제자 격에 해당하는 인물로 그의 후계자로 지명되기도 했다. 그러나 쿤을 접하고서는 스승의 과학적 방법, 한마디로 '과감한 추측과 논박을 통한 반증'은 그리 받아들일 만한 것이 못됨을 알아채고 스승의 방법은 주변부, 즉 견고한 핵이 아닌 그 보호대에서만 일어난다고 보았다. 견고한 핵에 대해서는 쿤의 견해대로 비판이나 반대는 차단된다는 것이다. 뷰캐넌의 위 표현은 이를 나타내는 것이다. 한편 같은 학과에 재직하고 있었던 스승과 제자는 그 후, 복도에서 부딪혀도 서로 모르는 척 지나가는 사이가 되었다고 한다.

3) 제4부에서 보는 바처럼, 이 부분들은 대단히 논쟁적이다.

4) 이러한 표현은 학문(과학)의 객관성이라거나 보편성이라는 지금도 계속되고 있는 이미지와 부합하지 않음은 물론이다. 그러나 이는, 특히 쿤 이후에는, 더 이상 논쟁거리가 아니다.

업은 여러 국면이면서 동시에 서로 얽혀있고, 또 하나의 가정은 여러 가지 면에서 규범성을 가질 수 있는 것이어서, 견고한 핵의 가정들은 동일한 규범적 내용을 담고 있을 수도 있을 것이다. 그러나 여기서는 각각의 전제로부터 개별적 사항들의 도출을 시도해 본다.

방법론적 개인주의: 내용과 규범적 함의

> 사회라는 것은 없다. 개인과 그 가족만이 있을 뿐이다.
>
> M. Thatcher

> 우리는 혼자서는 살 수 없다. 그래서 여럿이 모여서 함께 살아간다. 그런데 생각과 관심이 서로 다른 사람들이 모여 살다보면 여러 가지 문제가 발생하기 마련이다. 따라서 밝고 아름다운 사회를 이루기 위해서는 함께 사는 지혜가 필요하다.
>
> 초등학교 6학년 국어 교과서

주요 내용

방법론적 개인주의(methodological Individualism)란 어떤 분야의 직접적 연구대상은 무엇인가에 대한 논의와 관련된 것이다. 흔히 사회과학은 자연과학이 자연현상을 다루듯이 사회현상을 연구하는 분야라 하는데, 이 입장을 따르면, 모든 사회현상은 그 현상을 구성하는 개인의 속성에 의해 가장 잘 '설명' 될 수 있다고 보게 된다. 다른 말로 하면, 거시적 수준의 '사회적' 개념을 포함하고 있는 설명은 무엇이든지 원칙적으로 오직 개인과 개인의 행위·성격, 그리고 관계로만 구성된 미시적 수준의 설명으로 환원되어야 하는 것이어서, 사회구조나 사회관계, 계급이나 계층 혹은 집단 등은 개인들의 의지·이익의 합일뿐이고, 이로 환원되지 않는 부분은 설명할 수 없거나 설명할 필요가 없다는 것이다. 이는 독일의 사회경제학자인 짐멜(Georg Simmel)과 베버(Max Weber)의 입장으로서, 이를 영어권에 소개하면서 방법론적 개인주의라 명명한 이는 슘페터(J. Schumpeter)이고, 포퍼(K. Popper)가 과학철학적 논의에서 '유일한' 과학적 방법으로 인정한 이후 정교화 된 것으로 알려져 있다(Udehn, 2002: 484).

이것은 현 경제학의 지배적 사조인 신고전파 경제학의 기본 전제일 뿐만 아니라, 소위 분석적 마르크스주의(analytical Marxism)를 표방하는 진영에서도 취하는 입장이다. 후자를 대표한다고 볼 수 있는 엘스터(J. Elster)는, 방법론적 개인주의를 다음과 같이 정의한다(1985: 5).

> 방법론적 개인주의는 모든 사회현상은 물론 그 구조와 변화도 원칙적으로 오직 개인과 그 개인들의 속성·목표·신념·행동만이 포함된 방식으로 설명할 수 있다고 하는 주장이다. 이 의미에서 방법론적 개인주의는 환원주의(reductionism)의 한 형태이다. 사회제도와 집합적 행동유형으로부터 개인으로 나아가는 것은 세포에서 분자로 나아가는 것과 같은 종류의 작업이다.

합리적선택이론이자 중의 일부는 그들의 이 전제가 '과학 방법론적으로만' 그러한 것임을 밝힌다. 그러나 이는 일부에서의 조야한 경험주의에 근거할 뿐인 것으로 이를 주장하는 논자의 주장들을 검토해보면, '존재론적(ontological)'으로도 개인주의의 입장에 서 있음을 쉽게 확인할 수 있다.[5] 뷰캐넌과 털럭은, 집합적 행위는 개인들이 각자의 목적을 개별적으로 보다는 집합적으로 달성하고자 할 때 선택하는 것에 불과하므로, 집합적 행위의 결과는 효용을 극대화하려는 개별적 인간들의 행위에 준거하여 설명되어져야한다고 하면서,

> 정부는 그러한 집합적 행위가 일어나게끔 허용해주는 일련의 과정, 즉 기구(machine)에 지나지 않고… 국가는 사람에 의해 만들어진 어떤 것, 즉 인공물

이라 단언한다(Buchanan and Tullock, 1962[1999]: 54). 다시 부연하면,

> 사회란, 사람이 아니어서, '가진다'는 말의 어떤 적절한 의미에서도 선호를 가질 수 없고, 가질 수도 없는 선호를 서열화할 수도 없기

때문에, 정치 연구의 토대는 개인의 선호 서열과 개인적 선택이 되어야 한다는 것이다(Riker and Ordeshook, 1973: 78-79).

이 입장에 의하면, 예컨대 '국민의' 대표자 선출이나, '국회의' 예산안 통과, '사회' 구조와 같은 것은 상징에 지나지 않거나, 언어의 왜곡된 사용일 뿐이고, 공동선이나 공익이란 것도 인정할 수 없게 될 것이다(Buchanan and Tullock1962[1999]: 54,387). 결국 합리적선택이론이 표방하는 방법론적 개인주의는, '사회라

5) 이러한 부류의 경험주의에 대해 '조야한'이라는 수식어를 붙인 이유는 자연과학계에서도 이러한 내용은 없기 때문이다. 한때 '왜 방법론적 개인주의인가?'라는 질문에 대한 답은 방법론의 통일이라는 기치 아래, '인간과 사회에 대한 학문도 자연과학처럼'이라는 생각이 득세하던 시기가 있었다.

는 것은 개개인의 합에 지나지 않은 것이어서, 사회 그 자체는 존재하지 않는다'고 보는 존재론적 개인주의가 방법론적으로 투영된 것이라 보아야 한다.

방법론적 개인주의의 규범적 함의

뷰캐넌은 철저하게 방법론적 개인주의를 옹호하지만, 동시에 그는 '규범적'으로도 개인주의자라 자처한다(1999: 238).[6] 그의 시각에서 보자면, 사회과학자들이 방법론적 개인주의를 취해야 하는 것도 사회구성원인 개인들이야 말로 궁극적이면서 유일한 '가치'의 원천이기 때문일 것이다(1975: 163; 1999: 8-9). 그는 단호하게

> 공동선이란 개인적 평가의 용어로만 정의될 수 있고 … 개인들 간의 자발적 합의로부터만 나타날 수 있는 것

이라 한다(Buchanan and Tullock, 1962[1999]: Ch.2) 그러므로 뷰캐넌의 규범적 개인주의는, 개인과 그들의 가치만이 가능한 상태를 평가할 수 있는 유일하게 적합한 기준임을 명백히 하는 것이라 할 수 있다. 이 같은 그의 입장은, 대부분의 경제학자들이 움직일 수 없는 신조로 여기는 '소비자 주권(consumer sovereignty)'을 따르는 것이기도 하다(1984: 18). 이 말의 관행적 쓰임은 소비자로서의 개개인의 사적 역할에 대해서이지만, 그는 이를 시민으로서의 공적인 역할에 까지 확대하면서 공적 사안들과 관련해서

6) 아울러 자신은 급진적 주관주의자, 계약론자, 헌법주의자라 한다.

도 개인만이 유일하고 최종적인 규준임을 강조하고 있는 것이다.

그러므로 뷰캐넌이 보기에 사람에 의해 만들어진 어떤 것, 인공물에 불과한 국가는 축소되고 통제되어야만 하는 괴물(Leviathan)이다(1984: 20). 우선, 국가는 모든 시민이 동일한 규칙에 따라 행동하고 모든 정치적 활동에서 재량을 배제할 수 있는 헌법 원칙을 확립하고 있어야 한다. 또 모든 정치적 결정은 모든 시민에게 평등하게 적용되어야 하고,[7] 그래서 공공정책 영역에서 지대추구(rent-seeking) 활동을 효과적으로 저지할 수 있어야 한다(Buchanan and Congleton, 1998: 51-54). 이를 통해 뷰캐넌이 궁극적으로 원하는 것은 지대추구와 차별적 정책을 조장하는 다수결적 민주주의 혹은 이익에 의한 정치로부터, 그 같은 행동을 원천적으로 봉쇄할 수 있는 '헌법 민주주의' 혹은 '원칙에 의한 정치'이다.[8] 바로 이 지점에서 복지 정책들은 폐지 혹은 축소되어야 한다는 처방이 나온다. 사회적 약자에 대한 각종 시책들은 재분배적 지출인데 재분배적 지출은 본질적으로 어느 정도의 차별성이 개입될 수밖에 없고(Buchanan and Tullock, 1962 [1999]: 380-383), 또 뷰캐넌의 규범적 개인주의에 의하면, 재분배적 정책들은 개인들의 자발적 동의에 의한 혹은 이타적 선호에 의해서 이뤄질 때만 정당화될 수 있기 때문이다(1959).

중앙과 지방의 국가구조에 관한 연방화 내지는 분권화에 관련된 뷰캐넌의 주장도 국가규모의 축소와 관련해서 이해할 수 있

7) 지대를 부정적인 의미로만 고착시킨 것은 합리적선택이론이 확산된 이후의 일이다. 정확한 의미와 이 변질에 대해서는 제10장을 참조.

8) 이것이, 민주주의란 "개인들로 하여금 그 자신의 가치를 표출하도록 하는 수단"으로 정의하는 뷰캐넌이 주창하는 만장일치 혹은 그에 근접하는 결정규칙에 의해 작동되는 헌법 민주주의이고 이를 다루고자 하는 것이 그의 '헌정 정치경제학'이다.

다. 그는 "가능한 경우, 집합적 활동은 큰 정치적 단위보다는 작은 단위로 조직되어야 한다"고 주장한다(1962[1999]: 181). 개인이 다른 단위로 보다 자유롭게 이동할 수 있도록 함으로써,[9] 개인의 자유를 증진시킬 뿐만 아니라, 정치 영역에서의 지대추구 활동을 축소시킬 수 있고, 정부규모가 작을수록 시장에서의 경쟁적 요소들이 정치과정에 도입되기 용이하다는 것이다.

또 정부활동을 통제하는 수단으로서 뷰캐넌이 지속적으로 강조하고 있는 것은 균형예산이다. 이 요구는 비교적 간단한 이유에 기인한 것인데, 선출된 정치인은 지출하기를 좋아하고 세금부과를 싫어하기 때문이다. 그에 의하면, 민주적 의사결정은 케인스의 권고에 따라 공공지출을 증가시키는 경향이 있고, 이는 재정 적자의 증대를 초래하면서도 인지된 공공재의 비용은 축소시켜, 관료들이 정부 기구를 확장하도록 하는 완벽한 변명거리를 제공하고, 결과적으로 정부규모의 확대를 초래한다(1977). 그러므로 뷰캐넌에게는, 재정지출에 관한 기본적 원칙은 그 변경에 만장일치가 요구되는 헌법 사항인 것이다.

경제 인간(Homo Economicus): 내용과 규범적 함의

> 정치적 인간(*homo politicus*)과 경제적 인간(*homo economicus*)은 동일한 성격을 내포하고 있다. 양자 모두 자기 이익을 추구한다. … 공적 선택과 사적 선택에는 동일한 동기가 작용한다.
>
> Shughart II and Razzolini

9) 소위 '발로하는 투표(voting with feet)'. 티부 정리(Tiebout theorem)로 알려져 있다. 이 말을 최초로 사용한 이는 러시아 공산주의 혁명가 레닌(Vladimir Lenin)이었다(Wintringham, 1935).

> … 아테네에서 각 개인은 자신의 일뿐만 아니라 국가의 공공 업무에도 관심을 가진다. 자신의 일에만 주로 몰두해 있는 사람들조차 일반 정치를 소상히 알고 있다. - 이것이 우리의 특징이다. 우리는 정치에 아무런 관심도 갖지 않는 사람을 자기 일에만 몰두하는 사람이라고 말하지 않는다. 우리는 그를 아테네에서 전혀 하는 일이 없는 사람이라고 말한다.
>
> Pericles

주요 내용

뷰캐넌이 말하는 공공선택이론의 두 번째 견고한 핵은, 모든 인간은 '합리성'을 갖추고 '이기적'으로 행동하는 경제 인간이라는 가정이다.[10] 인간의 합리성 가정을 먼저 보면, 우선 경제학에서의 합리적이라는 말은 계몽주의에서 말하는 '이성적' 인간을 지칭하는 것이 아니다.[11] 자기가 처한 상황에서 어떤 행동이 자신에게 유리한가를 알고 그것을 실천에 옮긴다는 것을 의미한다. 하지만 인간이 합리적이라 할 때 충족되어야 하는 조건은 무

---

10) 뷰캐넌이 공공선택이론의 견고한 핵을 말할 때는, 경제 인간 대신에 합리적 선택(rational choice)이란 용어를 쓰기도 한다. 그러나 여기서는 현재의 신고전파 경제학에서 일반적으로 그리고 Buchanan, 1987에서도 사용하는 경제 인간이란 용어를 사용하기로 한다. 이하의 논의에서 합리적 선택은 '인간'에 대한 가정이라는 점이 부각될 것이기 때문이다.

11) 인간의 합리성에 대하여 아마 가장 치열하게 맞서고 인물은 독일의 철학자 하버마스(J. Habermas)일 것이다. 그는 자신의 저서 『의사소통행위이론(1981)』의 시작을 다음의 구절로 하고 있다.

> "의견과 행위의 합리성은 전통적으로 철학에서 다루어지는 주제이다."

그의 이 책에서 가장 비판의 대상이 되고 있는 것이 바로 신고전파 경제학이 채택하는 경제 인간과, 이 가정을 채택할 때의 그들의 합리성이다.

엇인가에 관하여는 서로 다른 주장이 있다. 다운스는 Arrow, 1951/1963[1987]: Ch. 1. 2를 따르면서 합리성의 조건으로,

· 인간은 일련의 대안에 직면했을 때 언제나 결정을 내릴 수 있다.

· 그는 선호의 순위에 따라 어느 대안을 다른 것보다 선호하거나, 혹은 마찬가지이다(무차별하다, 필자 보완)

· 그의 선호 순위는 이행성을 갖는다

· 그는 가능한 대안들 중에서 언제나 자신의 선호 순위상 가장 높은 자리를 차지하는 대안을 선택한다

· 그는 동일한 대안들에 직면할 때마다 언제나 동일한 결정을 내린다

등의 사항을 든다(1957[1997]: 26-27). 이들은 통상 선호의 완비성(completeness)과 이행성(transitivity 혹은 consistency)으로 요약되고 있고, 따라서 인간이 합리적이라 할 때는 최소한 이 두 가지 조건을 갖추어야 한다고 본다(이정전, 2005: 192; Buchanan and Tullock, 1962[1999]: 81-82). 완비성은, 선택의 상황에서 좋아하는 것과 싫어하는 것을 분명하게 분별할 수 있어야 한다는 것으로, 선택해야 할 것들 중에서 두 개씩 뽑아 맞비교 할 때 그 둘을 똑같이 좋아하는지, 아니면 그 중 어느 것을 좋아하는지를 분명하게 말할 수 있어야 한다는 것이다. 이행성 조건이란, 어떤 사람이 x를 y보다 보다 더 좋아하고, y를 z보다 더 좋아한다면, 당연히 x를 z보다 싫어하지 않아야 한다는 것을 의미한다.

인간의 이기성 가정은, 모든 인간은 행위를 할 때, 때론 다른 사람의 이익을 희생하면서까지, 자신의 이익이나 자신이 대리인으로 있는 제 3자의 이익을 위해서 행동한다고 보는 것이다. 이를 관철하려는 최강의 버전은, 예컨대 수 십 년 동안 생선 장사를 하여 번 돈을 대학교에 기부하는 시장 할머니와 같은 사례를, '자기'만족 혹은 '심리적 이익'이라 함으로써, 이타적 행동도 자기 이익을 위한 행동인 것으로 간주한다.[12)]

인간의 비시장적 활동에 경제학적 방법을 적용하는 경우, 즉 합리적선택이론자들이 전통적 정치학자들과 결정적으로 다른 점은, 공적 영역에서의 인간 행동에 대한 분석에서도 경제주체의 행동에 대한 똑같은 기본 가정을 적용한다는 점에 있다. 간혹 합리적선택이론이 '혁명'적이라 불리는 이유는 이것으로, 국회의원이나 공무원들은 물론 선거에 참여하는 일반 시민도 자신의 이익을 고려하여 투표한다는 것을 당연한 것으로 받아들인다. 그래서 뷰캐넌과 털럭이 볼 때,

> 지금까지 정치 이론가들은 … 집합적 선택과정에 대한 (분석을 할 때) … 다음과 같은 암묵적 가정을 바탕에 두었다. 즉 대표적 개인은 자기 자신의 효용극대화를 모색하는 것이 아니라, '공익' 또는 '공동선'을 발견하려고 노력한다. … 즉 사적 선택 영역에서 사회적 선택 영역으로의 활동 전환은 사적 이득의 동기를 사회적 선(social good)의 동기로 대체하는 것을 수반하게 된다(1962[1999]: 63)

12) 그러나 이기적이기 보다는 이타적 행동임이 분명한 경우에도, 즉 심리적 이익도 행위자의 이익에 포함시키려는 노력은 헛된 것이다. 위의 합리성 조건과 모순되는 것이기 때문이다.

고 하는 것은 “명백한 패러독스”다. 뷰캐넌과의 공저작물이 발간된 지 40여년이 지난 시점에서 털럭은 “동일한 사람들이 시장활동과 정치활동에 참여하기 때문에 양 영역에서 그들의 행동이 동일한 동기에 따라 작동한다는 주장은 명백”하고, “경제학자들은 경제학적 기본 틀을 정치 연구에 도입하는 공공선택이론을 개발함으로써, 인간행동에 관한 이분법적 견해를 바꾸었다”고 하고 있다(2000:5-6).

경제 인간 가정의 규범적 함의

뷰캐넌은 경제 인간 가정을 사용함으로써, 한 사회의 자원배분 기제로써 시장을 국가보다 현저히 우선시 하고 있다. 즉 그에 따르면, “개인들이 경제 인간 가정대로 행동한다면, 가장 먼저 주장할 수 있는 것은, 시장이나 그와 유사한 제도가 광범위하게 도입되어 사용될 것이라는 점은 명백해 보인다는 점이다”(1986: 238). 인간에 대한 가정과 관련해서 그의 이 논리를 따라가 본다.

자기가 처한 상황에서 자신에게 가장 유리한 행동이 어떤 행동인가를 판단하는 합리성의 도구적 측면은, 그로 하여금 사회에서의 제도들 역시, 인간의 선호를 최대한 충족시키기 위한 것이라는 도구적 관점으로 이끌고 있다. 뷰캐넌에게 정치란 개인의 가치와 이익을 실현하기 위한 수단인 것이며, 공적 제도들도 각 개인들이 서로 바람직한 결과를 확보하기 위한 수단이다(Buchanan and Tullock, 1962[1999]: 151). 그러므로 어떤 제도가 개인들의 이익에 기여하지 못할 경우, 그 제도는 사라지게 될 것인데, 그것이 공적 제도라 하더라도, 그것은 본질적으로 각 개인들의 자유를 보장하고 타인의 개입 없이 자신의 목표를 달성하기 위한 수단에 지나지 않기 때문이다(1975: 17-18).

뷰캐넌이 그리는 이상적인 사회는, 선택의 기회를 최대한 보장하고 타인 혹은 제도의 권력이 최소 상태인 사회다. 이를 위해 그는 시장의 많은 역할과 최소한의 역할에 그치는 정부를 구상한다. "정부는 가장 적게 통치할 때가 최선"(1975: 17)이고, 시장이 제대로 작동된다면 국가의 필요성은 없기 때문에(1986), 국가는 시장을 대신해서는 안 되며 다만, '법적 우산(legal umbrella)'만 제공하면 충분하고, 시장이 실패할 때라도 오직 그것을 지원하거나 보완하기만 하면 된다. 기만적으로 작동하는 시장이 없는 곳이라면, 본질적으로 강제적이면서 값비싼 국가는 필요 없는 것이다(1991). 결국 그의 이상은 무정부 상태와 리바이어던(Leviathan) 사이에 있는 것이지만, 전자 쪽으로 많이 기울어져 있다(1994: 1). 뷰캐넌이 바라본 바로는, 2차 대전 후 케인스 영향 하에 등장한 복지국가는 이상적 사회로부터 멀어져 가는 것이었고, 1980년대 이후의 민영화나 정부축소 등의 경향들은 다시 올바른 방향을 향해가는 것이었을 것이다.

앞서 지적한 바와 같이, 합리적선택이론이 '혁명적'일 수 있었던 것은 공적영역에서의 활동도 시장에서와 같이 이기심에 따라 동기부여 된다는 가정 때문이었다. 뒤에서 보겠지만, 합리적선택 연구프로그램의 하위 프로그램들은 바로 시민, 정치인, 공직자 등 모두가 자신의 이기심에 따라 행동한다는 가정에서 시작하고 있고, 그로써 공적영역에서의 무임승차의 결과나 부정적 외부효과들(externalities)을 보여주려 한다. 합리적선택이론자들은 어떤 개인이 공적 영역에서 활동하게 되었다하여 그 개인이 공적 심성을 갖게 된다고 보지 않는 것이다. 또 그들은 정부를 자비로운 독재자로 보는 사고는 낭만적인 것이라 하여 비난 한다. 뷰캐넌은 공적 영역에 관한 그 이전까지의 전통적 견해들을 "정치에 대한 낭만적 이미지"라 하고, 그것은 이 이론의 등장으로 이제 "산산조각이 났다"고 주장한다(1984).

그에 의하면, 정부에서의 의사결정은 과대한 의사결정 비용 때문에 시장실패에 적절하게 대응할 수 없어서, 시장실패가 있다고 하여 정부 활동이 필요한 것은 아니다. 예컨대 시장실패의 원인으로 간주되는 사적 행위의 외부성을 인정한다 하더라도, 각각의 개인은 자신의 이익을 위해 이를 계약을 통하여 해결할 수 있기 때문이다(1973). 그런데 공공선택이론이 등장하기 전까지의 정치 경제학자들은, 시장실패의 경우 정부개입의 필요성만 반복하여 말했을 뿐이지, 시장보다 정부가 보다 능률적이라는 것을 보여주는 것에는 소홀히 했었고, 국가에 시장의 기능을 이전하기 전에 분명히 해야 하는 점은 이를 확신시키는 것이라고 뷰캐넌은 지적한다.

결국 뷰캐넌이 지속적으로 보여주고자 한 것은, 공적 영역의 활동 주체가 갖는 이기성으로 인한, 시장실패에 버금가는 정부실패 혹은 정치실패다(1991). 정치실패는, 비단 비민주적 정치체제 하에서 개인의 자유를 억압하는 형태로 존재하는 것일 뿐만 아니라 민주 정체 하에서도 개개인들에게 차별적 결과를 낳는 형태로 존재한다는 것이다. 비록 국가가 유용한 시장의 보충 기제일 수 있다 하더라도, 그 부정적 외부효과들을 국가가 완전히 제거할 수 있는 것은 아니라는 것을 뷰캐넌은 강조한다. 시장참여자의 이기성과 부정적 외부효과 때문에 시장실패가 있다면, 공적 영역에서도 참여자들의 이기성과 부정적 외부효과는 역시 존재하기 때문이다.

3. 정치도 경제학의 분석대상? !

뷰캐넌은 합리적선택이론의 견고한 핵의 하나로 '교환으로서의 정치'를들고 있다. 그러나 이 부분은 다른 경제학자뿐만 아니라 다른 합리적선택이론가들의 것과도 약간 차이가 있다.

신고전파 경제학의 방법으로 정치 영역을 분석하고자 할 경우, 공적 영역에서 이뤄지는 인간의 모든 의식적 행위는, 종국적으로 개인의 선호와 선택으로 환원되는 교환으로 다뤄진다. 신고전파 경제학에서는 인간 활동의 최종 목표를 소비로 보고, 그에 이르는 과정을 교환으로 파악하기 때문이다. 따라서 소비 외의 경제활동인 생산이나 분배는 물론 소위 정치적 활동도 교환으로 환원하는 것은 주류 경제학의 입장에서는 당연한 것이고, 앞서 보았듯이, 경제학자들이 인간의 합리성을 말할 때 '선호'라는 용어를 사용하는 것은 이 때문이다. 그러므로 개인의 선호와 선택으로 볼 수 있는 인간 모든 행위 예컨대 유권자의 투표행위도 경제학적 방법으로 분석이 가능한 것이다. 이점은 경제학의 정의나 연구대상과 관련해서 보면 쉽게 이해할 수 있다. 이미 본 바 있는 로빈스의 경제학에 대한 정의는 '자원의 희소성'과 '선택' 그리고 '자원배분'이라는 세 요소로 나누어 보는 것이 일반적인데, 정치학의 대상을 이스턴(D. Easton)에 따라 "대안적인 목적들 간에 희소자원인 권력의 배분문제를 해결하려 하는 것"으로 본다면(1951: 451), 정치현상은 정치학에 고유한 것이 아니라 경제학의 대상도 되는 것이다. 따라서 뷰캐넌이 그가 신고전파적 경제학을 그대로 받아들였다면, 공공선택이론의 견고한 핵을 열거하면서 굳이 교환으로서의 정치를 별개로 들 필요는 없

었다고 할 수도 있다.[13)]

선택이나 자원배분이 경제학의 중심이 되어서는 안 된다고 보는 뷰캐넌은 이와 다른 논증을 통해 정치현상도 경제학의 대상으로 포섭한다. 그것은 정치나 정치제도 자체를 사적 개인들의 교환 혹은 거래와 관련시킨 정의를 통해서인데, 사회를 조직하는 두 원리로서 시장과 정치, 이를 다루는 경제학과 정치학의 구분에 의할 때, 정치와 정치제도는 본질적으로 거래라는 것이 뷰캐넌의 입장이다. 그의 논지를 따라가 보면, 개인들은 상호작용을 조직화하고 또 사적으로 거래를 할 수 있다. 이는 경제학의 대상이고, 그러므로 "경제학은 … 개인들이 집합적으로 하는 것과의 반대 의미에서, 사적으로 다양한 그들의 목표를 충족시키기 위한 행동의 결과로 나타나는 제도들에 대한 것이다(1968: 146)". 그러나 특정 영역에서는 거래의 사적 조직화가 불가능하다. 이때 개인들은 사적으로가 아닌 집합적으로 행위를 하고, 또 집합적인 것에 기초를 두고 조직화하며, 이는 정치학의 대상이다. 정치도 거래라는 뷰캐넌의 단초는, 정치적 혹은 집합적 행위는 "개인들이 특정한 공동 목표를 위해 조직화하는 것이 서로에게 이로운 것으로 여길 때" 나타난다는 점이다. 즉 정치란 " … 사적인 자기 자신의 목표를 집합적으로 보장하기 위한 … 개인들 간의 복잡한 거래 구조"이다(1987: 246). 그러므로 뷰캐넌에게 시장과 정치구조(국가) 간의 질적 차이는 없고, 정치나 정치제도도 본질적으로 거래라는 점에서 경제학의 대상인 것이다.

13) 국내에서도 이렇게 보는 듯하다. 한국 공공선택학회가 총서 시리즈로 처음 발간한 『공공선택의 이론과 응용(2006)』은 공공선택이론에 대한 소개에 대해 많은 지면을 할애하고 있는데, 공공선택이론의 방법론적 전제를 말할 때 '교환으로서의 정치'를 별개로 언급하는 경우는 소병희 교수가 유일하다.

그래서 신고전파 경제학과 어울릴 수 없는 뷰캐넌의 특유한 이 입장 때문에, 털럭과 공저한 『국민합의의 분석』에서 공공선택이론의 선구자에 관한 부분을 뷰캐넌이 저술하지 않았다고 한다 (Marciano, 2009: 48)

제4장 중간정리

합리적선택이론의 종착점

지금까지 살펴 본 합리적선택이론의 토대들에 의하면, 공적 영역은 어떠한 상태인 것인지, 매우 근사하게 미리 예단(豫斷)해 볼 수 있다. 공적 영역의 행위 주체들도 시장의 행위자처럼 야비할 정도로 이기적인 인간이라는 점, 공동선이란 것도 구체적 개인들 간의 합의된 형태로서만 인정될 수 있다는 두 가지 점만을 기억하면 된다.

1. 국가와 정부역할의 범위

경제학의 시작은 일반적으로 스미스(A. Smith)의 저서 『국부론(The Wealth of Nations)』으로 보고 있다. 이점은 한 국가의 경제영역에서 정부가 담당할 적정한 역할 범위가 경제학의 탄생에서부터 주된 문젯거리였음을 잘 말해준다. 그러나 국가 혹은 정부의 역할과 관련된 논쟁이 가장 치열하게 전개된 시기는 20세기의 후반부일 것이다. 이때 공공부문의 개혁에 대한 논의를 지배했다고 알려진 신자유주의는, 자유로운 개인들 간의 거래로 이뤄지는 시장의 미덕을 찬양하고, 공공부문에서도 탈규제와 민영화가 이뤄져야 한다고 주장했다. 주지하다시피 이를 옹호하는 상당수는 경제학자들이었고 특히 하이에크(F. A. Hayek), 프리드먼(M. Friedman), 뷰캐넌과 같은 인물들은 자신들의 경제학적 방법에 충실하게, 정부역할을 줄이는 것만이 인간의 본성이나 정치제도의 본질에 더 부합한 것이라고까지 하였다. 이와 같은 국가의 최소화 요구는 1990년대에서의 세계화 물결과 결합하면서 더 한층 강화되었다. 세계화 논의에서도 국민국가(nation-state)는 시대착오적인 것, 더 심하게는 인류의 진보에 방해가 되는 장애물로 간주되었기 때문이다.

이러한 흐름에서 공공정책에 관련해서도 경제학자들의 의견이 우선적으로 반영된다는 것은 충분히 이해할 수 있다. 그들은 자신들의 연구 주제가 시장이 아닌 공공부문의 문제에도 적합한 것이고, 신고전파 경제학의 과학적 방법이 사회문제의 분석과 해결책의 강구에도 우월하다는 것을 지속적으로 설파해왔다. 경제학의 핵심개념인 파레토 능률성, 거기에 함축된 능률성과 사회적 형평성 간의 상충관계는 공공부문의 문제에 대해서도 경제학자들이 강력한 목소리를 낼 수 있는 것의 대표적 예다. 그러나 공적 영역이 경제학의 대상이 될 수 있다 하더라도 사회문제를 분석하고 그 개선책을 제시함에 있어서 합리적선택이론은 재정학(Public Finance)이라 불리기도 하는 전통적 후생경제학과 확연한 차이를 보인다. 경제 인간 가정을 정치주체에게도 적용할 경우, 국가나 정부 기능을 이해하는 시각은 전면적으로 변화를 가져오기 때문이다.

시장실패와 정부

20세기 후반 이후 정부역할에 대한 논쟁에서 주도적 입장을 차지하고 있는 것은 후생경제학 혹은 시장실패에 근거한 논의이다. 여기에서는 인간의 활동 영역을 시장과 정부로 이분한 다음, 시장이 실패하면 그 실패 영역의 교정자로서 국가를 상정한다. 여기서 정부개입은 필수적인 것이 된다. 그 이유는 자기 자신의 이익만을 추구하는 분산된 경제 주체 즉 개인주의적 경제 인간들만으로는 시장의 '경쟁적 균형의 능률성 조건' 은 충족될 수 없다고 보기 때문이다.[1)] 이러한 실패를 낳게 하는 요인들로, 비분할성(indivisibility), 배타적 소유권의 결여, 경제주체들의 전략적 행동 등이 적시된다. 이렇게 되면, '개인적' 비용 및 수익과 '사회적' 비용 및 수익 간에는 차이가 나타나는데, 이것이 시장실패의 유형으로 일컬어지고 있는 공공재, 외부성, 독점 등의 문제이다. 이처럼 시장 메커니즘이 사회적으로 적정한 결과를 산출해 내는데 실패하면, 정부는 이 실패를 교정하기 위한 시장에의 개입이 정당화 된다. 정부의 그러한 주요 수단들은 공기업을 통한 생산, 가격조절, 세금, 보조금, 재산권 재분배 등이다.

이러한 시장실패론에 대해 경제학 내부에서는 서로 다른 두 가지 시각이 있다. 일반적으로는, 정부의 개입은 시장이 실패한 그 경우에 한정되어야 한다는 것으로 본다. 그러나 다른 일각에서는 시장실패가 광범위한 경우, 그만큼의 거대한 정부개입도 논리적으로 승인될 수 있기 때문에 개입주의적 성향이 시장실패로부터 도출된다고 보아 이에 부정적이다.[2)] 그러나 양 입장 모

---

1) 이 조건들이란 이른바 후생경제학의 정리 즉 모든 경쟁 균형은 파레토 능률적이라는 제1정리의 도출에 전제되어 있는 가정들을 말한다. 여기에는 시장 참가자는 생산자와 소비자 모두 충분할 정도로 다수일 것, 이들은 거래에 필요한 모든 정보를 알고 있을 것, 정보를 수집하는데 소요되는 것과 같은 거래비용이 존재하지 않을 것 등이 있다. 그러나 이들 가정 모두는 현실의 경제 상태와 거의 맞지 않는 것이므로, 시장실패는 필연적이다(Stiglitz, 1994[2003]: 3, 4장). 즉, 시장의 성공이란 불가능하다.

두에서, 시장 이외의 제도들은 인위적인 차선의 대체물일 뿐이라는 점에서는 같다. 즉 정부개입 등 시장 외의 기제는 자연발생적인 시장적 기제가 약속된 결과를 낳지 못할 때에야 인정된다는 점에서 시장의 제도적 우선성은 유지되고 있는 것이다. 또 후생경제학자들이 정부의 공공정책의 설계과정에 적극적으로 개입하는 것이라 말할 수 없을 것이다. 그들의 주요개념이자 판단기준인 파레토 능률성은 사회적 형평성 문제까지 해결해 내지 못한다는 점을 알기 때문이다. 따라서 재정학자로 불리는 경제학자들이 구체적 공공정책 등이 최적의 자원배분에 어떤 영향을 미치는지에 대해 정책 담당자 등에게 조언을 하여 왔지만, 정책입안이나 제도설계에 직접적 개입은 그들의 주요 관심사가 아니었다. 그들은 이를 정치학의 영역으로 간주하였는데, 이점에서 경제학과 정치학, 혹은 경제학자들과 정치인들 간의 적정한 분업을 설정하고 있는 셈이다. 그리고 이는 후생경제학 제 2정리가 함축하는 바이기도 하다. 이 정리를 가정과 함께 다시 쓰면, '초기 부존자원을 적절히 분배할 수 있고 경제 주체들의 선호체계가 볼록성 조건을 충족한다면. 일반경쟁균형은 파레토 능률성을 만족 한다'는 것이다. 이는 정부 정책의 목표로써 능률성과 사회적 형평성은 분리하여 추구할 수 있다는 말과 다르지 않는데, 일단 능률성을 만족시킨 후 적절한 정부 개입을 통해 능률성을 훼손하지 않으면서 사회적 형평성을 만족시킬 수도 있음을 밝히는 것으로 해석될 수 있기 때문이다. 후생경제학자들이 정치학과 적정한 분업을 설정한다는 것은, 사회적 형평성의 문제가 되는 이 정리에서의 가정 즉 '초기 부존자원의 적절한 분배'

2) 경제학의 오스트리아 학파가 이러한 입장이다. 뷰캐넌도 같은 견해를 취한다.

문제는 경제학자들이 관여할 수 없다는 것, 이는 정치학이나 정치인들의 과제이고 대상이라는 점을 인정한다는 것을 의미한다 (Jennings and McLean, 2008: 62-63).

정부는 실패한다. 그러니까 작게 하자!

민간이 주도하는 경제부문에 정부개입을 정당화하는 후생경제학이 주도하는 2차 대전 후의 사반세기 동안은 흔히 자본주의의 황금시대로 불린다.[3] 개입주의적 정책들은 선진국이나 개발도상국 모두에서 매우 성공적이었기 때문이다. 그에 따라 개입주의 정책을 시행하는 정부 역시 경제의 작동에서 매우 중요할 뿐만 아니라 심지어 주도적인 경제주체로 여겨지기도 했다. 그러나 1960년 후반부터 발생하기 시작한 일련의 사건들 후로, 황금시대에 구축된 개입주의 모델은 점차 어려움에 봉착하게 된다. 이에 따라 정부를 보는 시각도 극적인 전환과정을 거치게 되는데 신자유주의로 통칭되는 이 흐름에서 합리적선택이론은 강력한 영향을 미쳤다.[4] 경제 인간 가정을 공적 영역의 정치주체들에게도 적용하는 합리적선택이론에 따르면, 국가는 오히려 이익집단과 정치인 관료 등을 위한 이익의 원천일 뿐이고 정부개입은 시장실패를 교정하기 보다는 배분적 비효율성, 지대추구적 낭비 등으로 귀결될 가능성이 크다는 것을 말하고 있기 때문이다. 정부정책 과정 등에 대한 합리적선택이론의 자세한 내용은

3) 이 시기는 후생경제학 외에도, 국가는 재정정책을 통해 경기를 조절할 수 있다는 케인스 경제학이 지배하고 있었다.

4) 국가관의 변화 혹은 정부역할의 축소를 요구하는 주장은 공공선택이론 외에도, 노직(R. Nozick)이 대표하는 계약론적 정치철학과, 하이에크(F. A. Hayek)가 이끄는 오스트리학파 경제학이 있다.

다음 장에서 보기로 하고, 여기서는 어떻게 국가나 정부역할을 보는 관점에 변화를 가져오게 되는 지 공공선택이론의 핵심적 내용을 보기로 한다.

먼저 뷰캐넌과 털럭(1962[1999])이 전제하는 개인적 자유의 신성불가침을 믿는 계약주의 하에서는, 법률과 질서만 제공하는 자유주의적 최소국가를 넘어서는 개입은 어떤 명분으로도 정당화될 수 없다. 개인의 선택에 따라 이뤄지는 매춘과 투표권 매매도 금지되지 않아야 한다. 더구나 개인의 후생에 개입하는 복지국가는 가부장적이어서 자유를 제약하는 것이지 더 이상 자애로운 제도라 할 수 없고, 심지어 개인들의 자유를 위해 억압당해 마땅한 리바이어던(Leviathan)일 뿐이다.

또 니스카넨(Niskanen, 1971)이 전개하는 경제 인간을 정부 관료에게도 적용하는 모델은, 정부조직의 확장이나 예산팽창 등의 현대의 각종 문제점의 원인은 주인인 국민이 자신들의 대리인인 관료들을 제대로 감시할 수 없다는 점에 있다고 지적한다. 그는 또 자기중심적 행위라는 가정이 공공부문에도 적용되어야 한다는 논리를 전개하여, 복지국가에 대한 대중의 신뢰를 뒤흔들고 더 나아가 정부 관료들의 자긍심은 물론 업무에 대한 책임감에까지 타격을 가하고 있다.

또한 털럭(1967A)으로부터 시작된 현대의 지대추구(rent-seeking)론은 예컨대 국제무역과 관련한 관세 등의 설치는 경제적 후생의 순손실(deadweight losses, 사중손실)로 이어지는 것은 물론이고 '비생산적' 정치행위에 의한 지출 때문에 추가적 낭비까지 발생하게 된다고 주장한다. 여기서 비생산적 정치행위란 사회적 자원배분이 수반되는 진입장벽에 대한 설치를 국가가 특정 이익집단에게 유리한 방향으로 설치하거나 바꾸려고 하는데서 생겨나는데, 이익집단이 정치인이나 관료들과 결탁할 경우 어떻게 국가가 사회복지가 아닌 국가 자신의 수익을 극대화하려는 약탈 국가로 변화되어 갈 수 있는지를 묘사하고 있다.

이처럼 합리적선택이론에 속한 많은 모형 혹은 이론들은 후생경제학이 정당화시킨 정부개입에 대한 신뢰나 국가에 대한 믿음을 뿌리째 뒤흔들기에 충분한 것들이다. 따라서 만약 이러한 주장에 동의한다면, 특히 정치인이나 관료들이 이익집단과 자연스럽게 결탁한다는 가정을 받아들인다면, 우리는 보다 덜 개입적인 정부가 바람직하다는 견해를 갖게 될 것이다. 따라서 경제부분을 포함한 모든 영역에서 정부개입을 차단하는 것만이 정치라는 해악으로부터 우리를 보호할 수 있는 유일한 방법이 될 것이다. 또 합리적선택이론은 정책과정이나 정치주체들에 대한 분석설명을 명시적으로 시도하고 있다는 점에서, 시장실패론적 접근에서 상정한 정치학과 경제학의 분업을 받아들이지 않는다. 나아가서 후생경제학 제 2정리가 함축하는, 형평성 문제를 야기시키는 부존자원의 적절한 분배는 정치인들이나 정치적 방법으로 해결될 수 없다고 본다. 이는 다수결적 의사결정으로는 모든 사람이 동의할 수 있는 공정한 원칙을 충족시킬 수 없다는 애로우의 불가능성 정리를 표현 그대로 해석한 것에 근거하는 것인데, 이점에서 애로우 정리는 민주주의 정치과정과 정부역할을 이해하기 위한 초석으로 간주되고 있다.

2. 경제 인간이 공적 활동?: 정부실패의 필연성

공적 영역의 행위주체들에 대한 경제 인간이라는 가정의 관철, 그리고 각 분야에서의 행동을 설명하려는 모형들, 이에 의하면 국가의 이름으로 행해지는 정부활동의 결과는 어떨까? 또 시장실패를 교정한다고 하는데, 과연 교정할 수 있을까? 합리적선택이론에 의하면 이것들은 의문거리도 안 된다. 정부는 실패할 것이 예정되어 있다. 여기서는 정부실패에 대해 있어왔던 기존의 논의를 다루면서, 합리적선택이론에서의 전개하는 정부실패는 어떻게 파악될 수 있는지를 보기로 한다.

미리 지적할 것은 정부실패는 합리적선택이론에서 단초를 제공하고 또 촉진한 것이기는 하지만, 일반적으로 소개되고 있는 정부실패에 관한 논의들을(예컨대 남궁근, 2008: 65-77) 엄밀히 본다면 합리적선택이론과 구별하여야 한다는 점이다. 볼프(C. Wolf)의 '비시장 실패 이론(A Theory of Non-Market Failure, 1978)' 이후의 정부 실패에 관한 논의들은, 서비스 공급에 있어서 시장이냐 정부냐의 선택을 위한 지침을 제공하려는 것이거나, 공공정책을 통한 정부 개입을 효율성이나 형평성과 같은 일정한 기준으로 평가하려는 것이라는 점에서 '규범적'이라 한다면, 합리적선택이론은 정부실패라는 대전제의 분석적 실증적 모형들의 집합으로 보아야 하기 때문이다.

아래에서는 합리적선택이론의 차별성을 부각시키기 위해 규범적 정부실패 이론을 먼저 소개하고, 합리적선택이론의 정치주체에 관한 각 모형들을 정부실패를 구성하는 세부 모형이라는 관점에서 접근하기로 한다.[5] 합리적선택이론이 공적 영역을 구성하는 인간에 대한 가정을 특정한 형태로 고정하고 있는 한, 시

5) Lemieux 04, The public choice revolution, 22에서와 같이 Mueller의 pct 정의는 광의의 것, 인간의 행동동기를 모형화하는 것들의 집합을 협의 공공선택이론으로 보는 관점.

장과 마찬가지로 공적 영역에서의 실패도 당연한 귀결이 될 것이기 때문이다.

'규범적' 정부실패론: 볼프의 비시장 실패

공공정책을 통한 정부개입을 정당화하는 경제학적 논거는 후생경제학이 제공하는 시장실패론이다. 이의 요지는, 불완전 시장·외부효과·공공재 공급 등의 시장실패의 경우, 시장의 외연 확장으로 그 부적합성이 해결될 수 없다면 정부가 그 문제를 해결한다는 것이다. 그러나 여기서 나타나는 문제는, 시장실패가 정부 활동이면 해결될 수 있다는 가정 즉 정부 혹은 국가가 전지전능한 존재로 전제되고 있다는 점이다. 정부실패이론은 그동안의 후생경제학이 다루지 않았던, 시장과 정부가 완벽한 보완관계에 있는 것은 아니라는 점, 시장실패에서와 같이 정부 개입도 실패할 수 있다는 점, 그리고 그 원인과 유형을 규명하고자 한다. 이는 볼프가 '비시장 실패'라는 개념으로 처음 제시하였다.

볼프의 비시장 실패이론은 시장실패 개념에 근거하면서, 그와 대비되는 분석틀을 대표한다 할 정도로 가장 완벽한 형태의 정부실패 이론으로 평가받고 있다. 그는 시장실패이론에서 사용된 방법론을 따르면서, 비시장 실패의 다양한 형태를 정부가 제공하는 재화의 수요와 공급의 특성으로부터 도출하고자 한다.

한편, 볼프의 용어를 엄격하게 적용할 때, 비시장과 정부가 완전히 동일한 것은 아니다. 다만 그는 비시장 조직을 수입원이 가격체계를 통해서가 아니라 조세나 기부금 등을 통해 조달하는 조직으로 정의하고, 정부를 비시장 조직의 주된 것으로 보면서 주로 정부에 대해 그 특성 등을 살핀다. 그리고 대학이나 교회 등의 조직에도 같은 논리가 적용될 수 있다고 한다(1978: 10). 따라서 그의 비시장 논의에서 중점은 정부에 있다고 볼 수 있는데, 이하에서는 볼프의 비시장 조직을 정부조직으로 간주하기로 한다.

볼프는 정부에 대한 수요는 다음과 같은 특성을 갖고 있고, 그로 인해 과다하게 계산되고 있다고 본다(1989: 39-50).

첫째, 시장의 단점에 대한 공중의 인식이 확산되어 시장의 부작용에 대해 민감하게 반응하고, 그 결과 국가의 개입에 대한 욕구가 증가하였다.

둘째, 정부 활동은 정치조직과 투표권에 토대를 두고 있으므로, 정치과정에서는 특수 이익집단이 효과적으로 영향력을 발휘할 수 있다.

셋째, 자신의 이익을 극대화하려는 정치인과 관료는 보상체계상, 집행비용을 고려함이 없이 사회문제에 대한 개입주의적 해결책을 제시한다.

넷째, 선출직과 임명직의 짧은 임기 탓에 정치적 행위자들의 시간할인율(time-discount)은 높아서, 그들은 미래의 비용-편익 계산이 아니라 현 시점을 강조한다.

다섯째, 정부 정책은 편익을 받는 수혜자와 그 비용을 부담하는 자가 분리(decoupling)되어 있다. 볼프는 이 같은 분리에는 미시적 분리(micro -decoupling)와 거시적 분리(macro-decoupling)가 있다고 한다. 전자는 편익은 소수 특정 집단에 집중되고 비용은 모든 집단에 분산되는 경우이고, 후자는 편익은 모든 집단이 향유하면서 비용은 소수의 특정 집단에 집중되는 경우이다.

이어서 볼프는 정부 공급에는 다음의 네 가지 특징이 있다고 본다(1989: 51-55).

첫째, 정부 산출물은 원리상으로 뿐만 아니라 실제적으로도 정의하기 어렵다. 그래서 양적으로 측정하거나 질적으로 평가하기가 곤란하고, 결국 투입이 산출의 대용물로 되는 경우가 일반적이다.

둘째, 정부 산출물은 법적 독점 기구인 하나의 공공조직이 생산한다. 경쟁 부재의 결과로서 유의미한 경제적 능률성 평가가 어렵고, 또 배분적 생산적 능률성도 애매하게 된다.

셋째, 정부 산출물에 대한 생산 기술이 잘 알려져 있지 않고, 알려진 경우에도 불확실성과 모호성이 크다. 그 결과 경제적 비능률성은 더욱 커지게 된다.

넷째, 정부의 산출 활동에 대해서는 성공이냐 실패냐의 평가체계가 결여되어 있다. 또 간혹 실패한 산출활동을 종결시키는 구체화된 절차가 없는 경우도 있다.

볼프는 이상의 정부 활동과 관련한 수요·공급상 의 특징을 통해 시장실패에 대응하는, 즉 시장에서와 같은 실패 기준(분배 능률성과, 배분상의 형평성)으로 정부실패의 원인과 유형을 분류한다.

그가 보기에, 가장 명확하고 중요한(1979: 132) 정부실패는, 정부조직의 내부성과 사적 목표(internalities and private goals)에 있다. 이는 조직이나 그 구성원의 성과평가를 결정하고, 그에 따라 각각의 효용함수를 구성하는 조직 내부의 평가절차와 관련된 것이다. 시장이든 정부조직이든 조직 내 자원할당을 위한 내부시각의 가격체계(internal version of price system)를 운용하지만, 시장은 외부 압력으로 내부기준이 외부 가격체계와 강하게 연계되어 있는 반면, 정부조직은 최적의 성과와 별 관련 없는 내부성을 갖고 있다. 이는 공공조직의 실제 활동이 의도된 혹은 이념적 역할과 괴리될 수 있음을 의미한다. 그러므로 시장실패에서의 외부성이 사적 의사결정에서 경제주체들이 사적비용만을 고려하는데 기인한 것과 마찬가지로, 정부실패에서의 내부성은 공적 의사결정에서 사적 동기가 지배적이기 때문에 나타난다. 정부조직에서 흔히 볼 수 있는, 예산을 극대화하려는 관료나, '많은 것이 좋다'라거나 '복잡한 것이 좋다'라는 풍조는 그 예다.[6)]

정부실패의 두번째 유형은, 정부조직의 가외적이고 상승적 비용(redundant and rising costs)이다. 볼프는, 시장과정은 생산비용과 제품 가격 간의 특정한 관계가 강제되는 반면, 정부활동에서는 그 수입원이 가격체계를 통해 조달하는 것이 아니기 때문에, 그러한 관계가 결여되어 있음을 지적한다. 그 결과 주어진 제품을 생산하는데 더 많은 자원이 사용되거나, 시장에서 생산했더라면 소요될 활동보다 더 많은 활동이 필요하게 된다는 것이다.

세번째 유형은, 볼프가 파생적 외부성(derived externalities)이라 명명하고 있는 것이다. 이는 시장실패를 개선하려는 정부활동으로 나타난, 의도되지 않고 기대하지도 않는 부산물을 가리킨다. 시장실패에서 외부성이 경제주체가 고려하지 않는 비용·편익에 관련되듯이, 정부실패에서 파생적 외부효과는 "그 결과가 나타나는데 책임있는 자들에게 현실화되지 않았고 따라서 계산이나 행동에 영향을 주지 않는 부산물"이다(1989: 77). 시장실패의 외부성이 긍정적일 수도 부정적일 수도 있듯이, 여기에서도 양 성질이 나타날 수 있다. 부정적 예로, 독신모에게 지급되

---

6) 공공기관의 이 같은 실태를 볼프는 "Cadillac quality"라 하고 있다(1978: 22)

는 아동수당을 들 수 있다. 이것이 의도하는 바는, 독신모 가정 아동의 빈곤방지이지만, 기대하지 않았던 결과로, 정부 복지지출의 증가를 요구하는 추세 속에서 독신모 출산의 아동수가 증가하는 것이다.

정부실패의 네번째 유형은 배분상의 불공평(distributional inequality)이다. 이것은 시장실패에 관한 그간의 논의들이 배분의 문제는 다루지 않았는데(1989: 28), 볼프는 배분상의 불공평도 시장실패의 유형으로 추가시키고, 대칭적 관점에서 이를 정부실패의 유형으로도 본다. 그는 시장에서의 불공평은 소득과 부의 차이로 나타나는 반면, 정부활동과 관련해서 나타나는 불공평은 권력과 특권 측면에서 나타난다고 하고 있다(84).

볼프는 시장실패와 정부실패의 유형의 관계를 아래와 같은 표로 나타낼 수 있다고 한다.

볼프(Wolf)시장실패와 정부실패의 비교

시 장 실 패	정 부 실 패
외부성과 공공재	내부성과 사적 목표
수확체증	가외성과 상승적 비용
시장의 불완전성	파생적 외부효과
분배 불공정(소득과 부)	분배 불공정(권력과 특권)
※출처 Wolf, 1978: 23; 1989: 85	

규범적 정부실패론과 합리적선택이론의 차이

볼프의 비시장 실패이론은 외양상, 합리적선택이론의 관점에서 공적 영역에 접근하는 것으로 보인다. 무엇보다 그는 뷰캐넌과 털럭(1962), 니스카넨(1971)을 따라, 정치인이나 관료의 사적 이익 추구를 비시장 과정을 이해하는 중요 요소로 간주한다(1989: 5). 이로써 그는 정부실패의 가장 분명한 형태로 정부조직의 내부성과 사적 목표를 들 수 있었을 것이다. 또 그가 정부 수요의 특징으로 들고 있는 수혜자와 비용 부담자의 분리도, 올슨(M. Olson)이 정교화한 집합적 행동에서의 무임승차 문제를 확장하여 적용하는 것에 지나지 않는 것으로 볼 수 있다.

그러나 볼프가 분명히 하고 있듯이, 비시장 실패에 관한 그의 저술 목적은 명백히 규범적이다. 그는 정부의 결함을 분석할 수 있는 도구를 개발함으로써 (후생경제학상의) 흠결을 바로잡고, 이 분석틀이 시장과 정부 간의 비교 및 선택 기준이 되기를 기대하고 있기 때문이다(Wolf, 1989, xiii).

이점은 합리적선택이론의 핵심인 이익집단이론이나 지대이론 등이 정부실패의 유형으로 제시될 수는 있다 하더라도, 정부 실제 활동을 시장 영역과 비교하면서 이념적인 혹은 최적의 정책 개입 기준을 제시하지 않고 있는 것과 대비된다. 또 볼프가 시장과 정부 각각에 대해 어떤 이데올로기적 편향이 없이 접근하고 있다는 점도 그를 합리적선택이론의 지지자로 여길 수 없게 하는 대목이다.

그의 논지에 의하면 시장이 정부보다 우월한 경우가 분명히 있을 수 있다. 그러나 볼프는 정부 정책 과정에는 책임성이나 대표성과 같은 다른 기준이 있음을 명백히 한다는 점에서(132), 경제학적 시각으로만 공적 영역을 분석하는 특히 정치과정도 시장에서의 교환과정과 동일시하는 합리적선택이론과는 본질적으로 다른 것이다.

합리적선택이론에서의 정부실패

'경제 인간'의 공적 주체들에 대한 구체화

합리적선택이론적 관점에 따른 구체적 정부 과정분석을 위해 공적 영역의 행위 주체들에 대한 보다 정교한 모형들이 개발되어 왔다. 이는 도구적 합리성(instrumental rationality)이라는 인간 가정에, 인간 행위의 목표는 물질적 유형적 이익의 극대화(utility maximizer)라는 가정을 추가시키는 형태로서, 이를 행위주체의 목적함수라고 한다. 한편 개인이 추구하는 목표를 구체화시키는 이 같은 시도에 반대하는 합리적선택이론자들도 있는데, 그들은 정치적 주체의 행위 분석은 사익추구나 효용극대화라는 가정이 없이도 가능하다고 본다(Ferejohn, 1991: 282). 소위 '엷은 합리성(thin rationality) 모델'로 불리는 이 입장은 합리적선택이론적 논의에서는 예외적인 것이고, 또 쉽게 '두터운 합리성(thic rationality)으로 변모되기 때문에(Friedman, 1996: 21) 여기서는 논외로 하고, 뒤에서 다루게 될 일반 시민(유권자)에 대한 것을 제외한 나머지를 보기로 한다. 이것은 민주주의 국가의 각 정부기관 구성원들의 행위 목표는 무엇인가, 무엇을 극대화하려고 하는가에 관한 논의들이다.

입법부의 의원

역사적으로 보았을 때 경제학자들이 가장 많은 관심을 표명했던 정부기관은 입법기관인 의회다. 합리적선택이론의 설명에서 그 구성원인 의원의 최우선 목표는, 자신의 의원직을 유지하는 것 곧 선거에서의 당선과 재선이다(Fiorina, 1977: 39). 부수적으로 그들은 자신이 담당하는 직위의 권력을 강화하거나, 보다 높은 지위를 추구한다고 본다.

재선을 위해 합리적 의원은 공공 예산 등을 자신의 선거구 주민에게 이전시키는 법안 등을 통과시키려 할 것이다(Peltzman, 1984: 192-206). 자신의 이익을 극대화하려는 지역구 유권자들은 모든 혹은 대부분의 시민에게 동등한 혜택을 주는 정책에는 감명을 받지 않을 것이기 때문에, 의원이 합리적이라면 자신의 지역구 유권자에게 보다 많은 혜택을 주는 법안을 통과시켜야 한다는 것을 알고 있다.[7] 마찬가지로 그는 자신의 유권자 비용 부담으로 광범한 혜택을 산출하는 법안 등은 거절할 것이다.

그러나 의원이 특히 중요시 여기는 것은 특수 이익집단이다(Stigler, 1971: 11-12). 지역구 유권자들이라도 그들은 합리적 무지로 가정되는 반면, 특수 이익집단은 의원의 선거운동 과정에서 금전적 후원을 제공할 수 있을 뿐만 아니라, 경우에 따라 의원으로 하여금 자신들의 이익을 위한 법안 통과를 바라면서 집단적 표도 동원할 수 있기 때문이다. 그래서 의원은 경쟁 집단의 비용 혹은 일반 세원으로 이들 이익집단에 특혜를 부여하거나 혹은 그 특수이익집단의 비용으로 경쟁 집단이나 일반 공중에 혜택을 주려는 법안을 무력화시킴으로써, 자신과 특별관계에 있는 이익집단을 지원하려 할 것이다.

사법부의 법관

입법부 의원 행동의 분명한 인센티브 구조와 달리, 법관의 목적함수는 공공선택이론에 따라 모형화하기가 어렵다. 현대 민주

7) "Pork Barrel Politics"는 이를 표현하는 경멸적 용어다.

주의 국가에서 사법부 법관에 대해서는 특별한 신분보장이 확립되어 있어서, 그들은 자신들의 의사에 반하여 직위를 상실하거나 보상이나 지위가 축소될 위험이 대단히 적기 때문이다. 반대로 법관의 직위나 지위가 정치권에 의존적 체제라면, 합리적 법관은 자신의 신분에 유리한 정파를 지지하는 결정을 내린다고 볼 것이다. 공공선택이론이 가장 활발하게 전개되고 있는 미국의 경우를 보면, 연방 법관은 종신직으로 임명되고, 정해진 보수 외 부가적 수입도 거의 없을 뿐만 아니라, 승진 기회도 거의 없다. 그러므로 합리적 법관은 특수한 지역 혹은 이익집단이나 정파가 선호하는 결정을 내릴 특별한 동기가 없다고 보는 것이 일반적이다. 또 사법부 자체의 권한 확대에 대한 동기도 거의 없다고 본다. 일반 공중이나 사적 행위자와의 관계가 다른 공적 주체에 비해 상대적으로 독립적이므로, 법관들은 자신의 업무증대를 수반하는 권한 확대를 원하지 않는 것으로 보는 것이다.

그러나 정치적 영향력으로부터 독립이라는 이상의 설명과는 다르게, 연방법관은 지방보다 연방이나 주(州) 차원의 정부에 유리하게 결정하는 편향을 가지고 있다거나, 공공선택이론의 관점을 일관시켜 사법부의 법관도 특수 이익집단에 유리한 결정을 내린다는 견해도 제시되고 있다(Elhauge, 1991). 또 Landes와 Posner(1975)는 법관의 행동 동기를 입법부 의원과 유사하게 취급한다. 그들은 먼저 입법자들을 이익집단의 선거 기부금, 선거에서의 표, 불법적 뇌물을 대가로 법률을 판매하는 자들이라 하고, 법률에 대해 지불되는 대가는 구매자들인 이익집단이 해당 법률이 얼마나 지속될 것으로 기대하는가에 달려 있다고 본다. 즉 다른 증뇌자(grafters)들이 법원으로 하여금 법률을 재해석하도록 한다면 그 법률은 오랫동안 효력이 지속될 수 없는 것이라고 한다. 바로 이것이 법관의 신분과 관련한 제도설계의 동기가 되는데, 연방 헌법의 제안자들과 수정안의 발의자들과 같은 정치인들은 자신의 수입이 증가될 수 있도록 법관의 임기를 보장한다는 것이다. 랜디스와 포스너는 법관들이 정치인들보다 뇌물을 받는 경우가 적은 것을 이 같은 시장가격 논리로 설명한다. 정년이 보장된 법관은 보다 짧은 임기의 법관보다 수입을 얻을 수 있는 기간이 단축되는 것에 더 반대하고, 때문에 그들의 공평함에서 보다 많은 가격이 책정되었다는 것이다. 따라서 그들이 볼 때, 법관들이 도덕원칙이나 중립성 혹은 정의와 같은 것을 집행한다고 할 수는 없고, 다만 이전의 이익집단과 입법자들 간에 체결된 거래(deals)를 시행할 뿐이다(1975: 877, 894).

대통령

합리적선택이론이 등장해서 상당한 기간이 경과될 때까지, 대통령은 입법과정과 관련해서 부수적으로만 또 피상적인 형태로서만 다루어져 왔다. 그러나 미국에서의 “단일한 집행부(Unitary Executive)” 논의를 계기로 대통령은 공공정책 결정의 주요 담당자로 부상되었다(Calabresi, 1995: 31-33).

우선 입법부 의원과 마찬가지로 합리적 대통령은 재선을 주요 동기로 삼고, 부수적으로 대통령부(The Presidency)의 권한 확대를 추구한다고 가정된다. 그러나 그의 유권자는 국가 전체의 시민이고, 또 그의 행동은 의원의 활동보다 쉽게 관찰될 수 있다는 특성을 갖는다. 그래서 대통령은 공공의 비용으로 특수 집단이나 특별 지역에 이익이 되는 정책을 입안하기가 어려울 것이다. 비슷한 관점에서 이익집단들도 입법부 의원과의 결탁을 통한 상호이익 추구에서와 같은 정도로, 대통령과의 협상·지지·수혜 관계를 맺기는 어려울 것으로 본다 (Lessig and Sunstein, 1994: 93-106; Moe and Wilson, 1994: 1-2).[8)]

물론 이상의 논의는 현직 대통령의 재출마가 가능한 초선의 대통령에게만 적용된다. 재임의 대통령은 사법부 법관과 같이, 재임을 위한 인센티브가 결여되어 있기 때문이다. 그리고 아직까지 합리적선택이론 진영에서, 대통령직 유지와 그의 소속 정당 성공의 연계를 대통령의 사익 추구와 동일시하고 있는지 여부는 불확실해 보인다. 만약 이 관계가 정연히 모형화된다면, 재임의 대통령에게도 위의 설명을 적용할 수 있을 것이다. 또 대통령직 이후의 지위 보장을 위해 합리적 대통령이 어떻게 자신의 직위를 이용할 것인지에 대해서도 충분히 규명되지 않고 있다. 일각에서는 대통령으로 일단 재선되면, 역사상의 평가를 위해 주로 명예 추구적인 활동을 한다는 주장도 있다(Moe and Wilson, 1994: 11-13). 그러나 그 목표를 추구하는 행동은 어떤 것들인지가 충분히 구체화되지는 않는 것으로 보인다.

정부 기관 등의 공무원

공적 주체에 관한 행태모형 중, 일반에게 가장 널리 알려져 있고 개혁을 주창하는 정치인들이 실제 동원하기도 하는 것이 행정부 관료에 대한 모델이다.[9)] 이를 대표하는 것은 “합리적 관료

---

8) 합리적선택이론의 시각에서 보는 미국 대통령직의 이러한 특성은, 일반 공중 입장에서라면, ‘백마를 탄 기사’라는 표현고 가능할 것이다(Farina, 2000: 125). 그러나 이는 미국식 대통령 제도가 쉽게 ‘제왕적’ 대통령 제도로 변질될 수 있다고 보는 헌법학적 시각과는 배치되는 것이다.

9) 영국의 전 대처(M. Thatcher) 수상은 집권에 성공한지 4일 만에 대대적인 개혁에 착수하였는데, 이 때 공무원들로 하여금 니스카넨의 ‘Bureaucracy

라면, 그의 지위를 보존하고 그가 속한 조직의 권한확대를 위한 행위를 할 것이다"라는 니스카넨(W. Niskanen), 1971의 모형이다.[10] 또 행정부 관료가 경력직 공무원이 아니라면, 정부기관을 떠날 때 보다 유리한 채용 기회를 보장받고자 할 것이라 가정된다. 이로부터, 관료는 영향력 있는 정치인, 특히 의회 감독위원회 소속 인물들과 특정한 관계를 유지하려 할 것이고, 입법부 의원들이 그러한 것처럼 이익집단의 후원을 얻으려 할 것이라는 점이 도출된다.

한편, 정부 관료들은 소속 조직의 권한을 확대할 수 있는 능력이란 면에서 의회 의원들보다 우위의 입장에 있다고 본다. 의회 의원들은 이 경우 집합적 행동문제에 봉착할 것이기 때문이다. 즉 어떤 의원도 의회 전체 의원들에게 동등한 혜택이 부여되는 활동을 하지 않으려 할 것인 반면, 행정부 조직은 보다 계층제적인 특성 탓에 정부 조직의 수장은 소속 공무원들을 조직 자체의 목적을 위해 쉽게 동원할 수 있다는 것이다(Niskanen, 1971: 197). 비록 행정부 소속 관료들은 공무원 법제상 신분 상실의 위험이 없더라도, 조직의 권한 확대와 소속 조직 자체의 상대적 중요도가 개인적 이익과 부합하다고 여기기 때문이다. 또 행정부 관료들은, 상급 조직이 그들의 보상과 승진을 통제할 수 있다면, 상급조직의 같은 목적을 위해서도 참여하게 된다고 본다.

---

and Represent Government'를 읽도록 하였다는 것은 유명한 일화다.

10) 앞에서 다운스의 『Inside Bureaucracy(1967)』를 뭘러는 공공선택이론의 문헌으로 여기지 않는다는 점을 지적하였다. 이는 공공선택이론의 선구자 중 한 명인 털럭의 1965년 저술, 『The Politics of Bureaucracy』도 마찬가지이다. 여기서 털럭은 정부 관료에 대한 특정한 목적함수를 전제하고 이를 일관하는 논지를 편 것이 아니기 때문이다.

3. 정부실패의 원인과 개선 전략

정부실패의 원인: 정치 과부하와 관료 과부하

합리적선택이론의 입장에서 볼 때, 정부 나아가 공적 영역 자체가 실패하게 되는 가장 중요한 원인은 공적 활동에 참여하는 주체들의 사익 추구다. 특히 부각되고 있는 것은 이익집단인데, 이 집단들은 자신들이 원하는 정책이 일반 공익에는 어떤 영향을 미치는 것인지는 전혀 고려함이 없이 또 일반 예산이나 경쟁 집단의 비용부담으로 그 구성원의 이익만을 추구하기 위해 정책 과정에 개입한다. 이를 위해 이들 집단들이 주요 대상으로 삼는 정부 기관은 자신들이 접근하기가 가장 용이한 기관인 입법부다. 입법부의 이와 같은 취약성은, 직접적으로 그 구성원들의 주기적 선거와 관련되어 있고 또 그 선거가 특정 지역에 한정된 유권자들을 상대로 하여야 한다는 점에 있다. 즉 입법자는, 자금이나 투표를 통해 도움을 줄 수 있는 사람에게 입법을 통한 보호를 판매하는 이들인 것이다(Posner, 2007: 563). 따라서 의원으로 당선되기에 필요한 지지표가 적을수록, 의원들은 전체 후생의 감축을 초래하는 법안들을 많이 통과시킬 것이고, 결국 입법부는 공공정책이 최적의 산출로 될 수 없게 하는 주요 기관이 된다(정치 과부하, political overload). 때문에 입법부를, 법안 통과가 상대적으로 어렵도록 선거 주기를 달리하는 양원으로 구성되게 하는 것이 입법실패를 완화하는 장치가 될 수 있다. 그러나 인민주권이 정식화된 민주국가에서 유권자의 직접 선거와 무관한 입법부를 구성하는 것은 불가능한 것이어서, 입법기관을 양원제로 구성한다는 것이 근본적인 해결책이 될 수는 없을 것이다.

행정부 조직에서 나타나는 정부실패는, 입법기능과 집행기능의 분리라는 권력분립의 원리상, 그 조직이 예산이나 권한 배정을 입법부에 의존하고 있다는 점에 연유한다. 즉 집행부 조직은 특수 지역과, 특수 집단에 유리한 편향을 갖는 입법부 의원의 선호에 부응할 수밖에 없다. 또 이러한 편향은 행정부 관료 자신들도 이익집단에 포획되어 업무권한을 이익집단과 자신에게 유리한 쪽으로 행사하는 경우 더욱 견고해질 것이다.

뿐만 아니라 관료들은 선공후사(先公後私)와 같은 공직 윤리를 지키기 보다는 공직 자체를 자기 자신의 이익 추구를 위한 계기로 삼으려 한다고 가정된다. 봉급인상에 대한 열망과 승진 추구, 공공서비스의 독점적 공급자로서의 지위 유지와 퇴직 이후의 이익 보장 확보, 이것들을 보다 용이하게 할 수 있는 부처 예산의 극대화 등이 그들의 행동 동기라는 것이다(관료 과부하, bureaucratic overload)

결론적으로 공공적인 것에 전혀 관심이 없는 이익집단, 공익이 아닌 고유의 목적함수를 갖는 입법부 의원과 관료를 전제한다면, 공적 영역에 고유한 인간 활동이란 없는 셈이고, 설혹 공적인 것이라 언명되는 것이 있다면 그것은 실패할 것이라는 점이 합리적선택이론의 입장이다.

공적 제도의 개선 전략?

공적 제도가 사회후생의 감소를 대가로 사적 이익 추구의 도구이거나, 정당화될 수 없는 집단 간 부 이전의 도구로 사용되고 있다면, 그 처방은 무엇이어야 하는가?

합리적선택이론이 전제하는 인간이나 공적 주체들에 대한 회의적 시각에 의한다면 공공행정을 위한 개량론적인 대안을 구상하기란 어려울 것이다. 즉 공적영역에 관해 합리적선택이론이 묘사하는 바에 의한다면 그것은 급진적인 형태가 될 것이고, 그래서 "최선이자 가장 간명한 처방은 지대를 창출하는 곧, 규제나 지대추구로 이끄는 규제담담 제도들을 폐지하는 것"이 될 것이다.[11] 더 나아가 본래적으로 흠결이 있어 보이는 정부활동을 시장으로의 이전을 통한 최대한 축소와 공공적인 모든 것을 의심하는 것이고, 결국 추구할 만한 가치가 있는 유일한 공공 목적은 공적 영역의 폐지다(Mashaw, 1997: 23).

그러나 현실적으로 보았을 때 이러한 내용은 공적 영역의 제도 개선 전략이 될 수 없다. 그래서 합리적선택이론의 관점을 택하는 분석가들이 제시하는 처방은, 공익을 해하는 자기 이익 추구적인 의사결정을 완화할 수 있도록, 이익집단의 포획에 취약한 공공정책 담당기관의 권한과 책임을 이전시키는 것이다. 이러한 기능을 수행하는 것으로 기대되는 공적 기관들은, 구성원들의 업무나 권한이 자신의 신분적 이익과의 관련성이 적은 사법부와, 의회의 영향력으로부터 비교적 자유로운 독립적 위원회, 그리고 미연방 대통령(Calabresi, 1995: 48-57; Macey, 1986: 263; Lessig and Sunstein, 1994: 91-106)이다.

사법부나 미 연방준비제도이사회(FRB)같은 독립적 위원회가 선호되는 이유는 이들 기관은 선거나 예산과정에 비교적 영향을 받지 않기 때문이다. 또 대통령에게로의 권한 이전은, 그의 유권자들이 전국적인 것이어서, 특수 지역에 한정된 유권자들로부터

11) Mueller, D. C.(1989), Public Choice Ⅱ: 245. Farina, 2000: 111에서 재인용

자신의 이익을 분리시킬 수 있다는 가정 때문이다. 즉 대통령이 어떤 특별 지역을 지원하는 정책을 입안하거나 옹호하는 것은 다른 모든 지역의 유권자 지지 상실이라는 위험을 감수해야 하는 것으로 본다. 같은 맥락에서, 그의 재선 목표를 위해 이익집단의 지원이 필요하더라도, 포획이라 할 만한 정도가 되어서는 안 된다고 본다. 그렇기 때문에 미국 대통령은 재선거 과정에서 그의 사익이 국가 전체의 이익과 부합되는 유일한 선출직으로 간주되어 왔다. 클린턴 정부 시절 극에 달한 "단일한 집행부"에 관한 논의는 합리적선택이론 진영에서 제시하는 이러한 논리에 기초한 것으로, 입법부 감시하의 정부조직 체계가 양산하는 이익집단 지배 사태에 대처하면서, 대통령 권한확대의 효과적인 논거가 되기도 하였다.

실패! 그러나 합리적인

이상에서 본 바와 같이 합리적선택이론은 일부 유권자 성향 등에 대한 난제를 제외하고, 또 각 모형에 대한 상이한 경험적 연구결과들도 있지만, 전통적 이론에 의하면 비리나 부정, 부도덕이라 평가해야 할 공적 행위자들의 행태, 왜 일반 기업조직보다 공공조직은 생산성 등이 낮은지 등을 설명할 이론과 모형들을 갖고 있다.

그런데 이의 해석에 있어서는 조심할 것이 있다. 그들은 모두 합리적 인간이라는 전제로부터 추론된 것이므로, 공적 영역이 설혹 우리가 원하는 양상과 반대라 하더라도, 그래서 실패가 갖는 의미 그대로 정부실패라 하더라도, 그것은 방법론적 개인주의에 따르면, 또 경제학에서 사용하는 의미 그대로 합리성이라는 말을 사용하면, 합리적이라는 점이다. 따라서 예컨대, "개인은 합리적이지만 사회는 비합리적"이라는 말을, 합리적선택이론에서는 허용되지 않는다. 즉 경제학의 논리에 충실할 때, 우리는 합리적 실패라는 말에서 언어의 왜곡된 사용인 것은 아닌가 의심하면 안 된다.[12)]

12) 과연 이것이 논리적으로만 유지될 수 있을까? 이 논리가 현실에 대한 우리의 이해에 전혀 영향을 주지 않는다고 할 수 있을까? 심리학이나 행동경제학에서 수행된 실험 중, 경제학을 전공하면서 이 논리를 배운 집단과, 경제학 비전공자들 간의 성향 비교실험은 그렇지 않다고 보고한다. 합리적선택논자들은 비록 방법론적으로만, 현실이 아닌 논리적으로만 그렇다고 항변하기도 하지만, 이론이란 그저 논리의 영역에만 머무를 수 있는 것이 아닌 것이다(자기이행적 예언/이론, self-fulfilling prophecy/theory). 제4부에서 본다.

제2부 민주주의 정치과정과 원리

제5장

투표

세계사적으로 사회주의가 점점 그 영역을 확대할 무렵, 슘페터(J. A. Schumpeter)는 사회주의자들이 표방하는 민주주의에 대해 경제학적 사유를 동원하여 분석한 바 있다. 이에 의할 때, 고대 그리스 아테네 이후의 전통적 민주주의에 대한 관념은 심각한 결함을 갖고 있는 것이었다. 그가 고전적 민주주의 이론을 공격하면서 주된 대상으로 삼고 있는 것은, 민주주의 사상에서 공통적으로 찾을 수 있는 '공동선(common good)'이란 관념이었다. 그가 보기에 고전적 이론가들은 민주주의를

> (대표자 혹은 선출된 자들이 담당할) 이슈를 인민이 직접 결정함으로써 공동선을 구현하는 정치적 결정에 도달하기 위한 제도적 장치

라 파악하고 있었던 것이다(1942/1950, 250).[1] 그는 고전적 이론가들은, 공동선이란 것이 존재하고 또 그것이 무엇인지 알아낼 수 있다고 전제한다는 점, 그럼에도 그것에 도달하고 또 도달하였는지 알 수 있는 것에 대해서는 침묵하는 철학자들의 환상

1) 슘페터에게 민주주의 고전적 이론가들이란, 주로 18~9세기의 사상가인 루소(J. Rousseau), 벤섬(J. Bentham), 밀(J. S. Mill) 등이다.

이라 비판하고, 공동선이란 존재할 수도, 도달할 수도 없는 것이라 단언한다(250-252).

그에 의하면 우선, 민주주의는 이념이 아니라 하나의 정치적 방법(method) 혹은 기술(technique)로 이해되어야 한다. 또 민주주의적 방법이란

> 정치적 결정에 도달하기 위한 제도적 장치로서, 인민의 표를 얻기 위한 경쟁적 투쟁에서 이긴 개인들이 정치적 권력을 획득하는 장치

이다(269).

위 정의에 나타나 있는 바와 같이, 만약 민주주의가 정치 지도자들의 경쟁 체제로서 특징 지워 질 수 있다면, 정치 주체들에 대해서도 시장 유추에 따라, 정치인은 기업인으로, 유권자는 소비자로 간주할 수 있게 된다. 슘페터의 이러한 사유가 공적영역(의 작동원리)에 경제학을 적용하는 합리적선택이론의 출발점이 된다. 시장에서의 경쟁이 소비자의 선호에 반응하듯이, 민주주의 정부를 구성하기 위한 선거에서의 경쟁도 시민에 반응하는 메커니즘으로 쉽게 이해할 수 있을 것이기 때문이다.

여기서의 관건은 무엇일까? 미시경제학의 개요를 통해 확인 바처럼, 과연 투표과정을 통한 경쟁이 시장의 일반균형과 같은 능률성이라는 이상적(理想的)인 결과를 도출해 낼 수 있을까 하는 점이다. 민주주의 정부가 다른 정치체제보다 우수한 것이라면, 경제학적 분석을 통한 그 결과도 이에 근사한 것이어야 할 것이다. 그러나 여기에는 많은 장애물이 놓여 있다.

1. 시민의 투표

시장에서 자신이 원하는 재화 등을 구매하는 소비자의 행태를 분석하는 것과 같이, 투표에 참여하는 시민들에 대해서도 미시경제학의 도구를 적용하는 것부터 시작하기로 한다. 투표 여부를 결정하기 위해 '합리적' 시민은 어떻게 투표할까?

시민은 어떻게 투표할까?

논의상의 편의를 위해 진보(좌파)와 보수(우파)를 표방하는 두 정당의 후보자만이 입후보했다고 하자. 선거운동 기간 동안 각 후보자는 사회의 주요 이슈에 관해, 보조금이나 세제 혹은 규제제도에 관한 자신의 입장을 나타내고 있는 정강(platform)을 표명할 것이다. 이에 대해 각 시민은 자신의 정치적 선호에 가장 근접하는 정강을 갖고 있는 후보자에게 투표할 것이다. 총 유권자 수를 이라 할 때, 이를 경제학의 효용함수(u)를 통해 나타내면 다음과 같다. 이때

i : 각 유권자

x^c : 보수당의 정강

x^l : 진보당의 정강

이라하면, 각 유권자의 투표 행태는

$$u^i(x^c) > u^i(x^l)$$: 보수당에 투표

$$u^i(x^c) < u^i(x^l)$$: 진보당에 투표

$$u^i(x^c) = u^i(x^l)$$: 선호와 무관하게 투표

와 같은 형태라 할 수 있다.

이상의 모델을 통해 나타나는 바는 재화 등의 시장에서의 것과 다른 사항이 있다. 그것은 상품 시장에서의 소비자는 오로지 자신이 선호된 것에 한정하여 그 결과가 나타날 뿐이지만, 투표에서는 자신이 선호했던 정강 여하에 불구하고 그 결과를 피할 수 없다는 점이다. 다시 말해 패배한 정당을 지지한 유권자는 자신의 선호와 무관하게, 승리한 정강의 영향으로부터 벗어날 수 없다는 점이다. 공원이나 국방 등의 이른바 공공재가 갖는 특성(소비의 비경합성·비배제성)은 이로써 설명될 수도 있다.

왜 투표할까?

합리적선택이론의 기본 정의에 따라, 공적 영역에서의 모든 행위 주체는 경제 인간으로 가정된다. 그래서 투표에 참여하는 시민의 동기도 일응, 자기 이익을 극대화하기 위해 투표한다고 가정된다. 이에 의하면, 투표란 유권자 개인의 이익을 정치인 등에게 표현하는 행위라 이해된다. 일반균형이론을 기억하면, 시장에서처럼 정치의 영역에서 결정되는 공공재의 공급도 능률적인 결과가 산출될 수 있을 것이라 기대할 수 있을 것이다.

과연 실제 유권자들도 그러할까? 20세기적 민주주의 부활 이

후 많은 나라에서 수행된 경험적 연구결과에 의하면, 유권자의 투표 동기에 대해 확실하게 말할 수 있는 것은 없다. 다만, 먼저 많은 연구는 선거에서 쟁점이나 후보자 등에 대한 유권자들의 무관심 혹은 무지를 지적한다. 또 경제 인간 가정과 결부시켜 본다면, 유권자가 실제 투표에 임할 때의 동기가 '개인'의 이익이라 하기보다는, 자신이 속한 집단이 지지하는 정당이나 이데올로기에 따라 투표하는 경향은 있다는 것으로 말한다. 예컨대, 농부들은 농산품에 대한 최저가격 보장을, 제조업계의 노동조합은 관세 유지나 높은 관세를, 택시 운송업자들은 영업용 택시 차량 수의 제한을, 노령층 등은 면세 등을 기대한다는 것이다.

그러나 여기에는 경제 인간과 방법론적 개인주의에서 포착하려는 공익의 단면적 실상도 나타나 있다. 이 예들로부터는, 특정 시민들은 자신들의 이익을 위한 공공재 등의 공급을 타인의 비용을 통해 얻으려 하는 경우가 흔하다는 것을 알 수 있는데, 이 때 특정 집단의 이익은 쉽게 공익이라는 것으로 추상화되어 호소될 수 있다는 것이다. 이에 속한다고 볼 수 있는 대표적인 일화가, 아이젠하워 대통령에 의해 미 국방장관으로 지명된 바 있는 윌슨(C. E. Wilson)의 미 의회 청문회에서의 증언이다. 제너럴 모터스 회장을 역임한 바 있는 그는, 과연 GM의 엄청난 주식을 갖고 있으면서 국방장관의 임무를 수행할 수 있겠는가 라는 의원들의 질의에 "GM에 좋은 것은 미국에도 좋다"라 답변했다 한다.2)

2) 그의 실제 발언은, "because for years I thought what was good for our country was good for General Motors, and vice versa" 였다.

투표이익

1970년경을 전후하여 민주주의를 표방하는 선진제국에서 공통적으로 찾을 수 있는 현상 중의 하나는 점차적으로 투표율이 저하되고 있다는 점이다. 논자에 따라서는 이를 민주주의 위기라고도 하는데, 오늘날의 민주주의가 간접 민주정적으로 운영되는 현실을 고려하면 과장된 것이라 할 수 없는 측면이 있다. 그러나 경제 인간 가정의 엄격한 적용을 전제한다면, 점점 저하되고 있다고 하나 현재의 투표율은 의아할 정도로 높다. 자기이익을 극대화하기 위해 시민이 투표한다면, 투표할 때 소요되는 비용과 투표의 결과로 나타나는 이익을 비교하여 투표할 것인데, 각 개인의 투표이익이란 무시할 정도로 낮을 것이기 때문이다. 간단한 모델을 통해 보기로 한다.

C^i : 투표할 때 유권자 에게 소요되는 비용[3)]

p^i : 유권자 가 참여함으로써 자신이 지지하는 후보자가 당선되게 할 확률(결정적 투표의 확률)

B^i : 선거에 참여한 유권자 가 선거 승리로부터 얻게 되는 부의 증가 등의 이익

이라 하면,

$p^i B^i \geq C^i$의 경우라면 투표할 것이지만, $p^i B^i \leq C^i$ 의 경우는 투표하지 않을 것이다. 그렇다면 투표할 경우는 얼마나 될

3) 투표에 참여함으로써 포기할 수밖에 없는, 예컨대 레저 활동 등의 이익 (기회비용)

까? 예컨대 전국적 단위의 대통령 선거와 같은 경우를 염두에 두면 p^iB^i 값은 0에 가까울 것이다. 그러므로 이 경우 유권자는 투표에 참여하지 않아야 합리적이라 할 수 있다(합리적 기권, rational abstention). 그렇다면 현실의 투표율은, 많은 논자들의 염려와 달리, 합리적 인간에게는 기대할 수 없을 정도로 높다고 할 수 있다(투표의 역설, paradox of voting).

협소한 자기 이익 가정이 현실의 투표율을 설명해내지 못하다면, 민주주의 원리의 근간이랄 수 있는 투표를 설명할 수 있는 것은 무엇일까? 일부 합리적선택이론가들은 경제 인간 가정의 수정을 시도한다. 여기서는 무엇보다 인간의 물질적 이익이 주가되는 경제적 본성 외에, '사회성'이나 더 나아가 '시민의 덕성'이라는 차원을 추가하여 투표이익 함수를 도출해 내고자 한다.[4)]

2. 투표 집계의 경제학적 판단

선거에 참여하는 후보자나 후보자들을 내는 정당의 동기는 말할 것도 없이 그 선거에서 승리하는 것이다. 그러기 위해서는 공약으로 나타나는 그들의 공약이 유권자인 시민의 선호에 부응하는 정책들이어야 할 것이다. 민주주의 정치체제에서 복수정당제 혹은 정당의 자유는 헌법에 의해 보장되는 바이므로, 이들 간의 경쟁에 시장의 공급 논리를 적용하면, 선거를 기본으로 하는 민주적 의사결정은 시민의 선호에 부응하는 결과를 도출할 것이라 기대된다. 과연 그러할까? 여기에는 낙관적 전망과 비관을 넘어서는 파멸적 전망이 공존한다. 낙관적인 것부터 보기로 한다.

4) 이것이 제4부에 나오는 '표출적 투표(expressive vote)'이다.

중위투표자 정리(median voter theorem)

경제학 이론은, 특정한 가정들 아래에서라면, 선거는 정당의 정강정책들을 특정한 곳으로 수렴하도록 한다는 것, 그 지점은 다양하게 분포되어 있는 시민의 정치적 정서 중에서 중앙점이라 말한다. 간혹 선거기간이 되면 정당 간의 차이가 미비하다는 점을 지적하고 문제시 하는 경우가 있는데, 이는 이 상황과 유사한 점이 많다. 이를 위해 A, B, C 3인으로 구성된 유권자를 가정하기로 하자.

유권자의 선호와 정당 정강

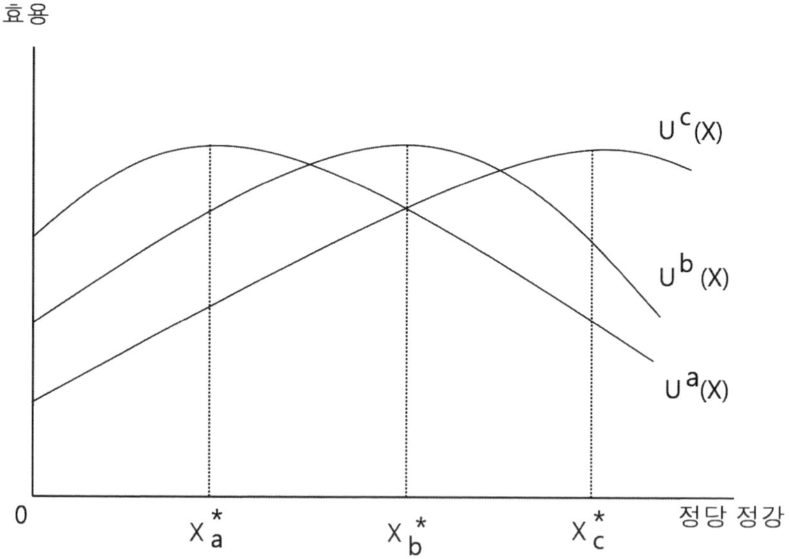

정당의 정강을 나타내는 X축의 좌측에서 우측으로 이동하면서, $U^a(X)$로 표현된 A의 정치적 선호변화를 생각해 보자. X^a

에 이를 때까지 A의 효용은 증가하지만, 그 지점을 지나면 감소한다. 즉 지점에서 A의 효용은 가장 높으므로, A는 X^a의 정강을 역시 가장 선호할 것이다. B와 C의 정강에 대한 선호도 같은 논리로 생각할 수 있다.

또 선거에서 두 명이 입후보하며, 유권자들은 모두 기권하지 않으며, 아울러 선거에 관한 모든 정보를 갖고 있다고 하자. 위 그림으로부터, 중앙에 위치한 정강 X_b^*는 어떤 정강을 표방한 후보에게도 이길 것이며, 그러므로 선거에 입후보한자 혹은 정당은 X_b^*의 정강을 택하게 될 것임을 알 수 있다. 예컨대 X_b^*를 진보당이 채택하고, 그 보다 약간 우측의 지점에 보수당이 정강을 채택했다고 하면, A, B는 자신들의 효용이 보다 높은 진보당을 선호하므로 선거결과는 2:1로 진보당이 승리할 것이기 때문이다. 반대로 X_b^*를 보수당이 선택하고 그보다 약간 좌측의 지점에 진보당의 정강이 있다면, 이번에는 보수당이 2:1로 승리할 것이다.

이상에서 X_b^*가 B에 의해 가장 선호된 정강이라는 것, 즉 그의 좌측과 우측에는 B와 다른 선호함수를 갖는 유권자가 있다는 것, 그러므로 B는 전체 유권자 A, B, C 중의 중앙임을 생각해 보자. 중위수(中位數, the median)란 일반적으로 자신보다 더 큰 수와 작은 수를 같은 개수로 갖는 수를 말하는데, 위 그림과 같이 횡축으로 표현한다면 중위수는, 모든 홀수 중에서 좌·우측 각각에 (n-1)/2만큼의 수를 갖는 중앙값이다. 위 그림은 중위수 투표자에 의해 가장 선호된 정강이 그 외 어떤 정강과의 대결에서도 승리할 수 있는 필승(必勝)의 정강임을 나타내고 있고, 이점에 이를 선거 경쟁에서의 '정치적 균형(political equilibrium)점'이라 할 수 있다(중위 투표자 정리).[5)]

물론 이 정리는 현실의 투표에서 나타나는 다양한 양상들을 모두 고려한 것이라 할 수 없다. 특히, 정당에의 충성도, 유권자의 무관심이나 무지, 선거운동 비용, 후보자 개인의 특성 등도 고려하지 않고 있다. 그러나 민주주의 정치과정을 시장의 경쟁 개념으로 포착하려는 경제학적 접근에서는 그 출발점이면서 핵심으로 간주되고 있다. 또 이상에서는 선거의 상황을 가정했지만, 이 모델은 다수결이 적용되는 모든 경우에 적용 가능하다(의회에서의 투표나 선거, 위원회의 결정 등).

선거경쟁에서의 균형의 부재: 투표의 역설

중위 투표자 정리가 선거에서 일반적인 것이라면, 경쟁시장에서의 일반균형이론을 빌려, 민주주의 정치과정에서 선거를 통한 경쟁은 정치인들로 하여금 시민의 선호에 반응하게 하는 것이라 말할 수 있을 것이다. 그러나 시장에 관한 경제학의 논의에서 전제된 제 가정들에 대한 실제가, 후생경제학 정리에도 불구하고 시장실패를 도출해 내게 하듯, 중위 투표자 정리에 전제된 가정은 선거를 기초로 하는 민주주의 실패를 암시한다. 이 실패의 중심에 경제 인간의 합리성 가정에서 설정한 선호의 이행성 조건이 있다. 결론을 앞 당겨 말하면, 다수결적 투표로 결정하는 민주주의 의사결정 방식은 유권자의 정치적 선호를 반영하지 못한다는 것이 민주주의에 대한 경제학적 접근의 핵심이다. 만약 그러하다면 민주주의는 말 뜻 그대로, 민(民)이 주인(主人)인 정치제제라 할 수 없는 것이 아닐까?

---

5) 이를 정립한 학자들의 이름을 따서 '호텔링-다운스 정리(Hotelling-Downs theorem)'라고도 한다.

선호의 이행성이란, 미시경제학의 기초에서 본 바와 같이, 어떤 사람이 '갑>을', '을>병'의 선호체계를 가지고 있다면, '갑>병'이어야 한다는 것이다('>'는 보다 강한 선호를 의미). 이를 지금까지 보아 온 정당의 정강과 관련해서 보면, 다수결적 투표방식은 투표의 결과로 나타난 시민 유권자들의 정치적 선호의 결과를 반영할 수 있어야 하는 것으로 말할 수 있다. 투표의 순환 혹은 투표의 역설(voter`s paradox)이라 불리고 있는 '특정한' 논의는 '갑>을', '병>을'임에도,[6] '병>갑'의 결과를 민주주의적 투표방식은 배제하지 못한다는 것이다. 이것은 민주주의 정치과정의 가장 기본이랄 수 있는 선거나 투표는 '가위·바위·보' 게임의 양상과 다를 바 없는 것임을 함축하는 것이어서, 과장하면 다수결적 민주주의 원리를 파멸로 이끄는 것이라 할 수 있다. 이 '가위·바위·보' 게임 규칙상, '바위>가위', '가위>보' 이지만, '보>바위' 이다. 이 게임에서 승자를 결정하는 규칙은 위 선호의 이행성 조건과 다르다는 것을 알 수 있다. 바로 '가위·바위·보' 게임에서 승자는 비결정적으로 즉 순환적으로 일어난다는 점에서 '비이행적'이라 할 수 있는 것이다. 그러므로 이 게임은 승리를 치밀한 계산이 아니라 전적으로 운에 맡긴 대표적 게임으로 간주되고 있는데, 만약 투표의 계산에서도 같은 결과가 나타난다면, 민주

6) 투표에 대한 경제학적 접근은, 다른 것에서도 그렇듯이, 유권자나 정치인 정당 등에 관해 일정한 가정을 전제로 하는 것이므로, 그 가정에 기초했을 때에만 타당하다는 점에서 '특정'하다 할 수 있다. 또 여기에는 실제 선거나 투표 현실에서와 다른 또 하나의 가정이 전제되고 있는데, 이른바 '짝짓기 투표(paired voting)'가 그것이다. 짝짓기 투표는, 승자는 모든 대안과 1:1로 맞붙었을 때에도 승자임을 보장하기 위해서 고안된 것이다. 경제학상의 합리성 개념의 요소인 이행성을 확보하기 위한 것이다. 이를 사유한 최초의 인물인 프랑스의 혁명가 콩도르세를 따라 그 승자를 콩도르세 승자(Condorcet winner)라 한다. 그러나 아래에서 보듯, 가정이 아니라 현실에서는 비이행성의 예는 얼마든지 찾을 수 있다.

주의 정치과정은 합리적 인간들의 치밀한 과정이 아니라, 운에 모든 것을 건 가위·바위·보로 결정되는 도박에 다름 아닌 것으로 비하할 수 있을 것이다. 어떤 경우에 이러한 현상이 나타날까? 위에서 본 바 있는 그림을 변형하여 보기로 한다.

아래의 그림은 위 그림에서 C의 선호함수를 변형시킨 것이다. 여기서 유권자 A, B, C의 각 정강에 선호를 나타내면, 위에서와 달리

A: Xa > Xb > Xc

B: Xb > Xc > Xa

C: Xc > Xa > Xb

이다. 즉, 대안적인 세 정강 중에서 하나를 다수결적 투표로 결정한다고 할 때 그 결과는, ‘Xa>Xb’, ‘Xb>Xc’이지만, ‘Xc>Xa’라는 점에서 투표 결과의 순환이 일어나고 있는 것이다.

유권자의 선호와 정당 정강(2)

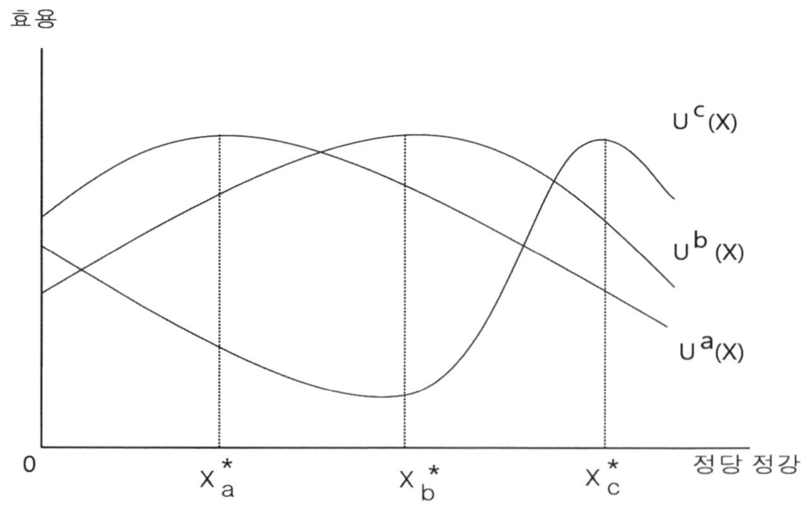

이상의 논의로부터 유권자의 정치적 선호가 '비이행적'일 때 투표의 순환이 일어남을 알 수 있다. 그런데 정치 현실의 실제를 보면 특정한 유권자 집단의 경우 비이행적 선호를 갖고 있는 예를 찾기란 어렵지 않다.

우리나라의 경우를 보자면, 이른바 공교육 정상화 혹은 활성화와 관련된 새로운 예산편성에 대한 시민들의 태도에서 유사한 상황이 나타나는 것으로 보인다. 논의의 편의를 위해 정부의 이 정책과 관련된 예산 규모가 Xa는 작고, Xb는 중간 정도이며, Xc는 큰 경우임을, 또 위 그림 상의 효용함수를 갖는 세 유권자 집단의 규모는 같은 것으로 가정하자.

보수적 성향의 유권자 집단은 공교육에의 정부 지출이 보다 작은 규모를 선호할 것이고, 중도적인 경우라면 크지도 작지도 않는 적정한 수준에서 그 예산이 결정되기를 바랄 것이다. 그런데 사교육 시설이 발달한 대규모 도시의 중·고생 학부모 유권자들의 선호는 사뭇 다르다. 즉 그들은 공교육에의 예산지원이 큰 규모로 이뤄지고 실제 공교육의 질도 향상되어 사교육이 필요 없을 정도로 여겨진다면 공교육에의 과감한 예산배정을 환영하지만, 중간정도의 예산배정이 이뤄져 여전히 사교육에의 의존이 불가피하다고 여겨질 때는 오히려 작은 규모의 예산배정을 원한다고 보여 지기 때문이다. 만약 이러한 상황에서 공교육에 대한 예산배정이 투표로 결정된다 한다면 그 결과는 위 그림의 상황에서와 같을 것이어서, 투표의 순환(투표의 역설)이 일어나는 것이라 할 수 있다.

또 위의 그림과 앞에서의 그림을 비교하면, 중위투표자 정리가 성립되기 위한 조건을 추론할 수 있다. 언급한 바와 같이 그 차이는 C의 선호함수 형태다. 구체적으로 보면, 앞의 그림에서는 C의 선호함수도 A, B와 같이 그 최대값이 하나여서, 형상적으로 보면 정상(頂上) 봉우리가 하나인 산(山)과 유사하다. 이 의미에서 이러한 형태의 선호함수를 단봉(單峯)형의 선호함수라 한다. 그러므로 중위 투표자 정리가 성립되기 위해서는 유권자들의 정치적 선호는 이 형태 즉, '선호의 단봉성(single peaked preference)'조건을 충족시키고 있어야 한다.

반면 바로 위의 그림에서 C의 선호함수 형태는, 산의 형상으로 비유하면 계곡과 유사하므로 봉우리가 하나 이상임을 암시한다. 다시 말해 선호가 '비이행적'이어서 중위수 투표자 정리를 도출하지 못하는 경우란, 유권자의 정치적 선호함수가 두 개 이상의 봉우리 즉 다봉형(multiple peak)의 형태일 때라는 것이다.

보론: 왜 선호의 이행성을 요구하는가? 비이행성은 나쁜가?

경제 인간의 합리성 가정에서는 선호의 이행성이 그 조건의 하나로 전제되고 있음을 보았다. 이에 따라 선호가 비이행적인 사람에 대해서는 합리적이지 못하다고 할 수 있을 법하다. 일반적인 상품이 거래되는 시장에서 어떤 소비자가 비이행적인 행태를 보일 경우 그에 대해 그렇게 말한 것은 옳다. 높은 선호도에 따라 가격이 추가되는 거래를 생각하면 이 결론은 쉽게 도출된다. 반면 대도시의 중·고생의 학부모 집단의 경우에서와 같이 정치적 선호가 비행적인 경우도 존재한다. 이들에게 '경제학적으로는' 합리적이지 못한 사람들이라 할 수 있어도, 그들의 선호체계가 자기이익을 추구하는 수단의 선택에서 잘못이라 말할 수는 없을 것이다. 그렇다면 경제학은 왜 이 가정을 고수할까라는 질문이 남는다.

합리적 인간이라면 나쁜 것과 좋은 것을 분별할 수 있을 것이라는 점, 선택 대안이 다수 존재할 때에는 나쁜 것으로부터 좋은 것으로 그 정도에 따라 서열화할 수 있어야 한다고 가정하는 것은 오랜 전통이 있다. 이러한 서열화가 불가능하다면, 보다 나은 상태를 지향한다는 관념도 갖기 어려울 것이고, 보다 나은 세계를 지향한다는 정치지도자의 비전도 무의미할 것이기 때문이다.

이와 같은 논리는 민주주의 정치과정에서도 그대로 적용할 수 있다. 많은 경우 정치적 공약은 그것이 '인민 다수의 의지' 혹은 법령 등의 경우에서는 '입법자인 대표자들의 의도'라 표현되곤 하는데, 만약 투표로 표출되는 정치적 선호가 비이행적이라 한다면, 여기에 가치를 두어야 할 이유는 별로 없을 것이다. 투표 순환의 경우 그것은 서로 모순될 것이기 때문이다.[7)]

그러나 개인적 수준에서, 중·고생 학부모의 경우처럼 비이행적인 경우를 집합적 수준에서는 어떻게 봐야 할까? 이는 개인적 수준에서의 합리성의 정도를 집합적 수준에서도 고수할까의 문제, 즉 방법론적 개인주의의 문제가 된다. 이 부분을 이해하면, 아래의 내용은 심각하게 받아들이지 않을 법한데, 실상은 매우 심각한 것으로 여겨지고 있다.

3. 투표 순환과 그 해석

애로우(Arrow) 정리와 민주주의의 의미

투표를 기본으로 하는 민주주의 정치과정은 매우 혼란스러운

7) 그렇다고 선호의 이행성을 요구하는데 어떤 문제점도 없는 것은 아니다. 이점에 관해서는 4부의 '경제학의 선호는 정치과정의 분석 도구로 적합한가'를 보라.

가능성을 내포하고 있다는 투표 순환은 경제학적으로 애로우에 의해 정식화 된 것으로 알려져 있다. 또 그의 업적에 대한 일반적으로 널리 받아들여지고 있는 해석에 의하면, 공적 영역에서의 정치적 결과물은 전혀 일관성이 없고 또 공익이라는 모든 개념은 무의미하다는 결론이 이로부터 도출되었다고 본다. 그렇다면 투표의 순환은 민주주의적 제도의 정당성이나 공공정책의 의미, 나아가 민주주의 자체에 본질적 의문을 제기하고 있는 것으로 보인다.

어떻게 보면 경제학의 정리에 불과하다고 할 수 있는, 이른바 '애로우 정리(定理)'가 민주주의 이론이나 사회과학 전반에서 중요하게 취급되는 이유는, 민주주의란 것이 우리가 추구할 만한 가치가 있는 것인가에 관한 민주주의 정당성 논의와 관련되어 있기 때문이다. 이의 전형적인 논변은, 민주주의적 정치 공동체는 그 구성원의 선호나 가치를 반영하고 있는 체제라고 한다. 따라서 정당한 정부는 국민이 원하는 바를 제공해야 하거나, 보다 고차원적으로는, 인민의 의지 혹은 일반의사의 표현이어야 할 것이다. 이를 확인하고자 하는 애로우는 먼저 민주주의 정당성에 포함된 구체적 내용을 분명히 하고자 한다. 이것은 그 내용을 충족시키는 집합적 의사결정 과정을 탐구함을 통해서이다. 이를 위해 그는 민주주의적 정치과정을 다음과 같이 이해하고자 하는데, 이는 앞에서 확인한 바와 같이, 경제학적으로 민주주의 원리에 접근·분석하는 방법이기도 하다.

경제학의 기본 전제에 따라 애로우는, 먼저 정치 공동체의 개인들은 서로 다른 공공정책에 관한 선호를 일관성 있게 서열화할 수 있다고 가정한다(합리적 인간). 만약 민주주의 정부가 국민이 원하는 바를 실제 할 수 있는 것이라면, 정부는 다양한 개인들의 선호를 집계하여 이를 집합적 선택이 가능하도록 서열화 할 수 있어야 할 것이다. 그래서 민주주의적 과정을 통해 채택된 결과물은 국민이 최선으로 인정한 것이라는 의미에서 가장 상위의 정책이어야 한다. 그래야만 민주적 제도가 혼돈에 빠지지 않고 또 인민의 의사를 훼손시키지 않기 때문이다. 여기서 투표원칙이나 민주적 장치들은 국민 개개인의 선호가 집계되어 정치공동체에 단일한 선호체계로 전환되는 과정으로 간주된다. 애로우가 밝히고자 하는 것은, 집합적 의사결정을 위한 민주주의 투표 원칙이나 절차가, 개인들의 선호를 집계하여 단일하고 일관성 있는 집합적 결과를 산출할 수 있는 지 여부다. 그는 그러한 원칙이나 절차는 있을 법하지 않다는 것으로 결론 내리는데, 이를 정확히 하기 위해 애로우 통찰의 핵심으로 간주되고 있는, 투표의 역설을 다시 살펴보기로 한다.

이 역설은 18세기 프랑스 혁명당시 사상가였던 콩도르세(Marquis de Condorcet)가 처음 발견한 것으로 알려져 있고,[8] 1950년대 애로우 등은 이를 수학적으로 증명하였을 뿐이라고 한다. 콩도르세가 발견한 것은, 어떤 투표 절차에 세 사람 이상이 참여하고, 또 투표 대상 안건이 셋 이상인 경우, '가장 합리적 형태의 다수결'을 통해서는 특정 하나를 집합적 선택의 결과물로 결정할 수 없다는 점이다. 즉 대안 간 짝짓기로 투표한다면,[9] 어떤

8) 이는 투표행위의 역설을 뜻하는 'voting paradox'와 다르다. 투표행위의 역설이란, 다운스의 '자가이익' 추구의 인간 가정에 의하면 투표에 참여하는 유권자들은 대단히 적어야 하는데, 실제 투표자는 가정과 달리 상당히 많다는 것을 가리킨다.

9) 소위 콩도르세 방식의 투표절차를 말한다. 이는 개인의 합리성을 집합적 합리성으로 전환하고자 하므로 등장하는 문제다. 즉, 집합적 수준에서도 A>B, B>C라면, A>C라는 결론을 도출하고자 하는 것이다. '일대일 단순다수결 맞대결'이라 하기도 한다.

안건에 대해서도 승리하는 유일한 안건은 존재하지 않을 수도 있다는 점이다.[10] 그러나 민주주의 실제를 보았을 때, 적어도 세 가지 정책 대안이 입안되는 경우는 얼마든지 있고, 여기에 세 사람을 훨씬 초과하는 이들이 참여하므로, 가장 합리적인 것으로 보이는 다수결로 하나의 안건을 결정하는 것은, 일견 전혀 무의미하고 무가치해 보인다.

아래에서의 애로우 정리와 관련해서는 공공선택학회 회장을 역임한 바 있는 윌리엄 라이커(W. Riker)의 논의를 주로 다룰 것이므로, 그가 들고 있는 예를 하나 보기로 한다. 이것은 1956년, 미 연방 대법원이, 흑백 인종을 '분리하되 평등(separate but equal)'이라는 교육 지침이 위헌이라 결정을 내린 후, 연방 하원에서 등장한 정책 대안 간의 논쟁을 실례로 구성한 것이다(Riker, 1986: 114-129). 이때 연방 하원에 요구된 것은, 향후 연방 교육 재정의 지출과 관련하여 다음 세 대안 중 하나를 결정하는 것이었다.

A: 공립학교 증축을 위해 모든 주에 연방 기금을 제공하는 것.

B: 교육 예산의 증액보다는 현 상태를 유지하는 것.

C: 연방 법원의 판결 취지에 맞게, 흑백 인종 간 차별을 두지 않는 주에만 연방 기금을 지급하도록 하는 수정안

---

10) 이를 콩도르세 승자라 한다. 이것은 우리나라의 투표제도와 다른 것이고, 현존하는 것 중에서 가장 민주적 투표 방식이라 알려진 프랑스의 결선투표 방식과도 다르다.

라이커는 당시 미 하원은 세 부류로 의견이 갈려 있었다고 한다.

1: 분리하되 평등 지침을 시행하였던 남부 출신 의원들.

2: 연방 재정 지출의 확대에 반대하는 공화당 의원들.

3: 연방 대법원의 판결을 지지하는 북부 출신 의원들.

또 미 하원 의원들의 정책 선호는 아래와 같은 양상이었다고 한다.

의원 집단	정책 선호 순위		
	1순위	2순위	3순위
1	A	B	C
2	B	C	A
3	C	B	A

라이커는, 이때 실제로 세 안건이 쌍으로 투표에 부쳐지고(짝짓기 투표), 또 각 의원은 각각의 투표에서 찬성하는 안을 지지할 수 있도록 되었다면, 투표 역설은 피할 수 없었던 것으로 보고 있다. 즉 A와 B 간의 투표에서는 A가, B와 C 간의 투표에서는 B가 다수를 얻을 수 있지만, C와 A 간에 투표가 진행되었다면 C가 A를 앞설 수 있었다는 것이다. 이와 같이 일대일 맞대결 투표를 통한 다수결 방식에서라면, 어떤 안건도 안정적으로 채택될 수 없는 상황이 생길 수 있다. 비록 (가정에 따라) 개인들의 선호 서열은 일관성 있는 체계를 갖추고 있더라도, 다수결 원칙을 통한 집합적 선호 체계의 도출은 안정적일 수 없다는 것, 즉 투표 순서에 따라 순환적일 수 있다는 것이 투표 역설이 의미하는 바이다.

따라서 민주주의 요체를 뷰캐넌과 같이 '다수결 원칙'이라 한다면(1996: 3), 민주주의란 불안정하고 불합리한 결과를 양산할 뿐이다. 처음의 민주주의 정당성 논변으로 돌아가 투표 역설이 의미하는 바를 보자면, 다수결 원칙을 통해서는 국민이 원하는 바조차도 알 수 없으므로 민주주의 정치 체제에 대해서는 정당하다 말할 수 없다는 점이다. 따라서 경제학적 방법으로 민주주의의 정당성을 밝히고자 하는 경우, 민주주의는 정당하지 못하다는 결론에 이른다. 다운스가 『민주주의 경제학 이론(An Economic Theory of Democracy)』'에 밝힌 것은, '양당제도', '단봉형의 선호 분포' 가정 등을 추가하면, 위 같은 결론을 피할 수 있다는 것이다.

애로우의 불가능성 정리

애로우의 불가능성 정리(impossibility theorem)는 투표 역설을 일반화하고 이를 논리학적 기호체계로 형식화하려는 것으로 이해될 수 있다. 이 정리는 투표 역설이 다른 민주적 집합적 의사결정 절차를 통한다고 해서 피할 수 있는 것은 아니라고 한다. 즉 개인들의 선호를 집계하여 단일한 집합적 결과를 산출할 수 있는 민주주의 절차가, 공정하다고 여겨지는 최소한의 절차를 지켜야 한다면, 투표 역설은 불가피하다는 것이다.[11] 민주주의적 혹은 공정한 절차에 요구되는 간명한 원칙들이 일관성 있고

11) 애로우 정리가 직접적으로 다루는 것은, 후생경제학에서의 사회후생함수(social welfare function)를 도출할 수 있는 지 여부다. 그것이 만약 존재한다면, 현대 국가에서는 민주주의적 절차를 통해 정립되어야 하는 것이기 때문에, 그의 이 논의는 민주주의 절차에 대한 것일 수밖에 없다. 그러므로 그의 정리는 경제학의 정리임에도 불구하고 사회과학 일반에서 중요하게 다뤄지는 것이다.

합리적인 집합적 산출을 위한 의사결정 제도와는 서로 충돌관계에 있기 때문이다.

애로우는 개개인들의 정책 선호를 집합적 의사결정으로 전환시킴에 있어, 모든 민주적 의사결정 절차가 준수해야 할 최소한의 다섯 가지 조건을 구체화하는 것으로부터 논의를 시작한다(1951/1963[1987]: 제 3장). 그리고 세 가지 이상이 선택 대안이 되고 세 사람 이상이 참여하는 투표 절차는 아래와 같은 최소한의 조건을 충족시킬 수 없음을 증명한다.12)

> 1. 합리성: 사회적 선호의 서열 체계는 일관성(consistency)이 있어야 한다. 즉 집합적 의사결정 규칙은, 사회가 B보다 A를, C보다 B를 선호한다면 C보다 A를 선호하는 것으로 결론 내려야 한다.
>
> 2. 비독재(Nondictatorship): 어떤 특정인의 선호에 따라 사회의 선택이 결정되어서는 안 된다. 어떤 개인의 선호든지 사회적 선호체계 내에서만 고려되어야 한다.
>
> 3. 시민주권(Citizen`s sovereignty): 시민들은 어떤 정책 대안을 선호하거나 대안들을 서열화함에 있어 자유로워야 한다. 즉 특정한 선택 혹은 서열화를 강요하는 어떤 제도도 없어야 한다.
>
> 4. 만장일치(Unanimity): 사회적 선호의 도출에서 파레토 원칙이 준수되어야 한다. 즉 만약 모든 사람이 어떤 정책 대안을 다른 대안보다 선호한다면, 사회는 그 선

12) 이하에서 보게 될 용어와 내용은 애로우가 직접 사용하고 있는 것과는 약간 차이가 있다. 무엇보다 그의 논의 전개나 증명 절차는 논리학적 기호로 이뤄져 있어서 이를 그대로 사용하는 것은 적절치 않기 때문이다. 여기서는 Mueller, 2003과 이정전, 2005를 따랐다.

호를 선택하여야 한다.

5. 무관한 대안으로부터 독립(Independence of Irrelevant Alternatives): 두 대안 간의 사회적 선택은 개인들이 두 안건에 관해 어떻게 서열화 하는가 만을 반영하여야 하지, 다른 대안을 고려한 서열이 정해져서는 안 된다.

애로우는 민주주의 절차가 갖추어야 하는 위 조건 각각에 대해 나름대로 그 필요성을 말하고 있다. 먼저 합리성 조건을 보면, 이는 방법론적 개인주의에 따라 인간의 합리성 가정을 사회 전체 수준으로 확장하고 있는 것이다. 여기서는 경제학의 가정에 따라 선호의 이행성이 말해지고 있는데, 만약 일관성이 유지되지 못한다면 선택 주체는 일관성 있는 가치판단을 할 수 없다는 것을 의미한다. 즉, 일관성 없는 선호란, 특정한 대상을 선호한다는 것이 어떤 의미인지를 알지 못한다는 것을 나타내는 것이다. 경제학에서 전제하는 합리성에 관해서는 앞에서 살펴본바 있다.

2, 3, 4 세 가지 조건은 공정성 혹은 민주주의 기본 원칙 상, 논란의 여지가 있을 수 없다. 만약 시민들이 정책 대안 간 자유롭게 선택할 수 없다거나, 만장일치로 동의하고 있는 것이 채택되지 않는다면, 그러한 체제를 민주주의라 할 수는 없기 때문이다. 또 평등을 어떻게 정의하더라도, 특정 개인의 선호가 모든 사람의 선호를 능가할 수는 없기 때문이다.

민주주의 절차가 구비해야 하는 조건 중 정당화가 다소 복잡한 것은 '무관한 대안으로부터 독립'요건이다. 독립성이란 두 개의 선택 대상 간 가치를 비교하는 개인은, 또 다른 대안의 존재 혹은 부존재에 의해 영향을 받아서는 안 된다는 의미이다. 즉 B

보다 A가 우선하는 지 여부는 비교 대상인 A, B에 대하여만 판단되어야 하지 제 3의 대안인 C의 존재 여부와 무관하여야 한다는 것이다. 이 조건의 타당성은 우선 합리성 가정의 선호의 완비성 조건에서 찾을 수 있다. 따라서 만약 두 선택 대상 간의 비교가 다른 대안의 존재 여부에 영향을 받는다면, 그 선택 주체는 불합리하다 말할 수 있다. 또 이 조건이 정당하다는 근거로 사회적 선호 집계 과정에서의 능률성을 들 수 있다. 만약 A와 B 간의 사회적 선호를 집계함에 있어 다른 대안에 대한 선호까지 고려해야 한다면 이는 지나치게 많은 비용이 소요될 것이고, 결국 사회 전체의 선호를 집계하는 과정 자체가 무산될 수 있기 때문이다. 그러나 이 조건은 사회적 선호를 결정함에 있어 기수적(cardinal) 서열화가 불가능해지는, 즉 선호의 강도(intensity)가 무시되는 난점이 있다. 사회적 선호의 결정과정에서 기수적 서열화는 개개인들이 선택 대안에 대해 갖고 있는 선호의 강도를 반영할 수 있게 해준다. 그러나 기수적 서열화는 선호 집계 과정에서 선호 결과의 조작이 가능해지는 문제가 있고, 또 기수적 서열화 기준을 결정함에 있어 공통된 도덕적·경제적 단위를 찾기란 쉽지 않다. 따라서 무관한 대안으로부터의 독립 조건도 민주주의 절차가 준수해야 하는 것으로 일단 고려될 수 있을 것이다.[13)]

애로우의 불가능성 정리(Impossibility Theorem)란, 경제학적으로 위 다섯 가지 공정성 조건을 충족시키는 '사회후생함수'는 존재하지 않는다는 것이다. 이를 다시 풀어쓰면, 위 조건을 충족시키면서 개인의 선호를 집계하여 사회의 집합적 결정에 이르게

13) 앞의 제 조건과 다르게 '일단'이라 제한하고 있음을 기억하라. 뒤의 투표거래 부분에서 보는 바와 같이 이는 게임이론의 상황이라면 전혀 전제되지 않는다. 오히려 배제된다.

하는 선택기제는 존재하지 않는다는 것, 민주주의적 의사결정의 요체인 과반수 다수결 원칙도 위 조건을 충족시키지 못한다는 것이다. 외양상으로만 볼 때 민주주의에 관한 이 극단적 회의는, 애로우의 정식 명칭인 일반 가능성 정리(General Possibility Theorem)가 더욱 직접적으로 말하고 있다.[14)]

> 일반 가능성 정리: 경제학 상의 합리성을 가정하고, 파레토 원칙, 무관한 대안으로부터 독립 등의 공정성 조건을 충족시키는 모든 사회후생함수는 외생적으로 부과되거나 혹은 독재적인 것이다(1951/1963[1987]: 104를 수정).

애로우 '정리'의 실제 민주주의에의 적용

애로우 정리가 등장한 이후 새롭게 탄생한 학문이 '사회적 선택이론(Social Choice Theory)'이라 불리는 분야다. 여기서 집합적 선택 상황에서 적용할 수 있는 투표 규칙 등을 다양하게 모색하기도 하지만(Mueller, 2003: 147-156), 그동안의 논의가 특히 주목을 받았던 것은 다수결의 민주주의적 절차가 공정하고 합리적인 결과를 보장할 수 없는 것임을, 수많은 방법으로 규명하여 왔던 점이다. 따라서 사회적 선택 이론가들은, 민주적 제도

---

14) 애로우의 일반 '가능성' 정리를 '불가능성' 정리로 부르면서 혼용하는 것은, 만약 논리학이 중요하다면 중대한 문제다. 애로우가 증명하고 있는 것은 사회후생함수를 도출할 수 있는 '조건'에 대한 것일 뿐이어서, 정확하게는 어떤 조건 하에서 불가능하게 되는가의 논지일 뿐이기 때문이다. 논리학적 증명 방식으로는 이른바 간접적, 비구성적 증명임에도 불구하고 직접적 구성적 증명인 것처럼 호도되고 있는 것이다. 또 경제학에서 여러 정리들이 어떤 형식으로 증명되는지를 안다면, 이러한 '불가능'과 같은 명칭은 붙이지 못할 것이다.

가 일관성 있는 결과를 산출하지 못한다는 애로우 정리로부터, 민주주의 정치 체제가 갖는 의미 혹은 가치를 몇 가지 측면에서 주장할 수 있었다. 그 선봉에선 이가 로체스터 학파(Rochester School)의 수장 라이커이다. 그는 합리적 선택 이론 계열의 민주주의 이론가 중 유일하게 규범적 민주주의 이론을 전개하는 인물로 알려져 있으므로(Bohman, 1990; McLean, 1986: 378), 여기서 애로우 정리와 민주주의를 연관시키는 그의 입장을 보기로 한다.

민주주의의 불안정성(Instability)

애로우 정리는 먼저, 민주주의 정치체제는 본질적으로 불안정하다는 주장의 근거로 제시되고 있다. 사회적 선호가 단봉(single-peaked)[15] 형태가 아닌 다봉형(multi-peaked) 상황의 갈등상태라면, 세 가지 이상의 정책 대안 중 어떤 것이 채택되더라도 보다 우월한 다수의 선호가 존재한다는 것이다. 다시 말하면, 채택된 대안보다 수적으로 우세한 사회적 선호의 존재 즉, 다수결의 순환성은 민주주의 정치제도의 기본적 불안정성을 나타낸다고 본다.

이것이 민주주의의 실제에서 본질적인 것인지의 여부는 다수결의 순환성이 얼마나 빈번히 나타나는가에 달려 있을 것이다.

---

15) 어떤 안건에 대한 사회 구성원의 선호를 좌-우 직선상에 표시했을 때, 가장 많은 사람이 모인 지점으로부터 양쪽으로 단조적으로 경사지게 선호가 분포되어 있는 경우를 말한다. 이 그림에서는 봉우리가 하나이므로 단봉이라 한다. 이때에는 다수결 절차에서 나타나는 투표의 역설 즉 다수결의 순환성은 나타나지 않은 것으로 알려져 있다. 호텔링(H. Hotelling)이 최초로 발견하였고 다운스(A. Downs)가 정교화 하였다 하여, '호텔링-다운스 정리'라 불린다.

일반적으로 말하면, 대안의 수, 투표자의 수, 그리고 사회적 선호의 다양성이 클수록 안정적 균형에 도달할 가능성은 줄어든다고 할 수 있다. 분배문제를 다루는 모든 정책은 바로 이 범주에 속할 것이다. 또 민주주의적 정치과정의 특성상, 제한된 수의 안건으로 시작한 정책 논의라 하더라도 수정안 등을 통해 쉽게 많은 수의 대안으로 분기될 수 있다는 점을 고려하면, 다수결의 순환성은 흔히 등장할 것으로 보인다. 따라서 라이커는 “비이행성(intransitivities)은 거의 언제나 존재하고, 순환은 정치적 가능성의 모든 국면을 포함하고 있다”고 한다(1982: 188). 그러므로 민주주의 불안정성 문제는 민주주의 체제에서는 본질적인 것이라 주장한다.

민주주의적 결과의 자의성과 조작가능성

몇몇 합리적선택이론가에 의하면, 의회에서의 제도적 절차 등이 선택 대안의 수를 줄이도록 고안되어 있기 때문에, 민주 정치의 실제에서 순환은 쉽게 나타날 수 없다고 한다. 예컨대 의회 위원회에 안건의 제출은 제한이 없다 하더라도, 같은 쟁점에 대한 법안이 이미 심의 중이라면 동일 회기에는 다룰 수 없도록 하는 의사원칙 등을 두고 있다는 것이다. 만약 그렇다면, 의회는 현 상태를 유지하든가 아니면 이미 계류 중인 위원회 안 중에서만 선택할 수 있을 것이다. 비록 의회 다수파는 위원회의 안건과 다른 대안을 지지하고 있더라도, 이는 오직 새로운 절차 즉 청문회나 위원회 심의 등을 거친 연후에만 의회의 선택 대상이 될 수 있기 때문이다. 따라서 표결에 부쳐지는 안건보다 다른 대안을 지지하는 다수가 존재한다 하더라도 순환은 일어나지 않는다

(구조적으로 유도된 균형 structure-induced equilibrium, Farber and Frickey, 1991: 50). 이처럼 집합적 의사결정 과정에서 안건이 고려되는 순서를 정할 수 있다면, 정책 대안 간의 선택에 있어 어느 정도 안정성을 확보할 수 있을 것이다.

그러나 의사결정 과정에 대한 이 같은 제한은 안정성의 대가로 새로운 문제에 직면할 것이라는 점이 지적되고 있다. 의사일정 방식을 어떻게 정하느냐에 따라 최종적 결정이 달라질 수 있다는 점이다. 앞서 본 미 하원의 교육예산 지출에 관한 것을 예로 보면, 대안이 심의되는 순서에 따라 결과는 다르게 나타난다. 만약 의회가 현 상태를 유지하는 안(B)과 인종차별이 없는 주에만 연방예산을 할당하는(C) 두 안을 먼저 심의하게 되면, 모든 주에 연방 예산을 제공하는 안(A)이 최종적으로 선택될 것이다. 그러나 사정이야 어떻든 각 주에 예산을 배정하는 두 안(A, C)을 먼저 심의한다면, 최종적으로는 현 상태를 유지하는 안이 채택될 것이다. 또 현 상태를 유지하는 안과 모든 주에 연방 예산을 제공하는 안을 먼저 심의한다면, 인종차별이 없는 주에만 연방예산을 할당하는 안이 종국적 선택이 될 것이다. 따라서 집합적 의사결정 절차나 의사진행 방식을 통해 안정적 결과를 확보한다는 것은, 누가 의사진행 방법을 결정하는가에 따라 선택이 달라지는 결과가 초래되는 것이라는 점에서, 민주주의적 의사결정은 자의적인 것이라 할 수 있을 것이다(Riker 1982: 120, 192)

안건의 내용 보다 안건이 고려되는 순서에 의존한다는 것은 의사일정을 정하는 규칙이 정파로 분할된 의회를 조작하는 강력한 수단이 된다는 점에서 민주주의에 또 다른 문제를 야기한다. 의안을 설정하는 이들(agenda setters)이 선호하는 안건만이 선택될 수 있도록 의회 과정을 조작할 수 있기 때문이다. 그렇다면 의회는, 의안을 통제할 수 있는 정당 지도자나 위원회의 장들이 다수가 반대함에도 의회를 지배하는 과두제(oligarchy) 형태로 운영된다고 볼 수 있을 것이다. 결국 다수결의 순환성을 방지하려는 노력은 가장 민주적이어야 할 의회가 소수에 권력이 독점되는 비민주적 결과를 감수하여야 한다고 보는 것이 라이커의 입장이다(136).

의제 설정자의 투표 결과 조작

만약 서로 다른 대안 간의 택일적 의사결정이 짝짓기 투표로 진행된다면, 의안의 표결 순서를 정하는 의제설정자(agenda setter), 예컨대 의회 위원회의 위원장 같은 이는 자신이 원하는 바대로 투표 결과가 나오도록 할 수 있다. 그것은 투표자들의 선호가 비이행적인 것이라 예상되는 경우, 자신이 원하는 대안을 맨 마지막 짝짓기 표결에 배치하면 된다. 의제 설정자가 선호하는 안을 대안*이라 하면, 그 방식은 아래 그림과 같다.

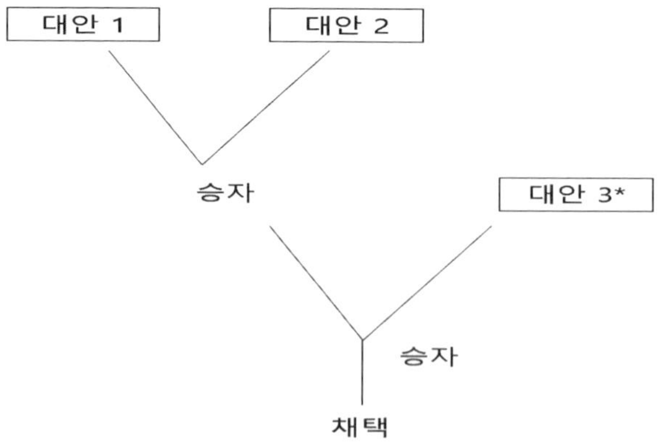

무의미한 민주주의

민주주의적 방식에 의한 의사결정은 정치공동체 구성원들의 선호나 가치가 다를 수도 있다는 점, 그로인한 사회적 갈등 상황을 전제로 한다. 또 그렇게 결정된 것은 국민의 의사 혹은 공익으로 받아들인다. 그러나 민주적으로 결정된 것이 순환적이라거나 소수 권력자들의 자의적인 조작에 의한 것이라면, 우리는 민주주의에 어떤 가치를 부여할 수 있을까? 라이커는 단호하게 민주주의는 무의미하다고 말하고 있다(237-238).

> 어떤 사회가 민주적 제도를 유지하고 있다면, 그 구성원은 그들의 어떤 사회적 선택도 무질서하거나 일관성이 없는 것으로 여길 수 있다. 그리고 이것이 참일 때, 어떤 의미 있는 선택도 할 수 없다. … 바로 이러한 뜻으로 그 선택은 의미가 없다.
>
> 모든 (민주주의적) 결과는 무의미하고 또 의미를 알 수도 없다.
>
> 개인적 가치의 사회적 융합은, 이상과 같은 이유로, 종종 공익의 부적절한, 실로 무의미한 해석이다.

이에서 더 나아가 라이커는 불가능성 정리가 투표결과는 투표자들의 선호와 무관함을 밝힌 것이라고 보면서, 민주주의 체제에서 선거도 "인민의 의지(will of the people)"의 표현으로 볼 수 없다고 한다(242). 그는 또 Rousseau적 "일반의사(general will)"이론과, 인민의 의사에 보다 대응적인 의회제도 개선 노력의 오류를 지적한다. 선거는 인민의 의지를 표현하는 의미 있는 메커니즘이 아니기 때문에, 인민이 선거를 통해 정부에 특정한 정책의 추구를 위임한다고 볼 수 없다는 것이다. 그러므로 라이커에게 의미 있는 민주주의적 정치체제란, 원치 않는 지배자를 제거하는 소극적 권리에 기초한 최소 정부 즉 자유민주주의(liberal democracy)만이라 하고 있다(251).

라이커의 민주주의에 대한 관점은 이처럼, 어떤 민주주의 이념도 부정하는 순전히 '절차적'인 것이다. 그러나 그의 젊은 시절의 시각은 이와 반대였다. 그는 위에서 본 바와 같이, 민주주의가 어떤 이념을 갖게 될 때 이를 포퓰리즘(populism)이라 하고 철저히 기각하지만, 젊은 라이커는, 민주주의란 절차적인 것일 뿐만 아니라 이념 자체이기도 하다는 것을 강조하였던 것이다. 훗날 그는 자신이 왜 변신하게 되었는가를 회고한 적이 있다. 그는 당시의 미국 대통령이었던 존슨과 닉슨 대통령의 독단적 태도에 대한 회의라고 하였지만, 사실은 애로우 정리와 사회적 선택이론의 영향으로 인한 것이었다고 한다(Weale, 1984).

제6장

협상

한 국가의 민주주의에 관심을 갖고 있는 학자는 통상 전통적 정치철학에 의존하여 최선의 민주적 삶을 보장하는 원리가 무엇인지를 고민한다. 반면 합리적선택이론은 가격이론 등의 경제학적 이론이 자유 시장을 정당화 하듯, 그 이론 등을 응용한 집합적 선택이론(collective choice theory)이라 불리기도 하는 것을 통해, 민주주의의 실제를 분석하면서 보다 나은 개선책 마련을 시도하려 한다. 이때의 관심은 한 국가의 운영원리인 민주주의가 시민이 요구하는 공공재 등의 공급에 능률적인지의 여부다. 경쟁시장에서의 교환이 자원을 효율적으로 배분하는 것처럼 말이다.

앞장에서 본 중위 투표자 정리는 이의 한 예가 될 것이다. 그러나 이에는 한계가 있는데, 그 중 하나가 여기서의 행위자는, 완전경쟁시장에서의 행위자가 주어진 시장가격을 조건 없이 수용하여야 것처럼, 교환의 상대방에게 자신의 어떤 의사도 개진할 수 없도록 가정되어 있다는 점이다. 이는 정치 현실의 실제와 거리가 멀다. 예컨대 의회 의원은 간혹 자신의 주장을 관철시키기 위해 상대를 설득하기도 하고 우리나라의 경우처럼 싸우기도 하며, 유권자는 투표권을 행사하기에 앞서 다른 이들과 토론을 하거나 다른 유권자(집단)의 태도를 고려하기도 한다. 여기에 공통적으로 나타나는 것은, 정치 주체는 자신의 이익을 위해 '나' 아닌 상대방을 전제한다는 것과 상대방의 입장에 따라 자신이 취하는 행동도 달라질 수 있다는 점, 나아가서는 상대방과 자신만의 이익이 아닌 것으로 나타날 수 있는 협상(bargain)을 해야 한다는 점이다. 경제학의 게임이론은, '일반균형'의 바탕인 가격이론과 달리, 바로 이러한 행위 상황을 염두에 두고 개발되어 온 것이다.

이 장에서는 정치주체들의 협상이라 볼 수 있는 행위들에 대해 게임이론을 적용한다. 물론 여기에 바탕이 되는 가정은 협상을 통한 교환은 집합적으로 이익이 된다는 것이고, 이에 관한 분석틀이 공적 영역에도 적용가능하다는 것이다. 협상의 어떤 측면이 그러한 지에 관한 경제학 게임이론의 설명부터 보기로 한다.

1. 협상이론의 기초: 게임이론과 코스 정리

> 사례: 아담은 그가 소유하는 1957년형 쉐보레 컨버터블을 소유하고 운전하는 데에서 3000달러의 효용을 누리고 있다. 그런데 아담의 이웃 블레어는, 최근 상속받은 5000달러 중에서 그 차를 4000달러까지 주고 사서 소유할 의사를 갖고 있다(Cooter and Ulen, 2007: 99이하).

위 사실만을 놓고 생각해보면 아담의 쉐보레 중고 자동차 거래가 성사될 경우, 이 차는 3000달러의 가치를 갖는 아담으로부터 4000달러의 가치를 느끼는 블레어에게 넘어간다. 자발적 거래의 경우, 아담은 3000달러 밑으로는 팔지 않을 것이고 블레어는 4000달러 위로는 구매하지 않을 것이므로, 가격은 두 액수의 사이에서 결정될 것이다.

이 상황에 게임이론 용어를 적용하면 더 명쾌하게 설명될 수 있다. 이 경우 게임의 참가자자인 아담과 블레어가 '협력'하면 둘 모두 이익을 볼 수 있다. 주어진 자원에 대해 보다 작은 가치를 얻는 아담으로부터 보다 큰 가치를 얻는 블레어에게 이동시키면, 1000달러의 가치가 협상 당자자인 둘 사이에서 창출되는 것이다(협력적 잉여, cooperative surplus). 이 잉여가 어떻게 배분되는가는 판매가격에 의해 결정될 것이다. 3500달러라면 양자 모두 같을 것이고, 3800달러면 아담은 800을 갖고 블레어는 200을 갖는다. 협상이 결렬되면(즉, 거래가격에 합의가 이뤄지지 못하면) 새로운 가치창출이 일어나지 못한다.

협상이 실패하는 경우 양자는 그 이전 상태 그대로 즉, 아담은 3000달러의 효용을, 블레어는 5000달러의 효용을 누린다. 협상이 결렬되는 경우 각 참가자들이 누리는 효용을 유보가치(reservation value)라고 한다. 또 이때의 아담과 블레어로 구성된 사회의 사회적 총효용은 3000+5000=8000달러다.

반면 협상이 성공하여 위 중고 자동차가 매매가 성사되는 경우라면 어떻게 될까? 만약 3500달러에 팔린다면, 블레어는 그 차에서 얻는 가치 4000과 차를 사고 남은 돈 1500을 보유하게 된다. 같은 논리로 아담은 3500달러를 얻게 된다. 이때 아담과 블레어로 구성된 사회의 사회적 총효용은 4000+1500+3500=9000달러가 된다. 결국 거래가 성사됨으로써 사회적 잉여는 1000달러가 발생했다.

위 중고 자동차 매매 과정에서처럼, 협상은 크게 세 국면으로 나눠볼 수 있다. 그것은

> 첫째, 협상에 임하는 자의 유보가치의 확인
>
> 둘째, 협상이 성공했을 때의 증가된 잉여의 계산
>
> 셋째, 이 잉여를 협상 당사자 간 어떻게 배분할 것인지의 합의

이다.

게임이론의 간단한 이 아이디어의 원조는 근대 계약사상이라 할 수 있다. 여기서는 사회나 국가가 성립되지 않는 원시상태를 가정하고, 협상이론의 위 세 가지 과정과 유사한 논리를 적용하는 이른바 사고실험(思考實驗)일 것이다. 그 전형이라 할 수 있는 것이, 지금은 너무나도 유명한 바로 코스 정리(Coase theorem)에 고스란히 나타나 있다.

코스 정리는 협상이론 상의 세 가지 국면을 모두 포함하면서, 인간 사회의 특정한 제도(특히 재산권 제도)가 어떻게 등장하게 되었는지, 나아가 현존하는 제도들의 장·단점을 능률성이라는 기준을 통해 분석할 수 있는 강력한 메시지를 담고 있다. 그러나 코스 역시 간단한 사례로부터 출발하여 놀라운 결론을 도출한다.

> 사례: 소를 방목하는 목장과 옥수수를 키우는 농장이 인접하여 있다. 그런데 가끔 소들이 농장으로 들어와 옥수수에 피해를 입히고 있다. 이 피해는 울타리를 치는 방법, 소를 감시하는 방법 등에 의해 막을 수 있다

이 상황에서 목장주와 농장주는 스스로 협상하여 해결할 수도 있고, 현시점의 법제도 등에 호소하여 이 두 사람의 관계를 정리

해 주도록 할 수 있다. 후자에 의할 때 가능한 방법은 크게 다음 두 가지일 것이다.

> 소들이 침범하지 못하게 할 책임은 농장주에게 있으므로 옥수수 피해에 의한 손해는 농장주가 부담한다(목장주에 권리 부여).
>
> 소 관리책임은 목장주에 있으므로 옥수수 피해 손실은 목장주가 부담한다(농장주에 권리 부여).

일반적으로 보아 위 A, B 두 제도 가운데 후자를 공정하다고 한다(가해자 보상 원칙). 그러나 코스는 능률성의 관점에서 다른 해답을 제시하고자 한다.

> 가정: 울타리가 없으면 농장주가 매년 100달러의 손해를 본다고 하자. 이 100달러의 손해를 막기 위해 농장에 울타리를 치고 관리하는 비용은 매년 50달러인 반면, 목장에 울타리를 치고 관리하는 비용은 75달러가 든다고 가정하자.

이 가정하에 능률성을 기준으로 생각하면, 그 결론은 농장주가 울타리를 쳐야 할 것이다. 이를 위의 A, B 두 제도에 적용하면, 어떤 제도가 더 나은 것인지 역시 쉽게 알 수 있을 것이다.

> A 제도(목장주에 권리 부여) 하에서는 농장주가 50달러를 들여 울타리를 치면 100달러의 손해를 막게 되어 50달러 절약하므로 농장주는 울타리를 칠 것이다.
>
> B 제도 하에서는 목장주가 울타리를 쳐서 25달러를 절약하려고 할 것이다.

능률성을 기준으로 하면 A가 더 나은 것이라 할 수 있다.

그러나 목장주와 농장주 양자의 협상을 통하여 문제를 해결하는 것도 가능하다면, 결론은 달라질 수 있다. 이 경우 농장에 울타리를 치는 비용이 더 적으므로 농장에 울타리를 친다면 25달러를 절약할 수 있기 때문이다. 즉 B제도 하에서라면, 발생한 손실에 대해서는 목장주 책임이긴 하지만, 농장에 울타리를 치는 비용이 50달러로 더 저렴하므로 협상을 통해 '목장주가 50달러를 제공하여 농장에 울타리를 치고, 절약된 25달러는 둘이 나눠 가지는 합의'도 가능한 것이다.[1)]

이상의 내용을 하나의 행위가 다른 행위에 방해가 되는 상황의 해결에 일반화해 보면,[2)] 공정성에 입각하면 해를 입힌 측이 책임을 져야 하지만, 능률성의 관점에서 보면 가장 많은 가치를 창출하는 측에 권리를 주어야 한다는 것이다.

당사자들이 스스로 합의를 못하는 경우에는 법의 내용에 따라 능률성의 결과가 달라진다. 그러나 협상이 가능하다면 법 제도가 누구에게 권리를 주고 있는지는 능률성에 영향을 주지 않는다. 이로부터 얻어지는 결론은,

> 거래비용(transaction cost)이 0일 때, 법이 누구에게 재산권을 부여하는지에 상관없이 개인들은 협상을 통해 효율적 결과를 도출한다

는 것이다. 즉 거래비용이 0이면,[3)] 효율성을 달성시키는 법제도

---

1) A 제도인 경우, 농장주 책임이므로 농장주는 50달러를 들여 울타리를 설치할 것이다. 농장주의 권리를 인정하는 B 제도 하에서도 결과적으로는 농장주가 울타리를 치게 된다.
2) 이른바 부정적 외부효과가 있는 경우
3) 목장주와 농장주가 실제 협상을 한다고 할 때 거래비용은 0일 리가 없을

가 무엇인지 고민할 필요가 없다. 그리고 거래비용이 높아서 협상이 어려워지면, 자원이 얼마나 효율적으로 배분되는가는 재산권이 어떻게 정해지는가에 따라서 결정된다. 거래비용의 크기를 보고 법이 이에 적절하게 대응해야 한다는 것이다.

이를 확대해서 이해하면 코스 정리는, 법 제도는 거래비용을 낮추어 협상을 활성화해야 한다는 내용을 담고 있다. 법제도가 이렇게 협상을 활성화하면 개인들이 법적 권리를 거래할 것이므로 의회 등은 능률적으로 권리들을 분배하려는 인위적 제도에 대해 고민할 필요가 없을 것이다. 이처럼, 코스 정리는 개인적 합의에 대한 장애요소들을 제거할 수 있도록 법제도를 만들어야 한다는 규범적 내용을 담고 있기도 하다.

2. 투표 거래

투표 거래란, 넓은 의미로는, 투표권자들이 자신들의 이익을 위해 자신이 행사할 수 있는 표를 교환하는 것을 의미한다. 그러나 좁은 의미에서는 의회의 입법과정과 관련된 것으로, 일방의 투표권자가 특정 안건에 대해 그 행사를 조건으로 다른 안건에 대해서는 상대방이 원하는 투표를 하기로 약속하는 것을 말한다.[4] 이것은 의원 등이 투표권을 서로의 이익을 위해 시장의 상

것이다. 양 당사자가 실제 협상한다 하더라도 손해가 있음을 확인하는 데까지 비용은 들 것이고, 또 협상에 시간도 소요될 것이기 때문이다. 손해 규모가 클 때 오늘날의 상황에서라면, 변호사 비용, 변호사를 선임하기까지의 비용 등도 예상할 수 있다.

4) 이를 로그롤링(logrolling)이라 하기도 한다. 이는 원래 통나무 굴리기의 뜻인데, 서로 협력해서 통나무를 모으거나 강물에 굴려 넣는 놀이에서 유래되었다 한다.

품에서와 같이 거래하는 것인데, 이 의미에서 부정적 인식이 있을 수 있다. 예컨대 대한민국 헌법 제46조는 '국회의원은 국가이익을 위하여 양심에 따라 직무를 행한다'고 규정한다. 그러나 뉴스 등을 통하여 흔히 접할 수 있는 것처럼, 특정 안건이나 혹은 안건들의 묶음에 관해 의원이나 정당이 협상하는 것은 매우 빈번한 일이다.

여기에서 주목해야 할 것은 특히 다음 두 가지 사항이다. 먼저 투표 거래에서는 애로우 정리에서 그 전제 조건으로 설정한 바 있는 '무관한 대안으로부터의 독립'이라는 가정을 배제하고 있다는 점이다. 그러나 이러한 상황은 표결을 통해서든 합의를 통해서든 정치적 의사결정이 내려져야 할 때, 대안들이 3개 이상인 경우 이는 얼마든지 일어날 수 있는 현상이다. 이는 그 대안을 입안하는 측이 단독적으로 표결을 감행할 수 없는 경우, 즉 독자적으로 다수결 표결에서 승리할 수 없는 경우를 생각하면 쉽게 이해할 수 있다. 이때 각 대안의 입안자는 경쟁 상대의 입장을 고려해야 하는, 즉 전략적으로 행위하여야 하는 게임 상황인 것이다.

둘째, 의원 등의 투표 거래가 앞의 협상이론이나 코스 정리에서 본 바와 같이, 사회적 총효용의 증대를 가져오는 능률적인 것인지 여부다. 이에 대해서는 합리적선택이론가들 측에서도 의견의 합일을 보지 못하고 있다. 그러나 지금까지 개발되어 온 게임이론을 적용하면 투표 거래가 나타나는 협상의 상황에 따라 다르다는 것을 알 수 있다. 이하에서 확인하기로 한다. 논의의 편의상 투표 행위자들은 협상이론의 사례에서 보았던 마지막 국면의 상황, 즉 사회적 잉여를 협상 당사자 간 어떻게 배분할 것인지의 문제에 직면해 있다고 가정하자.

협조 게임

서로 다른 행위자의 이해가 완벽히 일치하는 경우, 게임 참여자들이 구속력 있는 약속을 맺을 수 있을 것이다. 이 상황에서의 게임을 협조적이라 하는데, 이때 어느 일방의 이익은 그 외 모든 참가자에게도 최선으로 간주된다. 그러므로 파레토 능률적이라 할 수 있다. 이 게임의 특징은 사회적 잉여를 배분하는 협상의 결과가 단순한 배분에 그치는 것이 아니라, 새로운 잉여의 창출로도 볼 수 있다는 점이다.

협조 게임에서 문제가 되는 것은 각 참가자가 협조할 때 갖고 있는 정보가 완전하지 않는 것일 수 있다는 점이다. 게임이론의 소개에서 본 바와 같이, 게임의 결과 나타나는 균형은 복수로 존재할 수 있는데, 이 경우 게임 참가자는 각자에게 최선인 전략을 선택하지 않을 수 있고, 이때에는 각자에게 더 나은 해(解)가 있다는 의미에서 파레토 능률적이라 보기 어렵다.[5] 이를 일반적으로 말하면, 협조게임이라 하더라도 균형이 복수로 존재하는 경우보다 균형이 하나일 때, 이른바 ‘볼록게임(convex game)’에서 문제 상황의 해결이 더 쉽다고 할 수 있다.[6]

---

5) 이점에서 나타나듯, 게임이론 상의 균형인 내시 균형은 경제학에서 균형을 평가할 때 기준이 되는 파레토 기준과 다르다.

6) 이를 두 사람이 함께 산의 정상에 오르고자 하는 경우, 산봉우리가 하나일 때와 둘일 때를 통해 생각해보면 쉽게 이해가 갈 것이다. 단봉의 등산인 경우 어떻게 합의하더라도 산의 정상에 오를 수 있지만, 두 개의 봉우리가 있는 산의 등산이라면 두 사람은 잘못 합의하여 보다 낮은 봉우리를 올랐음에도 그 산의 정상에 올랐다는 것으로 만족할 수도 있다.

제로섬(zero sum) 게임

예컨대 포거게임은 언제나 승자와 패자(들)가 있다. 어떻게 경기를 하더라도 누군가는 반드시 이기고 그 외 나머지는 반드시 진다. 그러나 승자의 몫과 패자의 몫의 합은, 게임 참여자 전체 즉 사회적 잉여의 관념으로 보아 항상 0이다(정확하게는 '참여자 이익의 합이 0'인 게임이라 한다). 그래서 이 경우는 협조게임과 달리, 누군가는 비록 이익을 얻고 있다 하더라도 사회적 부의 재분배에 지나지 않는 것이지, 사회적 잉여의 산출로 볼 수는 없다. 오히려 이 재분배에 지나지 않는 것을 위해 사회의 자원은 낭비되었다고도 볼 수 있다.

어떠한 형태의 투표 거래도 용납하지 않고 전적으로 다수결 원리에 따라 공적 현안에 대한 의사결정이 이뤄진다면 어떻게 될까? 예상할 수 있듯이 그 결론은 바로 이 제로섬 게임의 상황에서와 같다.

A, B, C 세 사람이 약 100달러를 할당하는 경우를 가정해보자. 협조게임이라면, 각각 약 33달러를 배분하기로 합의할 것이다. 그러나 이를 다수결에 따라 배분하기로 한다면 그 결과는 예측할 수 없다. 참여자 간의 연합의 결과에 따라 어느 일방을 완전 배제한 다수결, 두 사람에게 배분한다 하더라도 일방이 압도적 배분을 받는 다수결 등 모든 상황이 가능하다. 경제학적으로 표현하면 균형이 존재하지 않는다. 즉, 협조 게임에서의 (A, B, C)= (33$, 33$, 33$) 결과가 아님은 물론, (A, B, C)= (50$, 50$, $0), (A, B, C)= ($0, 75$, 25$), (A, B, C)= (50$, $0, 50$) ····· 협조게임의 결과가 모두에게 이익이 되는 해를 갖고 있다는 의미에서 즉, 해(解) 중의 해(解)로서 핵(核, core)을 갖고 있다면,

다수결로 결정되는 게임의 결과는 공핵(空核, empty core)이라 표현할 수 있을 것이다.

국가 등의 정치공동체 의사결정 권한이 왕이나 귀족 등의 특수 신분에 한정되는 것이 아니라 일반 백성 혹은 모든 인민에게 있다는 사유가 등장한 것은 어쩌면 인류가 '집합적 선택'을 필요로 하는 시점부터였을 것이다. 또 만장일치는 지난하므로 다수결을 대안으로 고안해 낸 것도 마찬가지였을 것이다. 그러나 어쩌면 단순한 이 원리가 인류 현실의 삶에 구현된 것은 너무나 짧은 기간이고, 현 시점도 그 안에 있다. 그 이유 중에 가장 강한 설득력을 갖고 있는 것이 바로 민주주의는 공핵으로 나아갈 수 있다는 염려였다. 민주정체 속에서 살면서도 귀족정을 옹호했다는 아리스토텔레스, '현대적' 민주주의를 최초로 구상했다는 매디슨이 고민한 것은, 민주주의 정체에서 가난한 사람들이 충분한 다수를 구성한다면 부자들의 재산을 빼앗아 갈 수 있다는 것, 그리하여 국가를 불안정한 상태로 빠뜨릴 수 있는 가능성이었다.[7] 애로우 정리의 해석으로부터 민주주의 의미를 도출한 바 있는 라이커의 사유도 이의 연장선상에 있는 것이라 할 수 있다. 제대로 작동된 민주주의 체제 하에서는 그 가능성이 현실로 된 적은 없었음에도 말이다.

보론: 경제학적 균형이 없는 민주주의는 나쁠까?

미시경제학의 기본 내용에서 확인한 바와 같이 경제학에서의 균형은 안정성(stability)이라는 성질을 갖고 있다. 안정성의 반대

7) 우리나라의 어떤 사람들은 간혹 민주주의의 이러한 가정상의 가능성을 공산주의와 연관시키곤 한다.

말로 혼란이나 혼돈이 쉽게 떠오르는 것을 보면, 균형의 부재는 뭔가 부정적인 메시지가 담겨있음을 부인할 수 없다. 앞의 라이커의 경우는 그 한 예에 지나지 않는다. 지금까지 우리는 다수결에 의한 의사결정의 불안정성에 대한 것으로 두 경우를 보았는데, 그렇다면 불안정의 일상적 어감에 의하더라도 다수결 원리에 대해 우리는 나쁘다고, 또 이를 기본으로 하는 민주주의에 대해서도 나쁘다고 할 수 있을 것이다.

그러나 다수결 원리가 균형을 결여하고 있다는 점, 혹은 민주주의는 공핵 상황으로 쉽게 전이될 수 있다 하여 이를 근거로 다수결의 민주주의에 반드시 비관적이어야만 하는 것은 아니다. 그 이유로 가장 원론적으로는, 몇 번 반복되었지만, 경제학적 사유는 특정한 철학 혹은 세계관에 특정한 방법이 결합된 특정한 논리일 수 있음을 지적할 수 있겠다.

다음으로는 비록 이 특정한 논리에 의한다 하더라도 전혀 다른 결론 도출도 가능하다는 점이다. 존 롤스(J. Rawls)는 이의 전형을 보여주고 있다. 그에 의하면, 공적 제도가 상황에 따라 달라진다는 것, 곧 경제학적 균형이 없다는 것을 당연한 것으로 받아들인다. 그러나 다수결에 따라 채택되는 그 제도들이 임의적 내용을 담고 있을 수는 없다. 현재는 비록 다수이지만 미래는 얼마든지 소수가 될 수 있으므로 경제 인간이라면 미래의 이 가능성을 염두에 둘 것이고, 그 결과 다수결을 남용한 폭력이 아니라 정의로운 사회제도를 구상하고 또 실천도 기대할 수 있기 때문이다. 결국 민주주의의 공핵은 가장 이상적(理想的)인 제도의 창안으로 나아갈 것을 경제 인간에게 요구하고 있는 것으로 볼 수도 있는 것이다. 그의 『정의론』은 이처럼 다수결 원리에서의 균형의 부재나 민주주의의 공핵을 전제한 논의 결과이다.

3. 시민의 과소대표와 지대

간접 민주정 아래에서 시민은 자신의 대표자를 선출하는 역할에 국한되는 경우가 많다. 그러므로 민주주의를 담고 있는 헌법이나 선거관련 법률에서는 시민이 충분히 대표될 수 있도록 하는 일련의 장치를 두고 있다. 가장 기본적인 방안은 지역별 인구비례를 통해 선거구를 획정하는 것이다. 이들 장치가 충분히 작동된다면 의원들 간의 협상으로 국가 정책이 결정된다 하더라도 시민의 정치적 선호는 만족될 수 있다 할 수 있다. 그러나 복잡한 사회에서 시민이 충분히 대표될 수 있을까?

로버트 다알(R. Dahl) 등의 초기 (혹은 고전적)다원주의론에서는 사회의 다양한 분파적 이해관계가 존재한다 하더라도 각각은 정치에 영향을 미치기 위해 충분한 조직화가 가능하고 또 작동하고 있는 것으로 보았다. 시민들은 자신의 이익을 대변할 수 있는 이익집단에 복수적으로 가입함으로써 대표자들에게 영향력을 행사할 수 있는 것으로 보았기 때문이다. 그러나 다알 등이 자신들의 주장을 철회함에서 알 수 있는 바와 같이, 정치 실제에서는 의원 등의 대표자는 특정의 시민을 보다 많이 대표하고 있는 것으로 보이고, 그러므로 민주주의는 제대로 운용되지 않고 있다는 불만도 많다. 만약 그러하다면, 협상이론을 통한 민주주의의 분석에서는 이를 해명할 수 있어야 할 것이다.[8)]

8) '고전적' 다원주의 대표 논객이라 할 수 있는 다알이나 린드블럼(C. E. Lindblom)이 젊었을 때 자신들의 1950~60년대 주장을 철회 혹은 수정하였다는 것은 널리 알려진 사실이다. 무엇보다 다원주의 정치체제를 민주주의 근사치로 볼 수 있게 하는, 고전적 다원주의의 핵심인 '이익집단 간의 경쟁과 균형'이라는 생각을 더 이상 유지하지 않고 있다는 것이 그 이유다. 그들이 문제시하고 나아가 미국 민주주의의 위기로까지 진단하고 있는 것은, 이익집단 중 기업인 혹은 산업계 집단이 정치과정에서 주도적

그 첫 단추는 애로우 정리 부분에서 본바 있는, 민주주의적 결과의 조작 가능성 또는 의제설정자에 의한 결과 조작이다. 가장 균형적 결과를 가져온다는 이른바 콩도르세 승자를 찾기 위해, 어떤 사안에 대한 의사결정이 짝짓기 투표로 진행된다면 의안 표결의 순서를 정하는 의제 설정자 등은 다수결 투표의 결과를 자신이 원하는 데로 가져올 수 있다. 이것은 시민의 과소대표 문제에 앞서 기만적이기까지 하다. 투표에 참가한 대표자들은 안건에 상정된 모든 대안의 투표에 참여했다고, 그래서 주인인 시민들의 이익이 훼손되지 않기 위해 노력했다고 말할 수 있기 때문이다. 또 의원이나 정당들 사이에서 빈번히 행해지는 투표 거래도 같은 기만적 결과를 낳을 수 있다. 세칭 밀실에서 협상과 합의가 이뤄지는 것이어서 자신의 유권자에게는 같은 말을 할 수 있을 것이기 때문이다.

정치에의 투자

대표자들의 이러한 행태에 대해 누가 잘 알고 있을까? 또 이 정보를 잘 전달할 수 있을까? 의사당 로비에서 그들을 기다리다 회의장에서 의원들이 나올 때 얘기를 주고받는 사람들, 그 의미를 갖는 로비스트들이다. 이들은 대부분의 시민들에게 알려지지 않는 의원들의 행동에 대해 면밀히 조사하고, 그 결과물인 의원들이 처리한 법안이나 규제 등의 구체적 고급 정보를 알려준다. 또 이의 상대방은 그 대가로 로비스트들에게 특별한 보상을 지급한 이들이다. 로비스트들은 보상을 지급받았다 하더라도 액수

인 위치에 있다는 사실 때문이다(Dahl, 1999: 602-617, Lindblom, 1989: 202-221).

가 더 많은 사람들에게 더 많은 정보를 제공할 것이다. 그래서 로비스트와 특정한 관계에 있는 사람은 법령이나 국가 정책으로부터 더 많은 이익을 취득할 수 있을 것이다.

시장이 일반균형이론에서 말하는 대로 안정적 균형이라면 로비스트에게 비용을 지불하면서 관계를 맺을 필요가 없다. 어떤 경제적 활동을 하던 간에 그 수익률은 같기 때문이다. 그러나 그러한 시장은 거의 존재하지 않으므로, 합리적 투자자라면 더 높은 수익률을 지향할 것이고 그 방편으로 로비스트를 고용할 것이다.

일반 시민도 이와 같을까? 간혹 여러 형태의 기부 등을 하는 경우가 있다 하더라도, 기업과 달리 이를 정치적 투자라 보기는 어렵다. 이는 특정한 업종이나 지역이 아닌 일반 시민을 위한 입법 비용이 증가 한다고 할 때, 이 자금 모집에 대한 시민의 태도 즉 경제학의 탄력성 개념을 이용하면 쉽게 알 수 있다. 대부분 비탄력적인 형태가 될 것이다. 그렇다면 시민을 위한 로비를 시도한다고 할 때, 이에 지출되는 비용은 대단히 큰 규모일 것이다. 그러한 정책을 입안하는데 관여하는 공식적 정책담당자들의 수, 의회 내 복수의 정당, 입법화되기까지의 복잡한 절차, 자금 모집을 위한 캠페인 비용을 감안하면, 일반 시민들의 로비 자금 조달은 쉽게 이뤄질 수 없다고 봐야 한다.

로비비용과 무임승차

그러나 특정 직업이나 산업이 의회 입법 등을 통해 보조금이나 할당제(quota)를 도입함으로써 경쟁적 시장을 독과점적 형태로 변화될 수 있다고 하면 어떻게 될까? 만약 이것이 현실화 된다면 경쟁이익을 초과한 이윤을 얻을 수 있으므로, 그러한 정책들이 결정될 수 있도록 할 수 있다면 이들은 정치인 등에게 투자할 유인이 있다. 과연 이 특정한 사람들은 시민들과 달리 이에 소요되는 로비비용을 조달할 수 있을까?

올슨(M. Olson)의 『집합행동의 논리』는 이에 대해 명쾌한 해답을 제시하고 있는 것으로 알려져 있다. 그가 가장 중요한 요인으로 지적하고 있는 것은, 그 특정한 사람들로 구성된 집단의 규모다. 집합행동에는 언제나 무임승차의 유인이 존재하는데 큰 규모의 조직은 이를 극복하기가 어렵다는 것이 그 이유다. 반면 집단의 규모가 작다면, 강제적 조세와 유사한 가입비 등의 회비 납부의무를 구성원에게 부과하고 이 이행여부를 해당집단의 구성원 자격과 연계지우기 쉬울 것이다. 그러므로 로비 자금 등을 쉽게 조달할 수 있을 것이다.

지대추구(rent-seeking)

특정한 산업이 경쟁적이지 않는 경우 제조 설비에의 투자는 전적으로 생산적이다. 최소한 규모의 경제를 도모할 수 있기 때문이다. 반면 정치 혹은 로비에의 투자는, 비록 특정 기업 등에게 이윤증가를 가져온다 하더라도 생산적인 것이라 할 수 없다. 제로섬 게임에서 본 바와 같은 의미에서, 한 경제체제 전체의 시각에서는 재분배적일 뿐이다.[9] 세금감면·보조금·할당제 등이나 경제활동을 하기 위한 자격부여제도로 기능하는 인·허가제 등은 해당 시점의 산업 등이 경쟁적이지 않다 하더라도 경쟁을 제한

9) 물론 예외적인 경우로 생산적인 경우가 있을 수 있다. 이에 대해서는 '공공정책과정'에서 다룬다.

하는, 따라서 경제 체제 전반에 비능률을 가져오는 것이라 할 수 있는 것이다.

경제학은 이와 같은 낭비적 정치활동을 가리키는 용어로 지대(rent)를 사용한다. 이의 본래적 의미는 생산적 활동으로부터 나온 이익이 아니라, 소유(보유) 그 자체로부터 얻어지는 이익을 가리킨다. 예컨대 일반적으로는 금지되고 있지만, 어떤 사람이 국립공원 내에서 식당 영업을 할 수 있는 허가를 받은 경우를 생각해 보자. 그 허가권자는 다른 식당도 누리는 영업으로부터의 이익 외에, '국립공원 내'에서의 영업이라는 일종의 독점으로부터 오는 추가적 이익, 즉 초과 수익을 얻고 있다. 바로 이 초과적 이익이 지대다. 이익의 원천이 식당 영업이라는 경제적 활동이 아니라, 허가권을 보유하고 있음에서 오는 이익이기 때문이다.

또 위와 같이 희소한 법적 권한을 얻기 위한 로비에의 투자행위를 지대추구(rent-seeking)라 부른다. 그러나 논자에 따라서는 입법 등으로 결정되는 대부분의 국가 정책에 대해서도 이를 지대추구행위의 결과로 보기도 한다. 이에 의하면, 국가적 수준에서의 대부분의 정책도 비능률적인 것이 될 것이다. 이에 대해서는 뒤의 '공공정책과정'에서 다루기로 한다.

4. 정당과 정치인들의 연합(coalition)

영국과 미국을 제외하고 대부분의 민주주의 선진국에서는 '주요' 정당이 셋 이상 존재한다.[10] 이는 입법 등을 위한 원할한 다

10) 영국과 미국에도 정당은 셋 이상 있다. 그러나 집권가능성이있는 거대 정당은 두 개뿐이다.

수결 확보를 위해서는 정당 간의 연합이 필수적이라는 것을 의미한다. 이를 통해 정당별 의석분포가 극심하게 세분되어 있다 하더라도 안정적 국정운영에 적합한 형태가 형성될 수도 있을 것이다. 그런데 지대추구이론을 확장, 이를 정치인이나 의회에 적용하면, 어떠한 형태의 연합이 이뤄질지에 대해 어렵지 않게 예상할 수 있다. 단독으로는 불가능하지만 연합을 통해, 의원내각제의 경우라면, 한 국가를 통치할 수 있는 정부를 구성하고, 이로써 가능한 장관직 등의 직위를 지대 혹은 전리품으로 간주하면 된다. 이 지대를 극대화 하려 한다면, 의회를 지배할 수 있을 만큼 충분하되 그 이상은 아닐 것이다. 즉 지배할 수 있지만 연합의 규모는 가장 작은 형태가 된다. 이를 '최소승리연합(minimum winning coalition)'이라 한다.

정당	A	B	C	D	E
의석분포(%)	35	25	17	12	11

위 표와 같이 A, B, C, D, E의 다섯 정당과 그 의석 분포라면 어떠한 형태의 연합 정부가 탄생할까? 최소승리연합 모형은 A와 C 정당 간에 연합이 형성될 것임을 말한다.[11)]

그러나 최소승리연합 모형은 정당의 강령 등에서 오는 차이, 예컨대 가장 간단하게는 좌파와 우파라는 정치이데올로기의 영향을 무시하고 있다. 이것이 실제 빈번히 관찰되는 정당 간 연합에 대한 최소승리연합 모형의 약점이라 할 수 있다. 그러므로 이

11) 물론 가장 큰 정당인 A를 제외한 정당 간의 연합도 가능할 것이다. 그러나 이는 합리적선택이론의 출발인 전제, 자기이익의 극대화라는 정치인들에 대한 가정에서 벗어나 있다.

데올로기의 영향을 보충한 정당 간 연합에 대한 예측도 가능한데, 이를 '최소연결연합(minimum connected coalition)'이라 한다. 이 모형에 의하면 이데올로기적 차이가 클수록 연합의 가능성은 줄어들 것이다.

좌 파		중 도	우 파	
A(35%)	B(25%)	C(17%)	D(12%)	E(11%)

각 정당의 정치 이념 분포가 위와 같다면, B, C, D 정강 간의 연합이 등장할 것이다. 그러나 정당정치의 실제를 보면 최소승리연합이든, 최소연결연합이든 그 예는 많지 않다.

정치 연합의 불안정성

정당 간 연합 모형이 말하고 있는 것 중의 하나는 사회의 다양성을 고려하면, 민주주의 최고 선진국이랄 수 있는 영국과 미국을 따라 굳이 주요 정당은 2개일 필요가 없다는 점이다. 즉 신분이나 계층 혹은 지역적 이익에 따라 사회가 극도로 분열되어 있다고 해도 다양한 이해관계를 반영할 수 있는 다당제도 충분히 고려될 수 있다. 그러나 정치 실제를 보면 연합 정부는 쉽게 해체되기도 한다. 이의 대표적인 예로 이탈리아를 들 수 있다. 이 나라에서는 1945년부터 1985년까지 연합 정부가 구성된 경우가 무려 43번이었다. 정치 연합 모형은 이를 설명할 수 없다. 그러나 앞에서 본 바 있는 게임의 한 양상을 적용하면 이해할 수 있을 것이다. 즉, 이 기간 동안 이탈리아 정당들은 민주주의의 공핵을 초래하는 제로섬 게임의 상황 아래 있었다 할 수 있다. 의원이나 정당들은 연합 게임에 임하면서 다수결 원리를 자기 몫 챙기기의 수단으로 이용했던 것으로 간주할 수 있는 것이다.

제7장

권력분립과 정부형태

한 국가의 헌법은 정부를 몇 개의 부(府)로 나누고 이들 간에 서로 다른 권력을 배분하고 있다. 입법부·집행(행정)부·사법부로 불리는 이른바 삼권분립은 이의 전통적인 형태라 할 수 있는데, 이에 의하면 법률과 관련한 권한은 입법부가 담당하도록 하고, 그 집행과 해석은 각각 행정부와 사법부가 담당하도록 하고 있다. 역사적으로 보았을 때 이는 특정한 사람 혹은 정당이 한 국가의 정치적 헤게모니를 장악할 가능성을 배제하기 위해 정립된 것이라는 점은 주지하는 바와 같다.

국가의 통치 작용에 대한 기본 원리를 담은 헌법에서 권력의 분립을 설정하고 있는 근거는 비교적 간단한 것이다. 그 출발은 선거를 통한 경쟁이 시민 유권자의 목표를 이상적으로 배열할 수 있을 것이라는, 즉 입법부는 한 사회의 다양한 정치적 분파들 간의 토론 마당으로 작용할 수 있다는 믿음이다. 법률을 제정함에는 분파들 간의 심의와 협상이 필요하고 이를 위해 각 의원은 정당이라 불리는 조직을 만들 것이다. 또 제정된 법률을 실행에 옮기기 위해 집행을 전담하는 부를 둔다. 입법부에서 제정된 법률을 인민의 의사라 할 수 있으므로, 이 부의 그 실행은 단호해야 할 것이다. 그래서 심의와 협상보다는 위계적 규율을 통해 실행하는 것이 적합할 것이다. 또 법률 내용의 의미가 문제되어 그 해석이 필요할 경우가 있을 것인데, 여기에는 같은 이유로 경제적 이해와 같은 사항들이 개입되어서는 안 될 것이다. 그래서 이를 담당하는 사법부는 앞 두 부서보다도 강한 독립성이 보장되어야 할 것이다.

이와 같은 내용을 게임 이론적으로는 다음과 같이 표현 할 수 있다.

> 입법부는 낮은 거래비용으로 정치적 거래가 이뤄지는 협상 공간이다.
>
> 협상의 성공은 단순한 합의도출에 있는 것이 아니라, 동의된 사항이 준수될 수 있다는 신뢰까지 수반되어야 한다. 그 수단은 협상의 결과물인 법률을 낮은 비용으로 실행하는 집행부와 이에 대해 중립적으로 해석하는 법원을 두는 것이다.
>
> 위계적 질서를 통한 집행 비용은 협상을 통한 것보다 낮다.
>
> 법원의 독립성은 중립적 해석의 가능성을 높인다.

그러나 단순한 이 도식은, 특히 입법의 집행에서 생길 수 있는 정치 행위자의 전략을 간과한 측면이 있다. 입법부 의원들의 정당조직과 그 지도력은 집행 단계의 양상에 따라 달라질 수 있기 때문이다. 국가마다 다양한 형태를 띠는 헌법상의 서로 다른 정부형태는 이를 감안한 것으로 볼 수 있다. 의원내각제의 정부형태란 입법부의 구성원으로서 수상이 정당을 직접적으로 지배하는 정치체제이고, 대통령제 정부형태는 정당의 지도자로서 집행부의 수반(首班)이 입법 활동에 임하는 정당을 간접적으로 지배하는 정치체제라 할 수 있다.

1. 입법부

입법부의 활동을 이해하기 위해서는 입법의 동기를 이해하는 것이 선결적인 것이라 할 수 있다. 여기에 관건인 것은 선거를 통한 경쟁이 의원 직위를 결정한다는 점이다. 그러므로 이미 본 바와 같이, 의원으로 다시 선출되고자 하는 것이 입법부 구성원인 의원들의 제 1의 목표라 할 수 있다. 그런데 재선은 입법부 의원의 선출방법을 담은 선거법이나 정당제의 양상에 따라 다르다. 의원 선출을 위한 선거는 대규모로 혹은 지역구별로 실시될 수 있으며, 선출의 방법도 단순다수결, 과반수 다수결, 비례대표제 등 다양하다. 또 오늘날의 정당제 민주주의 하에서 정당 지도부는 의원선거에 입후보할 자를 지명하거나 당내의 예비선거에 나설 후보를 미리 제한 할 수도 있다.

선거규칙이나 정당조직 외에 또 고려해야 할 것은, 정당이나 의원 입후보자가 선거에서 승리하기 위해서는 유권자들에게 호소력이 있어야 한다는 점이다. 즉 유권자들이 원하는 것을 제공할 수 있어야 선거에서 승리할 수 있을 것이고, 이를 위해 의원들은 협상을 하거나 기존의 협상을 파기할 수도 있다. 결국 입법부는 정당이나 사회의 다양한 분파 혹은 이익집단들을 위한 토론의 장을 제공함으로써 한 사회의 정치적 협상에 소요되는 거래비용을 줄이려는 공간으로 이해할 수 있다. 의회 구성의 어떠한 방식이 여기에 적합하다 할 수 있을까?

의회의 규모(의원 수)

원리상 입법부는 모든 시민으로 구성될 수 있고(직접민주주의), 이를 대표하는 한 사람만으로도 혹은 그 사이의 수로 구성될 수 있다(간접민주주의). 어떤 형태를 가장 좋은 것이라 할 수 있을까? 간접민주정인 오늘날의 정치현실을 고려하면, 의원은 시민의 대표라는 점과 이 대표들 간의 정치적 협상을 위한 거래비용이라는 두 요소를 고려할 수 있다. 다시 말해 의회 구성을 규정하는 헌법은 이 두 요소를 동시에 고려하여야 한다.

입법을 위한 정치적 협상에 소요되는 거래비용 감축이 우선적 목표라면 의원 수는 적을수록 바람직하다 할 수 있을 것이다. 그렇다면 1인으로 구성된 입법부도 구상할 수 있다. 그러나 민주주주의의 시민 대표성을 고려한다면 의원 수는 많을수록 바람직하다 할 수 있다. 지역적, 계층적, 직업적 이해관계 등 사회구성원의 다양성이 입법에 반영되어야 하기 때문이다. 또 대표자인 의원들이 유권자인 시민의 의사를 반영함에 있어 나타날 수 있는 정보획득과 판단상의 실수를 줄이기 위해서도 의원 수는 많을수록 좋다고 할 수 있다.

의원의 선출방법

EU를 포함한 선진제국의 대표 선출방식은 크게 보아 두 가지 방식이라 할 수 있다. 다수대표제(多數代表制)와 비례대표제(比例代表制)가 그것이다. 다수대표제란, 한 국가의 대표가 선출될 수 있는 지역을 선거구로 나누고, 각 선거구에서 대표를 선출함에 있어 다수 득표자를 당선자로 정하는 선거 제도다. 절차가 복잡하지 않고 시간이 절약되는 장점이 있는 반면 다수의 의견만 채택되고 소수의 의견은 전혀 반영되지 않는 단점이 있다. 이 제도에는 절대다수대표제와 비교다수대표제가 있는데, 과반수를 득표한 사람을 당선자로 정하는 것을 절대다수대표제, 한 표라도 많이 얻은 자를 당선시키는 것을 비교다수대표제라고 한다.

반면 비례대표제는 정당의 득표율에 비례해 당선자 수를 결정하는 선거 제도다. 다수 대표제 하에서 생기는 문제를 보완하기 위해 등장한 이 제도는 특히 다수대표제의 경우 각 선거구별로 사표(死票)가 대량으로 발생하는 문제점을 해소할 수 있다는 점에서, 상대적으로 더 많은 국가에서 이를 채택하고 있다. 정당의 득표율과 의석 분포를 왜곡시키지 않고 최대한 일치시킬 수 있고 또 사회적으로 소수파에게도 의석을 보장함으로써, 유권자 의사에 보다 부합하는 제도라는 점이 인정된다. 즉, 정당제도를 다당제로 유도한다. 그러나 비례대표제를 채택하면 군소 정당의 무더기 의회 진출로 정국이 혼란해지는 경우도 발생한다.[1)]

프랑스의 정치학자 모리스 뒤베르제((Moris Duverger)의 이름을 따라 '뒤베르제의 법칙(Duverger`s Law)'이라 불리는 것은 이점을 잘 포착하고 있다. 이에 의하면 '다수대표제는 양당제를 가져 오고', '비례대표제는 다당제를 가져 온다'고 하는데, 실제 많은 국가의 정치 현실을 보면 이와 근사한 측면이 많다.

---

1) 이와 같은 경우를 방지하기 위해 이른바 '봉쇄 조항'을 설정하는 것이 일반적이다. 봉쇄조항이란 전체 유권자의 일정 비율 이상을 득표했을 경우에만 의석을 할당하는 제도이다.

의회의 의사결정: 콩도르세 승자인가?

앞의 '투표' 부분에서 살핀 바와 같이, 투표의 결과에 대한 경제학적 판단 기준은 콩도르세 승자가 의도한 바대로 의사결정이 이뤄졌는지 여부이다. 즉 의회 구성상 콩도르세 승자가 존재한다면, 입법부는 이를 찾아내어 법률화시켜야 한다는 것이다. 뒤베르제 법칙이 암시하듯, 다수대표제는 그 공산이 크고 비례대표제는 낮다.

우파와 좌파 그리고 중도를 표방하는 정당이 존재하고, 유권자는 각각에 45%, 40%, 15%의 지지를 보내고 있다고 가정하자. 또 모든 지역구의 유권자 성향도 이와 같다고 해보자. 다수대표제 방식이라면, 우파는 모든 선거구에서 승리할 것이다. 의원내각제 정부형태를 취하는 국가에서 비례대표제 방식으로 선거가 실시되었더라도 역시 우파는 정부구성을 위한 연합에서 이니셔티브를 쥐고 있다고 볼 수 있다.

이제 중도의 정당이 득표율 부진 등의 탓으로 없어지고 유권자는 우파와 좌파 두 정당에 대해서만 투표할 수 있다고 해보자. 이 상황에서 만약 과거 중도를 지지한 유권자들이 좌파에 투표한다면, 우파는 45%, 좌파는 55%를 얻을 것이다. 이때 좌파는 의회 내 모든 짝짓기 투표에서 승리할 것이므로 콩도르세 승자라 할 수 있다.

이상에서 볼 수 있는 바와 같이, 양당제에서 콩도르세 승자일 수 있는 정당이라도 세 개의 정당이 존립하는 상황이라면 그 승자가 아닐 수 있다.

유권자의 정치적 선호 표명

앞의 세 개의 정당이 존재하는 투표 상황에서 각 유권자는 자신의 정확한 선호를 투표로 나타낸다고 가정하였다. 그러나 현실의 유권자는 정치적 선호를 정확히 투표로 표출하는 것이 아니라 전략적으로 투표하는 경우도 많다. 예컨대 세 개 정당이 존재하고 다수투표제 방식으로 선거가 치러질 때, 중도당 성향의 유권자는 우파의 집권을 막기 위해 좌파에 투표할 수 있다. 또 중도당이 좌파에 편입되었다 하더라도 좌파 정부가 자신들이 원하는 정책을 시행하지 않을 경우 우파에 투표할 수도 있다. 이와 비슷하게, 비례대표제 방식으로 선거가 실시된다 하더라도 중도당 성향의 유권자들은 우파와 연합정부 구성을 막기 위해 자신의 정치성향과 다르게 좌파에 투표할 수 있다.

이른바 전략적 투표가 문제시 되는 이유는 민주국가에서 선거의 의미를 변질시킬 수도 있다는 가능성 때문이다. 즉 선거를 통해서는 시민의 정치적 선호가 무엇인지 알 수 없게 하고, 따라서 정부 정책의 입안 등도 시민의 의사와 다른 양상으로 전개될 수 있게 된다. 위의 가정적 상황을 통해 살펴본 바처럼, 시민의 전략적 투표는 양당제 보다는 다당제의 경우에 나타나기 쉽다.

정당 조직 우위인가 정당 간 협상 우선인가?

경제학적으로 보았을 때 선호가 다른 인간이 서로 협력 혹은 조정하는 방식은 규칙과 협상 두 가지이다. 이를 입법부의 활동에 적용하면, 정당 내부적으로는 계층제와 규율을 통해 구성원들 간이 차이가 조정되고, 정당들 사이에서 그것은 협상을 통해 이뤄진다 할 수 있다. 그런데 지금까지 보아온 바에 의하면, 다수대표제는 정당이라는 정치조직을 공고히 하고, 비례대표제는 많은 정당들이 등장할 수 있게 한다. 즉 다수대표제는 정치적 거래를 정당이라는 조직으로 수렴시키고, 비례대표제는 그 조직들 간 협상을 불가피한 것으로 만드는 경향이 있다. 그러므로 일반적으로는, 다수대표제는 입법부 내에서 협상보다는 정치 조직이 우선시 되도록 하고, 비례대표제는 정당 조직보다는 서로 다른 정당 간 협상을 중요한 활동으로 만든다고 할 수 있다. 다시말해, 정당 조직은 일부 유권자의 선호가 대표되지 않을 수도 있는 비용 대신 정치적 안정성을 가져올 수 있고, 많은 정당 간의 협상은 정치적 안정성이라는 비용을 지불하는 반면 시민의 선호가 보다 충분히 대표될 수 있도록 한다고 할 수 있다.

2. 집행부

입법부와 집행부 사이에서 발견할 수 있는 차이점 중 하나는, 각 주체들의 정치적 활동 범위라 할 수 있다. 특히 그 수반의 경우 한 국가의 국소적인 관심보다는 전 국가적 프로그램을 입안하려 하고 이를 위한 입법에 관심을 보인다. 집행부의 이같은 정치적 시각의 범위가 한 국가의 정치적 선호를 중앙에 위치 지우게 한다고 할 수 있을 것이다. 이는 대통령제와 달리 유권자로부터 직접 선출되지 않는 의원내각제 정부형태에 대해서도 타당하다.

국가적 프로그램을 시행할 수 있기 위해 집행부는, 비록 헌법적으로는 서로 다른 작용이 예상되고 있지만, 입법부에 어느 정도 영향력을 행사할 수 있어야 한다. 이를 경제학의 시장 유추를 통해 짚어보기로 한다.

올리버 윌리엄슨(O. Williamson, 1981)이 명백히 한 바와 같이, 기업은 시장이라는 환경에 제약을 받고 있는 계층제의 조직이라 할 수 있다. 규모가 작은 기업은 보다 작은 계층제여도 되지만 보다 많은 시장을 필요로 한다. 반면 규모가 큰 기업은 작은 시장이어도 되지만 보다 많은 계층제를 필요로 한다. 계층제 조직의 구성원들은 특히 그들을 질서지우는 규칙을 통해 상호작용하지만, 시장 참여자로서 기업은 특히 협상을 통해 서로를 조정한다.

입법부는 시장, 정당은 기업과 유사하다고 할 수 있는 측면이 있다. 규율이 잘 잡혀진 정당은 그 구성원들을 규칙을 통해 상호작용하도록 하고 있는 반면, 정당이 다른 입법부 의원들은 협상을 통해 상호작용하는 것으로 볼 수 있기 때문이다. 그러므로 규모가 큰 정당은 많은 규칙을 필요로 할 것이지만 정당 간 협상의 여지는 작다고 할 수 있다. 반면 규모가 작은 정당은 내부 규칙은 적은 반면 정당 간 협상은 많다고 할 수 있다.

시장에서와 유사하게 원칙적으로는, 입법부 내에서의 협상은 정당 조직의 수가 적을수록 성공할 공산이 높을 것이다. 그러나 정치 현실을 보면, 조직화되지 않는 의회라 하더라도 다음과 같은 이유로 협상은 쉽게 실패로 귀결될 수 있다. 첫째, 이미 본 바와 같이 한 의원의 투표 가치는 다른 의원들이 어떻게 투표하느냐와 밀접하게 관련되어 있는 것이어서, 이러한 외부성이 투표거래에 혼란을 가져올 수 있다. 둘째, 대부분의 입법부는 많은 수의 구성원이 있게 마련이어서 의원 각자가 협상을 진행한다는 것은 일정한 한계에 직면하지 않을 수 없다. 셋째, 의원들은 자신들의 투표 내용이 기록되고 이것이 유권자에게 부정적 영향을 미칠 수 있으므로 협상으로 나가기 위한 투표거래 자체를 주저

할 수 있다는 점이다.

입법 활동을 위한 정당이 조직되고 또 정당이 내부적으로 강력한 규율을 갖는 이유는 이러한 어려움들을 극복하기 위한 것이라 할 수 있다. 그러나 더 현실적일 수 있는 것은, 우리나라의 짧은 민주주의 역사에서 찾을 수 있는 바와 같이, 입법의 결과물이 어떻게 실행으로 옮겨지는 지가 더 중요하므로 집행부의 영향으로 정당의 구조나 규율을 달라진다고 할 수 있다. 흔히 들을 수 있듯, 강력한 집행부는 협상이 아닌 규율에 의존하는 것이고, 그 반대는 약한 정부일 수 있는 것이다.

이러한 집행부의 힘은 의원을 어떻게 보상하고 응징할 수 있느냐에 달려있는 것이라 볼 수 있다. 의회의 다수당 혹은 다수인 연합과 집행부가 일치하는 의원내각제의 경우 이는 쉽게 설명될 수 있다. 입각(入閣)을 원하는 의원과 이에 대한 권한을 갖는 정당의 지도부는 집행부의 수반이거나 주요 구성원이기 때문이다.

의원내각제와 달리 유권자의 직접선거를 통해 집행부가 구성되는 대통령제의 경우, 그의 입법부 의원들에 대한 영향력은 행정부 내의 관료를 통제할 수 있는 권한으로부터 나온다. 즉 재선을 제1목표로 삼는 의원은 정부 관료들이 자신의 유권자가 선호하는 정책이 실행되기를 원하는데, 대통령은 행정부 공무원들의 이를 통제할 수 있기 때문이다.

집행부의 역량? 민주성? 예산과정을 보라

어떤 민주주의를 표방하건 간에, 집행부가 실제 어떤 과정을 통해 이를 구현하고 있다고 볼 수 있는지를 알기란 대단히 어렵다. 집행부의 수반인 대통령이나 수상, 그 외 선출직 공무원의 행태와 직접 경험할 수 있는 행정 관료들의 행태는 너무 많은 차이를 보이고 있기 때문이다. 그래서 집행부의 역량이나 민주성을 검토하려는 많은 시도는 그 과정을 그나마 쉽게 분석할 수 있는 예산과정에 초점을 두고 있다.

의원들이 제정하는 많은 법률은 그 집행에 있어 비용을 수반하는 것들이다. 그런데 이에 소요되는 비용에 관해서 법률은 특별히 언급하지 않는 경우가 대부분인데, 헌법은 입법과 재정원칙으로 집행예산은 조세를 통해 조달하도록 하고 있기 때문이다. 여기에 거의 모든 민주주의 국가가 직면할 수밖에 없는 예산과정의 교묘함이 있다.

의원들은 공공재 등에 관한 유권자의 선호에 반응해야 한다는 것은 민주주의 원칙에서 보았을 때 당연하다. 시민의 요구에 대한 반응이란 점에서 입법부는 예산편성에서 각 항목의 가치를 충분히 고려할 것이 요구된다. 그러나 이것이 조세 형태로 조달되어야 하는 정부 재원 내에서 이뤄질 수 있을까? 이른바 재정건전성이라는 요구와 시민에의 반응성이라는 또 다른 요구가 쉽게 상충될 수 있음을 알 수 있다.

각 국가별로 다양한 형태를 띠는 예산과정은 바로 상충되기 쉬운 두 가지 요구를 어떻게 해결할 것인가의 차이로 이해할 수 있다. 먼저 재정건전성을 우선시 할 수 있다. 이를 위해서는 조세 범위 내에서 예산이 편성될 수 있도록 강제하는 집권화된 예산과정이 적합할 수 있다. 강력한 정당규율을 갖는 의원내각제 국가(대표적으로 영국)에서 볼 수 있는 바와 같이, 예산 담당 부서는 수상의 최측근이거나 정당 수뇌부가 담당하고 있다.

그러나 대응성이라는 다른 요구가 우선시 되고 있다고 봐야 되는 경우도 있다. 의회의 각 상임위원회가 지출관련 법안에 이

니셔티브를 갖는 미국이 여기에 해당한다고 할 수 있다. 예컨대 금융관련 산업이 발달한 뉴욕 출신 의원은 해당 위원회에 배치되고 이 산업에 유리한 지출 법안을 상정하고 통과하려 할 것이다. 비록 추후에 세출위원회(Appropriation Committee)의 총괄적 조정이 이뤄진다 하더라도 미국의 이러한 제도는 영국의 것과 비교했을 때, 재정건전성의 요구는 후퇴하기 쉬운 것이라 할 수 있다.

재정 헌법(fiscal constitution)은 해결책일까?

미국과 같은 이른바 분권화된 예산과정은 재정적자가 만연될 소지가 있다. 위 뉴욕 주의 예에서가 통용될 수 있는 것이라면, 소수만이 정부지출로부터 이익을 얻는 경우가 비일비재 할 것이고 또 그들은 이를 위해 로비스트 등을 고용하여 자신의 이익을 위한 비용을 일반 납세자에게 전가하려는, 경제학적으로는 합리적인 태도를 유지하려 할 것이기 때문이다.

재정헌법이란, 직접 헌법에서 예산과정에 제약을 두어, 재정적자가 일어날 가능성을 구조적으로 차단하자는 논의를 총괄한다. 예컨대 니스카넨(1992)은, 공적 부채의 한도를 상향 조정할 경우 또 세금 신설이나 증세의 경우에도 상하 양원 의원 각각 2/3의 동의가 있어야 가능하도록 하는 내용을 헌법 개정을 통해 두자고 제안한다. 또 의회 의원들의 지역구 챙기기 예산(pork-barrel project)을 차단하기 위해 의원들에게도 연임제한 규정을 도입해야 한다는 주장도 있다(Elhauge, 1997).

이것은 의원들의 행동동기를 전적으로 그들의 이기심 즉, 재선으로 보고 이 탓에 재정적자가 만연한다는 가정에 근거한 것으로 볼 수 있다. 그러나 그들이 진정 그러하다면, 그러한 헌법이 통과된다 하더라도 의원들은 헌법도 그들의 요구에 맞게 갖은 수단을 동원하여 순응하는 척 할 것이라는 점을 예상할 수 있다. 또 의원에게 연임제한을 두려하는 것에 대해서는, 의회 경험이 많을수록 예산과정을 잘 통제할 수 있을 것이라는 점도 예상할 수 있는 것이어서, 부분적으로만 타당한 것이라 할 수 있을 것이다.

정치적 경기순환 모형

정치와 경제는 특히 선거를 앞둔 시점이면, 더욱 밀접한 관계를 형성할 수 있다. 정치인들의 공약에서 쉽게 확인할 수 있듯이, 그 시점의 경제상황은 선거결과에 주요한 영향을 미칠 수 있기 때문에, 집권당은 선거에 앞서서 통화 또는 재정정책을 이용하여 경제상황을 집권당에게 유리한 상황으로 만들려고 시도할 수 있다. 이와 같은 정치·경제적 상황을 분석하는 경우를 '정치적 경기순환(Political Business Cycle)'모형이라고 한다. 정치적 경기순환과 관련된 많은 가설들이 제시되었는데 이 중에서 전통적인 정치적 경기순환 가설은 윌리엄 노드하우스(W. Nordhaus, 1975)의 연구가 가장 많이 소개되고 있다.[2)]

그는 거시경제적 변수인 물가와 실업률간의 관계를 나타내는 필립스(Phillips) 곡선에 초점을 맞추었다. 필립스 곡선에 따르면,

2) 새뮤얼슨의 불세출의 걸작 『경제학』에 1985년의 12판부터 공저자로 이름을 올렸고, 기후변화와 경제성장과의 관련성 연구로 2018년 노벨 경제학상을 수상한 인물이다.

정부는 단기적 적응기간을 제외하고서는 저물가와 완전고용이라는 두 가지의 이상적인 정책목표를 동시에 달성할 수 없는 제약적인 상황에 처해 있다. 그런데 두 가지 경제적 지표의 다양한 조합 중 정부가 선거 직전에 가장 많은 대중적 지지를 받을 수 있는 조합이 나타나도록 경제정책을 조정한다는 것이 노드하우스 가설의 요체이다.

정치적 경기순환 이론은 크게 다음과 같은 세 가지 가정에 기초에 있다. 우선 정책결정자가 GDP 또는 실업률과 인플레이션 중 어느 경제정책 목표에 더 많은 가중치를 부여하는가에 관한 문제, 둘째 인플레이션과 경제활동간의 관계로서 즉 이용가능한 필립스 곡선에 대한 문제, 셋째 투표자들이 미래의 인플레이션을 예상할 때 어떠한 기대(expectation)를 사용하는가에 대한 문제이다. 이 세 가지 가정 중 어떠한 것을 채택하느냐에 따라 정치적 경기순환 이론은 기회주의적 모형(Opportunistic model), 정파적 모형(Partisan model), 합리적 정파적 모형(Rational Partisan model), 합리적 기회주의적 모형(Rational Partisan model) 등으로 구분된다(김충환·원동철, 2001).

이것이 전달하려는 메시지는 분명하다. 선거에 출마하는 정치인들은 인플레이션과 실업의 단기적 상충관계(trade-off)를 이용해 선거시기에 성장과 고용을 급상승 시키려 하는데, 이것은 장기적으로 보면 경제성장을 축소시키고 실업도 증가시킨다는 것이다.

이것이 정치적 경기순환 모형으로 널리 알려진 것이지만, 이 모형의 최초의 아이디어와는 다르다. 노드하우스도 소개하는 최초의 것은 케인스류 경제학 진영이 제시한 것이었는데 이에 의하면, 한 사회의 높은 실업률을 선호하는 산업계의 정부 고용정책에 대한 반감이 정치적 경기순환의 원인이다. 즉 노동자들의 고용주인 산업계는 사회의 지속적인 완전고용은 임금 인상과 무급노동을 피할 수 있는 노동조합의 교섭력을 증가시키고 이는 자신들의 수익을 떨어뜨리는 것이기 때문에, 이들은 자본가들과 연대하여 선거 국면을 통제하려 하고, 이를 통해 자신들에게 유리한 정부를 구성하려 한다는 것이다(Kalecki, [1943]1971). 노드하우스의 위 논문은 이를 겨냥하는 것이기도 하다(Nodhaus, 1975: 182).

3. 입법부와 집행부 간 권력분립의 결과

이미 언급한 바와 같이, 강한 정당 규율을 갖는 의원내각제의 수상은 집행부 수반으로서 자신이 속한 정당을 통해 의회에 영향을 미친다. 이는 정당 간 연합을 통해 정부를 구성한 경우라도 비록 강도는 약할 수 있지만 마찬가지라 할 수 있다. 반면 대통령제 정부형태에서는 의회의 정당 지도자가 집행부의 일원이 아니고 경우에 따라서는 대통령의 소속 정당과 다를 수 있다. 이는 대통령이 국가적 프로그램의 입안에 있어 의회와 협상이 필요로 함을 의미한다. 예를 들면, 영국의 수상은 국가적 프로그램을 담은 입법을 위한 지침을 의회에 하달할 수 있는 반면, 미국의 대통령은 의회와 협의를 하여야 한다.

간단한 이 사실은 한 국가의 정치과정에 대한 중요한 함축을 담고 있다. 대통령제와 같은 권력분립은 입법의 거래비용을 높인다고 할 수 있는데, 이는 로비스트 등을 고용해 특수한 이익을 국가로부터 획득하려는 이익집단에게 불리한 요소로 작용할 수 있다. 입법부와 집행부의 엄격한 분립은 입법이라는 공급곡선을 위로 이동시킴으로써 총 입법비용을 증대시킨다. 물론 경제학의 소비자이론에서는 공급곡선이 상방 이동한다 하여 당연히 비용 증대가 수반되는 것은 아니다. 곡선의 탄력성 여하에 달려 있는데, 이 경우는 특수이익집단에게만 유리한 입법이라는 점에서 비탄력적인 것으로 예상할 수 있고, 따라서 입법부와 집행부 간의 분립 경향이 강할수록 특수이익집단을 위한 입법비용은 증가할 것이라 할 수 있다.

이러한 사실은 입법부 의원 선출을 위한 선거와 대통령 선출을 위한 선거가 별개로 실시되는 대통령제 국가의 관행을 고려할 때, 대통령제 정부형태에서는 선거의 의미가 퇴색될 수 있다는 점을 시사한다. 만약 정당의 정강이나 후보자의 공약 등을 유권자의 중요한 투표 동기로 받아들인다면, 어느 한 시점에서의 선거 승리는 말 그대로 국민의 선택이라 할 수 있다. 그러나 정치의 실제에서 자주 관찰할 수 있듯이, 대통령의 소속정당과 입법부의 다수당은 다른 경우도 많다. 이를 의회의 다수결 원칙과 대통령제 국가의 고유한 거부권(拒否權)을 고려하면, 선거에서 승리했다 하더라도 이를 입법을 통한 국가정책으로 구체화할 수 없는 경우도 많다는 것을 알 수 있다. 그러므로 대통령제의 정부형태는 의원내각제 정부에 비하여 현상 유지적인 보수적 성향을 띠기 쉽다고 할 수 있다.

4. 사법부

주류 경제학자들은 인간의 행동동기를 이기심으로 수렴시켜 애덤 스미스의 보이지 않는 손의 조정을 통해 공적 영역에서도 물질적 자기이익의 추구가 공익의 구현으로 나타날 수 있는가를 분석하고자 한다. 혹자는 헌법의 설계에는 이 같은 사고가 최악의 결과를 피할 수 있는 방편이라고 한다. 그러나 법관과 관련해서는 이러한 도식에 한계가 있음을 앞에서 보았다.[3] 그래서 법관이 담당하는 사건은 법관 자신의 권력이나 부와는 관련이 없다고 보는 것이 일반적이다. 오히려 법관은 정치적 경제적 영향으로부터 중립적일 수 있도록 독립성이 헌법적으로 보장되고 있다. 이를 경제학적으로 어떻게 규명할 수 있을까?

법관의 독립성은 시장 영역에서나 공적 영역에서 공히, 거래를 활성화시킨다고 할 수 있다. 이는 협상의 당사자들이 미리, 모든 법적인 문제를 감안하고서야 합의에 이를 수 없다는 점을 감안하면 이해될 수 있다. 곧 앞으로 생길 수 있는 미래에 관한 정보라는 점과 이를 위한 시간상의 제약은 자기 이익을 위한 거래라 하더라도 쉽게 한계로 작용할 수 있는 것이다. 이는 입법의 경우에도 마찬가지인데, 법률의 내용에 관해 법적 분쟁의 소지를 없애고서야 협상을 통한 합의가 가능하다면 이에 대한 거래비용은 지나치게 높을 수 있다. 분쟁의 어느 일방에 치우치지 않는 불편부당한 법관이 있다면, 즉 독립된 법관이라면 사적 공적 거래를 활성화 시킬 수 있을 것이다.

이로부터 법률이나 계약의 제 1 해석원칙으로 이른바 문리해석(文理解釋)의 원칙을 도출할 수 있다. 법관의 독립성이 거래를 활성화시키기 위한 것이라면, 법관은 계약이나 법률에 쓰인 문구 그대로 해석해야 한다. 다시 말해 시장에서의 거래이든 입법

3) 물론 법관의 경우에도 일관코자 하는 경우가 있음도 앞에서 보았다.

부에서의 정치적 대화와 타협이든 간에, 협상은 사법부가 준수해야 하는 지도 원리로 작용하고 있는 것이다. 이점은 법률의 경우, 분쟁의 대상인 법률이 협상과정 없이 단순한 과반수 표결로 통과된 것일 때(이른바 날치기 입법), 그 해석지침은 달라야 하는 것임을 시사한다. 이 경우 법원의 해석은 법률의 문구 그 자체에 더욱 구속되어야 할 것이다

제8장
중앙정부와 지방정부의 관계

사적 영역을 시장과 계층제의 기업 조직이라는 개념으로 분석하는 것처럼, 공적 영역도 중앙과 지방이라는 정부와 계층제 조직이라는 개념으로 구상해 볼 수 있다. 즉 기업을 시장에 제약된 계층 조직이라 한다면, 민주주의 정체에서 시민은 선거를 통해 정부를 선택한다고 할 수 있으므로 민주적 국가는 선거에 의해 제약된 계층 조직이라 할 수 있을 것이다. 기업과 같이, 중앙정부에 집권화된 국가는 보다 적은 수의 정부와 많은 계층 조직을 필요로 한 반면, 분권화된 국가는 많은 정부와 보다 작은 계층제 조직을 필요로 한다. 예컨대, 중앙정부의 국회는 교육을 담당하는 부서로 하여금 지방의 학교에 관한 업무도 담당하도록 할 수 있지만(큰 계층조직, 적은 수의 지방정부), 지방에서 선출된 지방정부도 학교에 관한 관할 구역의 업무를 수행할 수 있다(작은 계층 조직, 많은 지방정부). 집권화와 분권화의 상대적 능률성은 계층 조직과 선거의 능률성 여하에 달려 있다고 볼 수 있다. 즉 행정조직 계층제의 높이와 중앙 지방정부의 적정한 수는 같은 문제인 것으로 볼 수 있다.

공공재의 공급과 관련한 중앙과 지방정부 간의 관계는 정부 간의 협상이라는 개념으로 접근할 수 있다. 만약 이에 관한 비용이 적어 정치적 협상이 성공할 수 있다면, 중앙과 지방의 정부는 공공재의 적정한 양 공급에 있어 협력할 수 있을 것이다. 그러나 정치 현실을 보면 이 협상에는 많은 비용이 소요되고 때문에 실패하는 경우가 많다. 공공재의 성질을 분석하면서 이를 살펴보기로 한다.

1. 공공재의 특성과 전통적 처방

국가는 어떤 재화나 서비스에 대해서는 직접 공급하기도 하고 또 다른 유형의 재화는 그 공급자를 규제하기도 한다. 이러한 재화들의 특성은 시장실패로 널리 알려져 있고, 또 경제학적으로 이같은 재화의 공급과 규제를 위해 정부 존재의 정당성은 인정되고 있다. 다음의 표는 경제학의 원론적 교재에서 쉽게 접할 수 있는 전통적인 것이라 할 수 있다.

공공재의 유형(1)과 공급 주체

재화 유형	특 성	시장실패 이유	실패의 치유: 관할
순수 공공재	비경합성, 비배제성	개인들의 무임승차	중앙정부
지방 공공재	혼잡 가능	지역적 혼잡	지방정부
파급재 (일출재)	외부성	지방정부의 무임승차	특별 구역의 설정

순수공공재란 국방, 외교, 경찰 등과 같이 한 사회의 경제 전체적으로 공급되는 유형을 가리킨다. 반변 지방공공재(혼잡가능 공공재)는 도로, 소방, 상하수도, 문화복지시설, 소규모의 공원

등의 경우처럼 각 지방의 상황에 따라 달리 공급될 수 있는 유형을 일컫는다. 또 파급재(일출재, spillovers)라 불리는 유형도 있는데, 이는 어떤 공공재가 여러 지방정부에 걸치는 경우이고 그 예는 지방의 경계에 따라 다양하게 나타날 수 있다. 전통적으로 순순 공공재는 중앙정부가, 나머지는 지방정부가 공급을 담당하는 것으로 간주되어 왔다.

2. 정부 간 협상에 따른 공공재의 공급

서로 다른 정부에 공공재의 공급 권한을 할당하는 위의 전통적 처방은 매우 간결한 것이면서 일응 타당한 것으로 보인다. 그러므로 여기에 정부 간 정치적 협상이 개입할 여지는 없어 보인다. 그러나 코스 정리는 실제 공공재 공급과 관련해서 나타나는 정부 간 정치적 협상을 포착하게 할 수 있게 할 뿐만 아니라 오히려 이것이, 특히 파급재의 경우에 분명한 것과 같이, 능률적 결과도 도출할 수 있음을 말하고 있다. 정부 간 관계에 이 정리를 적용할 경우 공공재와 관련해서 늘 등장하는 문제인 과대공급이나 과소공급 문제를 해결할 단초도 얻을 수 있다. 예컨대 지방정부들이 협상을 통해 공급관할을 결정할 수 있다면, 중앙정부가 굳이 파급재적 성질을 갖는 공공재 공급을 담당할 필요는 없다는 결론을 얻을 수 있다.

여기서 유용한 개념은 공공재의 내부성과 외부성이라는 것인데, 이에 따라 일반적으로 알려진 공공재를 다시 유형화 할 수 있다. 내부성이란 행위자에게만 비용이나 이익이 귀속되는 것을, 외부성이란 행위자 이외에게도 이것이 귀속되는 것을 말한다.

여기서는 정부 간 관계를 다루므로 다시, 내부성은 해당 관할 정부의 주민에게만 그 효과가 귀속되는 것으로, 외부성은 그 외의 주민에게도 지방정부 행위의 효과가 미치는 것임을 나타낸다고 하자. 또 긍정적이란 이익을, 부정적이란 손해 혹은 비용이 보다 많이 수반되는 것임을 의미한다고 하자. 그러면 공공재의 공급과 관련해서 각 지방정부는 비용부담은 꺼리고 이익만을 누리려 할 것이므로, 그 공급 수준은 다음의 표를 통해 나타낼 수 있다.

공공재의 유형(2)

		외 부 성	
		긍정적	부정적
내 부 성	긍정적	A: 과소 공급	B: 과대 공급
	부정적	C: 과소 공급	D: 과대 공급

범례

A: 특정 지방정부의 연구소에 의한 시설설비 표준 개발.

B: 여러 정부를 통과하는 강에서 상류의 지방정부가 수돗물을 채취하는 경우.

C: 해당 지방정부 연안에 부두는 없으나 법률에 따라 등대를 설치해야 하는 경우.

D: 여러 정부를 통과하는 강에서 특정 지방정부가 수돗물을 채취하기 위해 수류를 제한하나 양식어민에게는 피해가 될 수 있는 경우(다른 지역의 양식어민은 보다 적게 고려할 것이다.)

위 표에서 분명한 바와 같이 이른바 '파급효과(spillover effect)'를 갖는 공공재는 과소공급되거나 과대공급되는 비능률성의 결과를 초래하기 쉽다. 여기서 정부 '공급'은 직접 해당 공공재를 직접 생산하거나 사적 생산자의 활동에 규제를 가한다는 것을 의미한다. 이러한 비능률이 있을 때 특정 구제책은 원칙적으로 보아 모두에게 이익이 된다. 그런데 어떠한 방식을 최선이라 할 수 있을까? 이에 대해서는 일률적으로 말할 수 없고, 해당 공공재의 특성에서 연유하는 생산자의 동기를 고려해야 한다.

A에서와 같이, 모두에게 이익인 공공재는 정부 개입의 여지가 미미하거나 아예 없을 수 있다. 당사자들의 조정만으로 충분히 해결될 수 있기 때문이다. 이외의 경우는 조정을 넘어 당사자들의 협력이 필요한 상황이라 할 수 있다. 이를 위해 특정한 조직을 별도로 두거나 이도 여의치 않을 경우 강제가 필요할 수 있다.

조정만으로 해결이 가능한 경우

특정 지방정부의 연구소에 의한 시설설비 표준 개발이 예가 될 수 있는 A 상황의 특징은, 공공재 공급과 관련한 당사자의 이해가 완벽히 수렴하고 있다는 점이다. 그러므로 이때에는 각 행위자들이 충분히 필요한 정보를 갖고 있다면, 최선의 결과를 위한 합의를 도출해낼 수 있다. 행위자 모두에게 내부성을 증가시키는 것, 즉 이익이 되는 상황이기 때문이다. 다시 말해 이 상황에서는 정보만이 행위자들의 협력에 장애로 작용한다.

정보가 행위자들의 협력에 장애가 될 수 있다는 것은, 협력게임에서 균형이 복수로 존재하는데 당사자들의 합의로는 모두에게 최선인 해를 도출해 내지 못할 수도 있다는 것이다. 예컨대 개인용 컴퓨터 사용자들이 동일한 운영체제를 탑재하고 있다면 이로부터 얻을 수 있는 이점은 많을 것이다. 그러나 그러기 위해서는 일부 사용자들의 기술적 문제나 프로그램 교체 문제 등이 해결되어야 한다. 전문적 사항에 관한 지식이 요구되는 이 경우에 당사자들 간의 합의만으로는, 비록 과거보다는 이익이 되는 상황이라 하더라도 모두에게 최선인 것인 아니라 할 수 있다. 이 점에서 합의 당사자에게 필요한 정보 제공을 위한 별도의 조치가 필요하다 할 수 있다.

이처럼 당사자 모두에게 이익이 되는 합의가 가능하지만 그 가능성이 복수인 경우, 이들에게 필요한 정보를 제공하기 위해 공적 혹은 사적인 조직을 별도로 둘 수 있을 것이다. 무역 시장에서 생산품의 국제적 규격을 마련하기 위해 기업이나 국가가 간혹 모임을 갖고 이에 관해 의견을 교환하거나 나아가 합의하기도 하는 경우는 이의 좋은 예가 된다.

협력의 도출과 강제

많은 공공재는 이에 관한 정부 간의 이해가 서로 다르다. 때문에 생산자의 입장에서 보아 부정적 외부성을 수반하는 공공재는 과대공급되기 쉬우며 긍정적 외부성을 수반하는 공공재는 과소공급되기 쉽다. 이 상황은 앞의 경우와 다르게, 당사자의 이해관계가 수렴되지 못하는 경우여서 조정만으로는 이의 해결이 어렵고 당사자들의 협력이 요구된다 할 수 있다. 이처럼 서로 다른 행위자들 간 협력이 요구되는 상황에서 그들은 협상을 해야만 할 것이다. 협상으로 상대방의 협력을 확보할 수 있는 경우 당사자 모두에게 이익이라는 의미에서 생산적이라 하고, 협상으로 일방의 이익만 보장되는 경우 애초 보유한 당사자들의 부(富)의 총합에는 변화가 없다는 점에서 재분배적이라 한다. 협상에는 이러한 재분배적 결과의 가능성이 장애로 작용한다고 볼 수 있는데, 이기적인 행위자를 전제하는 한 그동안 보아 온 바처럼, 협력은 요원해 보인다.

협상은 또 그 과정에 비용을 수반한다. 정부 간 협상에서 이러한 거래비용과 협상 상대방에 대한 우월한 영향력은 어떠한 방식으로 합의를 도출할 것인지, 즉 만장일치인가 다수결에 의한 결정인가에 따라 다르다. 그런데 만장일치와 달리 다수결 원칙은 자발적 협력이 아닌 강제적 성격을 띠는 것이어서, 한 사람이라도 동의하지 않는 집합적 선택은 그러므로 강제적인 것이라 할 수 있다. 그러나 강제적 수단이라 하더라도 무임승차 등의 문제를 해결하기 위해서는 불가피한 경우가 있다 할 수 있다. 중앙정부를 포함하는 정부 간 관계를 묘사하기 위해 등장하는 '집권적' '분권적'이라는 개념은 이를 통해 나타낼 수 있다. 순수한 분권형의 정부 간 관계는 만장일치로 의사결정이 이뤄지는 정치체제를, 순수한 집권형의 정부 간 관계는 다수결만으로 의사결정이 이뤄지는 경우라 할 수 있다.

만장일치를 통한 협상이 가장 이상적인 것임은 부정할 수 없다. 그러나 협상의 상대방이 많아질수록 혹은 조직의 규모가 커질수록 이 요구는 협상 자체를 마비시켜 버릴 수 있다. 그러므로 다수결 원칙이 등장하게 되는데, 이점에서 보면 다수결 원칙은 협상을 원활하게 하는 촉매제라 할 수 있을 것이다. 하지만 어느 것을 따르든 협상을 통한 집합적 선택에는 당사자들이 쉽게 해결할 수 없는 한계가 있다. 간단한 예를 통해 확인해 보기로 한다.

다섯 개의 지방정부가 경계로 맞물려 있는 호수를 수영이 가능한 휴양단지로 개발하기로 한다고 하자. 이를 위해서는 호수로 오염물이 유입되지 않도록 모든 지방정부는 조치를 취해야 할 것이다. 이 상황에서 오염방지 시설 등을 위한 비용합의를 할 때 4개 정부 간의 합의는 거의 의미가 없을 것이기 때문이다. 반대로 4 정부 간 합의 이후 마지막으로 협상에 임하는 정부는, 4개 정부 간의 협상 결과의 가치를 극적으로 변환시키는 역할을 할 수 있다는 점에서, 비용 부담상 등의 이익을 누릴 수 있을 것이다. 이것이 의미하는 바는 만장일치의 의사결정 방식 아래에서는 어떤 정부든지 마지막으로 협상에 임하려 할 것이어서, 그 합의 도출은 요원하게 될 것이라는 점이다.

그래서 이의 한계를 극복하기 위해 다수결 방식으로 비용부담 등을 결정하기로 한다고 하자. 그러나 여기에는 또 다른 문제가 있다. 5개 정부 각각은 다수 연합을 이루기 위한 노력을 경주할 것인데 이는, 앞서 본 바 있는, 민주주의의 공핵 상황으로 나아갈 수 있다는 점이다. 이때 각 정부는 협력하여 생산적인 결과를 도출하기 보다는, 자기의 부담을 다른 정부에 미루는 지대추구 상황으로 치달으려 할 것이다. 이를 확대하여 협상에 있어서의 영향력이라는 관점에서 보면, 만장일치 결정에서 다수결 원칙으로의 전환은, 집합적 행동이 가장 필요치 않는 당사자부터 다수 연합을 형성한 당사자에게로 지대가 전환되게 한다고 할 수 있다.

3. 중앙과 지방 간의 경쟁

민주적 정부라 하더라고 시민의 정치적 선호가 충족되는 것은 아닌 것이라고 불평하는 경우를 많이 본다. 또 이에 대해서는 공적 영역에서의 정치적 경쟁의 부족이 그 이유임을 지적하는 경우도 보게 된다. 이와 관련하여 지금까지는, 민주적 정치체제란 정부라는 독점 권력을 차지하기 위한 정당 혹은 후보자 간의 경쟁이라는 관점에서 주로 논의해 왔는데, 여기에 새로운 정치적 경쟁요소를 추가할 수 있다. 그것은 정당이나 선거 입후보자의 경쟁에서처럼 경쟁의 목표가 공직을 획득하기 위한 것이라는 점과는 다르게, 정부라 지칭할 만한 정치체제가 시민을 혹은 기업을 유인하기 위한 경쟁이라 할 수 있는 것이다. 여태까지 대부분의 민주주의 정치체제는 이와 같은 '정부 간'의 경쟁에 대해서는 무지하거나 소극적이었다 할 수 있다. 그러나 만일 이것이 가능하도록 하는 제도가 설정된다면, 시민이나 기업을 유인하기 위한 정부 간의 경쟁은 정치인의 선호가 시민의 정치적 선호에 보다 일치되도록 할 수 있다는 점에서 민주주의의 전진이라 할 수 있을 것이다.

티부(Tiebout) 정리

사람의 선호란 다른 것이어서 공공재에 대한 그것도 다른 경우가 많을 것이다. 예를 들면, 어떤 이는 안전한 도로보다 공원에 보다 많은 가치를 부여한 반면 다른 이는 반대일 수 있다. 그러나 공공재는 한 지역의 모든 사람에게 공급되는 특징을 갖는 것이어서 시민의 선호가 충족되는 정도를 고려한다면 일반적으로 비능률적인 것이라 할 수 있다.

이와는 반대로 자신이 선호하는 공공재의 공급에 보다 많은 자원을 배분하는 곳으로 이동할 수 있도록 한다면, 보다 능률적인 공공재 공급이라 할 수 있다. 여기서 정부 간 경계를 넘나드는 시민의 자유로운 이동성은 자원의 능률적 배분을 가능하게 함을 알 수 있다(이른바 생산과정의 능률성). 또 이 가능성은 더 나아가서, 주민의 지역적 균형을 어느 누구도 다른 지역으로 이동하기를 원하지 않는 상태로 정의한다면, 파레토적인 의미에서도 능률적이라 할 수 있다. 이 상황에서는 주민의 새로운 지역에서의 거주가 다른 사람의 만족을 감소함이 없이 어느 누구의 만족 증가도 가져오지 않는 상태일 것이기 때문이다.

이를 최초로 정식화했던 학자의 이름을 따 '티부 정리(Tiebout theorem)'라 불리는 이것은, 공공재 공급에 관한 전통적 처방, 즉 공공재는 수요자의 선호와 관계없이 정치적으로 공급된다는 원리에 배치되는 것이면서, 시민 선호의 충족이라는 민주주의 요청에 부합하는 측면이 있다. 만약 이것이 한 국가 사회에서 받아들일 수 있을 만한 가치라 한다면, 무엇보다 시민의 자유로운 이동권을 보장하는 것과, 공공재에 관한 시민의 선호를 반영할 수 있는 차별화된 구역의 설정이 필요하다 할 것이다. 이러한 조건이 충족된다면 시민은 자신이 선호하는 공공서비스를 찾아 정부를 선택하는, 이른바 '발로하는 투표(foot voting or voting with feet)'권을 행사하는 것이고, 상이한 정부는 재원의 원천인 시민을 유치하기 위해 또 이들이 떠나지 않도록 하기 위해 보다 양질의 공공서비스 공급을 위한 경쟁의 상황에 처한다고 할 수 있다.

동성혼이 인정되는 국가 혹은 주를 찾아 이주하는 사례에서 보는 바와 같이, 티부 정리는 인간의 자유를 한 국가공동체의 구성원에 대해서는 획일적으로 보장하고 규율하려는 그동안의 정치원리를 급진적으로 변화시키는 측면이 있다. 또 이는 근대 자연권논자들이 가정적으로만 구상하였던 계약에 의한 국가·정부를 현실적으로 가능하게 하는 것이라 할 수 있다. 그러나 이처럼 국가적 혹은 지방적 차원의 정부 선택권을 통해 구현코자 하는 지역적 동질적 시민이라는 자유의 확대는 궁극적으로 세계 내의 하나의 헌법 혹은 모든 국가의 동일한 헌법이라야 가능할 것이라는 한계가 있다.

그러나 굳이 티부 정리를 떠올리지 않더라도 헌법상의 기본권 논리에 따르면 같은 결론을 얻을 수 있다. 재산권을 누리는 행위 주체들은 역시 헌법적으로 보장된 거주이전의 자유와 직업의 자유 등을 누리기 위해서 자신들에게 보다 유리한 지역을 선택할 수 있기 때문이다. 그러므로 예컨대 담세능력이 충분한 부자들이 한 지방정부에 모여 살수 있다면 그들은 기존에 비해 보다 적은 세금을 부담하면서 보다 양질의 공공서비스를 공급받을 수 있을 것이다. 또 기업들도 세제상의 혜택 등이 유리한 국가나 지방을 찾아 자유롭게 이동할 수 있다면, 보다 많은 이윤을 창출할 수 있을 것이다. 때문에 이른바 부촌이나 자유기업지대, 혹은 익명이 보장되는 은행을 찾아 이동하는 경우가 있기는 하다. 그런데 이러한 현상들을 일반적인 것이라 할 수 있을까? 그러한 사례들이 있다 하더라도 이를 정리의 수준으로 논의하는 것은 뭔가 어색한 측면이 있다.

오히려 산업화를 경험한 국가들에서 관찰되는 공통된 현상은 어느 지역의 낙후된 환경 등을 각 단계의 정부가 문제시하고 이를 해결하려 한다는 점이다. 거시적 수준에서 보면, 우리나라의 '국가균형발전 계획'은 그 예이고, 정부활동의 규모가 이에 미치지 못한다 하더라도 도시정부 수준에서의 크고 작은 도시재생사업은 산업화의 진전, 소위 1, 2, 3차 산업으로의 고도화를 거친 지역에서는 나타나 왔던 현상이었다. 꼭 티부 정리를 이행하려는 것은 아니었다는 얘기다.

제3부 공공행정과 정책

제9장 행정부와 공무원 조직

제10장 공공정책과정

제11장 국정운영에 관한 합리적선택이론의 제언

제9장

행정부와 공무원 조직

공무원으로 구성된 정부 조직에 대해 묘사하는 내용은 크게 두 부류의 시각으로 정리해 볼 수 있다. 하나는 관료(제)를 서구 근대화(혹은 합리화)의 원동력으로 보았던 베버(M. Weber)의 관점으로 요약될 수 있고, 다른 하나는 행정부의 관료를 비능률의 전형으로 보는 파킨스(C. Parkinson)의 시각 즉, '파킨슨의 법칙(Parkinson`s Law)'이라 알려진 것으로 바라볼 수 있다.

베버는 그의 독특한 이념형(ideal type)의 방법론을 통해, 관료제의 운용이 한 때 후진적이었던 서구를 보다 일찍 근대화의 길로 접어들게 할 수 있었던 원인으로 진단한다. 즉 정치적·경제적 측면의 관료화가 전문성과 기술력을 바탕으로 사회의 능률성을 제고할 수 있도록 하였다는 것이다. 이때 베버가 묘사하고 있는 관료는 지식과 재능을 보유하는 전문인들이고, 관료 자신의 사적 이익과 목적에 앞서 규칙에 의해 자신에게 부여된 공식적 의무와 권능을 우선시 하는 존재다.

그러나 영국의 경제사학자인 파킨슨이 보기에 정부 관료는 베버의 시각과 정 반대이다. 그는 이를 '부하 배증의 법칙(제1공리)'과 '업무 배증의 법칙(제2공리)'으로 말하고 있는데, 부하 배증의 법칙이란 특정 공무원이 업무과부하를 느낄 때(사실 여부와 관계없이), 퇴직하거나 동료를 보충 받아 그 임무를 반분하여 수행하려 하지 않고, 대신 자신을 보조해 줄 부하를 보충 받기를 원한다는 것을 말한다. 또 업무 배증의 법칙이란, 부하 배증의 법칙에 의해 부하가 증가되면 과거 혼자 일하던 때와는 달리 지시, 보고, 승인, 감독 등의 파생적 업무가 생겨나 본질적인 업무의 증가 없이 업무량이 증가되는 현상을 가리킨다. 요컨대 공무원의 수로 대표되는 정부 규모의 증가는 담당하는 업무량과 거의 관계가 없다는 것이다.

합리적선택이론 상의 관료는 파킨슨의 것에 가깝다. 그렇다면 과제는 어떻게 이러한 관료들을 베버의 것으로 변화시킬 수 있을 것인가가 될 것이다.

1. 정부 조직(관료제)의 특성

입법부, 집행부, 사법부 등 국가적 수준의 결정은 어떤 형태로든 공무원으로 구성된 정부조직을 통해 수행된다. 이러한 조직에는 많은 유형이 있고 각기 다른 특성과 역사적 배경이 있다 하더라도, 베버가 그러했던 것처럼, 다음과 같은 몇 가지의 공통된 성질을 찾아낼 수 있다.

첫째, 이들 기관의 구성원이나 재원에 대해서는 정치적 인물들의 영향력 아래에 있다는 점이다. 최소한 정부 기관의 장은 정치적으로 선출된 자가 임명하고 또 이들의 재원은 의회가 개입되는 예산이라는 형태로 할당되는 것이 일반적이다. 이를 고려할 때, 정부 관료들은 한 사회의 정치나 정치적 통제에 순응해야 하는 것이라 할 수 있다.

둘째, 정부 관료의 권한이나 경제적 수입은 자신이 속한 기관의 규모가 커질수록 증가하는 속성을 갖고 있다는 점이다. 이에 밀접한 관련을 갖고 있는 승진을 예로 들면, 그가 속한 조직의 규모가 커질수록 승진의 가능성은 커지며, 규모가 작아질수록 그 가능성도 낮아지는 것이 보통일 것이다. 그러므로 공무원 관료들은 자신이 소속한 조직의 규모나 확대에 많은 관심을 갖고 있다 할 수 있다.

셋째, 위 첫째 속성의 연장선상에서 정부조직은 계층제적으로 구성되고 또 관료들의 의사결정은 정해진 규칙을 따라야 한다는 점이다. 그러므로 정부 관료들은 자신에게 할당·부여된 권한이나 재원을 쉽게 다른 방향으로 전환시키지 못하며, 또 이 의미에서 유연성이 떨어진다 할 수 있다. 이점은 정부 조직의 외부인들로 하여금, 공무원들이란 자신들에 유리하게 어떻게 할 수 없는 존재인 것으로 보이게 한다.

넷째, 많은 정부 조직은 사적 영역의 경제활동을 규제하는 역할을 담당하는 것이어서, 시장의 경제주체들은 이들에게 영향력을 미치려고 할 수 있다는 점이다. 즉 규제자와 피규제자들은 밀접하게 혹은 전략적으로 관계를 맺을 수 있다. 달리 말해, 규제자의 행동에 대해 일반 시민의 관심은 별로 없거나 분산되어 있는 반면, 피규제자들은 직접적이면서 집중된 이해관계적 관심을 갖고 있다 할 수 있다. 이의 단적인 양상은, 뒤에서 보는 바처럼, 이른바 포획으로 묘사되고 있다.

정부조직과 관료들이 갖는 이러한 공통적 속성이 다양한 그들의 개별적 차이에도 불구하고, 일반적인 이론 정립의 시도를 가능하게 한다. 그동안 합리적선택이론의 주된 관심은 정부조직의 규모와 예산의 팽창적 경향에 모아져 왔다.

2. 정부조직의 규모

정부기관들은 공공재의 산출이나 서비스 공급에 관한 재원을 조세 형태로 조달하는 것이 일반적이다. 이 사실을 출발점으로 하면, 예산이나 공무원 수로 측정할 수 있는 기관의 규모와 이와 연관된 사회적 이익과의 관계를 그래프를 통해 나타낼 수 있을 것이다.

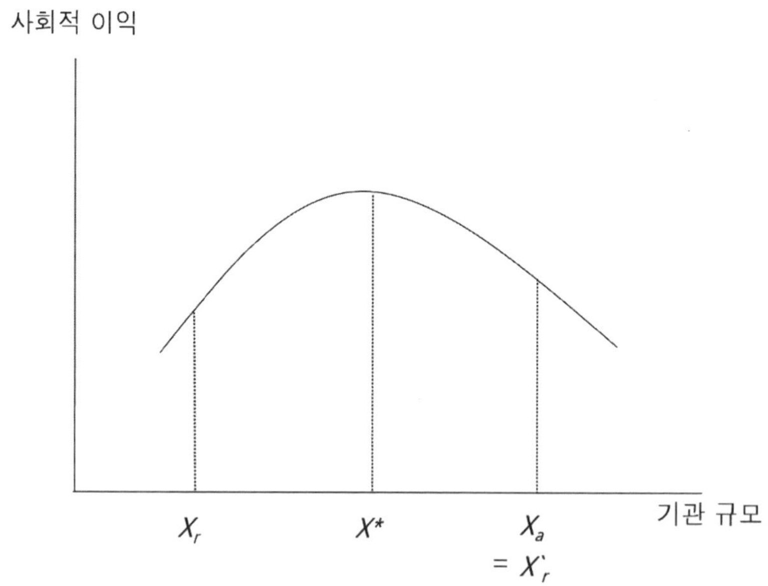

위 그림은 정부기관의 규모와 기관이 산출하는 공공재 등으로부터의 사회적 이익의 관계를 나타내기 위한 것이다. 그림에서 종

축에 표현되고 있는 사회적 이익은 일반 재화에서와 같이, 공공재로부터 얻을 수 있는 총 가치에서 이의 산출에 소요되는 총비용을 뺀 값이다. 기관규모의 좌측에서 시작하여 우측으로 이동할수록, 즉 기관의 규모가 확대될수록 사회적 이익도 증대된다. 그러나 이는 기관의 규모가 X^*와 같을 때 최대가 되는데, 이 점에서 기관은 가장 능률적인 규모라 할 수 있다. 그러나 이 점보다 더 크게 기관이 확대된다면 추가적으로 산출되는 공공재의 가치보다 비용이 더 많아지게 된다. 즉 X^* 지점보다 기관이 더 커진다면 사회적 이익은 오히려 줄어들게 된다.

일반 시민은 정부 기관의 규모가 X^* 지점인 경우에 사회적 이익이 극대화되는 수준이기 때문에 이를 선호할 것이라는 점은 명백하다. 마찬가지로 공무원 관료나 이익집단, 그리고 정치인들도 한정된 정부 자원의 능률적 배분에 의한 공익 추구를 바란다면, 정부 기관의 규모가 X^* 지점과 일치될 것을 원할 것이다. 그러나 각 주체들의 선호는 서로 다른 각기 고유한 이해가 반영되어 있는 것으로 가정된다.

먼저 공무원 관료들은 기관의 규모가 커질수록 보수도 늘어날 것이기 때문에, 자신이 속한 조직이 X^* 보다도 확대될 것을 원한다. 이를 정식화한 학자가 윌리엄 니스카넨(W. Nikanen, 1971)이다. 그는 관료의 효용과 관련된 동기인 급여, 관행상의 부수입, 명성, 권력, 특혜 등은 예산과 인원수로 측정되는 기관의 규모와 정(正)의 관계이기 때문에 이를 극대화 하려 한다는 모형을 정립한 바 있다. 이를 위 그림을 통해서 보자면 관료들은 자신이 속한 기관의 규모가 가능한 한 횡축의 오른쪽 지점, 예컨대 X_a 수준이기를 선호한다고 할 수 있을 것이다.

한편, 이익집단은 정부기관의 규모에 대해 관료와 다른 목표를 추구할 수 있다. 이들은 정부 조직 등으로부터 자신의 경제활동에 관한 서비스를 제공받으면서 동시에 특정한 규제를 받고 있는데, 따라서 정부기관의 규모가 확대될수록 이익집단은 득과 실을 동시에 얻는다고 할 수 있다. 따라서 기관 규모에 대한 득과 실의 증대 비율에 따라, 이익집단들은 경제활동의 이윤이 극대화될 수 있는 규모도 다르다고 할 수 있는데, 일반적으로는 보다 작은 규제기관이길 선호한다 할 수 있다. 예컨대 사회적 최적점인 X^*보다 작은 X_r수준이기를 바랄 것이다.

규제자와 피규제자 즉 공무원 관료와 이익집단의 기관규모에 대한 선호가 일반 시민의 것과 다른 점은, 그들의 이해관계는 집중되어 있는 반면 시민의 그것은 분산되어 있다는 점이다. 그러므로 그들은 시민보다 더 쉽게 조직화 할 수 있다. 이러한 사실은 민주주의 선거 경쟁에서 이들은 더 강한 정치적 영향력을 발휘할 수 있을 것이라는 점을 시사한다. 그러므로 이들의 정치인에 대한 영향력의 정도에 따라 선거 경쟁은 보다 작은 기관 혹은 보다 큰 기관을 선호하는 형세가 될 수 있다.

이미 본 바와 같이 피규제자들은 규모가 작은 규제기관을 원한다. 그러나 이익집단들의 정부 관료에 대한 포획이 일어나는 상황, 즉 이익집단들이 정부기관으로부터 독점보장의 이익이나 보조금과 같은 특혜를 받을 수 있게 된다면 사정은 달라질 수 있다. 예컨대 항공 산업에 새로운 사업자가 진입하지 못하도록 그 요건이 강화된다면 기존의 사업자로 구성된 이익집단은 경쟁상태일 때보다 더 많은 이윤을 얻을 수 있으므로, 이 요건들을 확실하게 조사·단속할 수 있는 큰 규모의 규제기관을 선호할 수 있다. 농업보조금이나 사회보장연금 등의 혜택을 바라는 집단도 마찬가지다. 이러한 상황에서라면 피규제자나 수혜자들은 자신과 관련된 해당 정부 기관이 가능한 큰 규모, 위 그림 상의 $X`r$ 수준이기를 바랄 것이다.

이상의 논의는 전혀 흠잡을 데가 없다. 또 이에 대한 실제의 경험적 연구도 적지 않다. 그럼에도 정부조직의 적정 규모를 계산해 내려는 노력들은 그리 성공적이지 못한 것도 현실이다. 무엇보다 공적 영역과 사적 영역에서의 인간 활동의 결과물을 여하히 측정할 수 있을 것인가라는 본질적인 문제는 해소될 수 없는 상태로 남아있기 때문이다.

기업 등과 달리 행정조직이 갖는 현저한 특징 중의 하나는 이 조직들이 무엇을 산출하는지 혹은 활동의 결과로서 무엇을 가져오는지에 대해 확인할 수 있는 신통한 방법이 없다는 점이다. 기업은 이러한 방법이 있으므로 능률성의 압박에서 벗어날 수 없고, 때문에 간혹 구조변경, 나아가 해체되기도 한다. 한때 미국정부에서는 각 정부기관들로 하여금, (후생)경제학의 원리에 충실하게, 각 기관이 해결하고자 하는 시장실패 유형은 무엇이며 이를 어떻게, 또 그 결과는 어떤지를 비용편익분석 기법을 적용하여 제출할 것을 요구한 적이 있다. 지금도 간헐적으로 남아있는 이러한 노력의 결과는 어떨까?

항간의 평가는 이를 요구하여 새로운 일을 하게 한 만큼 예산과 인원만 늘었을 뿐이라 한다. 정부 조직 등의 산출은 재화의 형태보다는 서비스인 경우가 많으며, 이러한 서비스에 대한 시장가격의 책정과 같은 것은 여전히 본질적 난관으로 남아있기 때문이다. 사실 외교나 국방, 치안과 같은 공공재를 놓고 생각해보면, 정부조직의 적정 규모에 관한 위의 논의는 쉽게 한계에 다

다르고 만다.

3. 다운스의 관료 동기와 유형론

앞에서 합리적선택이론 관련 문헌을 정리하고 있는 뮐러(D. Mueller)가 이 분야의 선구자적 인물이면서 공무원 관료에 대한 논의를 전개하고 있는 다운스의 『Inside Bureaucracy(1967)』를 포함시키지 않고 있음을 지적한 바 있다. 아래의 다운스 관료 유형론을 보면 왜 그러한 것인지 짐작할 수 있다. 그는 공직자들도 합리적 인간임을 인정하긴 하지만, 그들의 실제 행동동기에 대해서는 경제학에서와 같은 방식의 논지를 전개하지 않는다. 즉 다운스는 공직자들의 행동동기를 시장 참여자에 대해 가정하는 바와 같이 자기자신의 이익 추구라는 일률적인 것으로 보고 있지 않다. 이것은 '인간가정의 대칭성'이라는 규준을 위반하는 것으로 볼 수 있고, 특히 그는 공직자의 유형에 따라서는 자신의 이익과 대비되는 것으로 간주되는 공익을 인정하기도 한다.

공무원의 행동동기에 대한 다운스의 이러한 태도는 경제학 상의 합리성 공준을 그대로 적용할 수 없다는 점에서, 털럭의 지적대로 합리적선택이론 계열이라 할 수 없는 측면이 있다. 그러나 다운스의 논의는 여전히 경제 인간의 자기 이익 중심으로 진행되고 있으므로 여기에서는 이를 보기로 한다. 또 그의 공직자들에 대한 묘사는 우리가 실제 접하고 있는 공무원들에 대한 이미지와 거의 유사한 것이기도 하다.

승진제일주의자형

일반 동기(general motivations)

승진제일주의자들은 일반적으로 계층구조 내에서의 업무 성과달성, 그리고 업무 외적인 다른 일을 맡아 수행함으로써 자신의 권력과 수입, 그리고 명성의 확대를 추구한다. 그러나 그들의 이러한 행태들은 승진이라는 자신들의 보다 상위의 목적과 연관되는 것이다.

공무원 조직도 그 조직 내에서 업무 수행능력이 우수한 자들을 승진대상자들로 발굴하려 한다. 하지만 이러한 조직의 일반적 특성은, 그들의 성과를 정확하게 평가할 수 없다는 점이다. 따라서 관료들은 오로지 승진하기 위해 상관의 잘못에도 비판하지 않고 승진에 관련된 학력과 경력 쌓기 등에만 골몰하게 된다.

승진경로(paths to promotion)

관료들은 승진을 위해 성과와 실적을 올리는데 집중한다. 그러나 대부분의 승진은 일시적인 성공에 의해서가 아니라 장기간에 걸쳐서 축적된 성과에 따르게 되어 있다. 예컨대 공군에서 대령으로 진급된 장교는 수년간은 준장으로 진급이 고려되지 않는다. 이 공군대령이 장군이 되기 위해서는 수년간 실적을 쌓아야 한다. 따라서 그는 수행하는 매 직무에서 최대의 실적을 올려야 한다는 강박관념에 사로잡혀 있다.

실적확대(aggrandizement)

승진제일주의자들은 실적을 올리는데 많은 시간과 노력을 소비한다. 어떤 관료는 전임자에 비해 더 많은 일을 함으로써 우수하게 평가받고 싶어 하기도 한다. 그리고 실적의 확대를 위해 자신의 맡고 있는 부서에 기능들을 추가하려 하기도 한다. 그러나 승인된 기능 외에는 추가할 수 없고, 추가된 기능들이 기대효과를 낼 수 있는 지에 대한 정확한 평가가 어렵기 때문에 쉬운 것은 아니다. 그리고 다른 부서와의 경쟁 탓으로 예산증액 등에서도 제한을 받는다.

따라서 승진제일주의자들은 최소한 저항만을 받는 방법을 통해 실적을 올리고자 한다. 즉, 그 부서 내에서 누구도 추진하지 않았던 특정한 역할을 도모하기도 하는데, 이와 같은 실적주의자의 방법들은 그가 그 직책을 맡기 전부터 이미 탐색한 것일 수 있다. 그런데 이렇게도 할 수 없게 되면 그는 구성원들로부터 저항을 가장 적게 받는 기능들만을 수행하려 한다. 그리고 미리 할당된 예산을 기능의 확장에 사용할 수 없게 되면 그는, 조직 차원에서 보면, 매우 비경제적인 방식을 취한다. 남는 예산을 예산부서에 반납하게 되면 다음년도 예산할당에서 삭감될 수 있기 때문이다.

도약(조직 건너뛰기, jumping)

출세지향적인 관료들은 한 조직에서 다른 조직으로 도약하여 활동을 확장함으로써 권력과 수입, 명성을 증대하려 한다. 특히 공사기능이 혼합된 분야에서 이러한 시도는 더욱 효과적이다. 예컨대 컴퓨터 프로그래머나 법률가 같은 사람들은 여러 조직들에서 동시에 활동을 할 수가 있는 반면, 소비조사 분석사들은 오직 한두 조직에서만 종사 할 수 있다. 이러한 조직 건너뛰기 기술들은 개인의 명성을 높이는 수단이다. 조직 건너뛰기 활동이 가능한 이유는 어떠한 조직이 필요 인력을 사전에 모두 확보할 수 없었던 탓에 가능하다.

보수적 관료형

일반 동기(general motivation

어떤 관료들은 최대한 보수적으로 즉, 자신의 최대한의 안전과 편안함을 추구함으로써 자리보존형이 된다. 보통 안전이란 현재의 권력과 수입, 명성 유지를 의미하기 때문에 안전을 극대화 한다는 것은 이미 보유하고 있는 재원을 보존하려 함을 의미한다. 또 편안함의 극대화란 가능한 한 최소의 노력만으로 일할 수 있는 상태를 뜻하므로 이들은 현재의 권력과 수입 및 명성의 상실에 대하여 극력 반대하거나 현재보다 더 많은 재화를 원하지 않는 등의 일정한 태도를 보인다.

결국 보수적 관료들은 현재의 상태로에 대한 어떠한 변화에도 편견을 갖는다. 그러나 이러한 편견은 자신들에게 이익이 되지 않는 방향으로, 예를 들면 승진에 유리한 보다 많은 일을 할 수 없도록 하게 하기도 한다. 이들이 선호하는 변화는 오직 그들의 노력과 불편함 또는 추진되고 있는 미래 변화가 그들의 안전에 대한 위협 가능성을 감소하는데 필요한 것들뿐이다.

보수적 관료가 되는 경우

최하위 층에 임용되는 일부는 부서에 배치되자마자 보수주의자가 되기도 한다. 이와 같은 보수주의는 기본적으로 그들이 가진 개인적인 성향과 낮은 기대치 등에 기인한다. 모든 보수주의자가 반드시 이와 같은 방법으로 형성되는 것은 아니지만 이러한 현상은 부서의 매우 낮은 계층에서 심지어 신입사원 사이에까지 광범위하게 퍼져있는 보수주의 경향으로 설명할 수 있는 근거가 된다.

또 관료들은 보수적으로 변하기도 한다. 예컨대 승진제일주의자들이 보수화 되기도 한다. 승진이 어렵거나 현재의 직위에서 더 이상 영향력을 강화할 수 없을 때, 다른 조직으로 도약하여 더 유리한 일들을 할 수 없는 등의 입장이 되면, 보수적 관료로 변할 수 있는 것이다.

보수적 관료의 비율

법이나 규정에만 의존하는 보수주의자들이 조직 내에서 얼마나 중요한 역할을 하는지에 대한 의문이 있을 수 있다. 보수적 관료의 비율이 높은 부서는 구성원들이 협동심이 높은 부서와는 다른 양상을 보인다.

계층구조의 하위 층에서 어떤 신규임용자들은 나이 많고 무능한 고참들에도 불구하고 열정적으로 업무를 수행한다. 그리고 상위 층에서는 성공한 승진제일주의자들과 그 추종자들이 적극적으로 업무를 수행한다. 그렇지만 중간 계층에서는 부서 내에서 경력 정점에 도달하여 외부지향적인 사람들과 아직 젊지만 열정을 상실한 직원들이 대부분을 차지하게 된다.

일반적으로 보수주의자들의 비율은 나이든 층에서 높다. 또규정에만 의존하여 업무를 수행하는 부서일수록 보수주의자들의 비율이 높다.

규정에만 집착하게 되는 이유

의사결정은 그 정책이 잘못될 수도 있거나 지지를 받지 못할 수도 있다는 위험 속에서 이루어진다. 그러나 보수주의자들은 현재의 권력과 수입 그리고 명성을 잃는 것에 대한 두려워하는 위험회피자이다. 그런데 이들이 의사결정 책임을 회피하고 싶지만, 직무상 의사결정을 계속적하여야 한다. 따라서 그들은 직무를 다하면서 동시에 그 책임을 회피할 수 있는 쉬운 방법을 찾는데, 그것이 규정과 지침만을 고수하는 것이다.

여러 동기를 갖는 관료

어떤 관료들에 대해서는 그들의 이기심만을 행동동기로 볼 수 없다. 즉 자기자신의 이익이라는 이기심 외에 이타적 충성심도 행동동기로 인정해야 하는 경우가 있다. 이를 공익이라 할 수도 있다. 그러나 공익이 어떤 의미인지에 대한 명확한 개념은 없기 때문에 각자 자신들의 기준에 따른 공익을 추구한다고 할 수 있을 뿐이다. 그렇지만 크게 세 가지로 분류해 볼 수는 있다.

먼저 **열성파 혹은 이념지향형(zealots)**이라 할 수 있는 관료들이 있다. 이들은 직무 수행에서도 가장 적극적 성향을 갖고 있는데 그들은 공직을 통해 자기 자신의 신념을 구현하려 하기 때문이다. 반대로 행동 기준을 자신의 신념보다는 외부에 두는 관료들도 있다. 주로 상관이나 동료들의 의견 혹은 여론을 의식하며 행동하는데, 이들을 **추종자형(advocates)**이라 부를 수 있다. 또 자신이 수행해야 하는 직무에도 불구하고 보다 고차원적이고 광범위한 시야를 갖는 관료들이 있다. 이들을 **경세가형 혹은 정치주의자(statesmen)**라 할 수 있는데, 때문에 제한된 자신의 직무와 의무에 갈등을 겪기도 한다. 그만큼 앞 유형들보다 비적응적이라 할 수 있고 또 업무태도도 태만한 것으로부터 초활동적인 경우까지 다양하다.

승진지향형이나 보수적 관료와는 달리, 여러 동기를 갖는 관료들이 공직에서 어떻게 행동할 것인지는 일률적으로 말할 수 없다. 그러나 위 유형에 따라 다음과 같은 술은 가능할 것이다.

먼저 열성파 혹은 이념지향형 관료들에 대해서는 두 가지 특성을 말 할 수 있다. 하나는 자신들이 선호하는 정책에 대한 편협성이고, 다른 하나는 반면 그만큼 그러한 정책에 대해서는 자신의 역량을 집중하는 열성을 보인다는 점이다.

추종자형 관료들은 자신의 능력으로 많은 것을 개선시키고자 행동한다. 그러나 그들의 행동방식은 여러 형태로 나타난다. 높은 지위에 있는 자들은 낮은 지위에 있는 자들에 비해 보다 광범위한 정책을 취급하고자 한다. 또 추종자형 관료들은 직무를 자신의 동료들과 상호 공유하려 하기 때문에 수행하는 정책은 그들의 책임에 부합되도록 변형되어 간다. 예를 들면, 일정기간 서로 다른 추종자들이 어떤 일에 종사할 경우 그들이 수행하는 정책들은 유사하거나 그러한 방향으로 변형되어 간다. 아울러 이들이 어떤 직책에 오래 머문다면, 그들은 자신의 직책 중요도를 더욱 더 확대하려고 한다.

정치주의적 관료들은 일반적으로 공직에 있으면서 심각한 장애에 봉착하는 경우가 많다. 대체로 그들은 국가와 사회에 강한 충성심을 가지고 있지만, 그가 속한 조직은 그들을 조직에 대한 추종자가 되도록 압력을 가하기 때문이다. 그래서 정치주의적 관료들은 부서에서 아웃사이더가 되는 경향이 높다. 그렇더라도 정치주의적 관료의 존재는 불가피한 측면이 있다. 관료제적 전문화는 공공서비스의 악화와 일반 사회에 나쁜 결과를 초래하기도 하기 때문이다. 그러므로 정치주의적 관료들의 기능을 부정적으로만 보아서는 안 될 것이다. 실제 이들은 관료제의 역기능 극복하는데 긍정적인 역할을 하고 있다.

제10장

공공정책 과정

공공정책과 민주주의에 관한 합리적선택이론적 설명은 어떻게 보면 매우 단순하다. 시장체제에 대비되는 정치체제를 유권자·이익집단·정치인 또는 선출직 공무원·일반 관료 등 네 집단으로 구성된 시스템으로 간주하고, 각 행위 주체 모두에 대해 시장에서의 행위자와 같은 자기이익 극대화 추구자로 가정한 다음, 이를 경제학적 방법으로 모형화 한 것들을 합리적선택이론이라 할 수 있기 때문이다.

이에 의하면 공공정책이란, 입법자·공무원들이 공익에 이바지하려는 노력의 결과물이 아니라, 해당 정책에 특수한 이해관계를 가진 집단들이 정책 결정자들의 돈 등과 같은 필요를 충족시킴으로써 정책과정을 지배하여 생겨난 산출물에 지나지 않는다. 1982년 노벨 경제학 수상자인 스티글러(G. Stigler)의 "경제 규제 이론(The Theory of Economic Regulation(1971)"은 이 점을 명쾌하게 보여주고 있는 대표적 문헌으로 간주되고 있다.

1. 이익집단 이론

스티글러의 이 논문은 경제행위를 규제하는 정부의 각종 정책이 어떻게 형성되는가를 분석하고자 하는 것이다. 그는 여기에 뷰캐넌과 털럭이 중심이 되어 구축해 온 새로운 정치경제학의 틀을 적용하는데, 이는 시카고 학파가 비시장 영역의 논의에 진출하는 첫 번째 글이면서, 동시에 이후 합리적선택이론의 핵심 내용인 이익집단 이론이나 지대이론에 토대를 제공하고 있는 논문이기도 하다.

스티글러 주장의 요지는, 규제란 그 규제에 의해 영향을 받게 되는 산업계(이익집단)에 의해 추구되고, 또 그를 위해 설계되고 운영된다는 것이다(1971: 3). 국가의 정책 형태로 집행되는 직접적 보조금(direct subsidies)이나 경쟁자들의 동일 사업 내의 진입 제한, 동종 사업에 대체적 사업 제한 혹은 보완적 사업지원, 경쟁가격보다 높은 가격 유지를 위한 가격 책정 등의 네 가지가(4-6) 그 이익집단들이 얻게 되는 이익이다. 이것이 가능한 것은, 그러한 정책을 원하는 이익집단과 이를 공급하는 입법자 간의 상호작용 때문인데, 이를 위해 이익집단은 규제자가 원하는 것 두 가지 즉, 선거에서의 표(votes)와 물질적 자원(resources)을 준비하고 있어야 한다(12). 결국 스티글러는, 피규제산업은 정부의 규제로 인해 누리게 되는 혜택을 유지하기 위하여 특수이익집단을 조직하고 그 비용 부담을 일반 시민에게 전가하려 한다는 것, 정치인이나 관료 역시 자신의 이익을 극대화하려는 합리적 행위자로서 보다 많은 편익을 제공해 주는 이익집단 쪽에 유리한 정책을 결정한다는 것을 말하고 있다.

정책과정에 대한 스티글러의 설명은 이후 펠츠만(S. Peltzman, 1976)과 베커(Becker, 1983)에 의해 더욱 정교화 되고 형식화 되었다. 펠츠만은 이익집단의 크기, 정보 획득 및 조직화의 비용과 정치적 과정으로부터 얻을 수 있는 이익 간의 관계에 초점을 맞추면서, 구성원을 조직화하는 집합적 행동 문제 때문에 규모가 보다 작은 집단이 정부 정책으로부터 지대를 확보할 가능성이 높다고 주장한다.[1] 베커는 정책결정과정을 모형화 하고 있는데, 여기서 정책과정이란 상반된 정책 목표와 서로 다른 포획능력을 갖는 이익집단 간의 경쟁일 뿐이라는 점이 전제되어 있다.

규제포획이론

'규제포획이론(regulative capture theory)'의 시발점으로 평가되고 있는 이상의 문헌을 필두로, 많은 학자들은 공공정책의 실제란 어떠한 것인가를 규명하고자 한다. 이를 독해하는 방법 중의 하나는, '공공정책과정에서의 주요 행위자는 누구인가?'라는 관점에서 문헌들을 접하는 것이다. 물론 합리적선택이론적 관점을 취하는 대부분의 연구는 정책과정에서의 이익집단의 개입과 그 형태에 초점을 둔다. 포획이라는 비교적 간단한 개념이 이러한 경향의 연구를 포착하는 핵심 개념으로, 그래서 우리는 이미, 특정한 집단이 어떤 정책으로 말미암은 혜택을 누리고 있다면, 그 집단은 해당 정책과정을 포획한 것이라 가정하는 것에 익숙해져 있다.

하지만 논자에 따라서는, 의회를 정치 시장의 다양한 이해관계가 접합되는 장소로 보아 그 실제 역할을 조사하려고 하며(예: Tollison, 1988), 또 집행부와 사법부도 보다 장기적인 관점에서의 이익집단 특혜 보호를 위해 필요하다고 보아 양 제도를 이익

1) 이러한 사고의 원조는 개인이 아닌 집합적 수준에서 행동 동기를 논의하는 맨슈어 올슨(M. Olson, 1965)이다. 스티글러 역시 올슨의 이 통찰을 그대로 원용한다.

집단과의 관계라는 시각에서 바라보려 하기도 한다(예: Crain and Tollison, 1979).

그러나 공공정책과정에서 특혜를 확보하려는 이익집단의 로비대상이 누구인지 즉, 정책과정에서 누가 주된 행위자인지에 관하여는 의견이 갈려 있는 것으로 보인다. 스티글러는 이익집단의 로비 대상으로 의회의 보다 영향력 있는 정당을 지목하고 있는 반면, 펠츠만은, 선출직 관료와 임명된 관료의 구분 문제가 있긴 하지만 집행부가 정책과정을 주도한 것으로 본다. 그 외 규제 담당의 각종 위원회에 대한 의회의 체계적인 영향력을 강조하는 연구(Weingast and Moran, 1983), 의회와 집행부 간에는 주인-대리인 문제가 있기 때문에 의회는 집행 관료를 충분히 통제할 수 없다는 연구도 있다(McCubbins, Noll and Weingast 1989).

2. 지대추구 이론

특정 산업계 등이 이익집단을 형성하여, 입법자와 관료를 포획함으로써 정책과정을 지배하려는 행위를 가리켜, 지대추구(rent-seeking) 행위라고 한다. 앞의 이익집단 이론이, 특수이익을 향유하려는 집단의 정치권에 대한 로비 자체에 관한 이론이라 한다면, 합리적선택이론 관점에서 전개하는 지대이론은 그 로비로 인한 비용 특히 사회적 비용 문제를 다룬다(Tollison, 2001: 470). 여기서 알 수 있는 바와 같이, 지대라는 용어는 일상적 의미와 전혀 다르게 사용되고 있는데, 합리적선택이론상의 지대는 전통적 경제학상의 것과도 매우 다른 것으로, 지대추구라는 말은 합리적선택이론이 새롭게 창안해낸 말로 보아야 정확하다.

지대의 발생 원리를 최초로 정립한 리카도(D. Ricardo)에 의하면, 지대란 토지에 대한 사용 대가로서, 토지 별로 그 차이가 나는 것은 토지의 질, 즉 토지의 생산능력 차이 때문이다. 마셜(A. Marshall)은 이를 응용하여 준지대(quasi-rent)란 말을 고안하였는데, 이는 토지와 같이 공급이 한정된 생산요소가 기회비용 보다 더 많은 대가를 받을 때 그 초과분을 지칭하는 것이었다(소병희, 1993: 94). 비록 불로소득적이라는 뉘앙스는 있지만, 여기에는 어떤 도덕적 판단이 개입되어 있지 않다. 오히려 토지 형질의 개선이나 새로운 생산기술의 개발과 같은 사회전체의 후생을 증진시키는 적극적 의미도 있다.

지대: 혁신의 원동력인가? 사회악인가?

그러나 현대적 지대 개념을 처음으로 구상했다고 알려진 털럭의 논문 '독점, 관세, 도둑질의 후생비용(The Welfare Costs of Monopolies, Tariffs, and Theft, 1967A)'이 암시하듯이, 합리적 선택이론에서 지대란 사회악적인 평가적 개념이다. 즉 지대란, 정책과정을 지배하는 이익집단이 원하는 바에 따라, 정부가 경쟁자를 제한하거나 특별한 권리를 부여함으로써 발생하는 인위적인 것이고, 지대추구행위란 인위적으로 생성되는 이전 소득을 얻기 위해 경쟁하는 행위다(Tollison, 1982: 575). 요컨대 지대추구라는 말에는, 국가의 후원 혹은 정부 개입을 전제로 발생하는 사회적 자원낭비(Buchanan, 1980: 4)라는 의미가 내포 되어 있다. 그 사회적 결과에 대한 추론은 통상적으로 독점의 비효율성에 관한 논의로 이뤄지고 있다.

지대추구이론으로 일관한 민주주의 정부이론을 전개한 바 있는 툴럭은이 로버트 에크런드(R. Ekelund, Jr)와 공저한 경제학 교과서에서 펼친 논리를 따라가 본다(2000: 101-104). 그들이 제시하는 예는 이발사들이 단체를 구성하여 독점적 이익을 취하려는 상황에 대한 것이다. 먼저 이발사 개개인들이 자신들을 위한 집단을 구성하는 것은 쉬운 일이 아니다. 여기에는 집합적 행동 문제 즉 무임승차의 문제가 있는데, 이발사들이 합리적이라면, 가급적 단체에 가입하지 않고서도 그 집단의 활동으로 인한 혜택을 입으려 할 것이기 때문이다. 그러나 이를 바꿔서 보면, 이 점은 이발사 단체가 공공적 관점이 아니라 그 구성원만의 이익을 위한 활동에 매진하는 이유이기도 하다. 아무튼 조직화의 어려움을 극복하고 이발사 협회가 생겨나면, 그 대표자는 정책 담당자에게 독점 형태의 이발사 직업이 법적으로 보장될 수 있도록 로비행위를 한다. 카르텔 또는 이익집단이라 불리는 이 독점 체제의 목적은, 이발 업종에 신규 진입자를 제한하여 회원인 이발사들을 보호하는 것이고, 그럼으로써 이발 요금이 이발업이 경쟁적 상황일 때보다 높은 가격으로 유지된다. 이를 달리 말하면, 이발사들은 정책 담당자들에게 이발을 하려는 사람들(소비자)의 지출로 자신들의 부를 늘려 달라 한 것이라는 점에서, 국가로부터 부 이전(wealth transfer)을 꾀하는 수요자들이다.

이발사 산출물의 소비자인 이발을 한 사람들은 '부 이전'의 공급자가 된다. 그러나 이들은 이발사들에게 자신들의 부가 이전되는 것에는 관심이 없고 또 반대하지 않으려 한다. 그들도 단체를 구성하여 정치적 활동을 통해 '부 이전'을 막을 수도 있지만, 그러기에는 이발을 할 때 추가로 부담하는 요금보다 더 많은 비용이 들기 때문이다.

이발사 협회의 조직화 이후 사회적으로 나타나는 '부 이전'이라는 수요와 공급 시스템(시장)이 작동되는 데에는 정책 담당자인 입법자와 관료들의 중개 역할이 있다.[2] 즉 정치인들은 '부 이전'의 수요자와 공급자를 짝짓는 기능을 담당한다. 만약 이들이 중개하는 '부 이전'이 균형상태가 아니라면, 그들은 다음 선거에서 보다 능률적인 중개인으로 교체될 것이다.

아래 그림은 이발이라는 상품의 수요 공급곡선을 통해, 이발사 협회 조직 이후의 사회적 후생수준의 변화를 보여주고 있다.

이발업의 독점으로 인한 사회적 비용

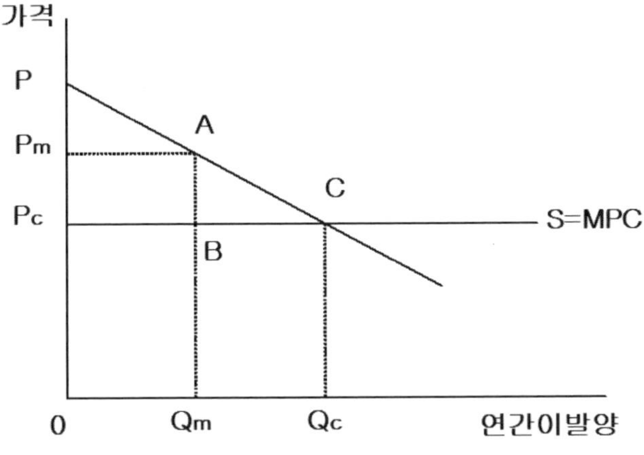

출처 : Ekelund and Tollison, 2000: 103

2) 통상적인 지대추구의 정의, 즉 이익집단이 지대배분에 중요한 영향을 미치는 입법자나 관료를 대상으로 한 로비활동이라는 개념 하에서, 정치인 등은 지대배분에 수동적 역할을 담당하는 중개인에 불과하다. 그러나 최근에는 입법자나 관료들도 적극적으로 지대를 창출하고 더 나아가 사적 부분에서 지대를 착취하기도 하는 것으로 보는 견해가 득세하고 있다. 자기이익을 극대화하려는 정치인 등은 새로운 독점 지대를 창조하여 배분할 뿐만 아니라, 이미 지대를 향유하고 있는 집단에 새로운 정책으로 기존 지대를 소멸시키겠다고 협박하는 행위도 지대 개념으로 포섭할 수 있다는 것이다(McChesney, 1987).

이발사들은 동 업종이 완전경쟁인 경우, Pc의 가격(요금)에 연간 Qc 만큼의 이발을 한다. 이때 이발행위로 인한 사회 전체의 후생은 PCQcO이고, 이중 PCPc부분이 소비자 잉여를 나타낸다. 이발사 협회가 결성되면, 그들은 정책 담당자들을 포획하여 카르텔 지위를 보장받고, 경쟁시장 가격보다 높은 Pm, 경쟁시장의 양보다 작은 Qm 수준에서 이발 영업을 한다. 곧 이발사들은 카르텔 결성의 이익으로 PmACPc 만큼의 소비자 후생의 이전을 추구하는 것이다. 이것이 지대다. 삼각형 ACB는, 정책적으로 이발 영업의 독점체제가 구축되었기 때문에 생기는 사회적 순 후생손실(사중손실, deadweight loss)을 나타낸다. 삼각형 ACB는 '하버거 삼각형(Harberger triangle)'이라 불리는 것으로, 전통적 논의에서는 이것만을 독점으로 인한 사회적 손실로 간주한다. 그러나 털럭은 지대가 존재하는 한 그 확보를 위한 경쟁이 있을 것이고, 이는 지대인 PmABPc가 완전 소산될 때까지 라고 한다(2005[2008]: 142). 그렇다면 이러한 지대추구 행위를 포착하는 전체 사회적 비용은 하버거 삼각형에 지대 PmABPc를 합한 PmACPc가 될 것이다. 이를 '털럭의 사각형(Tullock rectangle)'이라 한다.

규제와 지대이론의 함축

여기서 구할 수 있는 경제학적 결론은 무엇일까? 누구나 쉽게 '정책담당자들은 이발사들에게 카르텔 지위를 보장하는 제도를 만든 것이고, 그로 인한 부 이전의 결과 사회적 자원의 순 가치는 극대화되지 못했다'라는 것으로 답할 수 있을 것이다. 또 이상의 지대추구이론이 시사하는 바는 무엇일까? 정부규제는 지대추구라는 사회 비효율적인 행동을 조장할 것이므로 가능한 한 규제는 철폐되어야 한다는 것, 더 나아가 정부 역할범위가 넓을수록 비생산적인 낭비는 커지면서 관료를 제외하고는 누구에게도 이득을 주지 못하므로(Tullock, 2000: 53) 원칙적으로 정부기능을 축소시켜 이를 개방적 경쟁적 시장에 맡겨야 한다는 것이 될 것이다.

공공 정책과정을 분석하는 이상의 논의에서 초점은 이익집단과 입법자 혹은 집행부 관료와의 상호작용에 맞춰져 있고, 민주정체의 주권자라는 일반 시민의 역할에 대한 내용은 없다. 일반론적으로 말하면, 합리적선택이론적 관점의 연구에서 유권자는 체계적으로 배제되어 있다. 그러나 이는 대단히 논리적인 것으로, 유권자는 스스로 정책과정에서 벗어나 있으려 한다는 것으로 가정되어 있기 때문이다. 항을 바꾸어 이점을 보기로 한다.

3. 지대추구론의 전제: 합리적으로 무지한 시민

특수이익집단이 공공정책을 담당하는 입법자와 관료를 포획함으로써 정책과정을 자신의 이익을 위한 지대추구 과정으로 삼는다는 위의 논의는 민주정치의 실상을 다수의 이익이 아닌 조직화된 소수를 위한 것으로 묘사하고 있다. 그러나 이 결론을 도출하기 위해서는 입법자와 관료들이 합리적인 자기이익 추구자라는 가정만으로는 충분하지 않다. 정부과정에서 이익집단의 영향력이나 정책 산출은, 자신들이 약탈당하고 있음을 모르고, 그러한 시도에 반대하려 하지도 않는다는 유권자의 무지(無知)라는 가정 하에서만 가능하다. 이 가정이 없다면, 공공정책 과정에 관한 합리적선택이론의 설명력은 현저히 약화되고 마는데, 이점에서 유권자에 관한 사항은 합리적선택이론의 중심축이다.

스티글러도 명백히 한 바와 같이, 우리는 정책을 통한 특정 산업의 이익 취득에 대해 공익에 역행하는 것으로 평가할 수 있다. “어떤 산업이 국가로부터 특정 혜택을 받고 있는 것이라면, 그 산업은 나머지 공동체에는 손실을 초래하는 것이”기 때문이다. 그렇다면 문제는 왜 민주주의 정치체제가 그와 같은 반민주적 결과를 방지하지 못하느냐는 점이다. “비록 정책으로 인한 사회적 후생 순손실은 없다하더라도 … 우리는 특정 산업이 선거에서 다수표를 통제하지 않는 한, 민주주의 사회는 산업계의 그와 같은 요구를 거절할 것이라 기대할 수 있기(Stigler, 1971: 10)” 때문이다. 예컨대 원유수입 할당의 경우, 만약 유권자들이 그 조치에 대해 충분히 알고 직접 투표한다면, 원유산업이 중심이 되어 구축한 정책구도는 채택될 수 없을 것이다. 그렇다면 도대체 무엇 때문에 이익집단은 정치체제를 자신의 이익추구를 위해 동원할 수 있는가? 이에 대한 답이 바로 유권자의 ‘합리적 무지(rational ignorance)’다.

사적 시장과 달리 정치 영역에서 필요한 정보는, 개인에게는 직접적 관심 대상이 아닌 사항에 대해서도 얻어져야 하기 때문에 그 비용이 높고 따라서 유권자는 입법 이전의 대부분의 쟁점에 대해 아는 바가 거의 없다. 또 투표를 통한 선호 표명은 정확히 알지 못한 사람들이 투표하여 의사결정에 영향을 미치기 때문에 시장에서의 선호표명 보다는 명확하지 못하다.

그러므로 정치적 의사결정의 통로는 난잡하거나 여러 세력이 침투하거나 잡음이 많은 것으로 묘사될 수 있다(Stigler, 1971: 10-11).

특히 이익집단이 추구하는 정책 비용이 일반 시민에게 넓게 분산되어 있고 개인당 부담 비용이 적다면, 유권자는 수동적으로 남아 있으려 한다는 것으로 가정된다. 그래서 “특정 유권자 집단이 다른 유권자들에게는 작은 해를 끼치는 정책을 원하는 경우, 다른 유권자들은 이런 정책에 대해 알려거나 반대하기 위한 비용을 지불하려 하지 않는다(11-12).

민주주의 국가의 시민에 대해서도 자신의 이익을 고려하여 투표하는 합리적 행위자로 보는 것은, 앞서 본 바와 같이, 다운스가 제시한 것이다. 그는 정보획득에는 많은 비용이 들고 기대되는 이익은 없기 때문에, 유권자가 합리적이라면 무지의 상태로 남아 있으려 할 것이라 주장한다(1957[1997]: 386-389). 합리적 선택이론 내의 시민에 관한 논의는 유권자의 행태 측면에서 진행되고 있는데, 이를 개관해 본다.

합리적선택이론 내부자들의 쿠데타

다운스의 위 명제에서 문제가 되는 것은, 유권자에게 요구되는 정보 수준이란 관찰 불가능한 것이라는 점이다. 이점을 간파한 라이커와 오데슉은, 전체 투표과정에서 개별적 투표자의 영향은 극미하기 때문에, 투표행위 자체를 높은 비용과 낮은 기대이익으로 특징지을 수 있고, 이는 집합적 행동 문제와 사실상 같은 것으로 보면서 모형화하고 있다(1968). 그들의 모델에 의하면, 투표이익은 가정되는 소비이익과 후보자의 당선에 결정적인

(decisive) 투표를 한다는 기대이익의 합으로 정의되고, 이 이익이 투표행위를 할 때 소요되는 비용보다 클 때 유권자는 투표한다. 그러나 대부분의 선거에서 한 개인의 투표가 결정적 투표가 될 가능성은 매우 낮을 뿐만 아니라, 투표를 위해 필요한 비용은 소요 시간, 교통비용, 투표자 등록비용 등으로 다양하고, 그 외에도 많은 불편을 감수해야 하는 것이어서, 유권자의 투표행태를 모형화 하는 것은 대단히 어려운 것이라 봐야 한다. 그러므로 유권자 투표와 관련해서 합리적선택이론에서 제시할 수 있는 유일한 예측은, 투표율은 상당히 낮을 것이라는 점뿐일 것이다. 그러나 이는 우리의 관찰과는 배치되는 것이어서 투표의 역설(paradox of voting)이라 불리고, 실제 일부 합리적선택이론자들은 이 분야가 경험적으로 실패한 영역임을 자인하고 있다(Grofman, 2004; Tollison, 2001: 467).

유권자 행태 설명의 문제, 특히 합리적 무지 가정에 어긋나는 높은 투표율 문제는 합리적선택이론 체계 전체에서 볼 때도 매우 치명적인 약점이다. 여러 분야에서 많은 문헌들이 나타났지만 주된 연구는 용어를 다양하게 재정의 함으로써 라이커와 오데숔의 모형을 수정하여 어떤 요인이 보다 정확한 예측인자인지를 평가해 보려는 시도들이다. 그러나 여전히 논란만 가중되는 국면으로 보인다. 그래서 일부에서는, 시민의 행태에 대한 다운스 류의 가정을 전면적으로 재검토 하려고도 한다. 2002년에서 2004년까지 공공선택학회 회장을 역임한 제프리 브레넌(G. Brennann)의 표출적 투표(expressive voting)는 그 예가 될 것이다. 그는 대통령 선거나 헌법 개정과 같은 대규모 유권자가 참여하는 투표절차에서, 유권자는 자기 이익을 계산하고 투표에 임하는 것이 아니라, 자신의 도덕적 견해나 정서적 상태를 드러내기 위한 공익적 관점에서 투표한다고 한다(Brennan and Hamlin, 2000: 176). 그러나 이는 경제학상의 합리성을 정치 영역에 적용하는 합리적선택이론의 근간을 포기함으로써만 가능한 것이다.[3)]

결국 아직까지 합리적선택이론은 가정을 벗어나 실제의 유권자나 투표에 대해 적절한 설명을 제공하는 모형이나 이론을 제시하지 못하는 것으로 봐야 한다. 그러나 '합리적 무지의 유권자' 가정은, 공공정책 과정의 작동을 설명하는 합리적선택이론의 버팀목으로 남아 있다.

보론 1: 지대가 아닌 것은 무엇일까?

이익집단이론이나 지대이론은 정책 유형론에 따른 분류에 의할 때, 소위 국가의 강제력이 수반되고 정책 대상자의 자유나 행동에 제약을 가하는 엄밀한 의미의 규제 정책을 시발점으로 한 것이다. 그러나 이와 상반된 성질을 갖는 재분배 정책에 대해서도 이상의 논의가 그대로 적용되고 있는 것이고 보면(대표적으로 Tullock 2005[2008]), 민주국가의 공공정책에 대해서는 '일반적으로' 이익집단의 지대추구가 중심이 되는 것으로 말할 수 있을 것이다. 의회 입법을 거쳐 국가 작용이 행해지는 모든 영역에 대해 이상의 논의를 그대로 적용할 수 있기(Ekelund and Tollison, 2000: 102) 때문이다.

그러나 정책과정에 대한 합리적선택이론상의 설명은, 민주적 정치체제에 대한 우리의 생각 혹은 기대와 모순된다. 즉 지대추

---

3) 브레넌과 햄린이 근간의 포기라는 말을 사용하는 것은 아니다. 그들은 다만 공공선택이론의 수정주의자(Public Choice revisionist)라 자처한다. 특히 경제 인간 가정과 관련된 것인데 자세히는 뒤에서 보기로 한다.

구이론으로 어떤 정책현상을 설명할 수 있다면, 우리는 그 정책과 관련한 정부활동에 대해 민주적 행정이라 말할 수 없다. 다시 스티글러의 말을 빌리면, "만일 우리가 정치과정을 지배하는 집단의 저수익 고비용의 활동으로, 다른 집단이 고수익 저비용 상태에 있는 것을 발견한다면, 규제에 관한 경제학이론은 모순된 것이다" 그러나 그는 경제학 일반이론 하의 많은 경험에 의하면, 그러한 일이 일어나지 않을 것이 확실하고, "여기에 대안적 가설은 없다"고 한다(1975: 140). 그렇다면 합리적선택이론적 관점 혹은 지대추구론적 관점으로 진행되는 많은 경험적 연구는, 민주적이라 할 수 없는 현상들이 경제학 이론에는 부합하는 것에 대한 증거라 할 수 있을 것이다.

이와 같은 역전 상황을 어떻게 이해할 수 있을까? 여기서는 지대 개념이 갖는 모호성과 관련하여, 합리적선택이론 전개에서 나타나는 문제점을 살펴보기로 한다.

합리적선택이론에 의할 때, 지대를 추구하는 특수 이익집단에 대한 전형적 예는 독점 카르텔을 형성하려는 생산자들이다. 그들은 시장 거래를 일일이 감시할 수 없기 때문에, 정부의 후원하에 독점 체제를 구축하고 소비자 잉여를 그들에게 이전 시키려 한다. 이때 카르텔 구성원들이 추구하는 지대는, 생산요소의 한계생산비용을 초과하여 생산요소에 지급된 이윤이고, 이점에서 전통적 경제적 지대 개념에 포함된다고 볼 수 있다. 합리적선택이론에 의하면, 지대 개념 자체가 경멸적인 것으로 정의되고 있지만, 전통적 이론에서 경제적 지대 모두가 그러한 것은 아니다. 지대 창출(rent creation)과 관련해서 보자면, 다음 네 가지 경우가 사회적 비난의 대상이다.[4] 즉, 어떤 이론이나 제도에 의해

· 생산자가 아닌 소비자가 잉여의 정당한 귀속자인 경우
· 생산자에게 잉여가 귀속되지만, 결과적으로 총 효용의 감소를 초래하는 경우
· 정부가 형성한 카르텔이 가격차별의 실패로 사회적 순 후생손실을 초래하는 경우
· 지대 추구자들이 독점적 지위확보를 위해 경쟁하고 그 결과 소진된 자원이 애초의 이전된 자원을 초과하는 경우.

이제 합리적선택 이론상의 지대 개념의 모호성 검토를 위해 다음의 예를 가정해보자.

> 소비자들이 단체를 만들어 정부와 함께, 완벽한 가격 차별을 시행하고 있는 카르텔을 해체하고, 생산자에게 이전되는 잉여를 다시 카르텔 이전의 귀속자였던 소비자에 이전하려고 하는 경우.

이 예는 바그와티(Bhgwati 1982: 989) 이하의, 관세 해체를 위한 정치적 움직임 예를 수정한 것이다. 경제학 이론에 의하면, 독점 카르텔 형성은 사회적 후생을 감소시키는 것이어서 해체되어야 할 것이다. 그러나 합리적선택이론의 지대추구 개념에 의하면 이 경우도 '이미 존재하는 지대의 귀속자를 인위적으로 바꾸려 한다'는 점에서 지대추구에 속한다. 그렇지만 소비자 단체와 함께 카르텔을 해체하려는 정부 활동은 어떤 의미에서도 지

---

4) 합리적선택 이론가들은 지대가 존재한다면 일반적으로 그러할 것이라 하고 있지만(Tullock 1967: Posner, 1975), 전통적 설명에서는 이 경우에서도 카르텔 형성에 소요된 자원이 그 이전의 자원배분 상태를 초과할 때만 비난 대상이다.

대를 '창출'한 것은 아니다. 단지 동일한 수요 공급 곡선 상에서 그것을 재분배하려 할 뿐이다. 소비자 단체의 위 활동을 '순전히 분배적' 관점에서 자원을 낭비하는 활동이라 간주하는 합리적선택이론의 배경에는, '우리는 이를 카르텔을 유지하기 위해 소요되는 자원의 양과 명확하게 비교할 수 있다'는 가정이 있다. 그러나 잉여의 정당한 귀속자가 소비자인지 생산자인지 무관하다거나, 잉여의 이전으로 사회의 총 후생이 증가 혹은 감소한 것으로 볼 수 있다는 것은 이상하게 보인다. 다음의 흥미로운 표현은 직설적으로 이것을 나타내고 있다.

> 공공선택이론가들이 말하듯이 만일 지대추구가 몽땅 사회적 낭비라면, 지대추구가 매우 심하리라고 생각되는 한국과 중국의 경제는 이미 절단 났어야 한다(이정전 2005: 317).

만약 그러한 가정을 한다면, 카르텔 해체 움직임에 저항하려는 지대추구행위가 카르텔 형성에 반대하는 경우보다 사회적으로 보다 바람직스러울 수도 있을 것이다. 즉, 카르텔을 유지하는 비용이 카르텔을 해체하려는 비용보다 낮다면, 카르텔을 해체하려는 노력은 비난받아야 하는 경우가 되는 것이다. 합리적선택이론가 중 일부는 이 논리로 왜 탈규제 움직임은 없는 것인가를 설명하고자 한다. 트러스트가 형성되어 있고 또 그를 위한 지대추구 비용이 매우 크다면, 이러한 시장 구조를 바꾸려는 자원 지출은 비합리적이라는 것이다(McCormick, Shughart and Tollison, 1984: 1075). 그러나 이는 신고전파적 경제학 체계 내에서 독점이 옹호되는 결과일 뿐만 아니라, 경제적 후생을 증진시키는 것으로 평가되는 행위가 지대추구로 간주되어 저지되어야 하는 행위로 간주되고 만다. 이처럼 합리적선택이론의 전형적인 지대추구 행위마저도 일반 경제학 이론에서와 배치되고 있다는 점은 합리적선택이론에서 구사하는 지대나 지대추구 개념 자체에 심각한 불명료성이 있다는 것을 보여준다. 그래서 일부에서는 그동안 유지되어 왔던 지대개념의 포기를 주장하기도 한다. 예컨대 종래의 지대 개념을 대신하는 '직접적으로 비생산적인 이윤추구 행위(directly unproductive profit-seeking (DUP) activities)'는 한 예이다(Bhagwati 1982). 그러나 합리적선택이론 내에서 이 지적은 거의 무시되고 있다.

보론 2: 정부 규제의 효과는 없다!?

정부의 정책에 대해 합리적선택이론의 입장에 따라 진행되는 경험적 연구는 크게 두 가지로 분류할 수 있다. 하나는 과연 그 정책이 의도하는 공중후생의 증가라는 목적이 달성되고 있는지 즉, 정책으로 의도한 바가 나타나는 지에 대한 것이고, 다른 하나는 정부 정책이 작동되는 현상을 자세히 관찰하다 보면 분명히 특수한 이해관계를 가지는 이익집단이 존재한다는 것과 그 영향력의 결과는 어떠한 지에 대한 연구이다. 비록 이러한 경험적 연구들이 모두 명시적으로 정책처방은 제안하지 않는다 하더라도 그 함의는 분명한 것인데, 효과가 없거나 의심스럽고 자원낭비는 물론 형평성에 어긋나는 특혜만을 초래하는 정부정책 특히 규제적 정책은 축소하거나 폐지하는 것이 바람직하다는 점이다.

정책실패라는 점에서 같지만, 각각의 연구가 중점을 두는 바가 다르기 때문에,[5] 위 두 가지를 나누어서 간략한 내용과 문제점을 보기로 한다. 물론 아래에서 볼 경험적 연구들을 합리적선택이론 입장에서의 대표적 연구라 하기에는 곤란한 점이 있다. 그러나 하나는 이익집단이론이나 지대이론 분야에서 지명도가 높은 학자의 글이라는 점에서, 다른 하나는 합리적선택이론의 핵심 가정 하에 모형을 설정하고 자료 분석을 통해 논의를 진행하는 것이 경험적 연구의 전형을 보여주고 있다고 판단하여 선정하였다.[6]

자동차 안전장치 규제의 효과

'펠츠만 효과'라는 것으로 우리에게 익숙한 명제는, 규제이론 분야에서 고전으로 꼽히는 "Toward a More General Theory of Regulation(1976)"를 저술한 샘 펠츠만(S. Peltzman)의 이름을 따서 붙여진 것이다. 펠츠만의 자동차 안전 규제에 관한 이 연구는, 1960년대 중반 이후 자동차 제조회사로 하여금 제반 안전장치 설치를 의무화한 자동차 안전법(Vehicle Safety Act) 상 정책의 효과에 관한 것이지만, 그 결론은 규제 정책 자체가 인간의 행동에 어떤 영향을 미치는가라는 보다 심오한 측면도 내포하고 있다(Peltzman, 1975). 먼저 펠츠만은 자동차 제조사들에 대한

5) 정책의 효과를 분석하는 위의 첫째 유형의 연구는, 전형적인 '비용 편익 분석'을 시도하는 연구라는 점에서 그렇다.

6) 국내의 유사한 경향의 연구로, 고길곤(2006), 작업장 안전 및 보건 규제 순응에 대한 실증연구: 미국의 작업장 검사 사례를 중심으로, 박민정(2006), 정부예산배분에 관한 지대추구연구 등이 있다. 제목만 보아도 어떤 경향의 연구인지는 짐작할 수 있다. 앞의 연구는 명시적인 합리적선택이론의 관점 하에서 수행된 것은 아니지만, 아래 두 번째에서 검토하는 것과 매우 흡사하고 또 인용하고 있다.

위 규제는, 정책이 의도했던 자동차 사고로 인한 사람의 인명을 구하는 데에는 실패했다고 단언한다. 비록 충격에 강한 방풍유리(crash proof windshield)등과 같은 안전장치는 공학적으로 효과가 있을지라도 안전장치를 신뢰하게 되는 운전자들의 심리 탓에 과속 난폭 운전은 증가하였고, 그 결과 안전장치들의 효과는 상쇄되어 자동차 안전법 상의 자동차 제조회사에 대한 규제 정책은 실패라는 것이다. 그러나 펠츠만의 결론 문구가 아니라 문헌상의 자료만 제대로 보더라도 그의 위 결론 도출은 어렵다고 봐야 할 것이다.

먼저 안전 설비가 의무화된 이후, 고속도로에서의 교통사고로 인한 총 사망자수는 현저하게 감소되었다. 이는 자동차 안이나 밖 모두에서 그러한데, 규제 이전인 1965년과 자료 수집의 마지막 해인 1972년을 비교하면, 사망률은 13%가 넘게 줄어들었다(696, 표 5).

또 자동차 안전법이 직접 의무를 부과하고 있는 자동차 안 운전자 등의 사망률 은 총 사망자의 경우보다 더 감소하였다. 이는 펠츠만 자신도 인정하고 있는데, 하지만 그는 안전장치에 의해 보호된 운전자들의 난폭운전 결과 보행자들이 규제 이전 보다 많이 희생되었기 때문에 고속도로 상의 총 희생자 감소의 효과는 경미한 것이라 한다. 그러나 운전자들의 그 같은 심리 변화와 교통사고 간의 관계를 규명하기 위해서는, 운전자들이 자신들의 안전 강화만 염두에 둘 뿐 보행자에 대한 위험은 고려하지 않는다는 것에 대한 보다 직접적인 증거가 제시되어야 할 것이다. 펠츠만은 단지 안전장치와 운전자의 심리 변화라는 그럴듯한 직관만으로 자신의 추론을 전개할 뿐이다. 오히려 자신이 인용하고 있는 자료인 차량 속도의 증가는 그에 대한 증거의 예가 될 것이다. 실제 자료를 보면, 자동차 안전설비 의무화 이후 차량 속도의 증가는, 그 이전의 증가율보다 오히려 미미하다(703)는 점에서 그의 추론은 설득력이 없다.

시계열 자료 해석과 관련해서, 펠츠만이 자신의 결론과 일치하도록 지나치게 편의적인 것이 아닌가라는 의문도 있다. 그는 사망률의 감소가 규제의 효과라기보다는 규제와 무관한 별개의 시대적 추세가 반영된 결과라고 보는데, 그 주된 이유는 규제 이전의 소득증가율이 높았기 때문에 소득증가가 일반적으로 안전의식의 감퇴로 나타남을 반영하면, 규제 이후의 사망률의 감소는 더 두드러져야 한다는 것이다(691-695). 그러나 소득이 오르면 레저의 잠재가격이 올라 운전자들이 난폭운전을 하기 쉽다는 그의 행동 가정은 오히려 반대로 볼 여지도 있다. 소득이 오를수록 사람들은 그 이전의 소득목표에 그들의 행동을 조정하여 안전에 보다 주의를 기울이게 된다는 가정도 가능하기 때문이다. 또 규제 이후 사망률이 더 감소되어야 하는 논거로 제시하는 것이, 15세~25세의 젊은 층 운전자의 보다 완만한 증가율인데(698-699), 여기서 젊은 층의 보다 높은 비율이 운전할 것이라는 그의 주장에 대한 자료는(699, 표 6) 그다지 결정적인 것이라 보이지 않는다.

그의 횡단면 자료 해석에 대해서도 문제점을 지적할 수 있다. 주(州)간 자동차 사고율을 주 전체 차량 중 규제 이후의 자동차 비율로 비교하면서, 그는 자동차 안전장치 설비를 갖추는 것이 총 사망자 수에는 영향을 미치지 않았다고 하고 있다(707-715, 표 11, 12). 그러나 펠츠만의 횡단면 자료를 보면, 1967년과 1970년 양 년도의 18~24세 젊은 층 운전자의 증가는 사망률의 감소와 연결되어 있고, 음주운전의 증가도 이와 유사하다. 게다가 각 주에서 운행하는 자동차의 실제 속도에 대해 그는 주요 도로 상 표지판의 제한속도를 대용변수로 쓰고 있다. 이들을 믿을만한 것으로 받아들인다 해도, 이들 자료가 그의 결론을 지지하는 것인지는 의문인 것이고, 또 그의 운전자 행동 가정 즉, '보다 안전한 자동차는 운자자들을 위험감수 경향으로 이끈다'는 것과 일치하는 결론인, '운전자의 안전성 증가는 보행자의 위험 증가로 상쇄된다'것을 밝히지도 못하고 있는 것이다.

결국 펠츠만의 '자동차 안전 규제정책의 효과'에 관한 경험적 연구는, '펠츠만 효과'로 격상되어 안전보호 조치에 관한 일반인의 인식을 바꾸기에는 미흡한 것으로 보아야 한다. 그의 이름을 따서 명명할 정도로 위 연구가 결정적이었다 보기에는 어려울 뿐만 아니라, 경험적으로도 많은 문제점을 안고 있기 때문이다.

산업 현장 규제의 영향

산업 현장에서의 근로자의 후생과 안전에 관한 규율은 산업화를 경험하는 거의 모든 국가에서 나타나는 현상이다. 이의 집행은 정부의 공무원 조직에 의해서 행해지는데, 그 효과는 어떨까?

바텔과 토마스는 미국의 산업안전보건청(Occupational Safety and Health Administration, 이하 OSHA)의 행태가 피규제 집단의 영향력 여하에 따라 어떻게 달라지는가를 보여주고자 한다(Bartel and Thomas, 1985). 그들은 펠츠만의 결론과 같이 OSHA의 규제효과는 거의 없는 것이라 하고 있다(20, 25). 여기서는 바텔과 토마스가 분석하는 정부기관과 이익집단의 관계에 맞추어 검토하기로 한다.

그들은 먼저 기존의 OSHA의 무력성에 관한 연구는, 정책집행이 미미했기 때문에 피규제집단의 순응확보에 실패했다고 보는 연구와, 규제 자체가 안전과는 무관한 것으로 보는 연구가 있음을 지적한 뒤, 자신들은 후자가 보다 설득력 있는 것으로 보고, 여기에 스티글러와 펠츠만 등의 이익집단이론을 동원하고 있다. 바텔과 토마스는 정부규제에 관한 합리적선택 문헌을 준거로, OSHA는 산업장 안전에 중요한 영향을 미치지 못하고 있음에도, 정치적 지원구조를 충분히 갖추고 있다고 본다. 그들의 주장은, OSHA가 집행하는 규제 프로그램들이 그 간접적 효과가 대단히 큰 것이어서, 산업계 내의 잠재적 경쟁자들로 하여금 비정상적으로 높은 비용을 부과하여 얻을 수 있는 이익도 크다는 것이고, 따라서 그들의 가정은, 규모가 큰 기업들은 연합체를 결성하여 OSHA와 긴밀한 관계를 유지하고, 그 결과 규모가 작고 조직화되지 못한 기업들만이 OSHA의 과도한 검사와 높은 제재금을 부과 받는다는 것이다. 그러나 이 연구를 검토해보면, 특수 이익집단으로 조직화되지 못한 작은 기업들이 체계적으로 과도한 검사를 받는다는 가설은, 그들의 결론과는 다르게, 지지되지 못하는 보아야 할 것이다.

1972년에서 1978년까지의 자료를 놓고 볼 때, 규모가 작은 기업들이 큰 기업에 비해 보다 빈번하게 검사를 받았다는 그들의 주장(23)은 순전히, 그들이 선정한 대용지표(surrogate measure) 즉, '근로자 당 연간 검사 횟수(19)' 탓으로 보아야 한다. 대규모 기업은 근로자 수가 많기 때문에 감독기관의 검사 횟수와는 무관하게, 당연히 그 정도는 낮을 것으로 보아야 하기 때문이다. 또 검사 시간이 몇 시간에서 수 주까지 다양하게 분포되어 있다는 점을 고려하면, 감독기관인 OSHA의 검사 강도를 포착하는 변수로 위 지표는 적합한 것이라 볼 수 없을 것이다. 예컨대, 1000명 규모의 A기업은 매년 5회에 걸쳐 2주간의 검사를 받고, 10명 규모의 B기업은 10년에 한 번씩 2시간의 검사를 받는다고 할 때, 위 지표에 의하면 B기업에 대한 검사횟수가 2배 많은 것으로 나타나, OSHA는 B기업에 대해 상대적으로 많은 횟수에 걸쳐 검사하고 있다라는 추론은 성립하는 것이다. 이와 같은 논리가, OSHA가 소기업에 과도한 검사를 하고 있다는 논거로 '근로자 당 위반비용'을 그 지표로 적용하는 경우(23)에도 적용될 것이다.

그들은 또 조직화되지 않는 작은 기업들만이 지나치게 많은 검사·제재를 받을 것이라는 가설을, 조직화된 대기업은 체계적으로 보다 적게 검사받을 것이라는 것과 비교하지도 않고 있다.

그러므로 합리적선택이론 특히 이익집단 이론에 영향을 받은 바텔과 토마스는, 작업장 안전을 규제하는 OSHA가, 규모가 작고 조직화되지 못한 기업들의 희생 하에, 규모가 크고 조직화된 기업들의 이익에 부합하는 방향으로 검사권을 행사한다고 하고 있지만, 그들이 제시하는 자료나 그 해석으로는 지지되기 어려운 주장인 것으로 보아야 한다.[7)]

---

7) 고길곤(2006)은 Bartel과 Thomas의 의 이 연구를, "작업장 안전 향상을 위해서는 규제기관에 좀 더 강력한 권한을 부여하고 많은 인력을 충원해야 한다는 주장을 뒷받침하고 있"는 것으로 해석한다(452). 그러나 이는 잘못된 것이다.

제11장
국정운영에 관한 합리적선택이론의 제언

비능률과 불안정한 민주주의로부터 탈출: 시장화

공공부문에서 일어나는 일들에 대한 탐구와 그것을 어떻게 구성할 것인가에 관한 처방은, 정부의 적정한 역할에 대한 논의로 쉽게 진행되기 때문에, 이데올로기 논쟁에 휘말리기 마련이다. 공적 영역을 다룸에도 그동안 실증주의를 표방하는 사회과학에서나 주류적 신고전파 경제학에서 자신들의 주장이 이데올로기적이지 않다는 것을 내세울 수 있었던 것은, 그것이 과학적 활동에 근거하고 있다는 것 또는 그 자체 자명하다는 뜻을 갖는 경제학적 정리(定理)의 결과라는 것을 보이는 것 이었다. 합리적선택이론가들은 때론 과학성을 때론 경제학 정리들을 원용해가면서 공공 부문의 개혁을 지속적으로 주장해 왔는데, 정부냐 시장이냐의 대안 중에서 거의 언제나 후자이었다는 점에서 그 요지는 시장화로 볼 수 있을 것이다. 또 이 때 국정 운영의 경제적 능률성 향상은 언제나 채택되는 모토였다. 여기서 공 사 부문 간 공공서비스 공급에 관한 생산성이나 비용 등의 비교가 제시되곤 하는데, 능률성도 행정이 추구해야 하는 이념으로 인정되고 있는 이상, 그 자체로만 보면 충분히 수용할 수 있는 것이라 하겠다. 또 공공재 산출의 생산성이나 비용 외에도, 공사 조직 간에는 조직론 상의 특성 차이도 거의 없다는 경험적 연구(Boyne, 2002)를 덧붙이면, 시장화로 요약되는 개혁 처방은 피할 수 없는 것으로 보인다.

먼저 공공부문을 개혁함에 있어 시장화의 정당성 근거로 제시되는 것들을 살펴보고, 이어지는 보론을 통해서는 이의 한계에 대해서도 보기로 한다.

1. 애로우 역설에서 벗어나려는 시도의 역설(力說): 민주적 정부는 무능력하다!

애로우 정리가 발표된 이래로, '사회적 선택'이라는 새로운 분야가 등장할 정도로 많은 연구들이 애로우 역설을 다뤄 왔다. 그러나 애로우가 증명한 민주주의적 투표의 순환은 문헌들이 축적될수록 강화 되어 왔다. 그래서 현 시점에서의 결론은 애로우 역설로부터 탈출은 불가능하다는 것, 민주주의 절차가 갖추어야 하는 사회후생함수는 존재하지 않는다는 점이다. 따라서 애로우 정리에 대한 연구는 민주주의 절차가 준수해야 한다는 다섯 가지 조건 중의 일부를 포기했을 때 나타나는 결과에 집중되었다. 그러면 나머지 조건을 충족시키는 사회후생함수의 도출은 가능한데, 여기서는 그러한 시도와 결과의 의미에 관해서 보기로 한다.

애로우는 모든 선택 대안들에 대한 서열화가 가능한 사회선호함수를 얻기 위해, 비교적 엄격한 내용의 합리성을 요구한다. 그러나 실제 삶에서 개인들이 직면한 모든 선택 대상들에 대해서 서열화가 필요한 것은 아니라고 생각할 수도 있다. 예컨대, 모든 대안에 대한 서열화가 아니라, 최선의 대안이 무엇인지만을 요구할 수 있다는 점이다. 이를 사회후생함수와 구별하는 의미에서 사회결정함수(social decision function) 혹은 사회선택함수(social choice function)이라 부른다. 그러나 이는 애로우가 의도한 완결된 형태의 사회선호함수와는 전혀 다른 국면이다. 한편 앨런 기버드(A. Gibbard)는 애로우가 구분한 합리성 즉, 엄격 이행성과 무차별 이행성에 따라, 무차별 이행성은 없고 엄격 이행성만 있는 경우, 소수에 의한 독재 즉 위원회 독재가 출현하고, 위원회 내 의견 불일치의 경우 사회적 선호 자체가 이뤄지지 않음을 증명한다(Mueller, 2003: 58).[1)]

비독재 조건 완화

이를 완화하는 것이란 사회선호함수를 결정하는 1인의 존재를 인정하는 것이므로, 당연히 사회후생함수를 얻을 수 있다. 그러나 독재체제가 나머지 요건을 충족시킨다 하더라도, 문제는 사회 구성원 개개인들의 선호를 독재자로 하여금 반영하게끔 하는 제도는 존재하지 않는다는 점이다. 곧 독재자에 의한 사회후생함수는 민주주의 정치체제에서는 공허한 것이 될 수밖에 없다는 점에서 민주주의라면 시도할 수 없는 조건 완화인 것이다.

민주주의 투표절차의 시민주권의 요건은 사회의 모든 구성원들의 선호에 대해 사회적 평가가 가능해야 함을 의미한다. 이 요건의 완화는 비록 1인 독재는 아니라 하더라도, 특정 구성원의

1) 엄격 이행성이란, a>b, b>c 이면, a>c라는 것, 무차별 이행성이란 개인의 선호가 a와 b 간 무차별하고, b와 c 간에 무차별하다면, a와 c도 무차별하다는 것을 의미한다.

선호가 무시될 수 있는 점 혹은 특정 집단의 선호가 반영되면 사회후생함수 도출은 불가능하다는 것 즉 민주주의 사회에서 차별이 용납된다는 것을 의미하기 때문에, 바람직스러운 것이라 할 수 없다.

만장일치 원칙 조건(파레토 원칙) 완화

이의 완화는, 사회후생함수 도출에 국한해서 볼 때, 적어도 현 시점의 주류적 경제학의 입장에서는 가장 바람직하지 않는 결과가 초래된다. 그 한 예에 따르면, 파레토 원칙을 완화한 사회선호함수는 결국 개인들의 선호와 무관한 내용을 사회적 선호로 제시되게 하거나, 이를 결정하는 그 사회의 특정인을 '음의 독재자(negative dictator)' 로 만든다고 한다(Mueller, 2003: 126).[2] 파레토 원칙이 경제학에서 차지하는 위상을 고려하면 이러한 시도 자체가 용납되지 않을 것이다.

무관한 대안으로부터 독립 원칙 조건 완화

결국 남는 것은 무관한 대안으로부터 독립원칙의 완화다. 애로우가 이에 대해 고심한 것만큼 세간의 비판도 이에 집중되었다.[3] 그 요지는 이 요건으로 인해 사회선호함수의 주된 기능인, 각 개인들의 선호 강도 차이에 대한 평가가 불가능해졌다는 점이다. 예컨대 실제 투표과정에서 사용되기도 하는 점수투표제

---

2) 한 독재자의 선호와 정반대의 내용을 사회선호함수로 만드는 독재자.

3) 기존 경제학에서의 기수적 효용 가정을 서수적 효용 가정으로 변경시키기 때문이다

(Borda 점수제)는 이 요건에 정면으로 위배되는 것이고, 의회 표결과정에서 나타나는 투표거래(log-rolling)은 각 안건에 대한 투표자들의 선호 강도 차이가 반영되어 나타난 것이다. 그러나 무관한 대안으로부터 독립원칙을 완화한다고 해서 사회후생함수가 도출될 수 있는 것은 아니라는 점이 더 문제다. 그 이유는 각 투표자들이 선택대상들에 대한 정확한 선호의 강도를 제공하리라는 보장이 없기 때문이다. 반대로 각 투표자들은 전략적으로 자신이 원하는 결과를 위해 자신의 선호에 역행하는 투표를 할 수도 있다(전략적 투표). 또 유권자의 선호는 쉽게 조작된다는 문제도 있다. 이른바 '기버드-사테트웨이트 정리(Gibbard-Satterthwaite theorem)'는 투표과정에서 선호조작이 얼마나 쉽고 만연되어 있는가를 증명하고 있는 것인데, 이에 의하면 모든 투표방식은 다음 세 조건 중 하나 이상을 반드시 위반하게 된다.

1. 투표과정에서 독재자가 존재하지 않을 것
2. 투표자들이 진정한 선호를 표명하는 것이 우월 전략일 것
3. 셋 이상의 대안에 관하여 투표하는 것이 전제 될 것

그들의 결론은 셋 이상의 대안에 대해 민주주의적 방식으로 투표를 하는 경우, 선호표출과정에서의 조작(manipulation)은 불가피하다는 것이다. 그러면 이 같은 전략적 선호조작이 존재하지 않는 사회선호함수는 불가능할까? 기버드와 사테트웨이트에 의하면, 그러기 위해선 애로우가 설정한 다섯 가지 조건 외에 다음 조건이 추가되어야 한다. 'positive association'이라 불리는 이 조건은, 어떤 사회적 선호의 최초 결과가 x>y 이었다면, 그

사회 일부 구성원들이 x보다 다른 대안을 더 선호하게 되었다 하더라도, 사회적 선호는 여전히 x를 선호해야 한다는 조건이다.[4] 아마르티아 센(A. Sen)에 의하면, 애로우도 애초 이 조건을 포함시켰다가 다른 조건과 충돌할 것을 염려하여 이를 제외시켰다고 한다(1970: 69). 아무튼 애로우가 설정한 무관한 대안으로부터의 독립 조건을 유지하려 하는 한, 민주주의 절차에 따른 사회후생함수의 부존재는 분명한 것이다.[5]

라이커(W. Riker)가 애로우 정리로부터 민주주의 의미를 도출할 수 있었던 것은, 이상과 같은 역설로부터의 탈출시도가 불가능하다는 점을 인식했기 때문에 가능한 것이었다. 또 애로우 역설을 피할려고 하는 위 시도들은 라이커의 민주주의에 대한 해석은 정당화되는 것이기도 했다. 결국 애로우 정리가 민주주의에 관한 논의에서 한 축을 차지하고 있는 한, 보다 낳은 민주주의적 절차 혹은 결과를 요구하면서 시작한 논의는 결국 제 자리로, 민주주의적 정부과정에 대한 회의로 귀결된다. 그러나 이와

4) 이는 반대 의미로도 성립한다. 즉, 어떤 개인이 어떤 선택항을 더 선호함으로서 순위를 변화시켰을 때, 전체 사회의 우선순위는 같은 선택항을 더 선호하거나 변화를 주지 않는 방향으로만 반응해야한다는 것이다.

5) 또 이 조건은 가장 많이 논란이 되었던 것이기도 하다. 그러나 주류 경제학적 방법을 채택하는 한 이의 채택은 불가피하다. 예컨대 존 롤스(John Rawls)도 받아들이고 있다. 다음의 표현이 그렇다.

> 정의의 문제가 관련되는 경우에는 욕구의 강도가 고려되어서는 안 된다. 물론 흔히 그렇듯이 입법자는 공주의 강렬한 감정을 고려해야 한다. 불법에 대한 사람들의 감각은 그것이 아무리 불합리하다 할지라도 정치적으로 달성될 수 있는 것에 어떤 한계를 설정해줄 것이며, 대중의 견해는 이러한 한계 내에서 시행 대책에도 영향을 주게 될 것이다. 그러나 전략의 문제가 정의의 문제와 혼동되어서는 안 된다(2003: 313)

같은, 경제학 정리의 현실에의 직접적 적용에는 의도하지 않는 결과의 내포라는 위험이 도사리고 있다. 즉, 라이커와 같은 해석이라면, 애로우 정리는 중국과 같은 사회주의 독재체제를 정당화할 때에도 동원될 수 있다(Mackie, 2003: 4). 앞에서 애로우 정리의 공식적 명칭은 '일반불가능성 정리'가 아니라 '일반 가능성 정리'라 한 바 있는데, 이것이 가능한 경우가 바로 독재적 상황이다.

> 일반 가능성 정리: 경제학 상의 합리성을 가정하고, 파레토 원칙, 무관한 대안으로부터 독립 등의 공정성 조건을 충족시키는 모든 사회후생함수는 외생적으로 부과되거나 혹은 독재적인 것이다(1951/1963[1987]: 104를 수정).

2. 공적인 것의 시장화 논거로서 경제학 정리

공공부문의 개혁과 관련하여 경제학이나 합리적선택이론 진영에서 제시하는 가장 강력한 근거는 아마 경제학 내의 다양한 정리들의 해석일 것이다. 우선 시장과 정부 중 어느 쪽을 선택할 것인가에 대한 지적 근거는 특히 후생경제학이 제공하는 것으로 알려져 있다. 그 기본 정리들은 어떤 의미에서, 그리고 어떤 조건 하에서 시장이 능률적인지를 규명한다. 이른바 후생경제학의 제 1정리는 일정한 조건 하에서 모든 경쟁 균형이 파레토 효율적임을 보인다. 또 제2기본 정리는 시장 기제를 통해 파레토 효율적인 자원배분이 달성 될 수 있는 조건을 제시한다. 이들의 결론은, 자원배분과 관련해서는 가격체계야말로 가장 강력한 수단이므로, 정부가 해야 할 역할들이 있긴 하지만, 그것은 매우 제한적이어야 한다는 것이다.

그러나 시장화 처방에 대해 경제학 외부의 사정까지를 고려하면, 공공 부문 나아가 민주주의 자체도 개혁해야 하는 제 1의 논거는 애로우 정리이다. 이는 무엇보다 애로우 정리를 거부하려 하면 할수록, 공적 영역의 작동원리인 민주주의, 또 민주주의 원리에 기속되어야 하는 정부활동의 무능력을 증명하고 있기 때문이다. 그래서 애로우 정리를 보강하려는 것이 아니라 그 거부 이유를 제시하려다가 발견된 정리(Gibbard-Sattertwaite theorem)를 합하면, 정부과정의 탈(脫)민주주의화와 시장화는 더 이상 거역할 수 없는 최고 지성들의 결론이었다. 즉 시장화 혹은 규제완화가, 민주주의 원리와 충돌되는 것은 아닌가라는 의문에 직면할 때, 애로우 정리는 명쾌한 해답을 제시하고 있는 것으로 여겨지고 있는 것이다. 경제학상의 정리를 현실 문제 해법으로 적용하는 이 같은 주장은 국내의 문헌에서도 쉽게 찾아볼 수 있다(김영평·최병선·신도철, 2006: 284; 조홍식, 2007: 48-49).

민주주의적 정부과정의 무력성

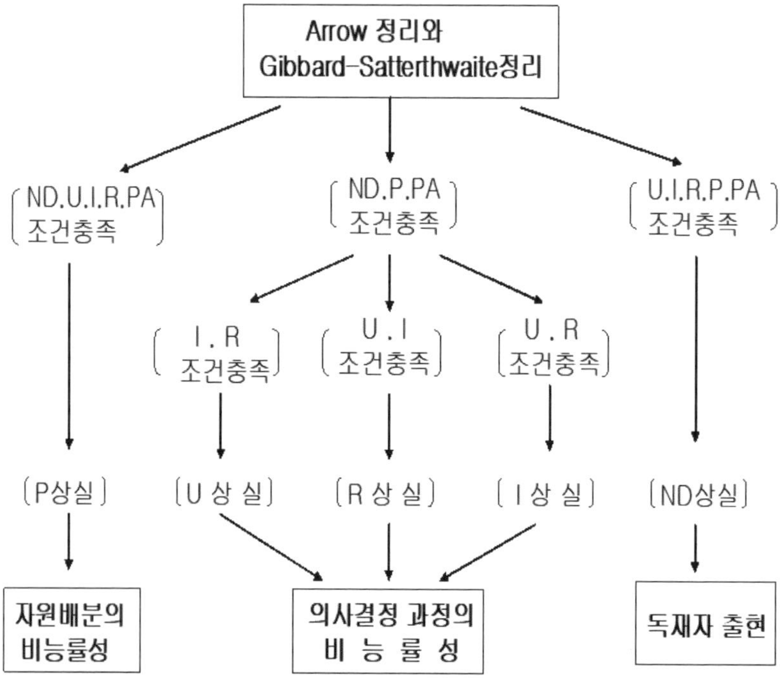

※ 출처: Inman, 1987: 693

범례

ND: 비독재 조건

U: 시민 주권 조건

I: 무관한 대안으로부터 독립 조건

R: 합리성 조건

P: 만장일치원칙 혹은 파레토 원칙 조건

PA: positive association 조건

그러므로 후생경제학 정리와 애로우 정리는, 경제적 배분의 옳고 그름을 넘어, A. Smith이래 인류가 고심한 문제들,

- 경쟁적 경제체제 즉 시장은 좋은 결과를 산출하는가?
- 경쟁과 최적성 사이에는 필연적 연결이 존재하는가?
- 재화 혹은 부의 분배를 평가할 수 있는 시장 기준 이외의 다른 기준이 존재하는가? 예컨대 공정성은 적절한 기준일 수 있는가?
- 투표와 같은 전통적 비시장 의사결정 방법들은 우리에게 어떤 사회적 선택이 좋고 어느 것이 나쁜가를 시사할 수 있는가?
- 어떤 사회적 대안이 좋은 것이고 나쁜 것인가를 결정하기 위한 시장 및 비시장의 모든 방법에 논리적 한계가 존재하는가?

등에 대한 최소한의 답을 제공하고 있는 것으로 보인다(Feldman, 1990: 255). 이에 대한 답은 시장은 좋고 정부는 나쁘다는 것이다. 이것이 경제학 정리들의 위력이다.

보론 1: 경제학 정리의 현실 적용 문제

경제학의 정리등을 동원하여 현실을 개혁하고자 하는 주장들을 보았다. 여기서는 두 가지 정리만을 들어 살펴보고 여기에는 어떤 문제점이 있는지 보기로 한다. 하나는 경제학의 꽃이라 할 수 있는 일반균형 정리이고, 다른 하나는 후생경제학의 사회후

생함수 논의와 관련된 일반 가능성 정리이다.[6] 앞 부분에서 경제학적 지식의 내용을 임진왜란 기의 이순신 장군에 대한 것과 비교할 수 있는가의 문제를 언급했는데 아래를 보면서 확인하기 바란다. 관건은 경제학의 방법론에 있다.

경제학의 정리와 현실

주류 경제학의 핵심을 이루는 이 정리들이 국정 전반의 개혁과 관련하여 동원되는 것 자체는 이해할 수 있는 일이다. 대안적인 제도들 간에 가치판단은 불가피한데, 이 정리들은 가치판단의 일관성에 관한 논리 규명과 다른 제도들 간의 비교 판단의 기준이 될 수는 있기 때문이다.

그러나 문제는, 경제학의 정리들은 일정한 가정 하에서만, 오로지 그 조건에서만 결론들이 타당하다는 점이다. 만약 조건을 달리 설정하면, 어느 하나의 정리와 완전히 다른 내용을 갖는 정리들이 가능할 수 있으므로, 어떤 정리의 결론이 우리가 직면한 상황에 대한 답을 포함하고 있더라도 그것의 적실성은 거의 없다고 보아야 한다.

다른 혹은 반대 의미를 갖는 정리들

또 경제학의 정리들이 제도 개혁에 대한 특정한 처방을 담고 있다고 할 때, 정리 자체가 그것을 채택하는 직접적인 근거가 될

---

6) 두 가지 모두에서 애로우의 공헌은 절대적이었다. 코스 정리가 언제부터인가 유행이 되긴 했지만, 이를 경제학의 주류 내부의 것이라 할 수 없음은 앞에서 지적하였다.

수는 없다. 그러기 위해서는 다른 경제학의 정리들을 무시하는 결과가 될 수 있기 때문인데, 특히 '차선의 정리(The Second Best Theorem)'라 알려진 '립시-랭카스터(Lipsey-Lancaster)' 정리는 특정한 정책 내용을 함축하는 모든 정리를 기각해버릴 수 있는 파괴력을 갖고 있다는 점에서 정부 정책과 관련해서는 가장 영향력 있는 정리라 할 수 있다(일당백의 정리). 예를 들면, '시장이냐 정부냐'의 문제에서 후생경제학의 정리들은 자주 등장하는데, 이때 이 점은 거의 무시되고 있다. 그러므로 경제학 정리를 현실에 직접 적용하는 것과 관련하여 이를보기로 한다.

립시와 랭카스터는 후생경제학 정리들처럼 완전한 시장이 존재하고, 사람들도 그 상태를 향해 가기를 원한다고 가정한다. 또 이 경우, 최적의 상태를 이루기 위해 n개의 조건이 필요하다고 가정한다. 그렇다면 n개의 조건을 모두 갖추는 것만이 최적이 될 것이다. 그런데 만약 어떤 사회가 n개의 조건을 충족하지 못할 경우 최적을 이루기 위해, (n-3)개, (n-2)개, (n-1)개, … 이런 식으로 필요한 조건들을 충족시켜 나가는 것이, 적어도 최적에는 근접해 간다는 점에서, 정책 결정자들은 점진적인 조치를 취하는 것이 현명한 처사로 보인다. 예컨대, 노동이나 자본시장을 점차 자유화하고, 그 다음 민영화하고, 유연화하고, 독점을 없애며, 과거에는 없던 통행권이나 보호권을 설정하여 외부성을 제거해 나가면, 사회는 그만큼 최적에 가까울 수 있는 것처럼 보인다.

립시-랭카스터 정리는 누가보아도 타당할 것 같은 위 조치들로 인해 사회가 보다 최적에 근접한 것이라 말할 수 없다고 한다. 즉 (n-1)개의 조건을 갖춘 사회가 (n-2)개의 조건을 갖춘 사회보다 보다 좋은 사회라 말할 수 없다는 것이다(이준구, 1999: 92-94). 오히려 만일 특정 경제의 반경쟁적 부분을 어딘가 건드

리면, 결과는 자동적으로 출발점보다 나쁜 상황으로 향하게 되는 것으로 이 정리는 증명한다. 따라서 이 정리를 그대로 받아들이면, 시장상황을 후생경제학의 정리들의 함의에 따라 예컨대 국영기업을 민영화한다는 것의 정당성을 경제학에서 끌어올 수는 없다. 또 두 개의 독점상황이 있을 때 그 중 하나의 독점을 없애고 다른 독점은 일단 그대로 놓아둔다면, 그것으로 상황이 향상되었다고 말할 수 없다.

우리를 더욱 당혹스럽게 하는 것은 이 정리를 보완하는 '그로스만-스티글리츠(Grossman-Stiglitz)' 정리다. 이에 따르면 시장 메커니즘은 절대 시장의 기능을 향상시킬 수 없다. 불균형일 때에도 균형이 존재하기 때문이다(Stiglitz, 2003: 31).

따라서 경제학의 정리에서 우리가 얻을 수 있는 것은 상황에 따른 논리 전개에서의 정합성만이지, 현실 문제 해결을 위한 정책 방향으로 특정한 정리를 동원한다는 것은 무리라고 볼 수 밖에 없는 것이다.

의도적·선택적 해석

또 일반균형정리와 후생경제학 정리들이 시장 신념의 지적 근거로, 애로우 정리가 비시장 질서의 곤란함을 증명하고 있다고 보는 것에는 대단히 흥미로운 사실이 있다. 많은 저술가들은 이들 정리의 전제가 되는 어떤 가정은 부각시키고, 어떤 가정은 숨기고, 때론 의도적으로 오독(誤讀)하고 있다는 점이다.

먼저 후생경제학의 정리는 그것의 바탕이 되는 '일반균형 정리'가 이를 증명한 학자들이 스스로 잘못된 것이라 선언하고 있는 점은 거의 알려져 있지 않다. 앞서 언급한 바 있는, 이를 증명한 학자의 이름(Sonnenschein, Mantel, Debreu)의 첫 글자를 따서 'SMD 정리'라 불리기도 하는 이에 의하면, 완전경쟁시장에서 마저도 주류 경제학이 말하는 '가격메커니즘이 작동하는 시장은 능률적이다'는 명제, 정리는 없다. 이는 지극히 파괴적인 것인데, 예컨대 따라서 '시장실패(market failure) 개념마저도 그 근거는 없는 것이다. 그리고 그 이후 애로우 정리처럼, 새로운 증명시도가 있었던 것도 아니다. 그럼에도 여전히 후생경제학 정리는 경제학 교과서 등에 버젓이 실려 있고, 정부 영역의 후퇴를 주장할 때마다 등장한다.[7)]

애로우 정리가 (후생)경제학을 넘어 사회과학 전반에 걸쳐 영향을 미치고 있는 점은 더욱 의아하다. 먼저 시장화나 민주주의의 후퇴와 관련된 애로우 정리 해석은 그의 의도와 다르게 전개되었다는 점을 지적할 수 있다. 즉 애로우는, 민주주의가 작동하는 현실의 세계를 경제학적으로만 분석하려 하지 않았다. 그래서 그는, 민주주의는 지속적으로 최선의 다수결 원칙을 강구해 나가야 한다고 주장한다(1951/1962[1987]: 54). 그러나 투표 순환을 경제학의 불균형(불안정성)으로 보는 경우, 애로우 정리의 의미는 완전히 다르게 전개되는데, 앞서 본 바와 같이, 라이커는 다수의 혹은 선호의 순환이 있어 투표절차나 민주주의란 무의미하다고 까지 말한다. 또 어떤 논자는 다수결의 순환을 심각하게 여기느냐 여부로 정치학자 등과 합리적선택이론가들을 구분한다(Brennan & Hamlin, 2000: 113). 그럼에도 투표나 선호 순환으로 인한 결과가 민주주의적 정치과정의 실제에서 얼마나 중요

7) 또 각종 시험에서 경제학 과목 문제의 단골이기도 하다.

한지를 보여주는 경험적 예는 없고, 털럭은 오히려 의회 위원회 등에서 투표로 결정되는 의사결정이 왜 그렇게 안정적인지에 대해 놀라워한다(1981). 이런 상황에서 애로우정리에 대해 라이커와 같은 입장에 서게 되면, 위 그림이 시사하는 바와 같이, 정부의 작동원리인 민주주의를 철회함으로써, 시장의 작동원리가 종래 정부 영역을 접수해야 한다는 결론에 다다르게 된다. 작은 정부 혹은 시장화 외에 대안은 없다는 점이다(Burnham, 1999: 2250; Riker and Weingast, 1988: 339-396; Shepsle and Weingast, 1984: 417, 421).

그러나 애로우 정리가 경제학 외 민주주의에 대한 처방까지 제시하고 있는 것으로 보는 것도 문제이지만, 시장화라는 구체적 대안까지 명백히 하고 있다고 보는 것은 지나치게 자의적인 것이라고 할 수밖에 없다. 애로우가 밝힌 것은, 경제학이 가정하는 전제 내에서 그 논리에 따를 때에만 가능한 것이며, 또 자본주의적 민주국가에서 사회적 선택이 결정되는 두 방법 모두 정당한 민주적 절차원칙을 준수할 수 없다는 것, 즉 투표과정을 통한 사회적 선호 결정 방식뿐만 아니라, 시장 메카니즘을 통해서도 합리적인 사회적 선택을 창출하지 못한다는 점이기 때문이다(Arrow, 1951/1963: 19, 59).

사회주의 집산 경제의 정당화 정리도 있는데…

이 같은 의도적 오독은 뷰캐넌으로부터 시작되었다. 그는 앞서 본 1954년의 논문이 발표되던 해, 애로우 정리를 검토하는 논문도 발표한 바 있는데, 그는 여기서 '합리적 사회적 선호'라거나 '민주적으로 서열화된 선호 산출'에 대해, 유기체 국가론을 전제한 용어들이라는 것으로, 즉 범주착오(category mistake)라 비판한다(Buchanan, 1954A: 116-117). 그러나 다른 글에서는 이미 공적 영역과 사적 영역의 차이를 말한 그이기에, 사회후생함수 논쟁을 통해서는 자신의 방법론적 개인주의에도 불구하고, 집단이나 사회·국가·정부의 선택이라는 것이 현실적으로는 존재한다는 것을 인정하는 것이나 마찬가지이기 때문이다.[8)]

그러나 매우 한정된 조건 하에서만 성립하는 경제학 정리들을 실제 현실에 적용하고자 하는 것은 위험하기까지 하다. 그 예로써 '랑게-러너 정리(Langer-Lerner theorem)'를 드는 것이 적합할 것이다. 이 정리는 사회주의 집산 경제를 정당화하는 논리인데, 이에 의하면 생산수단의 사회적 소유 한도 내에서 한계효용 논리를 따르는 이론에 기초해, 시장 경제의 가격 결정 메커니즘과 동등한 가격 결정을 중앙 계획 당국의 정책에 의해 실시하더라도, '파레토 최적' 상태를 달성할 수 있다는 내용이다. 요컨대 시장경제든 사회주의 경제든 그 차이는 없다는 것으로, 스미스의 보이지 않는 손의 수학적 증명이라는 '일반균형의 존재' 증명보다 앞서 정립된 것이다. 과연 신고전파 경제학 내부에서의 '정리'만을 기준으로 사회주의 집산 경제와 시장경제 간의 우월성을 결정할 수 있을까?

8) 반면 털럭은 명시적으로, 애로우가 시장에 대해서도 회의적인 입장임을 알아채고 있다(Buchanan and Tullock, 1962[1999]: 453). 그러나 털럭은 시장에 대해서는 합리적이라거나 비합리적이라는 수사는 불가능하다는 점을 들어 애로우를 비판한다.

애로우는 왜 정리들을 증명하려 했을까?

애로우는 경제학의 중추 논리인 일반균형정리와 일반 가능성 정리의 증명에 결정적인 인물이다. 앞에서는, 왜 일반균형정리를 증명하려 했는지 물음에 대한 답변으로, 스티븐 마글린과의 대화를 소개하였다. 지식인들 사이에서는 시장의 균형이라는 미덕이, 애덤 스미스의 보이지 않는 손이라는 우아한 이야기가 오가는데, 이것들이 타당하기 위해서는 어떠한 조건이 필요한가를 밝히기 위해서라는 것이었다. 이 말을 달리 해석하면, 그 미덕과 우아한 이야기는 현실에서는 성립될 수 없다는 것이다. 필요한 그 조건들을 현실은 충족시킬 수 없기 때문이다. 그 조건들이 바로 시장실패라 개념화된 것들임은 앞에서 보았다.

그렇다면 또 '무의미한 민주주의'와 '나쁜 민주주의'의 근거로 원용되고 있는 일반 가능성정리 증명 이유는 무엇일까? 일반균형정리를 증명하고자 했던 그 의도에 이미 답은 나와있다. 그것은 개인과 사회 중, '선택'이라는 자유를 명분으로 개인에 절대적 우선성을 부여하는 신고전파 경제학에 대한 부정이다. 왜냐하면, 다수로 존재하는 파레토 최적 상태 중, 사회 전체의 입장에 하나의 상태를 선택하는 것이란 불가능하기 때문이다. 또 신고전파 경제학의 주어진 자료에서 출발하여 존재하는 경쟁적 균형이 다수일 때, 그 중 사회 입장에서 어떤 것을 선택하느냐 하는 것도 해결 불가능한 것이 되었기 때문이다.

따라서 애로우 불가능성 정리가 함축하는 부정적 의미는, 시장화 논자들처럼 파레토 최적 상태의 선택 문제를 넘어서는 것, 즉 경제학을 초월한 것이다. 그러나 그것은 민주주의의 철회가 아니라, 사회 전체 수준에서의 의사결정을 위해서는 개인의 의사결정과는 다른 독립적인, 사회 수준에서 주어지는 어떤 기준이 있어야 한다는 것을 의미한다.

부연하면, 일반 가능성정리를 통해 그가 밝히고 있는 것은 먼저 방법론적 개인주의는 부적절하다는 것이다. 그의 책『사회적 선택과 개인의 가치(Social choice and individual values, [1963] 1951)』의 서론에서, '방법론적 개인주의'라는 용어가 몇 번 쓰이고 있는가를 보라. 그가 증명해 보인 것은 방법론적 개인주의의 한계라고도 할 수 있을 것이다. 그는 나중에 다음을 명백히 선언한다(Arrow, 86: 388).

> (개인들의) 총합 수준에서, 일반적 말하면 합리적 행동 가설은 어떤 의미도 없다(괄호는 필자가 추가).

그리고 애로우가 자신의 정리를 통해 분명히 하고 있는 것의 두 번째는 경제에 대한 정치의 우위 곧 시장원리에 대한 민주주의 원리의 우위이다(Arrow, 2006). 이것은 방법론적 개인주의 논리만으로는 민주주의에 대해서는 물론 시장원리에 대해서도 접근 할 수 없는 것임을 그는 누구보다 잘 알고 있기 때문에 가능한 주장일 것이다.

왜 그러한 해석이 가능할까? 독자들의 합리적 무지

결국 우리 현실 문제의 진단과 처방의 기준으로서 경제학 정리를 끌어들이는 것은 여러모로 문제다. 그러면, 경제 교과서나 교재의 내용들은 어떻게 보아야 할까? 의도적이고 선택적으로,

더 나아가서는 오독을 곁들여 해석한다는 것은 비록 학자로서이지만 결국은 그 개인의 영역으로 인정할 수 있다고 쳐도, 그러나 여기에 도덕적 판단까지 유보될 수 있을 것 같지는 않다. 여기서는 단지, 왜 학문의 영역에서 이것이 가능할까에 대해서만 생각해보기로 한다.

합리적선택이론의 논지를 잠시 베끼면 답은 간단하다. 민주주의 원리가 정치인이나 관료들의 이익을 위한 것으로 작동하는 것이 '합리적으로 무지한 시민'이라는 가정과 현실 탓에 가능하듯이, 앞의 비도덕적이라 할 만한 학자들의 경제학 정리에 대한 해석들은 무지한 독자들때문이라는 것이다.

예를 들어 보겠다. 일반균형정리를 경제학의 꽃이라 했는데, 학부의 경제학 수업에서 이를 접한 학생들 중, 이를 증명까지 할 수 있는 이가 있을까? 단언컨대 없다. 경제학 전공의 대학원 수업에서는 어떨까? 없다고 거의 단언할 수 있다. 이것이 애로우가 그 두 정리를 증명해 낼 수 있는 이유였다. 한계대체율, 기술적한계대체율, 한계변환을 통한 생산과 교환에서의 동시균형을 떠올리는 경우가 있을 것인데, 이것은 그 증명이 아니다. 발라(L, Walras)의 일반균형의 의미, 즉 '총초과수요를 0으로 수렴시키는 가격체계가 있는가'에 대한 증명이다.

수학전공자인 애로우는 경제학 석사과정에 진학하고서는 그때까지 경제학자들이 해결하지 못하고 있는 문제에 주목했다고 한다. 일반균형의 '존재' 증명의 경우, 당대 경제학자들의 도구였던 '미적분' 정도의 수학(differential calculus)으로는 해결할 수 없을 것임을 알았챘는데 애로우에게도 역시 그 다음은 쉽지 않는 것이었다. 그러나 여기에 시기적으로 겹친 두 가지 우연이 그에게는 기회가 되었다. 하나는 20세기 초반에서야 증명으로 인정된 '위상'수학(topology)의 한 정리(theorem)이고, 다른 하나는 이때 인정된 '간접적, 비구성적' 증명도 논리학적 증명으로 인정하자는 분위기였다.[9)]

그런데 지금 경제학 교재를 접하거나 해야하는 독자들은 애로우가 누렸던 기회를, 후대로서의 혜택으로 누릴 수 있을까? 거의 기대하기 어렵다. 우선 웬만한 대학수학을 능가하는 고급수학을 경제학의 일부로서 학습한다는 점이 그렇다. 또 'SMD 정리' 이후, 이를 적용하여 정리의 증명에 활용하는 대학원과정은, 소위 명문이라 불리는 대학에서는 사라져버렸다는 것도 그렇다.[10)] 이러한 입장에서 위 사정을 모르는 독자들은 그저 교과서나 교재의 내용에는 전적으로 수동적일 수밖에 없고 그 상황이 지금도 계속되고 있는 것이다.

<보론 1 끝>

9) 이 기회의 시기를 포착한 학자들은 애로우 외에도 많다. 대표적으로 폰 노이만(John von Neumann)과 오스카 모르겐슈테른(O. Morgenstern), 존 내시(John Forbes Nash, Jr)를 들 수 있다. 또 위상수학의 한 정리란 '고정점 정리(fixed-point theorem)을 가리킨다. 최초 증명은 브라우어(L. E. J. Brouwer)에 의해서 이뤄졌는데, 이때의 증명방식은 그저 그런 이야기 형태의 가능성이 많은, 주변적인, 그러므로 한때 논리적인 것이라 인정되지도 않았던 '간접적' 방식인 것이었다. 애로우도 이 치명적 약점을 알고 있었다고 한다. 그러나 이미 폰 노이만과 내시의 문헌들이 학술지에 게재되고 있었고, 결정적으로는 폰 노이만의 명성과 위력에 의존하여 위 두 가지 증명을 해낼 수 있었다고 한다. 일반균형의 존재 증명이나 일반 가능성 정리의 증명 모두에서, 이 간접적 증명방식이 채택되고 있다. 수학계의 사정도 비슷했다고 한다. 간접적 증명방식을 인정하면, 그동안 미지의 상태로 남았단 몇 가지 난제들도 해결될 수 있었다는 것이다.

10) 그러한 대학원이 있기는 하다. 그러나 입학 및 수강조건은 경제수학을 다룰 수 있는 정도가 아니라, 고급수학을 이해할 수 있는 정도이다.

3. '민주주의의 능률성' 테제

합리적선택이론에서는 그동안, 지역적 특수 이익을 우선하는 입법자, 예산을 극대화하려는 관료, 지대추구의 이익집단, 그리고 무지한 유권자 가설을 통하여, 민주주의적 정부란 과다하게 팽창되고 비능률적인 것으로 묘사해 왔다. 그러나 합리적선택이론의 가정에서와 같이, 모든 인간은 효용을 극대화 하려 한다는 가정을 끝까지 밀어붙여 민주주의 정치체제가 능률적 결과를 산출한다고 주장하는 일련의 경제학자들이 있다.

시카고 경제학의 반동자(反動者)들?

시카고의 정통 경제학을 자부하는 합리적선택이론가들이 그들인데, 게리 베커, 리처드 포스터(R. Posner), 도널드 위트먼(D. Wittman) 등은 뷰캐넌과 털럭의 인간가정의 대칭성 주장을, 보이지 않는 손의 대칭성으로 확대하여, 시장이 능률적인 것처럼 공적 영역도 능률적이라고 한다. 즉 보이지 않는 손이라는 경쟁원리가 민주주의 원리를 통해서도 작동된다고 보는 것이다. 이 주장의 두 가지 핵심, 공적 영역의 시민을 경제 인간으로 환원하고 있다는 점, 민주주의 능률성의 근거가 경쟁으로 인한 것이라는 점에 대해서는 동의하지 않지만, 경제학 원리에 따른 결론이 반드시 하나로 귀결되는 것은 아니라는 것을 보이기 위해 위트먼의 논리를 소개하기로 한다.

그가 보기에 정부실패에 관한 모든 이론의 배후에는, 유권자를 지나치게 어리석은 존재로 간주하는 것, 정치 시장에 경쟁이 없다는 것, 거래 비용을 과다하게 상정하는 가정들이 자리하고 있다(1989: 1421). 따라서 그가 민주주의도 능률적이라는 것을 증명하는 것은 이러한 가정들이 실재와 다르다는 것을 보이는 것이다. 즉 정치 시장의 주체들도 사회적 비용을 최소화하려 한다는 것, 그래서 민주주의 정치 체제도 능률적이라는 것을 밝히는 것이다.

위트먼이 기존의 합리적선택이론과 현격한 차이를 보이는 부분은 유권자의 합리적 무지 가설을 기각하고 있는 점이다. 그는 시민인 유권자들이 정치적 상황에 대해 무지하지 않다고 한다. 시민들은 비록 그들이 선출한 의원이 어떻게 투표하고 있는지는 정확히 모른다고 하더라도, 의원들의 정책에 대한 전반적 태도는 충분히 알고 있다고 보기 때문이다. 또 시장에서의 능률성이 투자자들의 완전한 정보에 따른 행동에 기인한 것이 아닌 것처럼, 유권자들도 완전한 정보를 습득해야 할 필요성은 없다고 본다(1995: 14). 그는, 사람들은 이슈가 어떻게 형성되느냐에 따라 쉽게 조작된다는 심리학의 실험에 대해서도 회의적이다. 사람들은 자신의 인식상의 한계를 잘 알고 있고, 이 한계 내에서 완전한 인식일 때의 상태에 근접한 대안들을 창출해낼 수 있다고 믿기 때문이다. 그는 또 유권자 선호 집계에 관한 기존 문헌의 태도를 비판하는데, 유권자들이 항상 자신들의 이념적 정강에 가까운 후보를 지지할 것이라는 가정을 수정하면, 파레토 최적의 선호집계는 가능하다고 본다(152-158).

위트먼은 민주주의 정치 시장은 파레토 효율적인 부 극대화 결과를 달성할 수 있도록 조직화된 것이라 본다(2). 선거에서 후보자나 정당들은 매우 경쟁적이고, 능률적 결과를 달성하는 기업가적 관료에 대해서는 충분한 보상이 주어지는 메커니즘도 갖추고 있다는 것이 그 이유다. 또 그는, 입법자들의 법률안 등에 대한 투표가 유권자들의 선호와 일반적으로 일치한다는 자료를 제시하면서, 선거에서의 경쟁 때문에 정치인이나 유권자는 자신들의 약속을 이행하려 할 것이라고 본다. 현직의 의원이 다음 선거에서 당선될 가능성이 많은 것도 이 때문이라 본다. 그렇지만 의원들이 자신의 지역구민의 특수이익을 일반의 후생을 희생한다고 보지는 않는다. 비록 의원들은 자신의 지역구 이익에 부합하는 위원회에서 활동하기를 원한다 하더라도, 다른 정당과 경쟁을 해야 하는 정당 체제 탓에 개별 의원들의 그러한 활동은 차단될 수 있다는 것이다. 또 중앙 집행부와 의회는 예산을 극대화하려는 부처나 무사 안일의 관료를 감시하고 제약할 수 있는 충분한 기제가 있다고 본다(95). 나아가 의원이나 관료의 사적인 정보 이용이 비능률적 정부 산출의 원인이 될 수 없다고 한다. 만약 의회나 정부 부서가 실제 필요한 비용보다 많은 예산을 요구한 것이 사실이라면, 전체로서의 입법부나 관료 감독기관 등은 이미 그런 사실을 학습하여 요구된 예산을 삭감할 수 있기 때문이다(100-101).

특수 이해관계를 갖는 집단은 집중된 이익으로 인해, 비용이 분산된 납세자들의 부를 이전할 수 있다는 주장도 위트먼은 받아들이지 않는다. 비록 일반 납세자들은 특수 이익집단에 맞서는 자신들의 집합체를 조직화 하기는 어렵더라도, 이익집단의 지대추구 활동을 납세자에게 알리려는 기업가적 정치인이 있다는 것이다.또 특수이익집단은 독점 형태로 존재하는 것이 아니라 그에 대립하는 이익집단의 존재가 시장에서의 경쟁처럼, 납세자로부터의 부 이전을 어렵게 하는 요인이라고 한다(34, 191).

1986년 뷰캐넌이 노벨 경제학상을 수상한 이래로, 합리적선택이론은 정부의 어떤 정책이 공익을 위해 설계되었다거나 공익을 위해 작동 된다는 것의 입증책임을 바꿔 놓았다. 정부 정책은 순결한 것이라 증명되기 전에는 사악한 것이라 간주되어야 한다는 점이다. 그러나 위트먼 등의 결론은, 민주 정치 과정에서의 유권자와 시민들의 현명함, 선거에서 정당과 입후보자들 간의 경쟁 시스템을 내세워 이를 반전시키고자 한다. 정책이란 사악한 것이라 증명되기 전에는 순결하다는 것이다(Wittman, 2008: 20). 합리적선택이론가로 분류되면서도 위트먼 등이 이러한 주장을 펼칠 수 있는 것은 시카고 경제학의 전통적 특징을 반영하는 것이기는 하다. 즉, 현존하는 모든 것은 시간이라는 검증을 거쳤으므로 능률적이라는, 능률적이지 않다면 이미 사라졌을 것이라는 보수적 사고에 영향 받은 바가 크다.

그럼에도 이들의 주장은 버지니아 학파 등의 다른 합리적선택이론 진영의 충분한 관심을 끌 정도로 적어도 경제학 입장에서 보았을 때는 논리적인 것이었다. 이때 쉽게 찾아볼 수 있는 반박은 그와 상충되는 경험적 연구를 제시하는 것이다(Shughart Ⅱ and Razzolini, 2001: ⅹⅹⅹ). 톨리슨도 추론의 타당성은 인정하고, 경험적으로 검증하여야 한다고 주장한다(Tollison, 2001: 469). 그러나 위트먼의 위 주장 모두에는 이미, 경험적 연구나 수리적 추론이 함께 제시되고 있다. 다시 말하면 이들의 주장을 볼 때 경제학적 주장의 타당성이란, 현실 세계에서의 경험이나 논리적 추론의 문제를 벗어나 있는 것처럼 보인다는 점이다.

4. 시장화는 성공할까? 민영화의 경우

1980년을 전후로 하여 공공 부문에서 관찰될 수 있는 개혁적 움직임의 하나는 종래 국가에 의해 수행되었던 공공 서비스 공급을 민간 기업 등이 제공할 수 있도록 한다는 점이다. 가장 전형적 예는 국영기업 등을 매각하여 이를 일반 기업화 하고, 이들로 하여금 기존 국영기업의 기능을 수행하도록 하는 민영화(privatization) 이다.[11] 따라서 국가 혹은 국영기업의 제공되는 국가 행정으로서 국가 임무는, 이를 통해 민간 서비스가 되었다. 민영화의 근거로 제시되는 것들은 여러 가지가 있지만, 가장 흔히 접할 수 있었던 것은, 경쟁 메커니즘의 부족에서 오는 공공부문의 비능률성, 만성 적자, 영국 같은 유럽의 사정에서는 지나치게 강성 일변도인 노동조합 등의 전투성 이었다.[12]

여기에는 경제학이 제시하는 다양한 타당성 근거가 있다. '주인-대리인 이론' '재산권 이론' '구매자-공급자 이론' 등이 그것인데,[13] 이들 이론이 함축하는 것은, 공공 서비스의 공급도 민간 기업이 담당하면, 관료적 특성이 배제되고 시장 기제가 작동됨으로써, 적자 해소로 인해 납세자의 세금부담은 감소한다는 것,

---

11) 일반적으로 말해지는 바와 같이, 민영화를 광의로 정의하면 다음과 같은 것들이 포함된다. 공기업 자산의 민간기업 등에의 매각, 특정 산업계를 보호하기 위한 진입장벽 등의 규제 폐지, 정부 부서의 상업화, 생산자 보조금 등의 폐지, 외주계약 등.

12) 공공부문에 대한 부정적 선입견이 없으면서도 민영화는 긍정적으로 받아들일 수 있는 부분이 있다. 공적 영역에서의 공정성 등의 규범이 민간 부문에 확대되어 전체 사회가 보다 정의로워 질 수도 있기 때문이다. 이에 대해서는 Freeman, 2003.

13) 앞의 합리적선택이론 혹은 공공선택이론의 정의에서 보았듯이, 경제학의 이들 이론이 공공 부문(비시장영역)을 다루는 한 이들은 모두, 공공선택 이론으로 포섭된다.

아울러 국민들은 보다 낮은 가격으로 공공 서비스를 제공받을 수 있다는 점이었다. 또 여기에 모든 국민이 주주가 된다는 '인민 자본주의(popular capitalism)'을 덧붙이면, 민영화야 말로 국정 관리자들이 채택해야할 당연한 것들로 보인다. 더욱이 80년대 중반부터 시작된 동구권의 몰락은 70년 이상 지속된 거대 국가의 실험은 실패라는 증거로 간주할 수 있다는 점에서, 민영화는 세계적 설득력을 갖게 되었다고도 할 수 있다.

그러나 민영화에서도 선진국인 영국이나 미국의 경험은 그리 장밋빛인 것 같지는 않다. 민영화 주창자들의 논거대로, 예산적자의 감소, 조세부담의 감소 등의 효과는 있었지만 이들은 주로 단기적으로만 나타나는 현상이었고, 그 성과를 오늘의 관점에서 보았을 때는 성공보다 실패의 경우가 더욱 부각된다고 보여 진다.[14] 이미 '캘리포니아 재앙(California disaster)'이라 세계적으로 널리 알려진 사례는 민영화가 얼마나 신중하게 진행되어야 하는가를 말해준다.

캘리포니아 재앙은 미국 캘리포니아 주 의회가 1996년 전력공급 산업에 대한 규제 폐지 법안을 통과시키면서 시작된다. 우리가 주목할 부분은 법률에서 직접, 평균 전력요금이 최소 20% 떨어질 것이라는 예측을 명시했다는 점이다. 그러나 그렉 팔라스트(G. Palast)는 당시의 상황을

> 1999년 샌디에이고에 사시는 부모님이 전기요금청구서를 내게 보내주셨다. 규제 철폐가 이루어진 첫 해에, 요금은 20%가 줄어들기는커녕 379% 상승하였다

14) 영국 노동당의 사례에 대해서는 김수행, 2003, 미국 사례에 대해서는 Palast, G., Oppenheim, J., & MacGregor, T. (2003). 아래의 미국 사례는 팔라스트 등의 문헌에 의존하여 작성하였다.

고 회고한다. 또 2년 뒤인 2001년 1월, 캘리포니아에서 대규모 정전사태가 일어났다. 로스 엔젤레스, 샌프란시스코, 샌디에이고, 새크라멘토와 같은 대도시는 물론 캘리포니아 주 전체가 암흑에 빠졌다. 공장이 멈춰서고, 은행영업이 정지되는 등 모든 것을 혼돈에 빠뜨린 사상 초유의 정전 사태로 캘리포니아 주가 입은 손실은 막대하였다.

그런데 왜 이런 일이 일어났을까? 나중에 밝혀진 바에 의하면, 그 무렵 전력회사들이 발전시설을 인위적으로 폐쇄했다고 한다. 즉 정전사태가 일어날 당시 전력 공급 기업들은 캘리포니아 전체 발전용량의 3분의 1에 해당하는 발전시설 가동을 한꺼번에 중단시켰다는 것이다. 그 이유는 전력 현물시장에서 전기 부족 사태가 벌어지도록 조작하면, 전기 요금을 올릴 수 있을 것이라는 계산이었다. 사태를 파악한 뒤 캘리포니아 주지사는 마침내

> 캘리포니아의 규제 폐지 계획은 거대하고 위험한 실패이다…… 그것은 치솟는 가격, 가격 횡포, 불안정한 전력 공급을 초래했다. 간단히 말해 '에너지 악몽(energy nightmare)'이었다

인 것으로 전력공급에서의 민영화 실패를 자인한다. 또 팔라스트 등에 의하면, 자신들의 책이 저술되던 2003년 현재, 공익사업의 규제 철폐를 실험했던 미국의 25개 주 가운데 최소 3분의 1이 정책의 '치유'에 착수했고, 아직 시장 실험을 시작하지 않은 2분의 1은 그런 '실패의 경험'을 통해 공익사업 규제를 과거처럼 유지하는 것이 현명하다는 것을 확인하고 있다는 것으로 말하고 있다고 한다.

그러나 민영화와 관련해서 우리가, 후생경제학의 정리에만 의

존할 것이 아니라 미시경제학적 사고를 조금만 한다면, 국영 기업 등의 민영화는 그리 순탄치 않을 것임을 쉽게 예측할 수 있다. 먼저 분명한 사실은 공익사업이나 공기업을 인수하려는 사람들이 이윤을 극대화하려는 경제 인간들이라는 점이다. 따라서 민영화의 대상은 수익성이 있는 사업이거나 수익성을 보장하기 위해 헐값에 매각해야 할 것이다. 혹은 이를 위해 기존 시설의 유지비용은 정부가 부담한다는 등의 특약을 맺을 수도 있다. 아울러 전력과 같이 그 공급에 대규모 자본이 투하될 수밖에 없는 경우는, 경쟁 기제의 작동도 제한적일 것이라는 점도 쉽게 알 수 있다. 이것이 말하는 바는, 민영화는 초기부터 경쟁적 기업체제보다는 사적 독점을 창출하는 방법이 채택될 수밖에 없다는 점이다. 그래서 이윤을 확보하려는 민간 기업 경영진들은 수요가 증가하여도 공급은 증가시키지 않음으로써, 또는 위 캘리포니아 사례처럼 의도적으로 공급을 중단/감소시킴으로써 가격인상을 통한 이윤을 쉽게 보장받을 수 있는 것이다. 이와 같은 시장조작은 공공기업의 경우라면 상상하기 힘들 것이다.

사태의 심각성은 이에 미치지 못한다 하더라도 최근 우리나라에서 벌어진 상황에서도 유사한 사정을 찾아볼 수 있다. 서울지하철 9호선 사태, 민자 도로의 높은 통행료 문제가 그것이다. 여기에 민영화의 효과분석에 흔히 사용되는 이른바 '경영' 개선 지표가 사용된다는 것, 또 이에 높은 가중치가 부여되고 있는 현실이 타당한 것이라면, 이는 전혀 한 경제체제에서 문제시되는 상황이 아니어야 한다. 또 만약 도로 등의 이른바 대표적 시장실패 유형인 공공재 운영 관리에, 기업이 요금을 징수하여 혹은 요금을 인상하여 수지타산을 맞출 수 있다면, 애당초 공기업 등을 통하여 정부가 나서지도 않았을 것이다.

따라서 비록 현시점에서도 민영화가 주장된다 하더라도 그 근거들이 반드시 경제적 능률성이나 균형예산, 값싼 공공 서비스 공급 등만을 위한 것으로 보여 지지 않는다. 거기에는, 뭔가 하고 있다는 시민의 호의적 인상을 얻으려는 것, 적자가 있는 경우 재정지출을 삭감하는 것보다 공공자산을 매각하는 것이 훨씬 쉽다는 집행상의 편의, 공적 독점보다는 사적 독점이 낫다는 이데올로기도 작용하는 것으로 보인다.[15)]

보론 2: 애덤 스미스에 대한 거의 오해: 시장주의?

> 애덤 스미스(A. Smith)는 지금 시카고 대학교에서 건강하게 살아 있다.[16)]

시장과 관련한 오늘의 시대정신은, 시장은 효율적이며, 시장으로부터 사회질서가 저절로 형성되고, 시장을 넘어선 경제체제는 불가능하다는 것이다. 이러한 사상의 원전으로 우리는 흔히 애덤 스미스가 인용되는 것을 자주 보게 되는데, 이점에서 그는 시장의 공인된 대변인이라 할 수 있을 것이다.

그러나 애덤 스미스의 『국부론(1776)』을 그의 『도덕감정론(1759)』과 함께 읽을 때, 그가 오늘날 시장주의자의자의 말처럼 "현실"의 시장을 옹호하고 그를 위한 논리를 제공하였다고 보기

15) 따라서 최근 우리나라에서 있었던 서울시지하철 9호선 사태는 시사하는 바가 대단히 크다. 세계적으로 수행되고 있는 많은 경험적 연구들은 특히 민영화 이후의 경영수지 개선에 초점을 맞춰 그 긍정적 효과를 말하고 있지만, 위 사태의 경우는 그것이 얼마나 의미가 없는 것인지를 보여주고 있다.

16) 1982년 노벨 경제학상 수상자인 스티글러(G. Stigler)가 스미스의 『국부론』 출간 200주년 기념학술대회에서 한 말이다.

에는 많은 의문점이 있다. 무엇보다 스미스에게서 "보이지 않는 손"이라 묘사되는 시장은, 플라톤(Plato)의 이데아(Idea)나 베버(Max Weber)의 이념형(Ideal Type)의 지위를 갖고 있다 보여 지기 때문이다. 곧 스미스의 'invisible hand'는 말 그대로, 보이지 않는, 현실의 세계에서는 찾아볼 수 없는, 혹은 우리의 미래 방향을 제시하는 꿈으로서 이론의 위치를 갖는 것으로 볼 수도 있기 때문이다.

애덤 스미스가 시장주의자의 전범으로 보일 수 있는 까닭은 국부론에서 나오는, 너무 자주 인용되고 있는, 다음의 언급이다.[17)]

> 한 사회의 연간 수입은 그 사회의 노동의 현간 총생산물의 교환가치와 정확히 일치한다. … 각 개인이 최선을 다해 자기 자본을 국내 산업의 지원에 사용하고 노동생산물이 최대의 가치를 갖도록 노동을 이끈다면, 각 개인은 필연적으로 사회의 연간수입을 그가 할 수 있는 최대치가 되게 하려고 노력하는 것이 된다. 사실 그는 공공 이익의 증진을 의도한 것도 아니며 그가 얼마나 기여하는 지도 알지 못한다. … 그는 오직 자신의 안전을 의도한 것이고 … 오직 자신의 이익을 의도한 것이다. 그는 다른 많은 경우와 같이 보이지 않는 손(invisible hand)에 이끌려 그가 전혀 의도하지 않는 목적을 증진시키게 된다.

위의 인용문을 그대로 해석하면, 한 사회·국가의 이익을 최대로 하기 위한 입법가나 정치인의 역할로 대변되는 정부의 정책

17) 이하에서 인용되는 스미스 저서의 문구들은 '김광수 (2015), 애덤 스미스: 정의가 번영을 이끈다, 한길사'에서 가져온 것이다. 따라서 스미스 원저의 쪽수 표시는 생략한다.

개입은 전혀 불필요하다. 따라서 시장주의자의 말처럼 국가개입은 악이며, 규제완화, 복지지출의 감축으로 요약되는 작은 정부가 인간이 할 수 있는 최선일 것이다.

그러나 스미스의 위 인용문은 그가 살던 시대 잔재로 남아있던 '중상주의'에 대적하기 위한 것이었다. 중상주의는 부의 원천으로 금은을, 행위의 목표로 사회의 이익을, 행위의 주체로서 정치인과 입법가를 상정하는 국가독점체계였는데, 스미스는 이에 대항하여 부의 원천은 노동이며, 행위 목표는 개인의 이익이고, 행위 주체는 개인임을 국부론에서 체계화하고자 했던 것이다. 따라서 스미스에게서 시장이 어떤 의미를 갖고 있는지는 그의 비판 대상인 중상주의의 상업사회와, 국부론에서 체계화하려 했던 '시장-사회'를 대비해 보아야 한다.

스미스는 『국부론』에서, 로마제국 몰락이후 상업도시들이 생겨나고 도시의 상업이 농업의 개량을 그리고 제조업의 발전을 가져온 과정을 설명하면서, 그러나 이 과정은 사물의 자연적 진행과정에서 볼 때, 완전히 역전된 것이라 하고 있다. 중상주의가 사라져가던 시기에 살았던 스미스는 이를 통해, 상업사회도 이익의 교환이라는 그 자체의 작동원리 외에 형식적으로 동일한 이익의 정치에 기초하여야 하는데, 상업사회에서는 정치사회의 원리가 이익 교환 원리로 환원하고 만 것임을 지적하고 있는 것이다. 이익교환 원리만이 작동되는 효율성 지상의 사회의 어두운 단면(분배의 문제)을 스미스는 직시하고 있는 것이다.

『국부론』에서도 상업사회의 어두운 뒷면을 드러내는 대목은 많다. 위의 인용문만을 읽고 스미스를 시장주의자라 할 수 있다면, 다음의 구절을 보고서는 그와 반대되는 사유를 연상시키기에 충분하다.

… 노동자들이 … 자신의 생활에 필요한 부분을 가져간다는 것은 공평하다.

법률은 고용주들의 단결은 인정하거나 적어도 금지하지 않지만, 노동자들의 단결은 금지하고 있다. 노동가격을 인하시키기 위해 단결하는 것을 반대하는 의회법률은 하나도 없지만, 노동가격을 인상시키기 위해 단결하는 것을 반대하는 의회법률은 많이 있다.

노동자의 생활 상태는 사회의 이익을 파악하고 자신의 이익과 사회의 이익 사이의 관계를 인식하는 일에 필요한 견문을 넓힐 여유를 주지 않는다. 더욱이 그들의 교육·관습은 … 그것을 바르게 파악할 수 없게 한다. 그 까닭에 정부의 정책적 논의에서 노동자의 목소리는 거의 경청되지 않으며 별로 존중되지도 않는다.

… 노동으로 생활하는 사람들의 거의 대부분의 … 이해력은 그들의 일상적인 업무에 의해 필연적으로 형성된다. … 그는 자기 나라의 중대하고 광범한 이해관계에 관해 전혀 판단할 수 없으며…. 전쟁 시기에 자기나라를 방어할 수 없다. … 발달한 문명사회에서는 정부의 방지노력이 없는 한, 노동빈민은 이러한 상황에 필연적으로 빠지게 된다.

그러나 『국부론』에서는 상업사회가 갖는 이 같은 문제점에 대한 분석이나 해결책을 더 이상 진행시키지 않는다. 이는 그의 "보이지 않는 손"이 등장하는 또 하나의 저작 『도덕감정론』에서 찾을 수 있다. 그는 그렇지만 우리는 자연히 우리의 상상 속에서 만족 그 자체를, 만족을 만들어내는 수단인 체제, 기구 또는 경제의 규칙적이고 조화로운 운동, 즉 질서와 혼동한다. 부와 권세의 즐거움은 이러한 복합적인 관점에서 고려할 때, 웅대하고 아름다우며 고귀한 어떤 것으로서 우리의 상상에 강한 인상을 준다. 그리고 부와 권세의 즐거움의 획득은 이를 위해 기울이는 모든 노고와 걱정을 충분히 보상하는 것처럼 보인다. 그렇지만 자연이 이런 식으로 우리를 기만하는 것은 좋은 일이다. 인류의 근면성을 일깨워주고 계속해서 일을 하게 한 것은 바로 이러한 속임수다. … 토지 생산물은 어느 시대나 그것이 먹여 살릴 수 있는 만큼의 주민들을 유지할 뿐이다. 부자는 단지 큰 덩어리에서 가장 귀중하고 쾌적한 것을 선택할 뿐이다. … 그들의 자연적인 이기심과 탐욕에도 불구하고 … 그들은 자신들의 여러 개량의 산물을 가난한 사람들과 나누어 가진다. 그들은 보이지 않는 손에 인도되어 토지가 모든 주민들에게 평등한 몫으로 분할되었을 경우에 행하여졌을 것과 거의 같은 생활필수품을 분배하게 된다. 그리하여 의도하거나 알지 못하면서도, 이렇게 사회의 이익을 증진시키고 종족의 증식의 수단을 제공하게 된다. 신의 섭리가 대지를 소수의 귀족과 지주들에게 분할하였을 때, 그것은 이 분배에서 제외되었다고 생각되는 사람들을 망각하지도 방기하지도 않았다. 후자의 사람들도 또한 대지가 산출하는 모든 것에 대한 그들의 몫을 향유한다. 인간생활의 참된 행복을 구성하는 것에 관한 한, 그들은 자신들보다 훨씬 위에 있다고 생각되는 사람들보다 결코 열등하지 않다. 육체의 안락과 마음의 평화에 있어서도, 삶의 수준이 상이한 계층의 모든 사람들은 거의 동일한 수준에 있다. 그리고 큰길가에서 햇볕

> 은 쬐고 앉아 있는 거지도, 국왕들이 싸워서 얻으려고 노력하는 그러한 안전을 이미 향유하고 있다.

하고 있다.

이상의 인용문에서와 본 바와 같이, 그는 정치원리가 사라진 상업사회에서 발생하는 이익 갈등과, 부의 성장과 분배의 평등 사이의 긴장을 정확히 포착하고 있으며, 그 해결책을 보이지 않는 손이 작동하는 자연적 자유의 체계 즉 '시장-사회'에서 찾고 있다.[18] 시장-사회는 개인의 이익과 사회의 이익이 조화되는 사회질서를 갖고, 개인은 그 속에서 자기 자신의 이익을 증대시킬 방법을 어느 누구보다 잘 알고, 개인의 이익을 위한 행동은 자동적으로 사회의 이익을 보장한다.

> 한 국민의 부는 연간 노동의 생산량에 따라 결정되고, 생산량은 노동 생산력에 달려 있다.
>
> 노동생산력의 매우 큰 향상과 어떤 노동에서도 발휘되는 숙련·기교·판단의 대부분은 분업의 결과였던 것 같다.
>
> 분업을 야기하는 것은 교환하는 성향이기 때문에, 이 분업의 정도는 언제나 이 교환성향의 크기, 또는 다른 말로 표현하면 시장의 크기에 의해 제한되게 마련이다.

---

18) 애덤 스미스의 대명사처럼 여겨지는 '보이지 않는 손'은 위에 서 인용된 『국부론』과 『도덕감정론』의 경우가 전부이다. 즉, 그의 대표적 저작을 통틀어 그는 이 어구를 단 두 번 사용하였다. 그럼에도 스미스는 '보이지 않는 손'으로 표현되고 있다.

그러나 『도덕감정론』의 인용문에서 볼 있는 바와 같이, '시장-사회'는 자기이익만을 추구하는 상인-개인들로 구성된 사회라 하더라도, 동시에 물질적으로 좀 더 나은 삶을 추구하기를 거부하는 도덕적 개인들도 살아갈 수 있는 사회이다. 순수 '시장-사회'는 도덕철학자 스미스에게 영혼이 쉴 곳을 줄 수 있는 열린 사회였던 것이다.

우리가 익히 잘 아는 바처럼 애덤 스미스는, 시장은 인간의 교환성향이 실현되어 나타나는 사회적 현상이고, 이 시장은 분업을 발전시킴으로써 사회의 이익을 증대시킨다고 보았다. 그러나 그는 인간의 정치 지향적 면은 사라지고 이익의 원리만이 남은 사회가 그렇게 될 것이라 보지는 않았다. 그가 삶을 살았던 역사적 맥락이나, 또 국부론보다 선행하는 저술 『도덕감정론』과 함께 그를 이해하고자 한다면, 그는 오늘날 시장주의자의 전범으로 보기엔 너무나 많은 무리가 따른다고 봐야 한다.[19)]

19) 스미스의 대표적 저서인 도덕감정론과 국부론에서의 간극을 문제삼는 이른바 '애덤 스미스의 문제(Das Adam Smith Problem)'가 있긴 하다. 그러나 이에 초점을 맞출경우, 스미스는 모순되고 분열된 인간관을 전개할 뿐인 것이지 지금처럼 학계는 물론 세간에 오르내릴 인물은 아니게 되어버린다.

제4부　합리적선택이론의 뒤안길

제12장　합리적선택이론은 과학적인가?

제13장　민주주의에 대한 경제학적 접근의 한계

제14장　합리적선택이론과 실천: 학문은 현실에?

제12장

합리적선택이론은 과학적인가?

제2부의 2장과 3장에서는 주류 경제학의 그러므로 합리적선택이론 내에서도 채택하는, 과학철학 논의가 동원되기도 하는 학문 방법론을 다룬 바 있다. 특히 인간에 대한 존재론일 수 있는 경제 인간이라는 가정을 채택하는 이유와 방법론적 개인주의가 그것이다. 또 많은 논자들은 그 방법론을 채택한 결과인 합리적선택이론의 과학적 위상을 부각시키려 하고 있음도 보았다.

경제학 교재 수준에서의 문헌들에서도 주로 초반부에 이를 언급하고 있기도 하다. 그러나 논의의 수준은 너무 초급적인 소개 정도에 그칠 뿐이어서 '그래서 과학이다!'라는 확신 혹은 의문 해소와는 거리가 멀다.

> 경제학자들도 과학적 객관성을 가지고 경제문제를 연구한다. 경제학자들이 경제현상을 연구하는 것은 물리학자들이 물질을 연구하고, 생물학자들이 생명체를 연구하는 것과 다르지 않다. … 물론 경제학자들이 시험관이나 망원경을 가지고 연구하는 것은 아니다. 그러나 과학의 핵심은 이 세상이 어떻게 되어 있는지에 대한 엄정한 관찰과 검증, 즉 과학적 방법론(scientific method)이다. 이런 방법론은 지구 중력에 대한 연구

> 나 생명체의 진화에 대한 연구, 나라 경제에 대한 연구 등에 모두 적용된다. 아인슈타인의 말대로 "과학이란 일상의 생각을 정밀하게 가다듬는 것에 불과하다". 아인슈타인의 이 말은 물리학과 같은 자연과학은 물론 경제학과 같은 사회과학에도 성립하는 말 ……

위 인용문은 현재 '세계를 덮고 있다' 표현될 정도로 가장 많이 읽히고 있다는 하버드 대학교의 맨큐(N. G. Mankiw)의 『경제학 원리(Principles of Economics)』에서 발췌한 것이다. '과학적 객관성, 경제학과 같은 사회과학도 물리학과 같은 자연과학처럼'이라 요약될 수 있다.

이 장에서는 뷰캐넌은 '견고한 핵(hard core)'이라 하기도 했던 이 부분을 검토해보면서 합리적선택이론의 과학적 위상을 점검해보기로 한다.

1. 방법론적 개인주의의 문제

포퍼(K. Popper)는 단호히 과학적 방법으로서는 기각하였지만, 방법론적 전체주의(methodological holism)와 방법론적 개인주의 간의 대립과 논쟁은 비단 경제학뿐만 아니라 사회과학 전 영역에 걸쳐 있어 왔다. 합리적선택이론도 명백히 거부하는 방법론적 전체주의에서는 먼저, 사회는 단지 개개인의 합에 지나지 않는 것이 아니라 개인의 산술적 합 이상이라고 본다.[1] 즉 방

1) 바로 이 의미에서 유기체주의(organicism)라고도 한다. 뷰캐넌과 털럭은 방법론적 개인주의 채택을 이의 거부로부터 시작 하고 있다(1962[1999]: 51-52).

법론적 개인주의와는 다르게, 전체는 부분으로 환원될 수 없는 것이어서 탐구대상 그 자체를 총체적으로 이해해야 한다는 입장이다. 그러므로 사회현상을 설명하기 위해서는 개인들의 합 수준을 뛰어 넘어야 하고, 개인의 행동도 또한 그 개인 수준을 넘어서는 예컨대 구조나 계급 같은 어떤 실체의 구성요소나 일부로 여겨질 때만 올바로 이해될 수 있고 적절히 설명될 수 있다고 본다. 이러한 방법론적 전체주의는 대표적으로 칼 마르크스가 헤겔의

> '인간의 행위로부터는 그들이 의도하고 직접적으로 알고 있는 것과 매우 다른 무언가가 도출되어 나온다'

는 것을 받아들이면서 정립한 것이다.

여기까지만 보더라도 방법론상의 전체주의와 개인주의의 대립은, 인간과 사회현상의 본질과 성격을 어떻게 보느냐에 관한 시각의 차이에서 연유한 것이라 할 수 있을 것이다. 사회는 인간 외부에 독자적 실재로서 존재하고, 인간 개개인에게 외적 구속력을 행사한다고 볼 것인지, 아니면 사회는 인간 개개인을 떠나 실재하는 것이 아니라 상호작용하는 개인들의 총합일 뿐이라 볼 것인지가 그것이다.

그러나 인간이 각자가 처한 사회적 범주라는 특수한 관계에 나타난 바대로만 행동한다거나, 혹은 각 행위자는 사회적 상황에서 벗어난 원자적 상태로 행동한다고 보는 것은 지나친 결정론적 사고일 것이다. 그라노베터(M. Granovetter, 1985)가 적절히 지적한 바와 같이, 사회적 역할이 인간의 행동을 결정한다는 것도 잘못이지만, 인간이 다른 사람과 완전히 독립된 별개의 존

재로서 다른 사람을 희생하면서까지 자신의 이익을 극대화하려 한다는 것도 받아들일 수 없는 것이다. 전체냐 개체냐, 사회냐 개인이냐의 택일적인 입장보다는, 양극단의 중간 지점이 적합할 것이다. 최근의 방법론 논의의 흐름에서도 이와 같은 경향을 찾아볼 수 있다. 방법론적 개인주의를 취하면서도 환원주의에 빠지지 않고 예컨대 사회적 배경이 개인의 행동에 영향을 미칠 수 있다는 점을 인정하는 양허적 개인주의(concessive individualism)나, 전체주의적 입장을 옹호하면서도 개인의 의도성이 개입할 수 있음을 인정하는 양허적 전체주의(concessive holism), 더 나아가 존재론적 전제를 하지 않으면서 모든 종류의 환원을 거부하는 방법론적 중용주의(methodological middle ground)도 등장하고 있는 것이다(Bazzoli and Dutrative, 1999; O`Hara, 2002; Wilson, 1994).

자연과학처럼? 자연과학과 개인주의(환원주의)

자연과학계에서의 사정은 어떨까? 맨큐의 지적대로 사회과학도 물리학이나 생물학과 같은 과학이고자 한다면, 자연과학계의 논의는 하나의 기준일 수도 있을 것이다. 만약 그러하다면, 지금까지 사회과학 내에서 벌어지고 있는 방법론적 개인주의나 환원주의의 옹호는 더 이상 유지하기는 어렵다.

생물학의 경우를 보면, 생물학의 모든 대상은 입자로 구성되어 있는데, 그러므로 생물학을 구축하기 위해서는 입자 물리학에서 시작해야 한다는 주장은 없다. 식물학자들은 개별 식물의 배후에 있는 그 식물의 생화학적 메커니즘을 알려하지 않고서도 그 식물의 고유한 특성들을 연구한다. 동물학자들도 예컨대 개미의 개체적 행동에 의존하지 않고 개미집을 연구한다. 물리학의 경우, 상대성 이론(거시 물리학)과 양자 역학(미시 물리학)이 서로 일치하지 않는다는 것은 유명하다. 그렇다고 해서 경제학에서처럼, 대단히 그럴 듯 해 보이는 거시의 미시적 토대(micro-foundation)와 같은 주장이 있는 것도 아니다.

이처럼 자연과학계의 각 분과학문들은 입자, 분자, 세포, 곤충계 등의 집합적 대상의 특성은 이 집합을 구성하는 개별적 구성부분으로부터 추론될 수 없다는, 방법론적 개인주의에 반하는 추론논리를 갖고 있다. 맨큐의 과학적 방법론(scientific method)에 대한 인식이 얼마나 순진하고 조야한 수준인지는 금방 들어난다. 그러나 인쇄된 형태로의 이것이 '세계를 덮고 있을 정도'라는 게 현실이다.

2. 경제 인간은 얼마나?

경제 인간이라는 인간의 본성에 대한 주류적인 경제학에서 취하는 가정에 대해서는 먼저 '자기 이익만의 극대화'에 대한 것에서처럼, 가치판단을 하지 않고 있다는 점과 지나치게 무자비한 것이라는 점을 지적할 수 있을 것이다. 그래서 신고전파 경제학은 물론 합리적선택이론에 대한 비판에서 가장 많이 찾을 수 있는 것은 합리적이고 이기적이라는 인간에 대한 가정에 놓여져 왔다. 특히 '비'합리적이고 '비'이기적인 인간의 다양한 행태를 들어 이를 받아들일 수 없다고 하는 점이 전형적인 비판일 것이다. 그러나 이에 대한 대응 역시 전형적인 것이랄 수 있는데, 여기서는 이러한 사항들을 보기로 한다.

신고전파 경제학, 그러므로 합리적선택이론에 대한 비판에서 중심적인 것은, 이론 구성의 토대가 되는 주요 요소 즉, 인간과 사회에 대한 가정, 이로부터 연역되는 공리의 비현실성과 오류다. 그러나 여기에 대한 대응은 극히 일부에 의해서만, 또 거의 정형적인 형태로 이뤄져 왔다. 과학적 방법으로서 실증주의 특히 도구주의를 밝혔던 프리드먼의 1953년 저술을, 철 지난 레코드판을 돌리듯이 반복하는 것이었다. 즉, 아직도 과학적 방법임을 내세움으로써 이 이론은 인간의 이해관계나 편견과 무관한 객관적인 것이라 주장한다.

지금까지도 인간의 합리적 선택에 대한 가장 훌륭한 변호인으로 여겨지고 있는 프리드먼에 의하면, 사람들이 경제 모형에서 그리는 것과 같은 계산을 해낼 수 없을 지라도, 그들은 마치 그 계산을 한 것처럼 행동한다고 한다. 그는 비근한 예로 당구 선수의 경기를 들고 있는데, 그 선수는 물리학도 기하학도 모르지만, 마치 그가 이 지식을 갖고 활용하는 것처럼 당구를 친다고 한다(21). 그래서 프리드먼은, 이론이 제대로 된 예측만 한다면 그 이론이 기초하고 있는 가정이 맞고 틀리는 건 문제가 아니라고 강변한다. 프리드먼의 이 방법론을 합리적선택이론의 창시자격인 인물들, 다운스, 뷰캐넌과 털럭은 명백히 받아들인다.

> 이론적 모델은 가정의 현실성보다 예측의 정확성에 의해 검증되어야 한다(Downs, 1957[1997]: 47).

> 모형은 가정, 분석, 결론의 세 부분들로 구분될 수 있다. 가정은 그것이 통상적으로 사용되듯이 '기술적' 또는 '현

> 실적'일 수도 있고 그렇지 못할 수도 있다. 많은 경우 가정의 '비현실성'은 그 모형의 결론이 검토되어 검증되기도 전에 그 모형을 기각되게 한다. 본질적으로, 가정의 '현실성'에 대한 유일한 검증은 결론의 적용 가능성에 있다(Buchanan and Tullock, 1962 [1999]: 73).

이처럼, 소위 '이론 용어'와 '관찰 용어'를 명확히 구분하고, 이론이나 모형은 관찰 가능한 현상을 예측하기 위한 계산된 장치인 것이어서, 이론 용어가 실재에 존재하는 것은 아니라는, 도구주의(instrumentalism)를 신봉하는 실증주의자인 합리적선택 논자들에게, 가정의 비현실성을 들어 논박하려는 것은 어쩌면 처음부터 방향을 잘못 잡은 것일 수 있다. 그러나 합리적선택이론이나 경제학의 주류적 방법에 따라, 합리성·이기성이라는 가정으로부터 특정 행태에 대한 가설 즉 예측을 도출한 다음, 이를 실제 인간 사회에서 검증을 시도하는 것은 전혀 다른 국면일 것이다. 그 방법을 그대로 따르는 것이기 때문이다.

심리학자 혹은 행동 경제학자(behavioral economist)로 분류되는 대니얼 카너먼(D. Kahnemen), 리차드 쎄일러(R. Thaler) 등에 의한 일련의 실험이 이에 해당한다. 그 결과에 의하면 인간이란, 합리적이라 하기엔 허약한 면이 너무나 많고, 이기적이라 하기엔 너무 많이 협조적이고 공정성을 고려한다. 경제 인간에 대한 가정 중 일례로 그들이 행한 실험(Kahneman et al, 1991)을 소개하면,

> 실험자 집단을 3개로 나눈 후, 첫번째 집단에게는 커피 머그를 주고 초콜릿과 교환하게 하고, 두번째 집단에게는 첫번째 집단과 반대로 초콜릿을 주면서 커피

> 머그와 교환할 기회를 부여하고, 세번째 집단은 커피 머그와 초콜릿 중에서 자신이 선호하는 것을 고르도록 한 경우

경제학의 합리성 개념의 요소 중, 선호의 완비성 조건에 따라 나타날 결과 즉 가설 상의 예측은,

> '모든 실험 집단에서 50%의 정도로 동일한 선택 상황이 나타날 것이다'

의 형태가 될 것이다. 그러나 실제 실험 결과는

> 첫 번째 집단의 89%는 머그를 초콜릿과 교환하지 않았으며, 두 번째 집단에서는 90%가 초콜릿을 머그와 교환하지 않았다. 그러나 세 번째 집단에서는 거의 50%의 비율로 초콜릿과 머그를 선택하였다.

더욱 놀라운 것은, 경제학에서의 합리성 가정에 이탈되는 이 같은 현상이 일회적인 것이 아니라, 다른 학자에 의해 반복된 실험에 의해서도 일정한 경향을 갖고 유사하게 나타난다는 점이다. '초기 부존자원 효과(endowment effect)' 혹은 '현상유지 효과(status quo effect)'라 명명되고 있는 위 예는, 인간의 합리성 가정이 얼마나 허약한 것인가를 말해준다.

그러므로 위와 같은 일련의 실험(Thaler, 1992)을 고려한다면, 뷰캐넌과 털럭의

> 경제적이고 개인주의적인 행태적 가정에 대한 최종적 방어는 경험적이어야만 한다

는 주장(1962[1999]: 73)은 얼마나 근거가 없는 것인지 알 수 있고, 그러므로 이제는 철회될 시점이 되었다고 봐도 무방할 것이다.

뒤에서, 합리적선택이론에 대한 과학 철학적 입장에서의 비판 등을 소개할 것이다. 여기서는 다만 뷰캐넌이 용어 사용을 따라하기도 하는 러커토시(I. Lakatos)가 가정의 비현실성을 옹호하는 도구주의가 무엇인지에 대한 어떤 입장을 취하는 지 보기로 한다.

> "잘못된 가정이 참된 귀결을 도출할 수 있음을 인정하는 … 거짓 이론도 대단한 예측력을 가질 수 있음을 인정하는 도구주의는 … 충분한 논리학 교육을 받지 못해 … 기초 논리학에 대한 소양이 부족하여 생겨난 철학적 혼란에 불과하다"(Lakatos, 1978: 188-189)

주류 경제학이 채택하는 도구주의에 대해, 앞에서 했던 '철지난 레코드 판'이라는 비하적 표현보다 더 강력해 보인다. 러커토시는 그 원조인 프리드먼이나 아직도 그를 따르는 맨큐와 같은 주장자들을 향해 인격모독적이라 할 만한 표현도 서슴지 않고 있다.

3. 정치과정의 분석 도구로서 '선호'의 적합성

공적 영역의 정치적 행위에 대한 경제학적 분석에서 바탕이 되는 개념은 시장에서와 마찬가지로 선호(preference)다. 시장에서 사람들이 특정 상품에 대한 선호를 갖고 있는 것과 같이 공적 영역에서 시민들도 특정 정치인이나 공공정책에 선호를 갖고 있다고 가정된다. 이에 따라서 민주주의를, 시민은 자신들의 선호를 가질 수 있는 기회를 가져야 한다는 전제 하에, 선거 등 정치과정에서 드러난 시민의 선호를 정치인과 관료들이 공공정책 등을 통해 반응하는 정치체제라 묘사되기도 한다. 그러나 이 선호 개념은 민주주의 작동과정을 제대로 포착하지 못한다. 나아가서 왜곡시킬 우려도 있다. 경제학에서의 선호는 인간의 행위를 분석하기에는 지나치게 협소하고, 또 공적 영역에서도 시장에서와 같이 고정된 것으로 가정되고 있기 때문이다.

선호와 정치적 행위의 간극

경제학을 가장 포괄적으로 라이어넬 로빈스(L. Robbins)가 그랬듯이 인간의 행위를 연구하는 학문이라 할 때, 여기서의 인간 행위란 여러 목적과 희소한 여러 수단 간의 관계들 중에서 최선의 것을 선택하는 행위를 말한다. 선호 개념이 협소하다고 하는 것은 인간의 행위를 이 정의에서처럼 도구적 행위에 국한한다 하더라도 실제 행해지는 선택에는 여러 유형이 있고, 선호에 따른 선택행위는 제한적인 부분에 지나지 않기 때문이다.

선택행위는 첫째, 한 개인은 자신의 취향이나 단순한 선호에 의해 막연하게 선택할 수 있다. 중국식 요리 음식점에서 짜장면을 주문하는 것은 일례인데, 여기서는 어떤 계산된 사고나 이유의 제시가 필요하지 않을 것이다.

둘째, 다양한 사항에 대해 고려하고 신중한 분석을 거친 후에 행해지는 복잡한 선택이 있다. 예컨대 '냉전이 끝난 지금의 군사비 지출 규모와, 빈부격차가 심화되어가는 사회의 현실을 고려할 때, 복지부분에 보다 많은 예산이 할당되어야 한다'고 주장하는 경우가 이에 해당한다. 이 상황에서는 사실에 대한 조사, 수리적 분석 등을 거친 후에 이 같은 선택을 하는 것이지, 단순한 자신의 선호만을 고려하여 이 같은 선택을 하지는 않을 것이다.

셋째, 선택의 기준으로 도덕적 윤리적 규범이 우선인 경우도 있다. 낙태는 허용될 수 없다든지, 농민에게 농작물 생산 보조금을 지원하는 것은 농작을 게으르게 할 수도 있다고 판단하는 경우가 이에 해당할 것이다. 또 앞의 복지예산 증가 예에서도, 약자에 대한 지나친 고려는 그들을 경시하는 선입관에서 비롯된 것일 수 있으므로 반대하는 경우에서처럼, 복잡한 선택 상황에서도 흔히 나타날 것이다.

넷째, 많은 사람이 선택하는 것을 혹은 그렇지 않는 것을 자신의 선호로 삼을 수 있다. 합리적 인간 가정 즉 자신의 정돈된 선호체계를 따르는 것이 아니라 타인에 의존하여 선택한다는 점에서, '비'합리적인 선택이라 할 수 있는 것이다.

주류적 경제학에서는 소비자의 시장에서의 선택을 위의 첫째 혹은 넷째 유형에 해당하는 단순한 선호에 의한 경우로 취급한다. 경제 인간에 내포된 합리성 즉, 소비자와 판매자는 각각의 상품이 지닌 모든 특성을 파악하고 있다고 전제하기 때문이다(선호의 완비성과 이행성 조건). 따라서 위 선택 유형에서 볼 수 있는 복잡한 분석이나 판단이 요구되지 않고, 선택의 문제는 단순한 사실(事實) 차원의 선호로 환원된다.

그러나 정치적 선택 행위도 경제학의 가정에 따라 단순한 선호 문제로 취급될 수 있는지에 대해서는 쉽게 의문을 제기할 수 있다. 투표자가 여러 후보자 혹은 안(案)들 중 하나를 선택하는 상황을 상정해 보기로 한다.

이때 투표자의 선택은 자신의 선호에 따라서만 행동하는 것이 아니다. 분석은 물론 도덕적 판단이 수반되어서 선택한다고 보아야 할 경우도 많다는 것이 선호 개념에서 나타나는 문제의 출발점이다. 또 다른 사람들이 행하는 바에 따라 선택하는 비합리적 선호의 경우에서도, 어떠한 자극이 주어진다면 복잡한 판단으로 전환될 수 있다. 투표자의 선택은 그 행위 순간에서도 심사숙고가 이뤄질 수가 있고, 실제 그렇게 이뤄지기도 하는 복잡한 선택이기 때문이다. 또 투표자는 특정 안건에 직면해서는 경제인간으로서 자기 자신의 이익 혹은 효용을 극대화하는 것이 아니라, 사회적 도덕적으로 요구되는 선택 상황임을 인식할 수도 있다.[2)] 이러한 경우들은 공적 영역에서 나타나는 정치적 행위에 대해 경제학의 선호 개념이 포착할 수 없는 선택행위들이다.

또한 선택은 개인적인 것이어서 다른 사람들과 무관한 것일 수 있다 하더라도, 투표자의 선택이 갖는 복잡성은 간단하게 사상될 수 없을 것이다. 투표자의 선택은 항상 입후보하는 인물이나 선택 대상이 되는 다른 안(들)에 따라 영향을 받는 비독립적 행위이기 때문인데, 따라서 합리성 가정에 포함된 선호의 조건은 충족될 수 없다. 그런데 경제학 내부에는 이미 이러한 선호를 설명하는 개념이 있다. 반적응적 선호(counter-adaptive preference)는 한 예로, 이 개념은 개인적 선호는 타인의 선호에 의해 영향을 받는다는 일종의 '남의 떡이 커 보인다'는 심리체계를 인정한다. 또 다른 사람들이 소비할 수 없는 것을 소비한다는 그 자

2) 이점은 합리적선택이론가들도 인정하기도 한다. 브레넌과 햄린의 표출적 투표(expressive voting)가 그 예이다. 뒤에서 보기로 한다.

체로부터 나오는 선호를 인정하는, 사치재에 대한 소비이론도 개인의 선호란 상호의존성이 존재한다는 것을 의미하고 있다.

경제학의 선호 개념이 정치적 행위를 분석하는 수단으로서 결정적으로 '부'적합하다는 것은, 경제학에서 선호란 발견되어야 할 사실의 차원으로 다뤄지고 있다는 점이다(Hovenkamp, 1994). 경제학은 예컨대 한 소비자의 특정 상품 구매행위를 그 구매자의 완비된 선호체계가 드러나는(현시선호, revealed preference), 따라서 발견될 수 있는 사실의 문제로 다룬다. 이것 역시 경제학이 인간의 합리성을 전제하고 있는데서 기인한 것이지만, 그러나 시장에서의 행위에서조차 이는 부분적으로만 타당할 것이다. 구매 즉 선택행위가 선호체계에 따라 나타나지 않는 경우는 얼마든지 있을 수 있다. 때문에 이러한 선택은 선호가 그대로 드러나는 것이 아니라 그 선택 시점에서의 의지작용(volitions)의 결과로 보아야 할 것이다.

투표라는 정치적 행위의 경우 이 점은 더욱 분명하다. 다시 말해 어떤 투표자가 특정 후보를 지지했을 경우, 그 투표자는 그 사실을 발견하는 것이 아니라 결정하는 것이다. 따라서 투표행위과정으로부터 선호의 일부를 발견할 수 있다 하더라도, 이를 단순한 발견의 과정이라 할 수는 없고 당시까지 존재하지 않는 심리·의지 상태에 이르기 위한 선호, 분석, 도덕적 판단을 혼합시키는 과정이라 보아야 한다. 즉 투표행위는 그 행위 순간 비로소 존재하는 것이고 그 이전의 어떤 자료로부터 관찰될 수는 없다.

그러므로 경제학의 선호 개념으로 정치적 행위를 설명한다고 할 때, 이는 그러한 행위들에 미치는 외부적 요인으로 한정할 때에만 가능할 것이다. 정치적 행위에서 핵심인 것은 의지작용이기 때문이다. 그래서 민주주의 정치 과정은 시민의 의지작용을 자극하고 또 이에 응답하는 정책결정 과정으로 이해되고 있는 것이다. 결국 선호 개념은 정치과정에서 나타나는 이 같은 역동적 측면을 포착하기에는 치명적인 한계를 갖고 있는 것이다.

'고정된' 선호 가정의 결과

경제학의 정의에 나타나는 바와 같이, 경제학은 인간의 도구적 행위만을 대상으로 하고 선택행위의 목적이 어떻게 설정되는지 또 왜 그렇게 되는지에 대해서는 고려하지 않는다. 즉 선택행위의 동기를 선호라 할 때, 선호 자체는 '이미 주어진' 것으로 간주하고 이를 가장 잘 충족시키는 수단 강구 행위만을 대상으로 할 뿐이다. 간혹 민주주의를 선호집합적 혹은 집계적 민주주의(aggregative democracy)라고도 하는데, 이는 민주주의에 대한 경제학적 표현으로서 민주주의란 이미 주어진 선호를 집합하여 이를 통해 집단적 의사결정을 내리는 정치체제라는 의미를 갖는다.

또 경제학적 표현에 의한다면, 정치라는 집합적 행위도 '외부적으로 주어진' 이익을 가진 주체들이 이를 증진하기 위해 경쟁하는 행위일 뿐이다. 이러한 관점은 특히 심의민주주의(deliberative democracy)가 이해하는 민주주의나 정치와는 극명한 대조를 이룬다. 심의민주주의에 의하면, 정치란 평등한 사람들의 자유로운 성찰과 판단을 통해 공공적 문제와 그 해결책을 상호 발견·설득·교정하는 과정이고, 개인들도 심의에 참여함으로써 자신의 집합적 정체성과 이익이 무엇인가를 인식해 간다고 보고 있기 때문이다.

일반론적으로 말했을 때, 경제학의 선호 고정성 가정에 대해 대부분의 사회과학자들은 동의하지 않을 것이다. 개인의 정체성 형성은 지속적인 사회적 과정이라고 보기 때문이다. 그래서 '사회화'라는 개념은, 한 개인이 자신의 이익이 무엇인지에 대한 개념화와 이익을 제한하는 현실에 대한 인식도, 사회적 상호작용의 결과 지속적으로 만들어지는 것임을 말하고 있다. 그러나 정치적 행위와 선호 개념의 관계에서 문제가 되는 쟁점은 개인의 '사회화'가 나타내는 의미보다 매우 협소한 것이다. 다시 말해, 개인의 선호가 사회적 과정의 결과 계속해서 변화하는지 여부가 아니라, 그것이 과연 정치적 상호작용을 통해 내부적으로 변화하는지 여부가 쟁점이다. 예컨대 인플레이션과 실업율의 관계는 '두 마리의 토끼' 관계로 여겨지고 있는데, 만약 유권자들이 인플레이션을 염려한다면 그 이유가, 인플레이션을 억제하겠다는 정치인들의 주장에 설득되어 그러한 것인지, 혹은 유권자들은 정부 재정적자가 인플레이션에 직접적인 원인이 되고 있다는 정치인들의 주장을 그대로 받아들이는지 여부다. 경제학의 선호 개념에 의하면 그렇지 않다고 한다. 인간은 완전하고 이행적 성질까지 갖춘 선호체계를 갖고 있는 것으로 가정되어 있기 때문이다(합리적 인간).

그러나 이 같은 문제에 대답은 당연히 '그렇다'일 것이다. 즉 유권자 개인들의 정치적 선호는 정치과정을 통해 바뀐다. 합리적선택이론의 핵심 중 하나인 이익집단 이론은 이것을 인정하고 있다. 이에 의할 때 이익집단들은 자신들의 이익을 위해, 유권자들에게 정보를 제공하고 설득하기 위한 재정적 조직적 자원을 쏟아 붓기도 하기 때문이다. 예컨대 베커는

> 유권자 선호는 …당사자인 압력집단들이 제공하는 정

> 보를 통해 조작되거나 창조될 수 있고 … "압력집단들은 … 로비 등의 정치적 활동을 통해 자신들에게 유리한 표를 '구매'할 수 있다

고 주장한다(Becker, 1983: 392). 뿐만 아니라, 정치주체의 선호에 대한 이러한 개념화는, 사용되는 용어만 약간 다를 뿐이지 자본주의적 민주주의를 비판하는 좌파 지식인들도 채택하고 있는 것이기도 하다. 이는 좌파의 지속적인 논지 중의 하나인, '민주주의 하의 시민들은 부르주아지에 의해 이데올로기적으로 지배되고 사기업인 대중매체에 의해 조작되기 때문에 주권자가 아니다'는 명제에 잘 나타나고 있다.

만일 개인의 선호가 정치과정을 통해 지속적으로 변화되어 간다는 것임을 인정하면, 경제학의 선호 혹은 선택 개념을 공적 영역에 적용한 모형들은 많은 문제점이 있다. 먼저 신고전파 경제학을 정치 영역에 최초로 적용한 다운스의 중위수 투표자 모델에서(1957[1997]: 제8장), 유권자 선호의 분포가 경쟁적 관계에 있는 정당들에게 독자적으로 주어진 것이라는 가정은 잘못이다. 또 이러한 가정을 하고 있음에도, 정당은 자신들의 정강정책 등을 기존의 여론(선호분포)에 맞도록 수정하는 것이 아니라, 스스로 자신에게 유리한 여론 형성을 위한 경쟁을 할 것이라는 것도 잘못된 추리다. 시민들의 선호가 외생적으로 주어져 고정된 것이라면, 정당 간의 경쟁은 즉시 균형 상태에 도달한 것이어서 어떤 다른 것을 해야 할 이유가 없기 때문이다. 다운스는 슘페터의 분석이 자신의 논지에 기초가 되고 있다고 말하고 있지만(57), 슘페터는 다운스처럼 유권자들의 선호가 고정된 것으로 보지 않았다. 그는 오히려

> 정치과정 분석에서 우리가 직면하는 것은 대체로 순수 의지가 아니라 만들어진 의지다. … 인민의 의지는 정치과정의 결과물이지 원동력은 아니다

(1942/1950: 258, 270)라 하고 있는 것처럼, 정치과정을 설득의 과정으로 보았다. 따라서 다운스에 대해서는, 경제학의 고정된 선호 가정을 채택함으로써 민주적 경쟁의 개념을 단순화시켜버린 잘못을 범하였다는 평가가 가능할 것이다.

선호가 외생적으로 주어지고 고정되어 있다는 가정을 적용하는 애로우 정리를 통해 루소식의 인민 민주주의(popular democracy) 개념을 기각한 라이커(Riker, 1982)에서도 같은 문제점을 찾을 수 있다. 선호가 외생적으로 주어지고 고정되어 있다는 가정을 채택한 애로우 정리는, 민주주의의적 정치과정에 대해서는 극히 제한된 범위에서만 즉 유권자들이 정당 간의 경쟁 활동이나 정치인들의 주장에도 변하지 않는 선호체계를 갖는 경우에만 타당할 것이기 때문이다. 특히 지적되어야 할 것은, 라이커는 물론 경제학자들 일반에서 찾을 수 있는, 공익이란 개인들 선호의 합이라는 사고를 통해 루소식 민주주의의 불가능성을 주장하고 있는 점이다. 그러나 만일 선호에 가정되고 있는 문제점이 애로우 정리나 라이커 주장에 타격을 가할 수 있는 것이라면, 루소의 일반의지 개념은 다시 부활될 여지가 있다. 그래서 일반의지는 시민 개개인 의지의 합인 전체의지와는 다르다는 것으로부터, 공익도 개인들이 정치적 상호작용에 들어가기 이전에 추구했을 이익들의 총합은 아니라는 사유를 얻을 수 있다. 이렇게 된다면 정치를, 자유민주주의에서처럼 사회의 다양한 이익을 협상과 타협을 통해 서로 화해시키기 위한 것으로서가 아니라, 공화주의나

심의민주주의에서처럼 공공적인 것을 추구하기위해 사적인 이익을 초월하는 것이라는 발상도 가능해질 것이다.

4. 합리적선택이론의 과학철학상의 난점

사회과학 전반에 대한 경제학의 영향은 이미 널리 알려져 있다 경제학 제국주의(economics imperialism)란 말은 이를 나타내는 표현인데, 여기에서 알 수 있는 것처럼 합리적 선택이론, 공공선택이론, 신정치경제학, 실증정치이론 등, 비록 명칭은 다양하게 불릴 수 있어도, 이들을 하나로 묶을 수 있는 것은, 공히 신고전파 경제학의 방법론에 따라 사회현상과 사회적 행동을 모형화(modelling) 하려 한다는 점이다. 정치학이나 사회학, 행정학 등의 분과학문들이 신고전파 경제학을 채택하는 이유는 그것이 가장 과학적인 학문이라 여겨지고 있다는 점에 있다. 경제학은 흔히 '사회'과학으로서가 아니라, 간단히 과학의 하나라 불리고 있는 것이다. 따라서 신고전파 경제학의 과학적 위상이야 말로 정치현상에 대한 경제학적 접근이 정당화되는 가장 중요한 논거라 할 수 있다.

그러나 신고전파 경제학은 이론 구성의 토대가 되는 주요 요소 즉, 가정·공리 등의 비현실성 혹은 오류로 인해 오랫동안 비판받아 온 것도 사실이다. 이에 대해 신고전파 경제학의 주류적 입장에서는 과학은 무엇이고, 과학적 이론은 어떠해야 되는가에 관한 실증주의에 토대를 둔, 앞에서는 철지난 레코드판이라 했던 '도구주의(instrumentalism)'로 방어해 왔다. 실로 신고전파 경제학이야 말로 모든 사회과학 중에서 실증주의 과학철학에 가장 충실한 학문이라 할 수 있을 것인데, 합리적선택이론이 신고전파 경제학의 방법론에 따라 이론전개를 하고 있는 한, 그에 대한 한계와 비판도 그대로 적용된다.

여기서는 주류적 경제학과 합리적선택이론이 명시적으로 채택하고 있는 실증주의와 이에 기반한 도구주의와 관련된 쟁점들을 살펴보기로 한다. 특히 도구주의를 문제 삼는 이유는 공공정책과정이나 민주주의에 대한 공공선택이론에서의 내용은 전제되는 사항들로부터 연역적 추론을 통한 것인데, 여기서 도구주의적 방법이 과학적 탐구의 핵심적인 것으로 주장되고 있기 때문이다.

그러나 아래의 논의에서는, 과학의 정의나 과학적 이론을 평가할 절대적 기준이 있다는 것을 전제한 것은 아니다. 여기서는 다만, 한때 사회과학 분야에서 풍미한 과학철학 상의 논쟁에서, 앞의 맨큐 경제학에도 그대로 나타난 바 있는, '사회과학도 자연과학에서 수행되는 방법론에 따라야 한다'라는 논지가 지금도 유효한가의 관점에서 접근하기로 한다. 자연과학과 같은 방법론 채택의 당위성을 옹호해서가 아니라, 현시점에서의 신고전파 경제학의 방법론은 자연과학 분야에서 지배적인 사조와는 차이가 있음을 부각시키기 위해서이다. 즉 과학철학의 흐름은 1960~1970년대를 통하여 실증주의를 폐기하고 그 자리를 다양한 형태의 과학적 실재론(scientific realism)으로 채워지고 있는데, 주류적 경제학에서는 오히려 반대라는 점이다. 그래서 우리나라에서도 점차 그 외연을 확대해 가고 있는 과학적 실재론(scientific realism)과 실증주의의 대비를 통해 신고전파 경제학의 과학 철학 상의 특징을 살펴보고, 신고전파 경제학의 한계를 지적하기로 한다. 여기서의 중심은, 사회현상에 대한 법칙 연역체계의 형식이론이 적합한지 여부, 간결한 공리체계로부터 정치주체의 행동을 예측할 수 있는지 여부에 두어질 것이다. 합리적 선택이론의 과학성은 이 사항들이 대표적으로 나타내고 있는 것으로 여겨지고 있기 때문이다(Buchanan, 1984; Hay, 2004).

주류 경제학의 과학철학적 입장

정치영역에 대한 경제학적 접근의 정당성은 신고전파 경제학의 과학적 지위에서 찾아지고 있다. 예컨대 뷰캐넌에게 노벨 경제학상이 주어지던 해에 공공선택학회 회장을 역임한 바 있는 피터 오데숔(P. Ordeshook)의 표현을 빌리면(1990: 17),

> 신고전파 경제학의 방법론을 채택하지 않는 것은 …과학적으로 연구하는 것을 배제하는 것이다.

그는, 희소한 자원을 배분하는 제도나 절차는 방법론적 개인주의에 따라서만 이해될 수 있다는 뷰캐넌과 털럭의 전제는 오늘날 "자명해 보인다"고 주장한다(14). 또 이 전제는 정치학과 경제학의 통합을 요구하는데, "규칙과 제도의 작동은 동일한 패러다임의 동일한 용어로만 이해되어야 하기 때문"이라는 것이다(15).

> 정부가 왜 시장을 규제하고, 입법부가 왜 그리고 어떻게 소득을 재분배하고, 시장이 어떻게 정치적 결과에 영향을 미치는지를 이해하기 위해, 우리는 정치학과 시장의 논제들을 동일한 이론적 관점에서 이해해야 한다(15)

그러나 실증주의에 철저한 경제학의 접근방법이 비시장영역에 대해서도 채택되는 또 하나의 이유는, 여타 사회과학 분야에서도 실증주의가 과학철학의 정통적 지위를 유지하고 있기 때문이다. 그래서 사회과학자들은 경제학의 확장에 불편해 하면서도 (Moe, 1979: 216), 실증주의가 제시하는 과학의 모델을 따르고, 실증주의를 내세워 사회과학도 과학임을 주장한다. 이를 나타내는 가장 흔한 표현이, '이론·모델에서의 비현실적인 조건, 가정, 법칙 등은 실재적인 것으로가 아니라 도구적으로만 판단한다'는 주장이다. 즉, 경제 인간이나 선호와 같은 이론적 용어나 가정 등 이론을 구성하는 요소들은 실재 자체를 가리키는 것이 아니라, 관찰된 현상을 설명하는데 도움이 되는 이론적 구성물 (theoretical constructs)에 지나지 않는다는 관점이다. 아래에서 볼 것이지만, 사회과학의 과학성에 대한 이러한 방어 논변은 실증주의에 근거했을 때에만 가능하다. 이러한 도구주의에 의하면, 이론은 그 구성요소들의 실재적 성질에서가 아니라, 예측할 수 있는 능력에 의해 평가되어야 한다.

> 일련의 실질적 가설로서, 이론은 '설명'하고자 하는 종류의 현상에 대한 그 이론의 예측력에 의해 판단된다. 사실적 증거만이 이론이 '옳은지' 혹은 '틀리는지', 또는 잠정적으로 유효한 이론으로 '채택' 또는 '기각'되는지를 보여줄 수 있다. … 가설의 타당성에 대한 유일하고 적절한 검증은 이론의 예측을 경험과 비교하는 것이다. 가설은 그 예측이('빈번히' 혹은 다른 대체 가설의 예측보다 더 자주) 사실과 모순될 경우 기각된다; 사실과 일치하는 경우 채택된다. 만약 가설이 사실과 상충될 수 있을 만한 기회를 무사히 넘어서면 큰 신뢰

> 가 부여된다. 사실적 증거는 결코 가설을 '증명(prove)' 할 수는 없다. 그것은 단지 가설이 틀렸음을 증명하지(disprove) 못했을 뿐이다. 우리가 약간 부정확하게 '확증(confirm)'되었다고 말할 때, 일반적으로 의미하는 바는 이것이다(Friedman, 1953: 8-9)

프리드먼은 그의 논문 서두에서 규범경제학과 실증경제학 간의 오랜 구분을 분명히 하고, 실증경제학을 포함하여 모든 자연과학과 사회과학을 일관하는 방법론상의 통일을 주장한다. 그 다음 통일된 방법론에 대한 성격을 나름대로 제시한다. 위 인용구절에서 명백히 나타나는 포퍼(K. Popper)적 분위기에도 불구하고 그는 포퍼에 대한 언급이 없고,[3] 그 밖에 다른 어떤 과학철학자도 인용하지 않고 있다.[4] 아무튼 그가 명시적으로 공격목표로 삼은 것은, "이론에서의 가정과 실재 간의 일치는, 이론의 예측력 검증과 별개로 혹은 그 검증에 부가되어, 이론의 타당성을 검증하는 것이다(14)"라는 논제다. 그는, 기존의 이 입장은 본질적으로 틀린 것이고, 이 때문에 많은 병폐들이 생겨났다고 주장한다. 그러면서 너무도 유명한 아래 문구를 선언한다.

---

3) 포퍼의 대표적 저서인 『과학적 발견의 논리(The Logic of Scientific Discovery)』는 1959년에 영문판이 나왔지만, 독일어판은 1934년에 출간되었다(Logik der Forschung). 프리드먼이 이 독일어판을 참고했는지 여부는 확실치 않지만 인용문에서와 보는 바와 같이, 논지는 대단히 닮았다.

4) 프리드먼의 실증경제학 방법론을 일반적으로 도구주의라 하고 있다. 그러나 과학철학 상의 논의에 입각할 때에는 그의 입장이 어떤 지위인지 의견이 분분하다. Glass and Johnson, 1994는 포퍼의 반증주의와 구분되는 것이라고 하지만(제 3, 4장), 블로그(Blaug, 1994: 22는 포퍼주의의 조잡한 아류라 한다. Udehn, 2003: 150은 도구주의인지 조차도 의문시한다.

> 진실로 중요하고 핵심적 이론은 현실을 대단히 부적합하게 기술하는 가정들을 포함하고 있다. 일반적으로 말하면, 중요한 이론일수록, 보다 많은 비현실적 가정들[5]을 갖추고 있다(14)

아직까지도 도구주의 입장을 대표한다고 평가되는 프리드먼이 위 주장을 펼친 시점은, 논리 실증주의나 논리 경험주의가 과학철학의 논의에서 지배적이었던 1950년대였다. 즉 당시의 자연과학 특히 물리학에서는 이론적 용어나 이론의 구성요소들을 실재적인 것으로 취급하지는 않고 있었다. 자연과학에서와 같은 과학 활동, 예컨대 물리학에서 낙하의 법칙을

$$S=1/2gt^2$$

과 같이 나타내는 방법론을 채용하자는 프리드먼의 도구주의 선언에 따라, 경제학에서의 형식주의 혁명(formalist revolution)은 정당화되고, 다른 사회과학 분야에서도 수학적 모델의 사용이 권장될 수 있었다. 사정이 이런 것이고 보면, 실증주의 경제학 방법론을 주창한 최초의 글이 아직 까지도 가장 강력한 영향을 미치고 있음은 의아스러운 부분이 없지 않다. 과학철학의 논의 진전을 따라 많은 경우 프리드먼의 방법론에 냉소적이지만, 경제학의 방법론을 말하는 거의 모든 경제학 문헌들은프리드먼을 인용하고 또 높게 평가하고 있기 때문이다(Boland, 2003: 521; Hands, 2003: 507).

프리드먼 입장에 대한 비판은 경제학 안팎에서 있어 왔다. 그

5) 이를 새뮤얼슨은 "F-Twist"라 명명한다. 사실을 비틀고 있다는 부정적 의미를 담고 있다.

러나 경제학이나 사회과학 전반에서는, 과학철학에서의 양상과 달리, 실증주의가 지적 헤게모니 지위를 계속 유지하여 왔기 때문에, 그러한 비판이 명시적으로 과학적 실재론의 입장에서 수행된 경우는 비교적 최근의 일이다.[6] 따라서 여기서는 실증주의 입장을 과학적 실재론과 대비해 보는데, 여기서 확인되는 것은 '과학적 이론'에 대한 도구주의 입장은, 관찰할 수 없는 대상의 존재론적 지위를 실재(reality)가 아닌 이론적 실재(theoretical entities) 혹은 논리적 구성물(logical constructs)로 보는 실증주의에 의존하고 있다는 점이다. 이에 의하면 이론적 실재란, 과학자로 하여금 현상에 대한 설명을 가능하게 하는 발견 장치(heuristic devices)인 것이지, 일어나고 있는 현상과 동일한 실재가 아니다. 바로 이것이, 신고전파 경제학이나 합리적선택이론 진영의 학자들로 하여금, 과학적 이론을 비실재적인 것으로 보도록 하는 단초를 제공하고 있는 부분이다. 그러나 과학적 실재론에서 보았을 때, 이 논지는 받아들여 질 수 없다.

한편, 과학철학에서 논의되는 실재론과 철학적 실재론은 동일한 것이 아니다. 이를 구분 짓는 특성은 존재론에 대한 입장 차이에서 찾을 수 있다. 여기서 실재론이란, 실재의 존재 자체는 인간의 인식여부와 무관하게 받아들이는 입장을 의미한다. 또 과학적 실재론이란 일반적으로, 과학적 이론은 비록 관찰할 수 없는 대상에 대한 것이라 하더라도 그 존재를 지시하려 한다는 것을 받아들이는 입장을 말한다. 그 분파 중 하나인 '비판적 실재론'에서는 존재자의 유형을, 경험적인(empirical) 것, 실제적인

6) 국내의 경우에서도 드물다고 할 수 있는데, 그나마 이기홍, 1998과 이영철, 2006을 대표적 예로 볼 수 있을 것이다.

(actual) 것, 생성적 또는 구조적인(generative or structural) 것으로 구분한다. 물론 이것을 절대적인 것이라 주장하지는 않는다. 즉 비판적 실재론에서는 이론과 실재에 관한 인식상의 오류가 가능하다는 것을 전제로 하고 있다(epistemological fallibilism). 그동안의 의견불일치로 혼란스러웠던 것은, 철학적 실재론에 대한 다양한 입장에서 비롯된 것이라 봐야 하는데, 과학적 실재론과 실증주의의 차이도 여기서 확인할 수 있다. 그것은 실재론의 존재론적인 것과 인식론적인 것의 관계에 대한 것이다. 이언 해킹(I. Hacking)에 의하면, 실재론자라고 하는 것은 다음 두 가지 경우를 포함한다(2005: 78).

· 세상에 관한 실재론(존재론적 실재론)
· 세상에 대한 이론에 관한 실재론(인식론적 실재론)

실재를 R, 이론 모델 가정 등을 T라 했을 때, 존재론적 실재론이란, 실재의 존재 자체는 그에 대한 T와 무관하게 인정하는 입장을 말하고, 인식론적 실재론이란, T는 R을 지시하고 있다는 것을 받아들이는 입장이다. 과학적 실재론은 이 두 가지를 모두 받아들이는 반면, 실증주의적 경험주의에서는 모두 부인한다.

먼저 실증주의 입장을 살펴보면, 실증주의 과학철학의 토대가 된 경험주의적 존재론에서는, 실재란 오로지 관찰가능하고 경험할 수 있는 대상에 국한된다고 본다. 이는, 인간의 지식은 경험적인 관찰에 근거해야 한다는 인식론적 입장에서 비롯된 것으로, 경험적 인식론이 경험적 존재론에 영향을, 혹은 존재론이 인식론으로 환원되고 있다. 이를 비판적 실재론자 로이 바스카(R. Bhaskar)는 '인식상의 오류(epistemic fallacy)'라 명명한다(2007:

33, 43). 이처럼, 대부분의 실증주의자들은 실제 일어난 것만을 실재인 것으로 받아들이고 있고, 사회과학 분야에서는 정치적·사회적 현상에 대해서도 이 경험주의를 유지하고자 한다. 따라서 실증주의자들은 비판적 실재론에서와 같은 존재자의 구분을 받아들일 수 없고, 오직 경험적인 것만이 과학적 연구의 대상이 될 수 있다고 본다. 또 방법론적 개인주의는 실증주의 입장에서는 당연한 것이다. 우리가 실제 관찰할 수 있는 것은 개인의 행동이나 상태인 것이지, 사회나 사회구조 혹은 국가의 활동은 아니기 때문이다.

과학적 실재론과 실증주의가 현격한 차이를 보이는 또 다른 부분은, 과학적 설명의 개념과, 설명에서 과학 법칙의 역할에 관한 것이다. 칼 헴펠(C. Hempel)에 의해 정식화된 실증주의에서 설명은 법칙 연역적 모델(deductive-nomological model, D-N Model) 혹은 포괄법칙 모델로 알려져 있다. 이에 의할 때, 과학적 설명은 보편 법칙 혹은 포괄 법칙(universal or covering law)이 정립되었을 때 가능하고, 이러한 법칙에 구체적 사건을 포섭시키는 것이 설명이다. 따라서 설명에 사용되는 과학 법칙은, 경험적으로 관찰 가능한 사건들의 항상적 결합(constant conjunction)을 반영하고 있어야 한다. 바로 이 과학법칙에서의 항상적 결합이라는 개념이 실증주의로부터 직접 유래된 것인데, 항상적 결합이란 법칙 자체의 한 예라는 것을 의미하기 때문이다. 즉, 실증주의의 경험적 존재론에서 과학법칙은 관찰될 수 없는 대상을 지시할 수 없기 때문이다. 또 항상적 결합이란, 구체적 사건들이 상시적으로 연결되어 있다는 것을 의미하기 때문에, 과학 법칙의 기본 형태는 ‘y이면, z이다(if y then z)’ 형식이 된다. 곧, 우리가 y를 확인할 수 있다면, z가 뒤따를 것이라는 점을 알 수 있다. 따라서 어떤 현상을 설명할 수 있다는 것은 동시에 예측도 할 수 있음을 나타내고, 이로써 '설명과 예측의 대칭성(symmetry of explanation and prediction)' 테제가 성립한다.

관찰할 수 있는 외양에 기초한 법칙 연역적 접근과 달리, 과학적 실재론에서는 특정한 방식으로 나타나는 연구 대상의 성향(propensity)은 그것의 내적 외적 구조에서 연유한다고 본다. 또 이러한 생성적 구조(generative structure)를 인지할 수 없다 해도, 우리는 그것의 결과를 통해 알아내려고 시도할 수 있음을 인정한다. 예컨대, 우리가 나무에서 떨어지는 사과를 볼 때, 사과를 끌어당기는 중력이 생기는 사물과 공간 간의 복잡한 구조를 볼 수는 없다. 또 특정한 활동에 참여하는 한 개인을 볼 때, 그 같은 행동으로 나아가게 하는 그 사람의 이념이나 신념, 규범과 태도 간의 복잡한 관계를 볼 수 없다. 이처럼 중력이나 자력 같은 생성적 기제는 본질적으로 관찰 불가능한 것이지만, 그렇다고 해서 존재하지 않는다는 것을 의미하는 것은 아니라고 하는 것이 과학적 실재론의 입장이다. 다시 말해 과학적 실재론은, 실재적이고 인과적인 구조가 현상이라는 외양을 생성해 낸다고 봄으로써, 실재는 우리가 관찰할 수 있는 있는 것보다 더욱 심층적인 것이라 하고 있는 것이다.

따라서 과학적 실재론과 실증주의 간의 차이는, '수요 공급의 법칙'과 같은 과학 법칙을 연구대상의 구조적 인과적 기제로 보느냐, 아니면 법칙 자체의 한 경험적 예로 보느냐 에서 나타난다. 과학적 실재론의 입장은, 법칙 혹은 법칙과 유사한 진술들은, 과학자들이 연구 대상의 기저에 놓여 있는 실재적 인과적 기제가 만들어 내는 성향을 나타내는 언어적 용어들이다. 즉 특정한 자연 법칙이 경험적 규칙성의 관찰을 통해 제시될 수 있다 해도, 그 법칙에 대한 과학적 설명이란 연구 대상의 생성적 구조가 경험적 규칙성으로 보이는 결과를 만들어 내는 것임을 보이는 것이다. 따라서 과학적 실재론자들이 볼 때, 과학 이론의 주된 관심은 경험적 수준에서 찾아지는 항상적 결합이 아니라, 생성적 구조에 놓여 져야 한다. 즉 이론은 설명이 행해지고 있는 결과의 실재적 구조적 원인에 대한 것이어야 한다.

반면 실증주의적 접근에서는 경험적 존재론 탓에, 오로지 결과 자체에만 관심을 둔다. 만약 이론이 기저에 놓인 원인을 지시하는 것이라면, 관찰될 수 없는 구조나 기제는 실재 자체가 아니라는 뜻에서, 보다 낮은 존재론적 지위를 갖는 이론적 존재 혹은 논리적 구성물로 취급된다. 즉 이론적인 것들은 인간으로 하여금 현상에 대한 이해와 설명을 가능하게 하는 발견적 장치인 것이지, 현상 자체와 동일한 수준에서 실재하는 것은 아니다. 프리드먼의 도구주의가 가능한 것은 바로 이 지점이다.

도구주의(형식적 이론)에 대한 검토

경제학에서의 형식 이론(formal theory)으로의 전환과 다른 사회과학 분야에서의 형식이론의 증가는, 철학적으로는 실증주의에 근거하고 있고, 프리드먼의 도구주의에 의해서 정당화 되어 왔다. 또 형식적 이론이나 형식적 모형(formal model)은 실증주의 과학 프로젝트의 열망을 대표하는 것으로 간주되어 왔다. 아래의 간단한 예가 보여주는 바와 같이, 이 같은 형식주의의 가장 중요한 특징은, 법칙 연역적 체계에서 특정 현상에 대한 '예측'

을 포함하는 형식적 연역적 진술문을 무한하게 도출할 수 있다는 점이다.

전제 1: 모든 나무는 전기가 통한다.

전제 2: 모든 물은 나무로 구성되어 있다.

연역 : 그러므로 모든 물은 전기가 통한다.

이처럼 연역적 추론은 완전히 정당한 법칙 연역적 형태로, 타당한 예측을 도출할 수 있다. 위 예 자체만을 놓고 그 내용까지 고려한다면, 누구도 과학적인 것이라 하지는 않을 것이지만, 그러나 형식적 모형화를 한다는 것은 바로 위 같은 절차를 말한다. 즉 경제학에서 모형화란, 전형적 사실을 전제의 집합으로부터 도출해 낼 수 있음을 보여주기 위한 형식적 작업인 것이다. 바로 이 뜻에서 경제학이란 대단히 쉬운 지적 게임이라 할 수 있을 것인데(Mäki, 2002: 15), 어떤 사실에 대해서도 논리적으로는 타당한 무한한 수의 모델을 정립할 수 있기 때문이다.

한편, 위 예에서 알 수 있는 것 중의 하나는, 이론구성의 과정은 가능한 한 현실적 혹은 실재적인 이론적 용어와 요소를 포함하여야 한다는 점이다. 그러나 신고전파 경제학이나 사회과학 분야에서 지배적인 법칙 연역적 접근에서는, 이론의 전제가 실재적인 것인지 여부는 문제 삼지 않고, 오로지 이론의 예측능력만을 강조한다. 경제학 주요 저널에 실린 1930년대와 1970년대의 문헌을 비교하는 연구에 의하면, 후자에서의 경제학의 성공이란 체계적인 논증이나 내용이 아니라 새로운 기법과 이론적 논의 형식에 달려있는 것이라 하고 있다(Hands, 2003: 508).

형식적 모형화 등의 형식주의가 실증주의 과학성을 상징한다고 할 때, 그동안 혼란이 있었던 것은, '형식성'이란 것이 수학의 사용을 의미하는 지 여부다. 간혹 형식이론의 핵심으로 수학의 사용을 들기도 하지만, 그러나 모든 경우에서 수학이 사용되어야 함을 말하는 것은 아니다(Hands, 2003: 508). 경험적 타당성이나 현실성 여부와 무관한 '연역적 추론'을 사용하는 것이 형식성의 핵심이다. 마크 블로그(M. Blaug)는 이를 "기법에 대한 찬양" "이론의 내용보다는 형식에 절대적 우선성을 부여하는 것"이라 말한다(Hands, 2003: 509에서 재인용). 물론 경제학의 형식주의는 프리드먼에게서 비롯된 것은 아니다. 그러나 아래에서 보듯이, 경제학 내부에서의 비판에도 불구하고 형식적 모형들의 극적인 증가는, 약간 과장하여 말하면, '이론에서 가정 등의 현실성은 중요하지 않다'는 프리드먼의 도구주의가 이를 보장하고 있기 때문이라 하겠다.

존재론적으로는 물론이고 인식론적으로도 실재론에 기초하고 있는 과학적 실재론이 사회과학에서의 형식적 이론화에 반대하는 것은 물론이다.[7] 그러나 이에 대한 비판을 위해 과학적 실재론의 논거들이 필요치는 않을 것인데, 프리드먼을 추종하는 경제학의 경향에 대해서는 경제학 내부에서 자성과 경고가 있어왔기 때문이다. 학제 간 차이에서 생길 수 있는 편견을 줄이기 위해, 경제학 거장들의 표현을 빌려 형식주의의 문제점을 살펴보기로 한다.

가정의 현실성 불요 명제에 대한 최초의 비난은 프리드먼의 방법론을 "F-비틀기(Twist)"라 명명한 새뮤얼슨(P. Samuelson)

7) 실증주의 형식성의 핵심인 법칙 연역적 추론과 대응하여 과학적 실재론에서 주장하는 과학적 추론은 역행추론(retroduction)이라 불리는 것이다. 자세한 것은 Bhaskar, 2007: 180-181.

에 의해서였다.[8)]

> 사실에 대한 부정확함이란 뜻에서, 비현실성은 비록 우리가 감당해 낼만한 정도로 근사치라 할지라도, 이론이나 가설의 결점일 것이어서, F-뒤틀기는 근본적 오류다(1963A: 233)
>
> 이론에서 경험적 정확성을 도넛(doughnuts)에 비유하면, 도넛의 원형은 이론의 가치를 구성하며, 그 구멍은 허위로서 이론의 약점을 구성한다. 나는 이론이 '그 결점 때문에 낫다'고 주장하는 과학을 터무니없이 변형시키는 것이라 생각한다. 그리고 정확한 과학에서는 아무도 그런 주장을 할 꿈도 꾸지 않는다는 것을 안다(1963B: 736).

위 인용문구가 발간되던 해를 전후해서 프리드먼의 도구주의가 처음으로 방법론적인 측면에서 논의되었다. 이것이 1970년대에 이르면, 최정상급 경제학자들도 프리드먼의 주장을 문제 삼기 시작한다. "경제학에서 사용되는 가정은 구체적 현실을 도외시 한 체 수학적 조작의 편의만을 위해 도입되고 있다"는 것이

8) 새뮤얼슨의 박사학위 논문이자 그에게 노벨 경제학상을 안겨준 『경제분석의 수학적 토대(Foundation of Economic Analysis, 1948)』는 경제학에서의 형식주의의 완성이자 신고전파 경제학의 가장 기본적인 분석기법을 정착시킨 저서로 평가되고 있다. 그러나 그는 프리드먼처럼 경제학의 과학성에 대해 자신만만해 하거나 경제학이 사회과학의 여왕이라는 식의 사고는 갖고 있지 않다. 프리드먼에 대한 비판과 관련한 글에 실린 다음 문구는 인간과 과학에 대한 그의 겸손을 여실히 나타내고 있다. "노예와 관련해서, 토머스 제퍼슨은 하늘에 정의의 신이 있다는 것을 생각하고 두려워 떨었다고 말한 적이 있다. … 연역적 사유의 위력에 대해, 경제학에서 이뤄져 온 과장된 주장과 관련하여, 나도 내 분야의 명성을 위해 떨고 있다"(1963B: 736). 새뮤얼슨의 당시 경제학 방법론에 대한 입장은, 조작주의(operationalism)였다(Blaug, 1991: 135).

다(Frisch, 1970: 162).[9] 1970년 미국 경제학회 회장 취임연설에서 와실리 레온티에프(W. Leontief)는,[10] 경제학자들이 "관찰할 수 있는 현실이 아니라, 상상 속의 가설 상의 세계에 매달려 있다"(1971: 1)고 비난하고. 또 훗날에는 자신이 몸담고 있는 경제학에 대해 다음과 같이 불만을 토로한다.

> 우리 학문이 응용수학의 2류급 분과로 질이 떨어지고 있다. 이 2류급 분과에서 연구자들은 비과학적이게도 경험적 조사를 피하고 있다. … 경제학 저널들은 수학 공식으로 채워져 있다. 이것은 독자들을, 그럴듯한 그러나 완전히 임의적인 가설로부터, 간명한 그러나 부적합한 이론적 결과로 이끈다. … 계량 경제학자들은 가능한 모든 형태의 대수 함수를 통해 (수학 모델을) 자료에 적합하게 하려 한다. 그러나 이것은 우리가 인식 가능한 어떤 형태로도, 실제 경제 시스템 구조나 작동에 대한 체계적 이해에 도움이 되는 것은 아니다 (1982: 104).

요컨대 경제학은 "허공에서의 인간 행동에 대한 가정"을 토대로 "구체적 사실과 무관한 형식 이론의 분과 학문"이 되어 "추상화의 위기"에 직면했다는 것이다. 그럼에도 경제학의 주류적 흐름은 이러한 비판을 거의 무시하였고, 이론과 현실 간의 괴리는 더욱 커져만 갔다. 그러다가 1990년대에 경제학에 대한 자성은 다시 등장한다.

> (경제학에서) 연구되고 있는 것은 경제학자들의 생각

9) 1969년 제 1회 노벨 경제학상 수상자
10) 1973년 노벨 경제학상 수상자

> 속의 체계이지, 현실의 경제 체계가 아니다. 나는 이를 칠판 경제학(Blackboard Economics)이라 부르고자 하는데, 이러한 경제학은 현실의 세계에서는 무엇이 일어나고 있는지에 대하여는 거의 알려 하지 않고서도, 강의시간을 칠판에 도식들로만 채워서 때울 수 있는 이점이 있다(Coase, 1991: 51)

코스는 더 나아가, "경제학자들이 현실에 일어나는 일들에 대해 분석할 수 없게 되면, 그들은 조작할 수 있는 가상의 세계를 만들어 낸다"고 말한다(52). 즉 그는 '칠판 경제학'이란 조어를 통해 현대 경제학은 최소한의 현실성도 없는 순수한 허구임을 나타내고 있는 것이다(Mäki, 2002: 5). 이 외에도 경제학에 대해 우려를 표명하는 자성의 목소리는 쉽게 찾아 볼 수 있다. 그러나 현 시점에서 신고전파 경제학에 대한 가장 유명한 비판은, 경제사상사와 경제학 방법론 분야에서의 주요 인물이면서 범 포퍼주의자이기도 한 마크 블로그(M. Blaug)에 의한 것이다(1998).

> 현대 경제학은 병들어 있다. 경제학은 점차 경제 세계를 이해하기 위한 유용한 결과가 아니라 경제학 자체를 위한 지적 게임이 되어왔다. 경제학자들은 분석이 전부이고 현실 적합성은 아무것도 아닌 사회 수학으로 경제학의 주제를 바꿔놓아 버린 것이다. … (경제학의 리딩 저널인) *The American Economic Review*나 *The Economic Journal*을 본다면, 지루함이 전문서적 출판의 목적인 이상한 행성에 착륙한 것은 아닌지 놀랄 것이다.

블로그는 경제학에서 형식주의의 기원은 1930년대에 까지 소급할 수 있지만, 병폐로서의 형식주의는 두 노벨 경제학상 수상자 애로우와 드브뢰(K. Arrow and D. Debreu)의 1950년대의 논문이라고 한다.[11] 또 그들의 문헌이 경제학을 "암적인 성장"으로 이끈 이유는, "현실의 경제에 명백히 위반되는 가정"을 사용했기 때문이라고 한다(3). 그러나 "불행히도 이 논문이 현대 경제학자들은 무엇을 해야 하는 지에 대한 모델이 되었다"고 한다. 따라서 애로우와 드브뢰 이후 "일반균형이론은 실제 경제가 어떠한지에 대한 기술적 논의는 중단하고, 유사 경제(quasi-economy)에 대한 순전히 형식적 장치로 되어갔다"는 것이다. 그러나 블로그가 보기에 비현실적 가정보다 더 심각한 병폐는 경제학 이론에 대한 검증의 포기다. 그는 "현대 경제학은 (모형이 확증된 것임을 보장하는) 비밀스런 계량 경제학의 기법에 안주"하고 있다 진단한다.

> 새고전파(New-Classical)로 불리는 거시경제학에서의 최근 진전에 대해 진실로 염려해야 하는 것은, … 경험적 검증이라 할 만한 어떤 것도 하지 않으려는 점이다. … (경합하는) 경제 이론을 선택하기 위해 계량경제학의 기법을 보정하는 것은(calibration), 모든 모형이 그러한 것처럼, 실패하는 경우란 없기 때문에, 점잖게 말한다 하더라도, 사기(fraud)와 같은 짓이다(7).

---

11) 애덤 스미스의 이른바 '보이지 않는 손'의 경제학적 증명이라는 '일반균형의 존재'를 증명하고 있는 글을 가리킨다. 그리하여 일반균형이론이 한동안 신고전파 경제학의 토대가 되었다. 그러나 애로우는 일반균형이론을 일찌감치 멀리하였고, 또 일반균형이론의 증명과정에서 모순이 있다는 것을 밝힌 인물이 다름 아닌 드브뢰였다. 이로써 신고전파 경제학의 토대는 완전히 없어진 셈인데, 현재 그를 대신하고 있는 것이 '게임이론'이다. 한편 애로우는 게임이론의 신고전파 경제학에 대해서 비판적 입장을 취함으로써, 한때는 주류 경제학에 가장 위대한 공헌자였으면서, 지금은 가장 신랄한 비판자가 되었다. 그의 이 입장은 '1994, Methodological individualism and social knowledge'에 잘 나타나 있다

그린과 샤피로(Green and Shapiro, 1994)가 보여 줬듯이, 이러한 불만은 사회과학에서의 경제학적 접근에 대해서도 타당할 것이다.

그러나 사회과학에서의 형식적 이론을 방어하는 프리드먼의 도구주의에 대한 이상의 비판에 대해, 프리드먼 자신이나 그를 인용하는 경제학 이론가들이 심각하게 대응한 적은 거의 없다. 또 그들은 과학 철학상의 실재론자와 비실재론자 간의 논쟁에 대해 관심조차도 없다. 비판에 대한 무대응 혹은 무지가 프리드먼의 영향력을 계속되게 하고, 또 좋은 과학 활동의 모범으로 여겨지게 하는 것처럼 보인다. 또 여기서 경제학의 이론가와 경제학 방법론자들 간의 심각한 단절을 볼 수 있다. 경제이론가들은 전통적 논리실증주의와 이론의 경험적 검증을 표면상으로는 강조하고 천착하지만, 거의 대부분의 경제학 방법론자들은 이를 기각하고 있기 때문이다.

'예측'은 가능할까?

앞에서 합리적선택이론의 이른바 '견고한 핵'을 다루는 동안, 합리적선택이론의 선구자격인 다운스, 뷰캐넌, 털럭 등이 인간 가정의 비현실성이라는 비판에 대해 프리드먼을 인용하면서 방어하는 것을 보았다. 또 바로 앞에서는 실제 프리드먼이, 이론을 평가하는 '유일한' 기준은 가정 등의 이론적 요소의 현실성이 아니라, 예측능력임을 강조하고 있음을 확인했다. 이제 논의 초점을 합리적선택이론에 대한 그들의 정당화, 즉 합리적선택이론의 예측능력에 두기로 한다.

합리적선택이론의 예측능력은 직접적으로 입법부 의원이나 행정부 관료 등, 공적 주체의 목표함수와 관련되어 있다. 이들 주체와 무관해 보이는 예컨대 '공공재 과대공급 이론(모형)' 이나 '정치적 경기순환이론' 등도 공적 영역에서의 행위자 가정을 전제할 때 가능한 것이기 때문이다. 또 2장에서, 공적 주체의 목표함수 설정에 대해 반대하는 합리적선택논자들도 있음을 언급한 바 있는데(엷은 합리성 대 두터운 합리성), 인간은 자신의 이익을 극대화 하려 한다는 강한 합리성 논지를 펴는 진영에서도, 이익을 어떤 형태로 볼 것인지에 관해 입장이 분기되어 있다. 이 과정에서 쟁점이 되었던 것 중의 하나가 바로 목표함수의 작동 가능성 즉 예측능력이다. 단순화시켜서 말하면, 합리적선택논자들 중 일부는 인간의 목표함수에 포함되는 이익을 물질적 유형적 이익에 국한시킨다. 그래야 이론을 경험적 증거와 비교할 수 있다는 것이 주된 논거다. 또 다른 진영에서는 목표함수로 포섭되는 이익에 권력, 명성, 레저와 같은 무형의 이익도 포함시킨다. 그래야 인간행동의 실제와 일치할 것이기 때문이다. 결론을 선취해서 말하면, 어느 경우든 이론을 통한 예측은 실패라고 봐야 한다. 전자의 입장은 경험적 증거와 불일치 때문이고, 후자의 입장은 인간의 모든 행동을 예측할 수 있지만, 그러나 아무것도 예측한 것이 없는 것과 동일시되는 동어반복이기 때문이다. 각각을 나누어서 본다.

인간의 행동을 물질적 이익을 극대화하려는 욕망의 결과로 보는 입장의 장점은, 그러한 행동은 이해하기 쉬워서 실제 관찰 활동을 명확하게 할 뿐만 아니라 경제학의 '극대화' 용어로 모형화하기도 쉽다는 점이다. 그러나 경제적 활동 영역을 벗어나면,

인간행동에 대한 이 모형은 쉽게 한계를 들어내고 만다. 즉 시민들이 선거나 사회운동에 참여하는 것, 의원들의 입법 활동이나 법관의 사법적 판단 등을 물질적 이익함수로 모형화 할 수 있다 하더라도, 경험적 증거를 통해 검증하려 하는 것은 실패할 수밖에 없다.

예를 들어 보면, 이 입장을 취하는 합리적선택이론가들은 시민의 투표를 물질적 이익함수로 모형화한 바 있다. 털럭은 투표에서 높은 보상이 주어지면 시민들이 어떻게 보다 많이 투표하려 할 것인지(Tullock, 1967B: 110-114), 라이커와 오데쇽은 시장에서의 합리적 행위자와 동일한 모형을 제시하였다(Riker and Ordeshook, 1968: 25). 그러나 이 모형들은 아리스토텔레스(Aristotle) 이래 민주주의에 대한 고전적 의문이자, 시민의 투표 동기나 그들의 모형에 가장 적합할 가설, '부자로부터 가난한 이들에게 부의 직접 이전을 꾀하는 투표'가 왜 일어나지 않는지를 해명할 수 없다. 투표에 대한 경험적 연구들은 오히려, 시민들은 자신의 물질적 이익을 위해 투표하는 것이 아님을 보여준다(Barry, 1990: 203-215; Brennan and Lomasky, 1985: 190-191). 시민들은 시간과 불편을 감수하면서 투표에 참여하려 하고, 신생 민주국가의 경우에는 자기 목숨을 희생하면서까지 투표에 참여하려 한다.

시민의 사회운동 참여와 관련해서 올슨(M. Olson)은 1965년 저서를 통해, 물질적 경제적 이익이 정치적으로 효과적인 조직 등을 설명한다는 논지를 전개한 바 있다. 그의 결론에 의하면, 조직 구성원들이 조직의 목표(활동)에서 자신의 경제적 몫을 보장받고 있을 때, 정치적 기업가들이 구성원들의 무임승차를 차단할 수 있을 때, 조직은 유지된다.

그러나 3년 뒤부터 등장하기 시작한, 구성원들에 경제적 배당도 없고, 정치적 기업가의 감시활동도 없는 환경운동, 평화운동, 반핵운동 단체 또 뒤이어서 생겨난 동물보호, 반낙태, 죄수인권운동 등의 단체는 어떻게 설명할 수 있을까? 이 같은 사회운동조직을 연구함에 있어서 올슨의 통찰로부터 많은 것을 얻을 수 있겠지만, 그러나 정작 핵심은 인간의 행동가정에 대한 올슨의 주장은 거의 무시되고 있다고 봐야 할 것이다.

입법부 의원에 대한 목표함수는 대표적 합리적선택이론가에 의하면, 당선 혹은 재선이다. 이는 선출직 관료에 대해서도 그대로 타당할 것이다. 그러나 이들의 행동동기가 실제로 재선이라고 하는 경험적 연구는 없다. 오히려 재선은 다양한 동기의 하나일 뿐이고, 그들의 행동을 예측하게 하는 주요 변수도 아니다. 실제의 연구들은 합리적선택이론에서는 관심도 두지 않는, 이데올로기나 동료로부터의 인정, 양심적으로 행동하려는 열망 등이 주요변수임을 밝혀오고 있다(Derthick and Quirk, 1985: 134-136; Muir, 1982: 159-177). 사법부 법관에 대해서는, 합리적선택이론을 일관한 모형화가 어렵다는 점, 그럼에도 랜디스(W. M. Landes)와 포스너(R. Posner)는 입법부 의원에서와 동일한 동기와 시장 가격이론으로의 모형을 제시하고 있음을 보았다. 그러나 이것이 적절치 않음은 포스너가 스스로 그 자신의 모형을 철회함에서 알 수 있다(1995: 111).[12)]

따라서 경험적 연구들과 일치하는 예측을 위해, 인간의 물질적 유형적 이익 외, 권력이나 명성 레저 같은 무형의 이익도 포함시키는 것이 일견 타당해 보인다. 시민은 투표 자체에 대한 성

12) 그러나 자신의 이전 모형을 왜 철회했는지는 밝히지 않고 있다.

향을 가지고 있고, 의원들은 명성도 추구하며, 법관들은 세상사에 영향을 미치고 싶어 한다 등으로 말할 수 있기 때문이다. 그러나 합리적선택이론가들이 이러한 선회를 단행한다면, 그들은 동시에 합리적선택이론의 예측능력 더 나아가 개념적 일관성도 포기하는 결과가 되어버린다. 무형적 이익을 포함하는 개념화는 이론의 전체를 동어반복의 체계로 만들어 버리기 때문이다.

무형의 이익을 포함하는 '효용'개념와의 전형적인 방식은 인간의 행동을 소비행위에서와 같이 '자기만족 행위'라 여기는 것이다. 예컨대 로체스터 학파의 모리스 피오리나(M. Fiorina)는 시민의 투표 행위가 투자행위에서와 같은 목표 합리적 행위인가에 대해 의문을 표시한다. 그러면서 스포츠 경기에서 합리적 행위자라면 홈팀을 응원하면서 자기만족을 추구하듯이, 투표행위도 자신을 표현하면서 자기만족을 표현행위라는 점에서는 같다고 본다(1997: 403). 따라서 합리적 행위자 모델로 예측할 수 있다고 한다(414). 그러나 이러한 방식으로 '인간은 효용을 극대화하려 한다'고 말하는 것은, '인간은 하고 싶어 하는 바를 한다'고 말하는 것이나 다름없다. 따라서 합리적선택이론이 자부하는 바처럼 인간의 행동을 예측할 수 있겠지만, 모든 행위에 대해서는 동일한 행동동기 즉 동어반복의 예측일 뿐이어서, 예측하지 않는 것과 차이가 없다.

만약 시장에서의 행동을 다루는 경제학에서, 무형의 이익을 포함하는 것으로 효용을 개념화하면 어떻게 될까? 그렇게 된다면, 간단한 수요법칙마저도 인정할 수 없게 된다. 수요법칙이 가능한 것은, 특정 물건의 구매행위로부터 추단되는 현시선호(revealed preference)를, 다시 말해 구매자의 그 대상에 대한 즉 물질적 이익을 그 구매행위로부터 분리해낼 수 있다고 보기 때문이다. 예컨대 철수가 몇 개의 초콜릿을 사기로 결정했다는 것은, 그의 돈으로 살 수 있는 초콜릿과 다른 물건 간의 배열에서, 초콜릿에 대한 선호를 나타낸다. 따라서 철수가 가지고 있는 돈은 이전과 같은데도 초콜릿 가격이 오르면, 그는 보다 작은 수의 초콜릿을 살 것이라고 예측할 수 있다. 혹은 철수는 그로 인해, 자신의 효용감소를 경험하는 것이어서, 보다 낮은 무차별 곡선으로 이동할 것이라 예측할 수 있다. 만약 초콜릿의 구매행위나 이와 조합되어 있는 다른 물건의 구매행위나, 다 같은 자기만족이라는 점에서 동일한 행위라고 하면, 초콜릿 가격과 초콜릿 소비 양(量) 간의 일반적인 역관계를 말하는, 수요법칙은 불가능할 것이다. 또 초콜릿 가격이 오르면 초콜릿에 대한 구매양은 작아질 것이라는 예측도 불가능하다.

효용에 포함되는 공적 영역에서의 이익을 넓게 설정하는 것의 또 다른 문제점은, 그린과 샤피로가 '임의적 영역 제한(arbitrary domain restriction)'이라 하고 있는 것처럼(Green and Shapiro, 1994: 44), 어떤 무형의 이익까지 포함할 것인가를 한정하는 기준이 없다는 점이다. 예컨대, 어떤 합리적선택이론 모형이 '인간은 명성을 위한 욕망에 의해 동기화 된다'고 하고 있다면, '인간은 다른 사람의 행복을 위해 동기화 된다'는 것을 왜 인정하지 않을까? 또 '인간은 권력을 위해 동기화 된다'는 것을 인정하면서, '인간은 공익을 위해 동기화 된다'는 것은 왜 허용하지 않을까? 합리적선택이론 진영에서는 그동안 이와 같은 구분을 위한 어떤 기준도 제시하지 않고 있다. 다만 지금까지의 논의를 보면 다음 두 가지로 합리적선택이론가들이 대처하고 있는 방식으로 보인다.

첫 째는, 합리적선택이론의 대상이 아니라고 간단히 말하는 것이다. 예컨대 포스너(R. Posner)는, 물질적 유형적 이익에 한정하는 효용 개념으로는 법관의 행동 모형에 대한 자신의 작업이 어려움에 처하자, 법관도 권력이나 명성, 레저, 그리고 자신을 표현하는데서 오는 즐거움 등에 의해 동기화 된다는 것을 인정한다. 그러나 공익에 의한 것은 부정한다(1995: 117-123). “법관의 효용 함수가 공익을 위한 동기도 포함하게 되면, 법관을 보통 사람(ordinary people)으로 취급하는 것과는 일관성이 없다”는 것이 그 이유다(118). 이것은 보통 사람들은 공익을 위해서는 행동하지 않는다는 것을 말하는 것인데, 포스너는 여기서 어떤 증거도 제시하지 않고, 이렇게 간단히 쓰고 있다.

효용을 극대화하려는 행위와 그 외 인간이 추구할 법한 행위를 구분하려는 두 번째 논지는, 인간의 행동 즉 ‘자기이익 추구 행위’를 재정의 하는 것이다. 예컨대 법관의 행동을 분석하면서 다음을 인정한다(Schughart and Tollison, 1998: 963).

> 법관의 행동에 대한 경제학적 분석은 기본적으로 “법관도 다른 사람들과 같이 물질적·비물질적 요소를 포함하는 효용함수를 극대화 하려 한다”는 것을 가정하고 있다. 경제학 제국주의에 가장 충실한 경제학자도 법관의 사적 이익이 사법적 판단의 유일한 결정인자라고는 주장하지 않을 것이다.

슈카트와 톨리슨은 그러면서, 법관의 행동도 자기이익 추구적인 것이고, 이는 승진기회를 늘리고, 잔무나 업무량을 줄이려는 욕망, 또 자신들의 선호나 가치를 ‘사회’에 둠으로써 그들의 효용을 극대화 하려는 욕망에 의해 설명될 수 있다고 한다(964). 그러나 자기이익의 이 같은 재정의에 의한, 법관 행동에 대한 설명은, 초등학교 사회교과서적인 설명, '훌륭한 직업을 갖고, 사건을 능률적으로 처리하며, 사회에 보탬이 되도록 행동한다'는 것과 어떻게 다른 것일까? 슈카트와 톨리슨의 말처럼, 법관의 행동 모델이 이기적 행태를 전적으로 배제한다면 우리는 그것을 과학적이라 할 수 없겠지만, 그렇다면 법관의 행동에 대한 위 설명은 과학적일까?

5. 그래도 과학인가?

이미 20세기 초중반에 실증주의자 혹은 포퍼주의자를 자처하는 경제학자들에 의해 주류 경제학은 과학이 아닌 것으로 평가된 바가 있다. 당대를 지배하였던 과학 사조인 실증주의 영향하의 그들은 경제학자 자신들이 동원하는 과학 방법론을 준수하지 않고 있기 때문에, 또 경제학의 이론 체계 자체가 검증이나 반증의 시도를 아예 차단하고 있기 때문에 경험적 근거를 갖는 과학이라 볼 수 없다고 하였다. 대표적으로 허치슨(Hutchison, 1938)과 블로그(Blaug, 1980)를 들 수 있다. 특히 블로그는 경제학이 물리학을 흉내내고자 제본스(W. S. Jevons)의 한계주의 방법과 발라(L. Walras)의 일반균형 이론을 중추적으로 삼는 한, 경험적 과학의 가능성이 없음을 단언하였다.

그럼에도 합리적선택이론가들은, 몇 번 반복되었지만, 경험적 비현실성이라는 비판에 대해, '공적 영역에서의 정치 현상을 예측할 수 있다'는 것을 통해 지금 시점에서도 방어하려 한다. 예측을 지식의 최고 형식으로 간주하기 때문에,[13] 예측능력을 갖

13) 이는 합리적선택이론이 실증주의의 진리관을 채택하고 있기 때문이다. 곧

춘 이론은 비현실성에도 불구하고 옳은 이론이라 간주하고, 그 모형이나 이론이 제시할 수 있는 또 다른 예측을 도출하기 위해 사용하여 왔다. 그러나 지금까지 본 바와 같이, 예측능력을 통한 합리적선택이론의 방어는 대단히 의심스러울 뿐이다. 경험적 타당성을 통한 예측의 검증은 실패하거나, 아예 불가능하기 때문이다.

그러나 합리적선택이론의 정당화, 즉 과학적 지식의 추구라는 바로 현재에도 지속되는 주장과 관련하여 분명한 사실은, 신고전파 경제학의 토대인 경제 인간 가정은 포퍼가 말하는 '반증(falsification)'이 이뤄졌다고 봐야 한다는 점이다. 뷰캐넌은 러커토시(I. Lakatos)의 '견고한 핵(hard core)' 개념을 빌어, 경제 인간의 전제에 대해서는 반증의 시도조차 허용되지 않는다고 하지만, 심리학이나 행동 경제학에서의 성과는, 경제 인간 가정은 더 이상 유지될 수 없는 것이라 말하고 있기 때문이다. 그러므로 주류 경제학이나 합리적선택이론에서 주장하는 '과학적 방법'을 유지하고자 한다면, 프리드먼이나 포퍼의 주장에 충실하고자 한다면, 합리적선택이론가들이 경제 인간 가정을 고수하면서 과학적 지식임을 더 이상 주장해서는 규범적으로 허용될 수 없다. 다만 쿤(T. Kuhn)이나 러커토시에 의존해서, 반증되었지만 대안적 이론이 없으므로 잠정적으로 유지하는 것임을 인정해야 한다.[14)]

참인 진술은 가장 적합한 방식으로 외부 세계를 기술하는 것이라는, 소위 '진리의 상응이론(correspondence theory)'의 영향이다(Audi, 1998: 214-217; Putnam, 1981: 54-86).

14) 경제학 내부를 보면 주류적 신고전파 경제학에 반대하는 대안적 이론 체계는 많다. 신고전파 경제학에 반대하는 박만섭이 엮은 책의 부제는, '신고전파에 대한 12대안'이다(2005). 따라서 쿤이나 래커토스를 동원해서도 공공선택이론이 지속되는 이유를 해명하기도 쉽지 않아 보인다.

일부에서는 이러한 사정을 애써 외면한체 그동안 공공선택이론이 경험적 불일치에도 불구하고 지속될 수 이유를, 반증 시도들이 래커토스의 '보호대(protective belt)'에 해당하는 일부 모형들에서 일어났기 때문이라 하고 있다(Kay and Marsh, 2007). 행동경제학 등이 밝힌 것이 합리적선택이론의 견고한 핵인 '경제인간'에 대한 것임을 의도적으로 인정하지 않고 있는 것이다.[15)]

결국, 합리적선택논자들이 자신들의 지식 주장이 석연치 않음을 알면서도 과학을 자칭하는 활동을 계속하는 것에 대한 이해는 정통적 과학철학으로는 충분히 해명할 수 없다. 과학사회학을 동원해야만 할 것이다.

---

15) 카너먼(D. Kahneman)이 행동경제학을 개척한 공로로 노벨 경제학상을 수상한 해가 2002년이므로 '의도적'이라는 표현을 쓸 수 있을 것이다.

제13장
민주주의에 대한 경제학적 접근의 한계

20세기 후반을 통하여 정치나 사회현상에 대한 경제학적 접근방법은 사회과학 전반에서 주류적 위치를 차지한 것으로 평가되고 있다. 연역체계의 간결한 이론적 구조 때문에 미래 연구의 방향도 제시할 수 있는 공통된 관심 영역을 구축해 놓은 점은 상당부분 인정받고 있다. 또 경제학의 영향은 학계 수준을 넘는 것이라고도 말할 수 있는데, 약물 중독이나 결혼, 살인 등의 범죄행위나 사회단체에의 가입과 같은 인간의 행동도 '합리적 선택'이란 용어로 설명하는 사례들을 우리는 쉽게 접할 수 있기 때문이다. 경제학적 방법을 옹호하는 입장에서 보면, 이러한 다양한 현상에 대해 설명을 제시할 수 있는 능력이 경제학의 위력을 증명하는 것이 될 것이다. 또 어떤 논자가 경제학적 방법을 채택하지 않는다 하더라도 정치인이나 관료, 이익집단 등의 행태와 같은 경제학적 이론을 무시하기도 어렵다. 사회현상에 대한 경제학적 접근은 전통적 믿음체계에 심각한 도전 양상으로 전개되는 것이어서 이에 대해 어떤 반응을 보여야 하기 때문이다.

공적 영역에 대한 경제학적 접근은 공적 영역의 주체 외에도, 그 운영원리라 할 수 있는 민주주의 자체에 대해서도 이루어져 왔다. 앞에서 다룬 정치인이나 관료에 대한 묘사가 그에 대한 종래 사고를 뒤흔드는 것처럼, 민주주의에 대한 경제학적 접근도 민주주의에 대한 기존의 통념에 강한 의문을 제기하고 그 자리에 새로운 내용을 채우려 한다. 먼저 그에 대한 논의 흐름을 살펴보고, 비판적 검토를 하기로 한다.

1. 민주주의를 다시 정의하기

합리적선택이론은 정치현상에 대한 경제학적 '접근'이란 정의처럼, 일반적 의미의 '이론'이라 할 수는 없다. 경험적 사회과학의 토대 혹은 접근 방법이라 봐야 정확할 것이다. 따라서 합리적 선택이론 진영의 연구들은, 유권자나 정부 관료 행동을 설명하기 위해 경험적 자료에 의존한다. 그러나 경제학적 도구를 사용하여 특정한 정치이론을 지향하는 학자들도 찾아 볼 수 있다. 이들은 경험적 연구의 주제 설정을 위한 일련의 가정들을 정교화하는 단계를 넘어, 기존 정치이론의 흠결을 교정하고 더 나아가 전통적 정치이론의 대체도 시도한다. 민주주의에 대한 경제학적 접근에서는 이론가들의 이러한 경향이 특히 두드러져 보이는데, 이때 그들은 자신들의 연구는 규범적이 아닌 실증적인 것임을 강조한다. 그러나 기존 이론의 비판에 담겨있는 주장은, 민주주의에 관한 보다 좋은 정치이론이라면 경제학적 접근방법을 채택하여야 한다는 점일 것이다.

라이커(W. Riker)는 이점에 대해 누구보다 단호한 입장에 있는 것으로 보인다. 또 그는 명백히 '새로운' 민주주의 이론을 제안하고 있다. 다운스(A. Downs) 역시 인간의 합리적 선택을 다루는 경제학이 민주주의에 대한 규범적 이론을 검증하는 기준이 되어야 한다고 주장한다. 여기에서 알 수 있는 것은, 경제학적 접근을 취하는 이론가들은 기존의 민주주의 논자들이 잘못된 기준에 의해 정치 현상을 판단하여 왔다는 점, 정치이론은 정치 공동체가 어떻게 정의나 평등과 같은 상태에 도달할 것인가를 규명하는 것이 아니라, 공동체의 목표가 실제 능률적으로 달성되고 있는가 여부에 두어야 하는 것으로 보고 있다는 점이다. 민주주의에 대해 이러한 태도로 접근하게 될 때, 민주주의란 말에는 우리가 추구해야 하는 어떤 이념도 없게 될 것이다. 이 같은 태도나 사고에 단초를 제공하면서, 모범적 시도를 보여 준 이가 오스트리아 출신의 미국 경제학자 슘페터(J. Schumpeter)이다. 그는 고전 민주주의 이론의 요체를 대부분 기각하고 있을 뿐만 아니라, 그 결론을 민주주의 운영에 대한 시장 작동의 유추를 통해 이끌어 내고 있다.

슘페터가 고전적 민주주의 이론을 공격하면서 주된 대상으로 삼고 있는 것은 '공동선(common good)'이란 관념이다. 그가 보기에 고전적 이론가들은 민주주의를

> (대표자 혹은 선출된 자들이 담당할) 이슈를 인민이 직접 결정함으로써 공동선을 구현하는 정치적 결정에 도달하기 위한 제도적 장치(1942/1950, 250)

라 여기고 있는 것으로 파악하기 때문이다. 그는 고전적 이론가들은 공동선이란 것이 존재하고 또 그것이 무엇인지 알아낼 수 있다고 전제한다는 점, 그럼에도 그것에 도달하고 또 도달하였는지 알 수 있는 것에 대해서는 침묵하는 철학자들의 환상이라 비판하고, 공동선이란 존재할 수도, 도달할 수도 없는 것이라 단

언한다(250-252).

> 모든 인민이 동의할 수 있거나 혹은 합리적 추론의 힘을 빌어서 모든 인민이 동의할 수 있거나 또는 동의하게 되는 더할 나위 없이 확정적인 공동선 따위는 없다(251).

또 공동선이란 일반 시민 자신들은 그것이 무엇인지 알아 낼 역량을 갖고 있지 않는데도, 민주주의 이름으로 그들이 그러한 능력을 갖고 있는 것으로 말해질 때에는, 사회에 해로운 결과를 초래할 수 있다고 경고한다(240-243).

그러면서 슘페터는 민주주의에 대한 잘못된 혹은 위험한 이해를 일소하기 위해, 자신의 민주주의 이론을 전개한다. 그에 의하면 우선, 민주주의는 이념이 아니라 하나의 정치적 방법(method) 혹은 기술(technique)로 이해되어야 한다. 또 민주주의적 방법이란

> 정치적 결정에 도달하기 위한 제도적 장치로서, 인민의 표를 얻기 위한 경쟁적 투쟁에서 이긴 개인들이 정치적 권력을 획득하는 장치(269)

이다.

위 정의에 나타나 있는 바와 같이, 만약 민주주의가 정치 지도자들의 경쟁 체제로서 특징 지워 질 수 있다면, 슘페터도 그랬고 지금도 쉽게 그리 하는 것처럼, 정치 주체들에 대해서도 시장 유추에 따라, 정치인은 기업인으로, 유권자는 소비자로 간주할 수 있게 된다. 또 시장의 분업원리도 유추하면, 정치인과 그들을 선

출하는 유권자들의 업무분담, 즉 정치란 오로지 정치인들의 일(business)이지 그들을 선출하는 이들의 일은 아니라고 말 할 수 있다(295). 슘페터는 더 낳아가서 시민들의 정치적 역량에 대해서도 극히 회의적이다.

> 통상적으로 볼 때 중대한 정치문제라는 것은, 전형적 시민의 심적 조직에 있어서 취미의 수준에 도달하지 못한 한가할 때의 일이거나, 무책임한 대화의 수준에서 일어날 뿐이다(261)

또 슘페터에게 시민은 '적극적이고 분별 있는' 주체가 아니라, 단지 많은 경쟁자들 중에서 정치적 결정을 내릴 사람을 선택할 뿐인 존재에 지나지 않는다. 민주주의를 인민의 지배라고 하지만, 이는 인민이 실제로 지배한다는 것을 의미하는 것이 아니라, 다만 인민의 지배자가 되고자 하는 사람들을 승인하거나 부인할 기회를 가지고 있음을 의미할 따름이라는 것이다. 이로써 근본적으로 공적 영역에서 시민의 역할은 극히 제한된 것이 되어버렸는데, 심지어 슘페터는 시민이 정치에 최소한으로 참여하는 것을 지지한다. 일반 사람들은 자신들을 통치할 자를 받아들일 것인가 혹은 거부할 것인가에 관해 완전히 비민주적 방식으로 결정할 우려가 있기 때문에, 그는 시민의 역할을 선거에서의 투표만으로 제한할 것을 원한다. 또 '민주주의는 정치인의 지배다'라는 것을 명확히 깨닫는 것이 '대단히 중요하다'고 주장한다(284-285). 이처럼 슘페터는 민주주의에 대한 자신의 이해를 강화하기 위해 능률성이나 전문화 같은 경제학 개념을 동원하여, 자신이 거부하는 고전적 원리로부터 더욱 멀어져 가고 있는 것이다. 그래서 급기야 슘페터는 민주주의란 단어 자체에 담겨있는 어원상의 의미도 자신 있게 기각한다.

> 민주주의라고 하는 것은 '인민(demos, people)'이란 용어와 '지배(kratein, rule)'라는 용어의 어떤 의미에 있어서도 인민이 실제로 지배한다는 것을 의미하는 것도 아니며 또 의미할 수도 없다(1942/1950: 284).

2. 민주주의에 대한 경제학적 시각 검토

민주주의 논의의 다양성: 민주주의 유형론

슘페터에서 명백히 나타나는 바, 인민의 지배라는 어원적 의미마저 제거되자 이제 남는 것은 고전적 이론가들이 본질적으로 고심했던 문제, 왜 우리는 민주주의를 유지해야 하는가? 라는 질문이다. 즉 민주주의는 어떤 근거로 정당화할 수 있는가의 문제다. 애로우 정리를 표면적으로 받아들인다면, 이를 전거삼아 민주주의에 대해 전면적으로 부정적인 답변도 가능할 것이다. 『합리적선택이론 입문(Public Choice – A Primer)』(Butler, 2012) 정도가 적합한 번역서의 제목일 것이 『나쁜 민주주의』(이성규·김행범, 2012)로 되는 것은 단적인 예이다. 그러나 주류적 경제학의 논리 전개 과정에 전제로서 가정된 몇 가지 사항을 풀어헤치면, 이는 지극히 하나의 관점 혹은 세계관에 국한된 관점이다. 민주주의 '유형'을 보면서 시작하기로 한다.

세간에서 흔히 시도되는 것과는 달리, 민주주의에 대해 명확하게 조명하고 공공성 위기를 극복할 방안을 제시한다는 것은 결코 쉬운 일이 아니다. 우리의 일상생활에서 관찰할 수 있는 바와 같이 민주주의라는 용어 자체부터 포괄적으로 사용되고 있고, 민주주의 이론가들 사이에서도 합일된 견해는 없기 때문이다.

먼저 민주주의는 원래 가진 의미보다 훨씬 넓고 다양하게 쓰이고 있다. '민주주의 의미는 여행용 가방과 같다'는 비유처럼, 이 용어는 어디에 붙이냐에 따라, 이를 통해 무엇을 나타내려 하느냐에 따라 뜻이 달라질 수 있다. 민주주의는 실제로, 인간 상호간 서로를 대하는 방법에, 기존의 경제정책을 변경시키는 프로그램에, 다수에 대한 소수의 권리에, 여성차별적인 공공정책에, 해외 독재정권의 몰락이나 국내 새로운 행정부의 출현에, 그리고 이외 더 많은 것에 부가되어 사용되고 있는 것이다. 이처럼 민주주의는 인간 사회의 삶에서 찾을 수 있는 최상의 것들을 모두 수용할 수 있는 것처럼 다의적으로 사용되고 있다. 이점에서 선(善)의 대표적 용어라고도 할 수 있을 것이다.

또 민주주의를 '선거를 포함하는 자치(自治)의 과정'이라 개념의 폭을 좁힌다 하더라도, 논자가 어떤 부류에 속하느냐에 따라 민주주의의 핵심이 무엇인가에 관한 견해 차이도 크다. 위베(R. H. Wiebe)는 민주주의 조건들을 정치과정에 도입되어야 하는 것들과 이 과정으로부터 산출되어야 하는 것들로 나눈 후, 각각은 철학자·정치평론가 그리고 사회과학자 집단 내에서 자기들만의 방식으로 이해되고 있다고 한다(1999: 14-16). 그는 민주주의 정치과정에 도입되어야 하는 조건들을 법률적 절차와 같은 자치의 토대를 구체화하는 것과, 여기에 참여하는 시민들의 신념 책무 그리고 구체적 지식으로 구분한다. 또 정치과정을 통한 본질적 산출물을 개개인의 자유로운 권리를 일컫는 자유, 사회적 평등에 초점을 두는 정의, 중요한 문제를 신속하고 신뢰성 있게 해결할 수 있는 능률성으로 나눈다. 위베에 의하면, 철학자들은 민주주의 당위성에, 정치평론가들은 민주주의의 실제 현상에, 사회과학자들은 민주주의의 운영방법에 관심을 집중한다고 한다. 그렇다면 철학자들은 민주주의를 도덕의 문제로 여기고 인간의 의미를 중시하여 민주주의 자체는 부차적인 것으로 취급하거나 정치과정의 산출물만을 강조할 것이다. 반면 언론인 등의 정치평론가들은 공적 영역의 문제점들로부터 논의를 시작하여 이를 민주주의와 연결시킨 뒤, 개혁에 필요한 항목을 나열할 것이다. 또 사회과학자들은 정치와 정부에서 시작하여 현상에서 민주주의를 찾은 다음, 정치과정의 개선에 관심을 쏟을 것이다. 따라서 민주주의 조건을 둘러싸고 서로 다른 처방들이 수없이 제시될 것이고, 결국 민주주의 논제는 복잡한 양상으로 전개될 수밖에 없을 것이다.

민주주의 이론 정립을 더욱 어렵게 만드는 것은 민주주의에 대한 논의는 인간이나 정치적 사회 그리고 국가를 보는 관점을 포함하는 인류의 지성사적 전통과 연결되어 있다는 점이다. 여기서는 민주주의를 '인민주권을 실현하는 정치형태'로 이해하는 규범적 차원에 초점을 맞추고 각 입장 별 차이를 개괄하기로 한다. 민주주의 규범적 형태 혹은 모델은 하버마스(J. Habermas)가 『사실성과 타당성(Faktizität und Geltung), 1992/2007』에서 민주주의에 대한 전통적 시각을 자유주의(liberalism)와 공화주의(republicanism)로 대별시키고, 자신의 담론이론에 입각한 규범적 논의를 전개한 이후, 각각 자유민주주의 이론과 공화주의적 민주주의 이론, 심의민주주의(deliberative democracy) 이론 세 가지로 보는 것이 정형화 되어 있다.

여기서 알 수 있는 바와 같이 민주주의에 대한 접근은 자유주의와 공화주의(혹은 공동체주의) 사상에 의해 주도되어 왔다고 할 수 있다. 자유주의는 인간이 자연권과 같은 양도할 수 없는 신성불가침의 권리를 태어날 때부터 갖고 있음을 강조하고, 정치란 이 권리를 보호하기 위한 것이며 또 국가의 책무도 개인적 권리를 보호하는 것이라 본다. 반면 공화주의에서는, 인간이 인간이 되는 것은 인간의 유전자를 타고 나서가 아니라 특정 정치공동체의 성원으로 그 공동체 문화와 전통을 배우며, 다른 사람들과 함께 성장했기 때문이라고 본다. 따라서 개인이 태어나면서부터 권리를 갖는다는 자유주의적·소유적 개인주의는 허구이자 현대 병리의 원인이라 간주한다. 이처럼 이 두 사상이 반영된 민주주의를 보는 시각은 인간이나 국가에 대한 상반된 이해를 전제하고 있는 것이다.

자유민주주의 사상의 정치적 전통은 로크(John Loke)에 까지 거슬러 올라가고, 이것이 최초로 구현된 미국의 맥락에서 보면 "연방주의 교서(Federalist Papers)"를 쓴 제임스 매디슨(James Madison) 등에 의해 발전했다고 할 수 있다. 매디슨에 의하면 인간이란 본질적으로 사악한 존재다. 이들이 특히 파당(faction)을 결성하여 각기 열정적으로 믿는 신념을 추구할 때 나타나는 결과를 우려한 그는, 주권자인 인민의 참여가 극도로 제한된 형태의 민주주의를 고안했다. 매디슨은 소수자들에 의한 파당도 개인의 자유에 가할 수 있는 위협을 예견했지만, 다수자들에 의한 파당이 다수결에 의한 결정이라 하여 강요됨에서 오는 자유의 침해를 더 염려했기 때문이다. 그러나 이 같은 자유주의가 전제하는 인간이나 정치에 대한 가장 엄밀한 시각을 관철시키고 있는 인물은 '시장자유주의'의 예언자로 알려진 하이에크(F. A.

Hayek)이다. 그는 '다수의 지배'라는 의미에서 민주주의 원리를 근본적으로 의문시하는 매디슨에 정신적 빚을 졌다고 인정한다. 법 존중 사상과 국가 내 어느 한 부분의 독주를 견제할 제도적 장치가 결합할 때 개인의 자유가 가장 보장된다고 보기 때문이다. 또 하이에크는 국민의 대표자인 정치인들이 유권자들의 요구에 반응할 것이 아니라, 정치인 자신의 전문성과 판단에 따라 독자적으로 행동할 필요가 있다고 주장한다.

> 다수결 원칙은 그 시점에서 사람들이 무엇을 원하는지를 알려줄 뿐이고, 더 많은 정보가 있다면, 진정으로 자신들에게 이익이 되는 바를 어떻게 선택해야 할 것인지를 알려주는 것은 아니다(1960: 109)

그는 여기서 더 나아가, 소수의 지식인들이 다수의 견해를 교육하고 사회진보를 추동하는데 필수적 역할을 하여야 한다고 지적한다.

이상에서 분명해지는 바와 같이, 자유주의 사상과 대의 민주주의는 밀접하게 연결되어 있고 또 쉽게 엘리트주의적 경향을 띠고 만다. 그 이유는, 인간은 편견에 사로잡혀 있고 관용이 부족하며 타인의 자유를 파괴하는 경향이 있는 존재로 보고, 정치적 영역에서 대다수 시민들은 정부를 상대로 중요한 발언을 할 수 있을 만큼 교육수준이 높거나 정치적 경험이 많지 않다고 보기 때문이다.

한편 공화주의는 그리스 도시국가와 로마 공화정에서 비롯되고, 마키아벨리(Niccolo Machiavelli)가 이를 재해석한 이후 다양한 분파로 오늘에 이르고 있다. 자유주의에 대한 공화주의의 차별성의 근원은 인간을 보는 관점에 있다. 즉 공화주의의 중심 이미지는, 자신의 이익을 위해 타인의 자유도 해하는 자유주의의 인간과 달리, 자기가 속한 국가에 깊이 뿌리내리고 자기의무를 다하며 자신의 도시 혹은 자신의 국가를 위해 기꺼이 몸 바칠 각오가 되어 있는 시민의 이미지다. 그러나 시민의 의무가 강조되는 것은 시민 자신이 바로 주권자이기 때문이다. 그러므로 마키아벨리는 『로마사 논고』에서, 시민의 적극적인 권리보유자로서의 반대가 건강한 정치를 창조한다는 명제를 개진할 수 있었다. 그는 평민들이 귀족정에 대항해서 300년간 '정치적 파란'을 일으킨 것이 오히려 로마의 자유를 보존하는데 도움이 되었다고 본다. 그는 어떻게 해서 인민이 원로원에 대항하여 집회를 열고 의원들을 성토했는지, 어떻게 시위를 벌였고 어떻게 상가들이 철수했으며, 어떤 식으로 일반 시민들이 집단으로 로마 교외로 행진했는지를 묘사한다. 그러나 이러한 갈등이 일어났어도 권력층이 정당한 선에서 양보를 하고, 대항적 행위를 관대하게 처리함으로써 그 같은 소요사태가 더 큰 정치적 갈등으로 나아가지 않았다고 한다.[1)]

하지만 오늘날의 공화주의는 그리스나 로마의 원형과는 많은 변모를 겪은 것으로 보아야 한다. 예를 들어 병역의무를 중시하고 상무(尙武)정신을 강조한 것은 재해석 되었다. 그리하여 시민의 의무도 병역의무의 측면에서보다 주로 정치적 측면에서 해석하며, 상무정신을 통한 영웅적 행동보다 용기 있는 저항을 강조한다. 여기서는 자유주의 진영에서 비판하는 공화주의의 전체주의 위험성과 거리가 멀고, 공동체와 함께 다원성과 다양성을 강

1) Machiavelli, N.(1517/1772), Discourses on Livy, Translated by Henry Neville, available at www.constitution.org/mac/disclivy_.htm

조하는 아렌트(H. Arendt)의 입장을 보기로 한다. 그녀는 미국 독립혁명과 프랑스 혁명에서 공화주의 정신이 실제로 발휘된 사례를 찾으려 했고, 진정한 공화정을 유지하는데 위협이 되는 요소들을 탐구한다. 아렌트는 독립혁명 이후 자유민주주의의 원조국가로 발전한 미국의 경우, 새 공화국이 수립되자 혁명적 역사는 상실되었다고 평가한다. 미국이 헌법을 창안해 낸 것은 인류사의 업적이긴 하지만, 혁명 이후 미국 정치 현실에서 분명하게 나타나는 바와 같이 '시민적 권리'를 '정치적 자유'와 혼동해서는 안 된다는 것이다. 정치적 '자유'란 "정부의 참여자가 될 권리를 의미하며, 그것이 아니라면 정치적 자유는 허울 좋은 구호일 뿐(1965: 233)"이라는 것이다. 아렌트는 미국 혁명 이후 그 정치적 정신을 지속적으로 강화하고자 했던 인물은 자유민주주의자 매디슨이 아니라 토머스 제퍼슨(T. Jefferson)이라고 한다. 뿐만 아니라 그녀는 구소련이나 동구권의 전체주의 체제에서 나타났던 불복종과 저항에 대해서도 시민권이 발현된 것으로 높게 평가한다. 아렌트에게 인간의 본질은 '자유'이기 때문에, 전체주의 승리는 인간성의 파괴와 같았던 것이다. 또 1960년대 미국 사회에서의 민권운동과 반전운동을 성찰하면서는, 시민 불복종이 사람들이 자신의 양심을 따르는 행위라는 해석을 거부한다. 대신 시민 불복종은 정치공동체에 대한 참여로서 시민 집단이 공공적 행위에 돌입하는 것이라 하고 있다(Canovan, 1994: 217).

이처럼 오늘날에도 공화주의는 그리스 로마에서와 같이, 다른 활동 영역보다 정치의 우위를 강조하고 있다. 시민으로서의 정치적 행위가 인간이 함께 살아가는 행위 가운데 가장 포괄적인 활동이고 또 대다수 인간들이 희구하는 가장 가치 있는 행위이며, 그러한 시민권은 권리장전에나 나열된 고정된 지위인 것이 아니라 하나의 실천적 행위라는 것이다. 주(Canton) 별로 참여정치를 실천하고 국민투표도 자주 실시하는 스위스에서 공화주의의 이러한 전통을 찾을 수 있다. 또 공화주의 사상은 1990년대 사회주의 국가들이 물러나고 참여민주주의가 강조되면서 다시 부각되고 있다. 국민국가적 현실이나 점점 다변화되어가는 정치현상에 공화주의가 논리정연하게 대응될 수는 없더라도, 자본주의 사회에서 팽배한 개인주의와 소비자사회 그리고 대의민주주의가 지닌 한계를 비판할 때, 공화주의는 여전히 그 근거로 등장하고 있는 것이다.

자유민주주의와 공화주의적 민주주의의 개관에서 분명해 지는 바와 같이, 민주주의 사상사에서 양 전통은 서로 상반된 입장에 있다. 주된 이유가 인간이나 정치, 국가의 본질에 대한 시각 차이에 있기 때문에, 양 전통은 쉽게 화해할 수 없을 것이다. 그러나 하버마스는 자신의 심의민주주의를 공화주의와 자유주의 사이의 교량으로 간주하고 있다(1996; 2007: 397-405). 이를 가능하게 하는 것이 공공적 사안에 대한 심의 다시 말해 계몽된, 자유롭고 평등한 시민들 간의 이성적 토론이다. 즉 공공적 사안들이 심사숙고하는 논증과정을 통해 결정된다면, 자유민주주의적 절차가 사적 이익들 간의 타협에만 머무르는 것이 아니며, 공화주의적 절차에서도 서로 다른 생각과 주장이 공존할 수 있다고 본다. 그러므로 심의민주주의는 자유민주주의의 한계로 지적되어 왔던 통합된 정치체제를 창조하는 과제를 해결하고, 전체주의적인 것이라 의문시되었던 공화주의에도 다원성을 인정함으로써, 두 사상의 간극을 메우는 지적 시도라 할 수 있다. 이로써 심의민주주의는 현대사회에서 심화되어가는 문화적 다원성과 제도적으로 구현된 현실 민주주의의 가치를 함께 존중하면서, 실제적으로 가능한 형태의 시민의 참여를 강화하는 것을 목표로 하고 있다.

평등한 시민들 간의 심사숙고하는 토론을 강조하는 것은 새로운 사상이라 할 수는 없다. 이미 고대 그리스에서도 민회에 참가하는 시민은 공공의 안건에 대해 자유롭게 발언할 수 있었기 때문이다. 다만 심의를 공화주의 이상을 실현할 수 있는 수단으로 여긴다는 것은 새로운 것이라 할 수 있다. 또 심의에는, 일반 시민은 원래 수준이 낮다든가 다수파의 주장은 소수 집단을 위협하게 될 것이라는 매디슨이나 하이에크와는 본질적으로 다른 평등사상이 담겨 있다. 심의민주주의가 부문별 이익집단들 간의 협상과 타협을 정치적 결정을 내릴 수 있는 현실 상황의 근거로 보지 않는 것도 자유민주주의와 다른 점이다. 심의는 이를 넘어 그러한 정치적 결정의 정당성 근거여야 한다고 보기 때문이다. 더 나아가 심의민주주의에서는 정치과정이 사람들에게 정치공동체의 일원으로서 정체성 의식을 불어 넣을 수 있어야 하고 공익의 관점도 고취해야 한다고 믿는다는 점에서도 자유주의와 대비된다. 이렇게 될 때 심의민주주의는 공화주의의 확장으로 볼 소지가 있다. 그러나 심의민주주의는 자유주의로부터 국가와 시민사회는 구분된다는 것, 정치적 구성체는 근본적으로 신뢰되어야 한다는 것, 또 현대사회의 다원주의화는 존중되어야 한다는 생각을 받아들인다.

따라서 심의민주주의가 자유민주주의와 뿌리가 다르고 공화주의 사상을 재구성한 것이라 평가할 수 있더라도, 심의 민주주의에는 현재의 자유민주주의가 흔쾌히 받아들일만한 중요한 측면이 있다. 그것은 같은 정치체제에 속한 사람들이라 하더라도,

그들은 이해관계가 다르고 도덕적 신념도 다르다는 점을 인정하면서도, 심의를 구체화하는 제도적 수단을 통해 이를 해소할 수 있다는 믿음이다. 즉 심의 민주주의는 정치적 절차 등의 원칙은 일반적 수준에서 인정되어야 한다는 필요성은 인정하지만, 그러나 심의과정을 통해서는 획일적 가치의 획득을 목표로 하지는 않고 있는 것이다.

지금까지 민주주의 용어사용의 포괄성, 이상적 민주주의 조건에 대한 처방은 논자가 속한 집단에 따라 달라지는 다양성, 인민주권의 정치체제는 어떤 민주주의여야 하는가에 관한 상반된 규범적 민주주의 이론을 보았다. 이를 고려할 때, 현재의 상황을 민주주의의 결핍이나 공공성의 위기라 인식하더라도 이를 해소할 방안을 제시하는 것이란 지난한 과제라 하겠다.

이미 충분히 다루어진 바와 같이, 합리적선택이론의 인간에 대한 가정이나 다수결적 의사결정에의 회의, 그리고 파당의 현대적 형태라 할 수 있는 이익집단 정치를 문제시 한다는 점 등은 매디슨 등의 자유주의 전통을 계승하는 것이다. 그러나 우리가 관심을 두어야 하는 것은 이 이론체계가 자유민주주의이론의 입장을 취하고 있다는 것에 한정된 것은 아닐 것이다. 그것은 합리적선택이론이 우리가 처한 현실로부터 문제를 인식하는 것이 아니라, 인간이나 사회에 대한 가정 그리고 이로부터 나타날 정치적 현상을 연역해내는 방법을 통해 공공정책과정과 같은 민주주의의 작동을 해명하려 한다는 방법론적 특성도 고려되어야 한다.[2)]

---

2) 그러나 합리적선택이론가들 중에서는 연역적 방법을 취하면서도 명시적으로 규범적 민주주의 이론을 제시하기도 한다. 다음 장에서 볼 윌리엄 라이커(W. Riker)가 대표적 인물이다. 애로우 정리에 대한 해석으로부터 그는 자유민주주의만이 가능하고 또 그래야 한다고 주장한다.

합리적선택이론의 이러한 특징은, 특히 특정한 규범적 관점을 전거로 삼지 않고서도 민주주의를 이해하는 경제학적 관점에 대한 검토를 가능하게 한다. 또 추상적 형태로 전개될 수밖에 없는 민주주의의 본질에 관한 논쟁에서, 시각의 차이에 기인하는 부분들을 최소화하여 논쟁의 범위를 좁혀서 다룰 수 있는 장점이 있다. 그러나 합리적선택이론에서의 민주주의 내용과 그 접근 방법에 대한 검토에서 분명해진 바와 같이, 그 타당성은 상당히 한정된 영역에 국한된다고 보아야 한다.

늘 불만인 현실에서 이상을 추구하면 안 되나?
: 제도이자 이념으로서의 민주주의

슘페터로부터 시작되고, 다운스가 이어받아, 라이커에서 극에 달한 민주주의 경제학이론의 현저한 특징은, 민주주의 개념에서 어떤 윤리적·이념적 차원도 제거하고 있다는 점이다. 이것은 그들이 현실주의적(realistic) 민주주의 개념에 따라 '경험적 민주주의 이론'을 발전시키고자 하기 때문이다.[3] 고대 아테네 시기로까지 소급되는 주류적 정치이론과 달리, 그들은 공적 영역의 본질에 대한 사고들이 지나친 사색과 독단적 규범을 선호하는 태도라 하여 비판하고, 민주주의가 실제로 어떻게 운영되는가에 대한 설명의 제시를 최우선 과제로 삼는다. 슘페터의 표현을 빌

3) 경험적 민주주의 이론이란 순전히 기술적(記述的)이고 중립적인 방법으로 민주적 정치 체계를 운영 과정을 탐구하고 분석한다고 주장하는 이론이다. 일찍이 로버트 다알(R. Dahl)은 경험적 이론이란 "현대 경험과학의 준칙·전통·가정에 따라 받아들여지는 방법·이론·기준"에 의거해서 정치적 생활의 구체적 사실을 단순히 탐구하는 이론이라고 주장한 바 있다(Dahl, 1961: 767).

리면, '삶의 진실에 보다 가까운(much truer to life, 1942/1950: 269)' 민주주의 이론을 생각하기를 원한다. 그래서 실제로 존재하는 민주주의가 고전적 민주주의 이론에 일치하지 않자, 그들은 이 현실을 비판하는 것이 아니라, 민주주의 실제에 맞추어 정의를 수정하는, 민주주의 자체의 재정의(redefinition)로 나아갔다.

이념의 탈각이란 사실만을 볼 때 더욱 불행한 사실은, 슘페터 저술 이후 20세기 중반의 사회과학은 실증주의 혹은 행태주의적 사고가 지배적이었던 시기였다는 점이다. 그래서 시장 유추를 통해 정립된 슘페터의 현실주의적 민주주의 이론은 사회과학 전반에서 광범위하게 채택되고, 민주주의에 대한 논의에서 출발점으로 여겨지게 되었다. 또 현존 민주주의 국가의 유권자들은 실제 어떻게 행동하는지, 정치체제는 이에 어떻게 반응하는지에 대한 많은 경험적 연구는, 슘페터에 의한 민주주의 이해를 지지함으로써, 현실주의적 그리고 시장 유추를 통한 민주주의 이론은 공고하게 구축되었다. 즉

> 민주주의는 국가 수준에서의 정치적 방법 혹은 제도적 장치들의 집합을 의미하고, 이의 가장 큰 특징적 요소는 유권자들의 표를 얻으려는 정치 지도자들 간의 경쟁이며
>
> 유권자들의 선거는 선출된 정치인들의 대응성을 확보하기 위한 주요 수단이자, 일탈될지도 모르는 정치 지도자들의 활동으로부터 자신을 보호하는 수단

이라는 것이다.

그러나 인간의 사회 혹은 정치 현상에 대한 이론화의 전통을

볼 때, 이념적 윤리적 차원은 배제되어야 하는 것이 아니라 항상 포함되고 있는 것이었다. 즉 정치이론들은, 무엇이 바람직하고, 무엇이 좋고, 무엇이 정당한가에 대한 관심을 표명하여 왔다는 점에서, 설명적인 동시에 주창적인 것이었다. 국가와 정치란 무엇이며, 그것은 어떻게 작동하는가에 대한 설명과 함께, 예컨대 민주주의란 것이 왜 좋은가, 그것을 보유하는 것 혹은 더 많이 보유하는 것이 왜 더 좋은 것이 되는가라는 주장을 포함하고 있었다. 민주주의와 관련해서 말하자면, 민주주의란 정치 지도자를 선출하고 그가 구성한 정부에 권위를 부여하는 하나의 메커니즘에 지나지 않는 것이 아니다. 공동체의 사안에 관심을 갖고 있지 않는 사람은 하는 일이 전혀 없는 사람이라는 페리클레스(Pericles) 말에 드러난 바와 같이,[4] 민주주의는 전체 생활 및 국민 사회 더 나아가 보다 작은 공동체에도 보급되어야 하는 하나의 성질, 또는 사회라는 관점에서 보았을 때는 국민이나 기타 단위를 구성하는 사람들 상호 간의 관계 전 체계로서 고려되어야 하는 것이었다.

그런데 슘페터를 따르는 경제학 이론에서나, 한 때 주류적 입장이었던 민주주의 이론가들은 이 두 가지 의미를 분리할 것을 주장한다. 혹은 더 급진적으로 민주주의를 단지 정부의 한 형태 혹은 정치적 방법으로만 규정함으로써, 민주주의 개념에서 윤리적 차원을 완전히 배제하고자 한다. 그러나 어떤 실제적, 현실의 실상에 국한된 분석에 있어서도, 서술적, 윤리적 두 차원은 분리될 수 있는 것이 아니라 서로 융합되어 있다고 보아야 할 것이다. 민주주의에 대한 현상적 이론은 상이한 종류의 정치 체제 중

4) 제3장에서 경제 인간 가정과 대비되는 것으로 인용한 바 있다.

특정한 체제에만 부합할 수밖에 없으며, 또 그러할 것을 요구하고 있기 때문이다(Macpherson, 1982: 26-27)

또 현실적 경험적 이론에만 의존할 경우 민주주의 미래에 관한 우리 시야가 근시안적인 것으로 되어버리는 위험을 수반하고 있다는 점을 인식하게 되면, 이념적 윤리적 차원을 포함하는 민주주의 이론이 왜 필요한 것인지는 분명해진다. 우리가 만약 현실주의적 이론 체계 만에 의존해서 미래를 설계한다면, 정치적 사회적 관계의 변화에 따라 가능한 것이 될 수도 있는 선택이 사전적으로 배제되어 버릴 수 있기 때문이다. 지금은 보편적인 것이 되었지만, 민주주의 선진국에서조차 여성의 남성과 동등한 선거권은 20세기의 현상이다. 현실주의 민주주의 이론은, 길게는 1세기에 가까운 여성 참정권 획득 운동은 왜 전개되고 채택되었는지에 대해서는 관심을 두지 않을 것이다. 또 시민의 참여는 선거에 국한시키고, 인민의 지배라는 어원상의 의미도 기각하는 것을 고려할 때 부각되는 위험은, 간접 민주정으로 운영되는 현행의 민주주의 제도에 직접 민주주의적인 요소를 도입할 가능성을 현실주의적 민주주의 이론은 쉽게 차단 할 수 있다는 점이다. 예컨대 이 이론 체계에서는, 정당의 후보자 선출에 정당원 외 일반시민을 참여하게 하는 것, 지방정부의 예산과정에 일반 시민의 참여할 수 있는 제도를 모색하는 것, 고도의 전문성 영역이자 성역으로까지 간주되어 왔던 재판과정에까지 일반시민이 참여하는 것에 대해서는, 이들을 정당화하는 논리를 가질 수 없는 것은 물론, 시민의 참여가 확대되어가는 위와 같은 최근 현상들을 충분히 설명할 수도 없는 것이다.

시민 없는 민주주의?

‘인민의 지배’라는 민주주의 정의가 모색되기 시작하면서부터 공적 영역에 시민의 참여를 강조되어 왔지만, 또 이에 대한 저항도 민주주의 태동기로부터 있어 왔다. 또 슘페터가 그러한 것처럼 그 비판은 무엇보다 현실주의에 근거한 것이었다. 예컨대 이미 플라톤도 민주주의 주권자인 인민들의 정치적 행위능력과 자질에 대해 문제 제기를 하였다. 인민 전체의 참여와 의사 결정을 통해 공동체의 주요 사안을 처리하는 정치사회질서로서의 민주주의는 행위 주체인 인민 개개인이 국정을 수행할 수 있는 덕과 지혜 그리고 지식을 갖추어야 할 것을 요구하는데, 현실적으로 일반시민들은 그러하지 못하며, 대표자를 뽑아 위임하려 한다 해도 결코 올바른 대표자를 선택할 수 있는 능력과 자질도 갖고 있지 못하다는 것이다(Held, 2006: 24).

‘인민의 지배’ 이념에 대해 제기되는 위와 같은 중우정치(衆愚政治)라는 비판은 실로 강력한 것이어서, 흔히 민주주의 이념의 대표적 사상가로 여겨지는 루소(J. Rousseau) 역시 정부형태를 논하면서는, 민주주의란 신들의 나라에서나 가능할 법한 것이지 인간에게는 적합하지 않다고 한 바 있다. 그가 이를 말하는 것은 일반의사(general will)와 전체의사(will of all)의 불일치 문제를 다루면서이다. 루소에 의하면, 일반의사는 사회계약의 근본 목적에 합당하게 인민 전체의 공동선을 실현하는 의사로서 언제나 정의롭고 올바른 것인 반면, 전체의사는 인민 개개인의 사적인 이해관계에 따른 개별 의사의 합에 불과한 것으로, 이것과 일반의사 사이에는 커다란 차이가 있을 수 있다는 것이다. 그런데 맹목적인 대중은 그들에게 좋은 것이 무엇인지를 아는 경우가 거의 없기 때문에 자신들이 원하는 바를 모르는 경우가 흔한데, 어떻게 이들이 입법 체계와 같이 광범하고 어려운 일을 스스로 처리할 수 있겠는가?라 반문한다. 인민 자신은 물론 항상 좋은 것을 원하지만, 이것을 언제나 스스로 알아내지는 못한다는 것이다(Held, 2006: 43-49). 따라서 고전적 민주주의 이념을 전적으로 비현실적이 비과학적 이라는 비판 하에, 일반시민의 참여는 선거에 국한 시킨 체, 민주주의의 핵심적 특징을 '정치적 리더십을 위한 경쟁'이라 보는 경제학적 사유에서의 견해는, 독단적인 것이 아니라 일정한 사상적 계보를 갖는 것이라 할 수 있을 것이다.

그러나 민주주의란 이미 어원적으로 '인민의 지배'를 의미한다. 고대 아테네 민주주의로부터 오늘날 국민국가 단위의 '자유' 민주주의에 이르기 까지, 그 구체적 구현형태가 어떠하든 간에, 민주주의는 한 정치 공동체의 구성원의 참여를 통해 공동체의 사안들을 처리하는 정치 사회질서의 확립을 중추적으로 지향한다. 따라서 민주주의 이념도 민주주의 정의 자체로부터 구하여, 정치과정에서 시민의 직접적이고 지속적인 참여와, 정치적 토론이나 결정에 참여하는 시민들의 정치적 평등이라 보기도 하는 것이다(Behrouzi, 2008: 1). 그러므로 공동체 주요 사안에 대한 시민들의 무지 경향, 혹은 그에 대해 알려 하지도 않는 것이 시민들의 성향이라 해도, 민주주의 사상사에서는 그 누구도 민주주의 자체를 다시 정의하려는 시도는 하지 않았다. 공적 영역에 시민이 참여하여야 한다는 것은 당연한 것으로 전제하고, 다만 참여할 수 시민의 자격은 어떤 것이 되어야 하는지, 참여한다 하더라도 그 범위는 어느 정도로 할 것인지가 관심사였던 것이다.

또 민주주의에 대해 경험적인 접근을 한다고 해서, 민주적 과정을 통한 의사결정이 시민의 참여가 거의 배제되었다는 이유만으로 정당하지 않는 정치체제인 것으로 귀결되는 것만은 아니다. 즉 슘페터와 같이 민주주의 개념 자체를 다시 정의하려는 시도로까지 나아가지 않는다면, 현재의 민주주의 실천은 비록 완결된 형태는 아니라 하더라도, 받아들일 수 있는 민주적 정치체제라는 것으로 정당화될 필요가 있다는 차원에서 접근할 수도 있는 것이다.

합리적선택이론에서는 공동선이나 일반의지에 의한 통치라는 이념이 구현된 적이 없는 것이라 하여 민주주의 개념 자체를 신화라 하여 기각하려 한다. 그러나 현실의 민주주의 운영이 그렇다 하더라도, 피통치자는 정부를 구성하는 선거 과정이 공정하며 자유로웠고, 그 정부에 의한 의사결정이 자신들이 주도적이지 않았지만 적어도 형식적으로는 정당하고 또 능률성을 앞세운다면 논리적일 수 있다는 것으로 인식하고 있다면, 그들은 현행의 국정 운영에는 동의하는 것이고, 따라서 현재의 정치체제는 민주적으로 정당한 것이라 구성할 수도 있는 것이다. 이렇게 된다면, 고전적 이론가들이 고심하였던 문제, 왜 우리는 민주주의를 유지하여야 하는가? 라는 민주주의의 정당화문제 자체까지 포기하는 사태로까지 나아가지 않을 수 있다.

다알(R. Dahl) 등의 미국 정치 체제에 대한 소위 '고전적' 다원주의로의 이론화는 바로 이 시각에서 접근할 수 있는 측면이 있다. 다알 등에 의하면, 미국 민주주의 현실에서 시민은 때때로 투표를 하는 것 외에, 공적 영역에 전혀 무관심하거나 공동체의 관심사에 대하여 아무런 일도 하지 않는 것은 아니다. 다원주의 이론가들은 비록 정치의 핵심과정에서 시민 개개인의 역할이 최소화되었다는 것에 대해서는 공감하지만, 압력집단 혹은 이익집단은 시민들이 정치 과정에의 직접 참여 외에 정치 지도자들에게 어느 정도 영향력을 행사할 수 있는 대안적 통로라는 것으로 이론 구성을 한다. 그에 따라 비록 최소한 이나마 '인민의 지배'라는 민주주의 정의는 유지할 수 있고, 또 애로우 정리가 발표된 이후에도 당시의 미국 정치체제를 정당한 민주주의적 정부라 규정할 수도 있었던 것이다[5].

민주주의가 현실에서 어떻게 구현되고 있는가를 주로 절차적인 관점에서 포착하기 위해 등장한 개념이 바로 폴리아키(polyarchy)이다(Dahl and Lindblom, 1953: 277: Dahl, 1998: 92). 폴리아키는 민주주의를 대체하는 용어가 아니라, 민주주의적 이상에 비해 미완성의 모습인 현실 민주주의를 지칭하는 것으로, 그래서 미래 민주주의는 현재의 폴리아키가 아닌, 보다 넓은 참정권과 정치적 평등을 구현해가면서 이상적 민주주의에 근접해 갈 수 있는 것이다. 또 민주주의와 관련해서 애로우 정리가 라이커의 해석대로만 이해될 수 있는 것은 아니다. 라이커는 슘페터의 시장 유추를 통한 민주주의 개념화를 확대하여, 투표절차를 통한 개인들 의사의 집계를 통해 공적 혹은 사회적 의사를 결정할 수가 없으므로 인민의 의사나 일반의지를 구현하기 위한 민주주의 체제는 결국 정당화될 수 없는 것으로 본다. 그럼으로

5) 여기서는 고전적 다원주의가 합당한 측면이 있음을 부각시키고 있지만, 그렇다고 그 내용까지 지지하고 있다는 것은 아님을 밝힌다. 이익집단이 공공정책 등에 영향을 미칠 수 있는 수단이라 하더라도, 시민이 아닌 이익집단이 주도적인 것이라 개념화한다는 것은 민주주의를 다시 정의하는 것이나 마찬가지로 받아들여 질 수 있기 때문이다. 합당하다는 것은 민주주의에 대해 접근함에 있어 정의의 차원이나 정당화의 차원을 유지하려 한다는 것이다. 민주주의에 대해 현실주의적 접근을 한다 하더라도, 슘페터나 다운스와는 근본적으로 다르게 취급할 수 있는 것은 이 부분이다.

써 애로우 정리는 슘페터에 의해 다시 정의된 민주주의가 일상화되는 계기로 작용하였던 것이다.

3. 가정상의 인간을 현실 세계로: 시민의 탈정치화

합리적선택이론이 전개하는 공적 영역에 대한 묘사는, 경험적 증거를 토대로 정립된 것이 아니다. 또 그들이 적대시하는 전통 정치학자들처럼 인간의 상식에 근거한 것도 아니다. 다만 경제학의 경제 인간 가정에 따라, 공적 영역에서의 주체에 대해서도 시장에서의 행위자와 유사한 목적함수를 설정한 다음, 이들이 집합적 행동을 한다고 할 때 나타날 수 있는 상황에 대한 가설의 체계일 뿐이다. 앞장에서 이익집단이론, 지대이론, 유권자 행태이론 등을 살펴보았지만, 합리적선택이론이 직면하고 있는 난관은 그와 같은 가설의 체계가 경험적 사실과는 일치하지 않고 있다는 점이다(Green and Shapiro, 1996; Grofman, 2004; Pressman, 2004).

그러나 그동안 우리가 쉽게 접할 수 있었던 것은, 확실한 경험적 증거도 없이 합리적선택이론이 반영된 '워싱턴 컨센서스(Washington Consensus)'가 지혜의 핵심을 담고 있다'거나 '동북아 개발의 성공은 신고전파 경제학의 처방에 기인 한다'거나, '개발노력의 성공 사례는 인센티브제도 구축에 있다'는 등의 형태였다. 또 이것은 가설일 뿐임에도 '정치적 경기순환이론'같은, '이론'의 이름으로 행정학 개설서에서도 자주 등장하고 있는데, 합리적선택이론이 위력적일 수 있는 것은 공적 영역에 대한 부정적 묘사가 시민들의 불만을 과학적 지식으로 포장하여 나타내고 있기 때문이기도 할 것이다. 이 이론들이 시민에게 주는 메시지는, 공적 영역의 작동은 우리의 기대와 어긋나게 되어있다는 것, 그래서 그 기대를 접는 시민들의 '탈정치화(depoliticization)'야 말로 국가 역량과 시장에 대한 신뢰를 형성함에 있어 핵심이라는 점이다(Hay, 2007:92).

여기서는 합리적선택이론이 일반시민에 미친, 즉 합리적선택이론의 '수요'측면에서의 영향을 검토한다.

인간 혹은 시민: 가정과 실제

시민들로 하여금 국정운영 더 나아가 공적 영역 자체에 대한 혐오적 인식을 심어주는 출발점은, 합리적선택이론이 채택한 인간가정에서 비롯된다고 보아야 할 것이다. 합리적선택이론에서의 시민은 공적 영역에서의 주체도 다름 아닌 시장에서의 '그' 주체라는 것, 즉 인간가정의 대칭성에 따른 자기 효용을 극대화하고자 하는 인간이다. 그러나 이는 아리스토텔레스 이래 전통정치학을 뒤집는 것이다. 이러한 시장유추를 통한 민주주의와 시민에 대한 슘페터의 이해가 다운스에 의해 수용됨으로써, 급기야 시민은 공적 영역에서도 '합리적으로 행동한다는 공리'로 정식화 되었다(Downs, 1957[1997]: 57, 65). 따라서 슘페터가 민주주의와 정부에 관한 논의에서 가져온 혁신 혹은 경제학의 쿠데타라 표현되기도 하는 것은 공적 영역의 분석을 시장에서와 같은 경제이론으로 환원시킨 점이다.

공적 영역에서의 시민이 시장에서와 같이 자기이익의 극대화

추구자로 간주될 때 나타나는 현상은 무엇일까? 그동안 경제학에서는 이에 대해 답할 수 있는 여러 모델을 개발해 왔다. 애로우 정리도 물론 이에 포함되겠지만, 더 참혹한 결과는 국가냐 시장이냐의 이론적 토대로서도 기능하는 '공유지의 비극' '용의자의 딜레마 게임' '집합행동의 논리'를 통해 표현되고 있다.6) 이들의 결론은, 합리적 개인이 전체적으로는 비합리적인 결과를 낳을 수 있다는 것, 공적 영역은 모두가 원하지 않는 지점에서 끝난다는 것, '각자 자신의 최선의 이익만을 추구함으로써 폐허화는 모두가 돌진해 가는 종착점'이라는 것이다(Hardin, 1968: 1248).

'정치 시장' '선거 시장' 이라는 표현이 보여 주듯, 별 부담감 없이 사용되고 있는 시장이라는 경제학적 은유가 공적 영역에 대한 탐구를 지배하고 있다. 그러나 모든 은유는, 은유라는 단어의 정의가 말해 주듯, 그것이 적용되는 대상에 부분적으로만 부합할 뿐이다. 특히 민주주의 정치 과정에 대한 시장 은유는, 정치 과정에서 한 시민이 경험하는 역동성을 제대로 포착하지 못할 뿐만 아니라, 대단히 심각한 오해를 낳을 소지를 가지고 있다. 물론 유권자의 표를 얻고, 자신의 물질적 비물질적 이익을 극대화하기 위해 서로 경쟁하는 정치인들을 기업가로 서술하는 것이 합당한 경우도 있을 것이다. 그러나 유권자인 시민을 소비자로 특징짓는 것은 단면적으로만 비교해보아도 그렇게 적절하다고 보이지 않는다.

무엇보다 시장에 들어선 소비자는 자신이 무엇을 원하는지를 안다. 그의 선호는 제공되는 생산물과는 독립적인 것으로, 그래

6) 이것들은 모두 경제학적 합리성의 한계를 이루는 것들이다.

서 경제학 이론에서는 소비자의 선호가 외생적이라고 가정한다. 그러나 정치에서는 그와 같은 가정은 비현실적이며, 우리 자신의 일상적 경험과도 배치되는 것이다. 또 한 시민이 이른바 정치시장이라는 곳에 진입할 때, 대개 그의 선호는 이미 형성되어 있지도 않다. 그것은 공개적인 논쟁을 청취함으로써 혹은 심의 과정에 참여함으로써 발전되는 것이기 때문이다. 정치에서의 수요도 외생적이라 할 수는 없다. 왜냐하면 일반적으로 선호는 정치인들의 행위 이전에 존재하는 것이 아니기 때문이다.

공적 영역에서 합리적 인간의 행동을 설명하는 '공유지의 비극', '용의자 딜레마 게임', '집단행동의 논리'를 관통하고 있는 논리는 무임승차 '가설'이다. 경제학자들은 이를 공공재 생산에서의 비용부담 문제로 설명해 왔는데, 그러므로 이 가설 경제 인간의 단순한 변형에 지나지 않지만 차지하고 있는 위상은 거의 새로운 것으로서이다.

이에 의하면, 공공재는 대가를 지불하지 않아도 그 재화를 사용하는 것을 막을 수 없다는 특성상(비배제성), 효용을 극대화하려는 인간은 공공재 생산비를 부담하지 않으려고 즉 무임승차하려고 한다는 것이다. 그러나 예컨대 자선단체들이 대부분은 아니더라도 상당수의 시민들로부터 많은 기부금을 받는 것을 보면, 우리 주변에서 일어나는 상황과 잘 맞지 않는 것으로 보인다. 또 지금의 유투버(youtuber)들의 급격한 증가는 이로 인해 가능한 것이었다. 그래서 경제학자들은 공공재 생산에서와 유사한 상황에서 소위 공공재 실험을 진행하여 확인하고자 했는데, 무임승차 가설에 의하면 아무도 공공재에 기여하지 않을 것이다. 그러나 실험 결과는 그 가설을 거의 지지하지 않는다. 모든 사람들이 기여하는 것은 아니지만 상당수의 기여자가 존재하고, 공공재는 보통 최적 수준(모든 사람이 기여를 하는 경우)의 40~60%가 공급된다고 한다(Thaler, 2007: 35).[7)]

사람들이 일상생활에서나 실험에서나 협조적 행위를 한다는 것을 주류 경제학에서도 설명하려고 한다. 먼저 공공재 게임이 반복되어 사람들이 게임에 익숙해지면 경제이론에 부합하는 행동을 할 것이라는 주장(학습가설)과 게임에 익숙하지 못한 상대방으로부터 협조를 이끌어 내기 위해서는 협조를 하는 것이 더 낳을 것이라는 주장(전략적 협조 가설)이 나왔다.

또 사람들이 타인들에게 협조적 태도를 취하는 이유가, 그 타인과의 상호작용이 충분히 오래 지속되는 경우, 그리고 자신의 무임승차가 이후 상대방의 보복(무임승차)을 촉발할 가능성이 있는 경우, 한 번의 무임승차로 단기적 이익을 확보하는 것보다 당장은 조금 손해를 보더라도 협조를 하는 것이 장기적으로는 더 이익이 되기 때문이라는 주장도 나왔다(상호이타성 가설, 혹은 Tit-For-Tat 전략).

그러나 무임승차 가설을 구제하려는 이상의 어떤 것도 실제 실험에서는 지지되지 않는 경우가 더 많다. 더 극적인 것은 이상의 실험에서 무임승차를 한 자들에 대한 또 다른 실험이다. 만약 이들 간에 약간(10분 정도)의 대화나 동전 던지기와 같은 규칙 설정을 허용하면 공공재 생산에의 기여율은 70%를 상회하기도 한다는 것이다(Thaler, 2007: 42-49).

현실 세계에서 무임승차의 '문제'가 있는 것은 엄연한 사실일

---

7) 공공재 게임의 기본적인 상황은 무임승차가 완벽히 가능하다는 것이 조건이다. 이에 관해서는 아래에서 자세히 보기로 한다.

것이다. 그러나 행동 경제학에서 수행된 이상의 실험결과는 무임승차 '가설'은 명백히 틀렸다고 말한다. 그렇다면 '공유지의 비극'이나 '용의자 딜레마 게임' '집단행동의 논리'를 통해 설명되는 지식은 얼마나 설득력이 있을까? 센(A. Sen)을 약간 남용하면, '합리적 바보(rational fool)'들을 위한 지식이라고도 할 수 있을 것이다. 그는 언제나 이기적이고 합리적이기만 인간, 즉 "순수한 경제 인간은 사회적 저능아에 가깝다"고 말한다(1977: 336).

합리적선택이론의 비극: 인간성의 변질

민주주의에 관한 논의를 할 때 그것이 작동하는 환경인 경제를 고려하지 않는 것은 현실 도피자들이나 할 법한 것이어서 민주주의에 대한 경제학적 접근은 일응 가능하고 또 타당한 측면이 있을 것이다. 그러나 민주주의에서의 시민과 정부를 경제학적으로 논의한다는 것은 심각한 변질을 초래할 수 있다. 이때의 변질이란, 민주주의 경제학 이론이나 지난 세기 중반 사회과학을 지배하였던 행태주의 접근에서처럼 민주주의의 개념이나 원칙에서 모든 도덕적 규범적 차원을 기각하는 것이다. 그렇게 될 때, 민주주의에 관한 고전적 개념에 내포된, 인민주권이나 공공선은 전면적으로 부인된다. 또 입법부의 의원이나 선출직 관료 같은 정치인들을 이윤획득을 위한 기업인들로, 시민은 소비자와 같은 것으로 묘사할 수 있게 된다. 이로써 민주주의의 어원 자체에 내포된 시민을 배제하면서도, 민주주의는 다시 정의될 수 있었다.

그러나 이것이 가능한 것은 시민의 정치적 역량이나 참여 능력에 대해 회의적인 시각 때문이라 봐야 한다. 일반 시민은 정치에 대하여 무지하고 수동적이며 합리적 판단능력을 갖고 있지 않다는 것, 결국 정치과정에서 표출되는 그들의 의사란 정치 지도자나 선동자에 의해서 제조된 의사일 뿐이라는 것이다. 따라서 슘페터적 사유를 채택하거나, 다운스의 합리적 무지 '가설'을 사실로 혹은 이론으로 받아들이는 입장에서는, 하위 계층일수록 정치적으로 비활동적이며 전체주의적 성향이 많이 발견되고 이들이 참여할수록 규범에 대한 합의는 깨지고 민주주의 체제의 안정성을 위협받게 된다는 주장, 또 일반 시민들의 적극적 정치 참여는 전체주의에 이르게 할 수도 있다는 우려 등을 개진할 수 있었다(Bachrach, 1967: 40; Pateman, 1970: 8-10). 이는 결국 이 주장자들이 명시적으로 엘리트 민주주의를 명시적으로 요구하지는 않는다 하더라도, 엘리트만이 창의적이고 공익적이며 따라서 민주주의의 운영도 이들이 주도적인 것이 되어야 한다는 주장과 쉽게 결부되고 말 것이다.

물론 '모든' 사람들이 자신의 목표를 알고, 이를 합리적 참여를 통해 실현할 수 있으며, 공익을 위하여 개인 또는 파당의 이익을 양보하는 정치적 합리성과 참여능력을 가진다(Miller, 1992: 56)고까지 하기는 어려울 것이다. 그러나 한 사람의 군주나 철인보다 다수 의지가 더 현명할 수 있다거나, 정치 엘리트와 일반 시민의 역할은 고정된 것이 아니라 가변적이어서 상호 바꾸어질 수 있다는 점을 인정할 수 있다면, 시민이 배제된 체로의 민주주의 정의는 채택될 수 없을 것이다. 그렇게 될 때, 시민의 참여를 대표자 선출에 한정하거나, 시민의 정치 참여에 대한 분석이 선거 과정에 집중되지는 않을 것이다.

또 최근에는 공적 영역에 대한 시민 참여 자체의 의미도 새롭게 조명되고 있다. 먼저 최소한, 시민의 정책과정에의 참여는 제한된 사회적 가치를 자신들이 원하는 방식대로 배분될 수 있게 하기 위한 사익추구의 도구적인 것일 수 있다. 그러나 이 외에도, 시민의 참여에 의해 정치체제나 정책의 정당성은 더 높아지며, 정책에 대한 시민의 순응성도 높아짐으로써, 한 정치 공동체의 구심력은 강화될 수 있을 것이다. 뿐만 아니라 최근의 경험적 연구들은, 정치참여는 참여자 자신의 가치와 존엄에 대한 인식을 제고시키고 스스로에 대한 자부심을 느끼게 하는 것임을 밝힌다. 즉 참여 자체가 참여자의 심리에 영향을 미침으로써, 정치적 지식이나 태도는 물론, 참여자의 가치관도 형성하고 발전시킨다는 것이다. 이처럼 새롭게 규명되고 있는 참여의 의미는 아리스토텔레스의 다음 구절을 떠올리게 한다.

> 서로 다른 자들이 정치참여 과정을 통해서 각각 다른 부분을 이해하고, 이것이 모여 전체를 이해할 수 있기 때문에 … 이를 통해서 시민들은 스스로 통치하고 통치 받는 최선의 국가를 이룬다(Aristole, 1996: 113).

따라서 만일 우리가, 민주주의 정치과정의 교육적 효과나 전환적 기능, 그리고 민주주의를 정부의 형태를 넘어 함께 살아가는 방식 혹은 공동의 소통된 경험 방식이라 이해한다면, 슘페터, 다운스와 라이커 류의 순수한 절차적 민주주의 개념은 재고를 요하는 것이라 하겠다.

그리하여 20세기 사회과학의 한 시대를 풍미한 경험지상주의 혹은 행태주의가 물러나고 민주주의에 관한 논의가 부활할 때, 그 주된 비판의 대상은 공적 영역에 대한 경제학적 사고방식이었다. 예컨대 『강한 민주주의』로 유명한 바버(B. Barber)에게 시민은 합리적으로 무지한 개인이 아니다. 강한 민주주의에서 시민은, 정치 공동체에 순응적으로 참여하는 자로서, 사회적 상호작용의 기예 속에서 교육되며, '나' 중심의 사고로부터 '우리' 중심의 사고로의 요구가 무엇인지를 아는 능력을 가진 것으로 특징 지워진다(1992: 273-278). 이러한 시민의 민주주의는 고대 아테네의 '삶의 방식(way of life)'으로서의 민주주의를 넘어, '살아가는 방식(way of living)'으로서의 민주주의를 지향한다(186-187). 따라서 그는, 민주주의는 '자유' 민주주의일 수밖에 없다는 라이커나, 시민의 참여는 최소한이어야 한다는 슘페터나, 시장의 준칙이 공적 영역에도 적용되어야 한다는 사고의 뷰캐넌의 민주주의는 받아들일 수 없는 것으로 단호하게 선언한다.

먼저 경제 인간의 가정을 공적영역에도 그대로 적용하려는 주류경제학적 사고방식 자체를 위험한 것이라 할 수 있다. 이는 '용의자딜레마 게임'과 같은 다양한 모형들이 정책을 위한 은유로서 사용될 때, 분석적 편의를 위해 고정된 것으로 간주한 제약조건들이, 독재자의 등장에서와 같이 이를 변화시키지 않는 한, 실제 경험의 세계에서도 그대로 고정되어 있는 것으로 단정해버릴 수 있기 때문이다(Ostrom, 1999: 32). 예컨대 딜레마 속의 용의자들은 검찰이 그들에게 부과하고 있는 제약조건, 즉 그들이 감옥에 있다는 사실을 변경시킬 수 없다. 즉 용의자 딜레마 은유를 통해 정책 입안자들은 대안을 설계할 수 있다 하더라도, 그것은 현실 속의 개인들이 모두 용의자와 같은 존재여야 할 때나 타당하다는 점이다.

간혹 경제학적 정리들이 민주주의적 정치과정을 현실과 이념에 부합하게 나타내는 것처럼 보일 수는 있다. 예컨대 호텔링-다운스(Hoteling-Downs)의 '중위 투표자 정리(median voter theorem)'는 민주주의 이념을 정확히 포착하고 있는 것으로 보인다. 공적 영역에서의 정치인과 정당은 인민의 의사에 따를 것이라는 내용이 담겨 있기 때문이다.

과반수 다수결로 의안을 결정할 경우, 중위수 투표자가 가장 선호하는 의안이 최종 선택된다는 내용의 이 정리는 얼핏 보면 그저 단순하다. 그러나 이 정리와 이미 전제된 가정을 합하면, 정치인도 이기적이라는 가정에 따라 공동선이나 공익과는 전혀 무관하게, 오로지 자기이익인 선거에서의 승리만을 목적으로 하지만, 그들의 집합인 정당도 또 그러할 것이지만, 그들은 오로지 자기이익을 위해 가장 많은 수의 유권자가 선호하는 의안과 정책을 채택할 것이라는 점을 추론해내고 있는 것이다. 민주주의란 말의 의미를 또 그 이념을, 말 그 자체의 뜻으로 '인민의 지배'라 한다면, 중위수 투표자 정리는 바로 이를 증명하고 있는 것이라 볼 수도 있을 것이다.8)

또 부분적으로만 보면, 앞에서 보아왔던, 합리적선택이론이 정치과정이나 공공정책과정에 대해 경제 인간의 가정으로부터 연역논리를 통해 정립한 다음의 사항들, 즉

· 바람직한 민주적 결과를 가져오는 사회적 선택은 불가

8) 그러나 그 결말은 민주주의가 아니다. 궁극적으로는 정당 간 정책의 차이가 소멸되어 동일한 하나의 정강으로 귀결될 것이기 때문이다. 이때 정당은 차별적인 대안을 제시함으로써 유권자 시민의 선택을 보장하는 것이 아니고, 유권자의 투표도 일당 체제에서 등장하는 찬반투표 형태로만 존재하게 될 것이다. 여기에 Downs의 '합리적 무지 가설'을 더하면, 유권자가 투표에 참가한다는 것은 전적으로 비합리적이다. 또 이때는 민주주의 정치체제에서 유권자의 투표를 설명하고자 하는 라이커와 오데슉의 모형(1968)이 개입될 여지도 없다. 이로써 공공선택이론은 자신의 논리 전개가 가능하게 하는 민주주적 정치과정을 완전히 없애 버리는 결과를 초래하고 만다.

능하다는 것,

· 정부 관료는 예산 극대화와 같은 편협한 목표를 갖고 있다는 것,

· 규제 담당 기관들은 기업 등을 규제할 책임이 있음에도 그 반대로 그들에게 포획된다는 것,

· 이들을 견제할 입법부 의원들은 자신의 특수이해관계에 따라 행동하고, 이익집단들의 지대추구과정에서는 중개자 역할을 담당한다는 것

등도 우리의 현실과 부합하는 경우도 많다. 이 양상들은 우리가 민주정치과정의 실제를 볼 때 쉽게 관찰할 수 있는 것들이기도 하기 때문이다.

예컨대 시민들이 정당의 정책이나 선거 입후보자들의 정견에 얼마나 관심을 갖고 있는 지 의문시 된다. 또 선거 시의 투표율도 전반적으로 하향 추세라는 것도 인정된다. 관료나 정치인들이 공공정책을 입안할 때에도 광범한 참여와 토론보다는 몇몇 정치인들 간의 밀실회합에서 결정되는 경우가 많고, 여기에 이익집단 등이 개입한 불법 사례들은 매스컴의 단골 메뉴이기도 하다. 따라서 이러한 사실들에만 주목하게 되면, 링컨의 "국민의 국민에 의한 국민을 위한 정부"는 실현될 수 없는 정부에 대한 호의적 비전제시에 지나지 않을 따름이고, 현실의 민주주의의 정부는 "정치적 활동가들의, 정부 관리자들에 의한, 로비스트들을 위한 정부"이다(Seldon, 2000: 17)라는 주장도 가능한 것처럼 보인다. 민주주의에 관하여 전개된 합리적선택이론은 바로 이 현실의 민주주의를 경제학적 방법 특히 '모든 인간의 행동은 자기이익을 추구하기 위한 것이다'라는 가정으로부터 분석 설명하

는 이론이고, 또 이상과 같은 경험적 사실들에 비추어 보면, 거기에는 어떤 모순도 없는 것처럼 보인다.

그러나 다음의 의문이 제기되는 것도 피할 수 없는 것처럼 보인다. 즉, 우리가 관찰할 수 있는 공적 영역의 위와 같은 현상이 일반적이고 상시적으로 그러하다면, 최소한이나마의 민주주의를 유지하려는 국가는 얼마나 될까? 또 민주정치 과정의 실상이 합리적선택 이론가들의 위 모형 상의 설명대로라면, 지구상의 민주주의 국가들의 경제는 이미 절딴 났어야 되지 않을까?

위와 같은 이례적 혹은 반윤리적, 때로는 범죄적 사실에 대해서는 과학적 이론의 현실 설명력이 중요시 되어야 한다고 보이지 않는다. 오히려 이론을 동원한 현실 비판능력이 우선시 되어야 할 것이다. 만약 우리의 민주주의가 실제로 그러하다면 우리는 이를 받아들일 수 없을 것이기 때문이다. 민주주의가 무엇인지, 민주주의 이념이 현실에서 어떻게 구현되어야 하는지에 관해서 우리가 명확하게 말할 수는 없다하더라도, 적어도 위와 같은 실태에 대해서는 민주주의적인 것은 아니라고 말할 수 있기 때문이다.

공적 영역의 주체에 관한 경제학적 모형들이나, 민주주의에 접근하는 경제학적 방법의 결과는, 시민들로 하여금 민주주의적 정부 과정에 대한 회의적 시각으로 이끌 것이라는 점은 하딘의 공유지에서처럼 비극적이다. 공적 영역에서의 시민들의 참여나 지지가 떨어질 때 공공정책과 관련된 정부의 역량도 떨어지기 마련이다. 정부의 정당성도 잃게 된다. 그러나 합리적선택이론은 이러한 문제에는 관심이 없는 것으로 보인다. 오히려 경제 인간의 가정으로부터 연역논리를 더욱 구체화하고자 한다. 그럼으

로써 시민들의 공적 영역에 대한 회의적 태도를 강화하는 것처럼 보인다. 따라서 합리적선택이론의 비극이란,

> 정부의 정책과정에 대한 냉소적이고 기술적(descriptive)인 결론은 시민의 공적 심성(public spirit)을 규정하는 규범체계를 붕괴시킨다. 언론이나 대학 교수들이 우리 사회에서 공공심이 쇠퇴되어 가는 것으로 글을 쓰는 것은, 그 자체가 시민의 공적심성을 쇠퇴시키는 원인이 될 수 있다. 따라서 냉소주의는 그 자체로 그 주장에 따른 결과를 현실화시키는 자기이행적인(self-fufilling) 힘을 가지고 있다. 우리 사회에서 공공심을 규명하는 규범체계가 사라진다면, 우리 사회는 점점 황폐화될 것이고, 그 안에서의 개인적 삶은 함께 궁핍해질 것(S. Kelman: Brennan and Buchanan, 1988: 179에서 재인용)

이라는 점이다.

브레넌과 뷰캐넌은, 합리적선택이론의 주장들이 켈먼이 경고한 데로 부정적 결과로 나타날 수 있음을 인정한다. 그러한 경우라 예로 들고 있는 것은 킨제이(Kinsey) 보고서인데, 만약 그 보고서가 상당한 비율의 결혼한 부부들이 특이하거나 비도덕적인 성생활을 하고 있다는 연구결과를 자주 내놓다 보면, 사회의 실제 부부들도 그 결과에 가까운 방향으로 변화될 수 있을 것이라는 점이다(1988: 183). 즉, 실제 관료들이 비도덕적 유인에 따라 행동한다는 주장이 자주 제시되다 보면, 공무원들의 실제 행동도 그러한 방향으로 바뀌게 될 수 있다는 것을 지적하고 있다.

그러나 브레넌과 뷰캐넌은 위 켈만과 같은 합리적선택이론에

대한 평가는 오해라 항변한다. 먼저 경제 인간 가정에 대한 뷰캐넌의 옹호는 앞 장에서 보았다. 예측할 수 있는 가설 도출을 위해 곧, 방법론적으로만 비현실적 가정을 한다는 점이다. 브레넌과 뷰캐넌의 다른 측면에서의 주장은, 과학적 이론의 규범적 측면에 대한 것이다. 합리적선택이론은 이미 주어진 제도 내에서 특정한 역할을 수행하는 정치 주체들의 실제 행동을 살피는 것이 아니라, 다만 사전적으로(ex ante) 제도와 규칙을 설계하는 단계에서 어떻게 제도와 규칙을 설계할 것인가? 그 상황에서 사회를 보호하기위한 바람직한 정치 주체에 대한 가정은 어떤 것인가?를 규명하는 이론이라는 것이다(187).

요컨대 브레넌과 뷰캐넌은 비현실적 가정·주장은 참된 과학 활동과 바람직한 공적 제도 설계를 위한 신성한 거짓말(novel lie)이라는 것이다.

이를 어떻게 받아들일 것인가? 우리를 어느 정도나 설득할 만한 주장인가? 이에 대해서는 과학철학과 관련해서 앞에서 본 바와 같다.

쓸모없는 교육이 난무한다!?

경제학이 가정하는 인간, 즉 경제 인간관에 충실하면, 조직 구성원들을 교육하기 위해 전문인력을 채용하고 지원하는 것, 또 사람들의 잘못된 행동이 있을 때 행위자가 그것을 인식할 수 있도록 나무라는 것은 어리석다(Holden, Jr, 2000: 1).[9] 실로, 다른

9) 1999년도에 있었던 미국 정치학회 회장 연설문(Presidential Address, American Political Science Association, 1999)이다.

사람이 희생되더라도 자신의 이익을 추구하는 합리적 행위자 모델 하에서라면, 정부기관 등이 뛰어난 인재를 채용하려 하거나, 공익을 고려할 줄 아는 정책 담당자가 되도록 교육하거나, 혹은 직무만족이나 사기가 높은 업무환경을 조성하는 노력은 무용한 일일 것이다. 그러므로 '경제 인간은 태생적으로 반사회적인 정신이상자(sociopath)'란 표현도 등장하는 것이다(Stout, 2001: 19).

우리는 합리적선택이론의 주장대로 공공정책을 담당하는 자들의 본성이나 특성을 충분히 또 조심스럽게 고려해야 할 때가 있을 것이다. 그러나 합리적선택이론가들이 간과하고 있는 것은, 정책 담당자들을 탐욕스런 이기주의자로 모형화 할 때 나타날 수 있는 역효과들이다. 우리가 이를 고려한다면, 교육과 훈육의 무용론은 지나친 것이 아니라 오히려 유순한 것이라 할 수도 있다.

심리학자들은 오래 전부터, 인간 행동에서 관찰되는 '자기이행적 예언(self-fulfilling prophecy)' 현상을 알고 있었다. 인간은, 다른 사람들이 자기를 어떻게 받아들이고 있는가에 대한 인식에 의해 영향을 받는다는 것이다. 다양한 상황에서 수행된 많은 경험적 연구는, 인간의 행동 나아가 그 성과는 주위 사람들이 자신의 동기나 역량에 대해 갖고 있는 추정적 인식에 의해 크게 의존하고 있는 것임을 밝힌다(Steele, 2007). 다른 말로 하면, 사람의 심리란 주위 환경이 자기 자신을 어떻게 생각하고 있는가에 맞추어, 스스로 그 예상에 맞도록 행동한다는 것이다.

합리적선택이론이 제시하는 지대추구의 이익집단 모형이나 시민을 기만하는 관료 모형은, '공익 지향의 관료'라는 무비판적 환상적 가정을 깨트리기에 필요한 것일 수도 있다. 정치제도나 정부기관을 설계함에 있어 권력을 쥔 자들이 공동선 앞에서 자기이익을 고려하지 않는다는 발상은 어쩌면 위험한 환상일 수도 있기 때문이다. 그러나 자기이익을 우선시 한다는 합리적선택이론의 전제나, 공공선만을 고려한다는 공익이론 모두 부분적으로만 타당할 것이다. 공적 영역에서도, '나'의 삶이 그러하듯, 이기심과 이기적이지 않는 심성은 공존할 수 있기 때문이다. 따라서 만약, 공공 정책을 결정할 수 있는 권력자들도 선과 악 혹은 그 둘이 동시에 발현되는 되는 동기를 갖고 있다는 것이 맞다면, 공익을 우선시 할 것이라는 생각이 우리에게 위험한 결과를 초래할 수 있는 것만큼, 자기이익을 극대화 할 것이라는 가정도 위험한 것이라 봐야 할 것이다. '자기이행적 예언'을 말하는 연구자들은, 공적 영역에서의 인간 행동을 탐욕스런 자기이익 추구적인 것으로의 모형화가, 공식적으로 채택되고 광범위하게 지지되는 것이라면, 공적 주체의 실제 결과 역시 바로 그러한 것이 될 것이라 경고한다. 합리적 의원이라면 재선을 위해 이익집단과 결탁할 것이라는 가정, 합리적 관료라면 자신의 이익과 직결되는 부처 예산을 과잉 계상할 것이라는 가정, 합리적 유권자라면 투표하지 않을 것이라는 가정은, 합리적선택이론 체계 내에서 방법론적으로만 전제되는 것이 아니라, 의원이나 관료, 유권자의 실제 행동도 그렇게 하도록 할 수 있는 것이다.

경제학자들은 무임승차한다. 다른 사람들도?

행동 경제학에서 수행된 소위 '공공재 게임' 실험의 결과는 경제학적 사고가 실제의 행동도 이끌 것이라는 점을 말해준다. 공공재 게임(public goods game)이란 경제학의 무임승차 가설이 어느 정도 현실성 있는 것인지를 알아보기 위한 실험으로, 그 기본적 형태는 다음과 같은 것이다. 핵심은 사람들이 무임승차가 가능한 상황이라는 점이다.

> 실험에 참여한 5명에게 10만 원씩 나눠준 후 자신이 전액 갖거나 기부할 금액을 스스로 결정하도록 한다. 이때 기부한 금액은 공공재 생산에 쓰여 2배의 가치를 창출하고 그 혜택이 모든 사람에게 1/5만큼씩 돌아간다. 각 경우에 한 사람이 누릴 수 있는 효용의 크기는, 아무도 기부하지 않으면 10만 원이고, 모두가 10만 원을 기부하면 20만 원이다.

따라서 아무도 기부하지 않는 것보다 모두 기부하는 것이 더 나은 상황이다. 그러나 경제학에서 가정하는 경제 인간이라면 어떤 상황이 벌어질까?

이 게임에서 다른 사람들이 모두 10만 원을 기부하고 있을 때 어떤 사람만 기부하지 않으면 그 사람이 누릴 수 있는 효용의 크기는 26만 원이다. 즉, 그 사람이 기부했을 경우에 누릴 수 있는 효용의 크기인 20만 원보다 크다. 따라서 그 사람은 공공재에 무임승차하려는 유인을 갖게 된다. 이러한 상황은 다른 사람에게도 마찬가지여서 사람들이 합리적이라면 아무도 기부하지 않을 것이다. 이에 따라 균형은 사람들의 이기심으로 인해 사회적으로 바람직하지 못한 상황에 도달하지 못하게 될 것이라는 점은 쉽게 예상할 수 있다.

그러나 실제 공공재 게임 실험의 결과는, 참가한 사람들은 무임승차하려는 것이 아니라 자신이 받은 금액의 40~60%를 기부하려 했다고 보고하고 있다. 결국 이 실험은 경제 인간 가정은 믿을만한 것이 못되는 것임을 말하고 있다.[10] 다양하게 조건을

10) 이 결과에 대한 해석을 행위자의 이익에 '심리적 이익'을 포함시키는 방

바꾸어 실험해도 공공재를 생산하기 위한 피실험자의 기여율, 즉 무임승차가 아닌 협조적 행동의 비율은 거의 일정한 것으로 나타나기 때문에 그렇다.

그러나 단 하나의 예외가 경제학적 사고에 익숙한 집단, 무임승차 가설을 전제하고 이를 분석에 이용하는 경제학과 학생들에서 나타난다. 그들의 공공재 생산에 기여율은 다른 집단 평균의 절반에도 이르지 못한다. 다시 말하면, 경제학과 학생들은 자신들의 연구에서 전제하는 가정대로 행동한다는 것으로 추론해 볼 수 있는 것이다. 즉 '자기이행적 예언'이 실제 나타나고 있는 것으로 여겨진다는 것이다. 이 실험을 진행시킨 바 있는 학자들의 논문 제목(Marwell and Ames, 1981)은 흥미의 차원을 넘을 것이다. '경제학자들은 무임승차한다. 다른 사람도 그럴까?[11]

식으로 여전히 경제 인간의 행위로 파악하려는 시도가 있다. 이 게임에서 심리적 이익이란 '기부 행위를 함에서 오는 뿌듯함' 정도가 될 것이다. 그러나 행위자 자신의 이익 개념을 심리적 이익까지 확대하는 것은 결국 아무런 말(예측)도 하지 않는 것과 같은 것임을 앞에서 본 바 있다. 합리성 조건과 양립될 수 없는 것이기 때문이다. 잔인하지만, '자살자'에게도 심리적 이익은 있는데, 그러면 합리성 조건 따위는 필요 없는 것이 되고 말기 때문이다. 그 조건에 위배되어도 합리적인 것이기 때문이다.

11) 'Economists Free Ride: Does Anyone Else?'

제14장

합리적선택이론과 실천

학문은 현실에?

사회과학에서의 이론이 그러하듯이, 합리적선택이론도 크게 보아 두 가지 목표를 추구하는 것으로 볼 수 있다. 경제학적 방법, 특히 경제 인간이라는 가정을 기초로, 하나는 정치 경제 시스템의 작동을 설명 예측하려 한다는 점이고, 다른 하나는 공적 제도를 비판 혹은 정당화하려 한다는 점이다. 전자를 과학이론으로서 설명적 목표라 한다면, 후자는 규범이론으로서 실천적 목표라 할 수 있다. 이 절에서는 합리적선택이론의 규범적 측면을 검토하면서, 합리적선택이론의 실천적 목표는 한계에 다다른다는 점, 이를 극복하기 위한 합리적선택이론가들의 변신을 살펴볼 것이다.

그러나 먼저 의심스러울 수 있는 것은, 합리적선택이론에서도 규범적 측면이 있을까? 라는 점일 것이다. 아직까지도 많은 논자들은 합리적선택이론의 실증 과학성을 강조하고 또 털럭과 같은 이론가들은 명시적으로 정책처방에는 무관심하다(Tullock, 2000: 3, 12)고 말하고 있기 때문이다.

그러나 사회과학이론에서의 규범적 측면은, 공적 제도 운영에 관심을 표명한다면, 명시적인 표현 여하에 불구하고 인정된다고 보아야 한다. 예컨대 털럭은 정부의 각종 규제로 전체 사회의 비능률이 초래되었다고 진단하고 있는데(51-52), 여기에는 적어도 정부의 제도 운영에 대한 '평가'와 정당하지 못한 규제라는 '비판'이 개입되었다는 점에서 그의 명시적 표현에도 불구하고 규범적이라 할 수 있다(Taylor, 1961). 뷰캐넌은 합리적선택이론이 특히, 공적 제도의 구조나 집합적 행동을 설명·예측 혹은 이해하려고 하는 한, 그 궁극적 목적은 사회와 제도의 개선이라는 점을 분명히 한다(2006: 987-988). 논자에 따라서는 사실과 가치의 구분에 기초하고 또 합리적선택이론의 이러한 정향으로부터, 공공선택이론을 합리적 선택이론과 구분하려고 하지만(Brennan and Hamlin, 2008: 87) 더 이상 유지되기 어려운 주장이라 봐야 할 것이다.

1. 합리적선택이론에서의 규범적 요구 가능성

정치제도의 결정론적 성격

민주주의에 담겨있는 전통적 의미 중의 하나는, 인간은 자신들의 집합적 운명에 대해 어느 정도 통제를 할 수 있다는 관념이다. 즉 민주주의 정치체제에서 인간은 서로 다른 정치제도의 장단점에 관해 논쟁하고 종국적으로 투표를 통해 선택함으로써, 그들의 정치적 삶에 대한 제도를 설계하고 개선해 나간다는 것이다. 그러나 합리적선택이론의 체계에 충실할 때, 이는 지나친 낙관이거나 희망의 표시에 지나지 않는다.

합리적선택이론가 하딘(R. Hardin)은 그 이유로 민주정체에서의 시민의 본성 혹은 역량과, 투표를 통해서는 사회가 바람직하다고 여기는 제도를 결정할 수 없음을 든다. 다시 말해, 먼저 시민은 합리적선택이론의 '경제 인간' 가정에 따라, 집합적 의사결정에 미칠 수 있는 영향력이 거의 없고, 또 그가 속한 정치제제에 관한 정보를 얻을 어떤 인센티브도 없다. 따라서 투표결과가 어떻게 나올 것인지에 관해 합리적 시민은 전혀 관심을 두려 하지는 않는다는 것이다(Hardin, 1999: 166). 또 사회가 갈등상태에 있을 때, 집합적 선호에 부응하는 결과물을 투표를 통해 도출할 수 있을 것이라는 기대는 애로우 정리에 의해 기각되었다는 점을 든다(154).

그렇다면 어떤 정치공동체가 가지고 있는 제도는 그 구성원들이 그들의 미래를 위해 설계한 것일 수 없다. 그러한 제도는 합리적 인간의 역량을 벗어난 것으로, 의도하지 않는 결과들이 축적되어 나타난 것에 지나지 않는다고 보아야 하는 것이지, 정치제도가 인간들이 그들의 삶을 집합적으로 개선시키려는 의도에 부응한 것이라 볼 수 없는 것이다. 그래서 하딘은 "미국 헌법이 가져온 질서는, 대부분의 미국인들에게 대부분의 시기 동안, 그들이 사는 시대의 필요의 산물"이라 하고 있다(313). 설혹 정치제도가 그 구성원들이 원하는 바에 따라 운영되거나 진보해간다고 할지라도 그것은, 브레넌과 햄린의 표현에 의하면, '보이지 않는 손(invisible hands)'의 결과일 뿐이다(2000: 40).

한편 하딘은, 정치공동체가 위기 상황일 경우, 시민들은 정치적 문제에 깊은 관심을 갖고 따라서 중요한 역할을 할 수 있음을 인정함으로써, 합리적선택이론의 결정론적 사고를 완화하려고 한다. 따라서 위기 시에는 민주주의 이념에 맞게, 시민들이 자신의 정치적 삶을 통제하는 국면이 있을 수 있음을 인정한다 (1999: 157). 그러나 이것이 가능하다고 해도, 전체주의적 국가 혹은 민주주의 후진국에서 볼 수 있는 '국민투표적 독재'는 아닌지 의심해야 할 것이다. 상황이 위기시라 하여 제도가 어떻게 운영되는지에 관한 시민의 지식이 달라질 수 없고, 사회가 어떤 대처를 하여야 하는 지에 대한 비교적 통일된 의견이 있을 수 있다고 보기는 어렵기 때문이다. 따라서 위기시의 국민투표라 하여, 민주주의 이념에 근사한 인민의 통제라 할 수는 없을 것이다.

경제 인간의 국가

수차 언급한 바와 같이, 인간에 대한 가정이나 방법론적 개인주의를 유지하려는 최선의 방어는, 합리적선택이론은 이를 통해 인간의 정치적 행동을 예측할 수 있다는 주장이었다. 인간은 이기적으로 자산의 효용을 극대화 하려는 존재이기 때문에 개인들은 외부의 관찰자가 결정할 수 있는 방식으로 행동한다는 것, 또 인간은 도구적으로 합리적이기 때문에 그 상황에 익숙한 관찰자가 결정할 수 있는 방식으로 목표달성을 위한 수단을 선택할 것이라는 점이다. 이러한 믿음 하에 합리적선택이론가들은 예측할 수 있는 진정한 과학 활동을 하는 것으로 자부할 수 있었다.

그러나 인간에 대한 신고전파 경제학의 미시경제적 모델은 경제학 자체만을 보더라도 논쟁적인 것이다. 또 이는 경제학이 그 고유영역을 넘어 다른 분과학문에 까지 적용하려 했을 때 더욱 격화된 형태로 나타났다. 그러다가 카너먼(D. Kahneman) 등을 위시한 심리학 혹은 행동 경제학의 영향으로 종래 인간 모델의 부적합성은 이제 널리 인식되고 있는 듯하다. 그 결과 극단적으로는 비현실적 그리고 사악한 인간을 가정하고 있다는 이유만으로 합리적선택이론은 폐기되어야 한다는 주장도 나왔다(Kelman, 1988: 202-203). 그러나 아직도 많은 사회과학자들은 선호의 고정성과 같은 미시경제학 모델에는 반대하면서도, 인간의 합리성과 이기심으로 인간의 행동을 설명하고 예측할 수 있다고 믿는다. 합리적선택이론이 설득력 있는 통찰을 제공하는 한, 우리는 합리적선택이론을 받아들이고 또 이용할 수 있어야 한다는 것이다(Dunleavy, 1991: 259; Farber and Frickey, 1991: 117).

많은 한계를 인정하면서도 합리적선택이론을 유지하려는 이와 같은 편의주의적 혹은 실용주의적 태도에 대해 보기로 한다. 여기서의 출발점은, 하나의 이론 혹은 지식주장에 대해서는 특정 상황의 특정한 모형 등에 대한 것이 아니라, 전체적으로 평가하여야 한다는 것이다. 특히 합리적선택이론과 같이 명백한 인간가정이나 인간 동기에 대한 관점을 전제하는 경우는 더욱 그러할 것인데, 그 인간관에 따라 어떤 이론이 묘사하고 설명하고 예측·처방하는 사회와 국가는 전혀 다른 모습일 것이기 때문이다. 또 그러한 이론 체계가 산출하는 지식이 우리자신이나 공적 영역의 주체들에 대한 미치는 영향도 전혀 다를 것이기 때문이다. 인간이나 행동 동기에 대한 가정을 방법론적으로라도 전제할 경우 나타나는 국가 사회의 이미지부터 생각해 보자.

주류 경제학이나 합리적선택이론의 인간가정을 문제 삼는 이유는, 경험적 증거와 일치하지 않는다는 것뿐만이 아니다. 그러한 인간관 혹은 세계관이 우리가 갖는 국가나 사회에 대한 이미지를 결정할 수도 있기 때문이다. 경제학적 방법을 사회학에 적용하는 제임스 콜맨(J. Coleman)은, 인간의 행동동기에 관한 이론은, 개인이 자신의 행동을 판단하고 평가하는 것을 결정한다고 한다(Coleman, 1990). 즉 동기이론은 개인이 어떻게 자신의 삶을 꾸려나갈 것인가를 결정하며, 또 타인과 어떻게 국가나 정치제도 등을 창설할 것인가를 결정한다는 것이다. 여기에 합리적선택이론이 방법론적 개인주의를 전제한다는 것을 고려하면, 동기이론은 더욱 중요해진다. 개인들이 정부나 사회조직 등의 집합체와 상호영향을 받는다는 사실을 인정하지 않기 때문이다. 그 결과 동기이론은, 합리적선택이론가 자신들의, 인간은 정치제도를 어떻게 이해하며 또 창설하는가에 대한 사고방식을 결정한다고 할 수 있다. 따라서 이론가들이 채택하는 동기이론이 국가나 사회의 이미지를 결정한다고 말 할 수 있다.

인간의 행동 동기는, 자기 자신의 이익을 극대화하려는 것이라는 합리적선택이론의 전제는 개인과 국가의 관계에도 적용된다. 그에 따라 개인에게 국가는, 자신의 이익을 극대화하려는 것에 장애물이기도 하지만, 동시에 자신들의 물질적 이로움을 창출해 낼 수 있는 '이익의 원천'이기도 하다. 국가로부터 얻어낼 수 있는 이익에는 여러 형태가 있는데, 이익집단이론에서 다룬 바와 같이, 직접적인 물질적 급여나 좋은 직업, 혹은 사업보조금일 수 있고 또 경쟁자에게 제약을 가하는 규제일 수도 있다. 개인들은 국가로부터 이러한 이익을 얻기 위해 이익집단을 결성한다(Austen-Smith, 1997: 320-321). 여기서 더 나아가 합리적선택이론은 바로 지금 존재하는 정부도 이익집단의 그러한 노력에 의해 생겨난 것이라고 본다. 즉 새로운 정부기관이나 국가 정책은 다양한 이익집단의 영향에 의해 나타나게 되었다는 것이다. 예컨대, 노동조합들의 노력에 의해 노동관계 보호 법률들이 제정되고 노동부가 창설되며, 농민단체의 영향력에 의해 농산물

가격지지제도가 생기고 농업담당부서는 확장되어 왔다고 본다.

정부규모 팽창은 다른 형태로 설명되고 있지만, 정치인 등이 국가를 사적 이익의 원천으로 여기는 데서 비롯된 것임은 본질적으로 같다. 예컨대 관료들이 자신들을 위한 예산을 극대화하려기 때문에 정부규모가 팽창된 것이라는 주장(Niskanen, 1971: 114), 입법자들의 각종 규제정책은 강력한 유권자 집단을 도와 다음 선거에 지지를 확보하기 위한 것이라는 주장(Fiorina, 1977: 43), 또 정부 팽창은 재분배정책을 통해 유권자들의 표를 얻으려는 정치인들의 욕망 때문이라는 주장(Peltzman, 1984), 정부 관료는 공공정책의 실제 비용에 대해 입법자와 유권자를 체계적으로 기만함으로써 재정착각(fiscal illusion)을 만들어 낼 수 있다는 주장 등이다.

그러나 새로운 정부기관의 등장이나 정부규모 확대에 대한 이상의 설명은 그리 설득력 있다고 보이지 않는다. 무엇보다 합리적선택이론은 현대국가에서 시민이 차지하는 위상에 대해 잘못 서술하고 있다. 투표에 참여하고 국가의 행정작용이 증대되는 것을 지지하는 유권자를 바보로 취급하는 것이나 마찬가지이기 때문이다. 합리적인 존재가 어떻게 그리 오랫동안 이익집단이나 정치인 관료들의 수탈에 대해 모를 수 있을까? 정부제도의 변화나 행정기능의 확대가 정말 이기적 집단들의 교묘한 속임수에 의한 것이었을까?

합리적선택이론은 근대국가들이 행정국가화로 변신해가는 역사적 현상에 대해 어떤 설명도 제시하지 않는다. 물론 정부의 어떤 기관은 합리적선택이론의 주장처럼 특수한 이해관계 집단의 영향력에 의한 것일 수 있다. 그러나 대부분의 정부기관에 대해서도 그 결과로 인한 것이라 말할 수는 없을 것이다. 예컨대 환경관련 정부기관은 환경운동 단체들의 정치적 영향력에 의해 창설된 것이라 말할 수 있을 것이다. 그러나 어떻게 다양한 이익을 대변하는 사회운동들이 그러한 결과가 나오도록 연합 할 수 있을까? 그들에게는 집합적 행동의 문제 즉 무임승차를 해결할 어떤 기제도 갖고 있다 보기는 어렵다. 또 이미 본 바와 같이, 정치적 영향력으로부터 독립적인 기관들 예컨대 사법부나 중앙은행 등은 일반적으로 훌륭한 정책으로 받아들인다. 그러나 이러한 기관들을 창설해낸 특수이익집단은 무엇일까?

정치인이나 정부 관료들의 행태에 대한 묘사는 합리적선택이론 내부에서도 회의적 시각이 많다. 특히 정부 관료들의 실제 행동에 대해서는 많은 조사연구들이 축적되었는데, 합리적선택이론가로 분류되는 학자들의 연구에서도 니스카넨으로 대표되는 관료 행태 묘사는 받아들이지 않는다. 예컨대 테리 모(Terry. M. Moe)는, 정치 구조적으로 의회가 정부기관들을 감독할 수 있는 상황에서라면, 예산확보를 위한 관료들의 술책은 관철될 수 없다고 한다. 또 입법부 의원이나 관료들을 합리적선택이론처럼 전략적 행위자로 간주할 수 있다고 하더라도, 그들의 행동동기가 합리적선택이론의 전제에 따라 설명될 수는 없다고 한다(Miller and Moe, 1983: 308; Moe, 1997:459). 실제 관찰에 의하면, 관료들은 자신들이 이익이나 예산을 극대화 하려는 것이 아니라, 자신들에 부여된 역할을 양심적으로 수행하려고 한다는 것에 가깝다.

합리적선택이론의 설명대로 국가는 이기적 인간의 수익 원천일 수 있고, 국가기능을 담당하는 주체들의 행동도 자기이익 극대화에 다름 아닌 것일 수 있다. 그러나 이 같은 시각은 현대국가가 사회문제의 해결자로 기능할 수 있는 여지는 포착하기 어렵다. 어떤 개인들이 부당한 차별을 받고 있을 때, 대기와 하천이 오염되어 있을 때, 범죄율이 높아질 때, 이에 대한 시민들의 본능에 가까운 반응은 '국가가 무엇인가 해야 된다'는 것이다. 홍수가 범람하여 삶의 터전이 없어질 때, 한때 사람들은 신에게 기도하여 이를 해결하려 하였다. 그러나 오늘날 만일 그런 사태가 벌어지면, 사람들은 '도대체 왜 정부는 그러한 피해를 막지 못했는가?'라며 정부를 문제시 한다. 또 시민은 이기적 정치인들에 기만당하여 결과적으로 자신들을 수탈하는 정책을 지지하는 것이 아니라, 자신들의 공동체가 처한 사회문제를 해결하기 위해 자신의 역할을 어떤 형태로든 담당하려고 한다.

다시 콜맨으로 돌아가 말하면, 행동 동기에 대한 이론은 오늘날의 국가를 어떤 관점에서 볼 것인가를 결정할 수도 있다. 만약 인간은 물질적 자기이익에 의해 동기화된다는 이론을 채택하면, 국가는 특수 이해관계 집단들의 연합체에 불과하고 또 이기적 정치인 등에게는 이익의 원천일 뿐이다. 합리적선택이론은 인간의 동기에 대해 이 같은 관점을 유지함으로써, 이익집단과 정치인 관료들이 다수의 시민을 오도(誤導)하는 것으로 간주한다. 정부기관이나 공공정책은 시민들의 요구에 반응하는 것일 수 있어도, 그것은 심하게 말해 기만의 결과일 뿐일 수 있다.

경제 인간과 실천

하딘의 '정치 공동체의 기본적 제도는 민주적 절차나 그 구성원들의 의도와 무관하다'는 명제가 우리에게 건네는 메시지는,

인간 사회는 설계에 의해 이뤄지지 않는다는 것, 그러한 설계를 지향하는 이념이나 정치 철학적 논의는 무용하다는 점이다. 따라서 한 사회의 이념이나 정치 철학은 사회과학이 밝혀놓은 사실 내에 정주하고 있어야만 한다고 주장된다(Brennan and Hamlin, 2007; Hardin, 1999: 318). 합리적선택이론이 실증주의 과학철학을 토대로 한 것임을 상기하면, '가치와 사실의 분리'로 소급될 수 있는 이 주장은 충분히 이해할 수 있다. 그렇다면 이에 대한 반박으로, 거의 관행적인 대응이었던 다음 사항을 들 수 있을 것이다. 먼저, 합리적선택이론이 과학 활동을 통해 규명한 것들이 과연 참인가라는 의문을 제기할 수 있다. 그동안 전형적 대상이었던 것은 '인간은 자기이익을 추구하는 합리적 존재'라는 기본 가정 이었다.[1] 또 우리의 현실에서 그대로 구현될 수 없다 하여 정치 이념에 관한 논의가 쓸모없는 것은 아니라는 점도 들 수 있다. 하나의 이념은 정치 공동체가 추구해야 하는 가치일 뿐만 아니라, 현재 상태를 평가하는 잣대로 기능하고, 때문에 이를 실현하지 못한 정치 체제는 정당하지 못한 것으로 평가할 수 있다는 점에서, 정치 이념 등에 대한 논의는 무의미한 것이 아니라 정치공동체가 운영되는 전제이기도 하다.

그러나 여기서는, 합리적선택이론의 현실에 대한 관심에서 들어나는 규범적 실천적 측면 자체를 검토하기로 한다. 이때 밝혀지는 것은, 합리적선택이론의 이념적 논의에 평가 즉 정치 철학의 무용성이라는 논제는 자신에게도 적용될 수 있다는 점이다. 그 출발점은, 합리적선택이론의 주장대로 정치제도의 결정론적

1) 인간은 합리적 존재라는 가정을 인정하면서도, 경제학적 혹은 공리주의의 인간관에 대한 가장 철저한 비판자로 평가되는 인물이 롤스(J. Rawls)다. 특히 그의 『정의론(A Theory of Justice)』 제8장이 압권이다.

성격이 타당한 것이라면, 그동안 수행되어 왔던 합리적선택이론 진영에서의 공적 제도에 대한 관심은 어떤 실천적 의미를 가질까라는 의문이다. 합리적 인간들의 정치체제는 제도 운영에 대한 비관적 평가가 이루어 졌다 하더라도, 이를 반영하려는 개선 노력을 하지 않을 것이라 여겨지기 때문이다. 무엇보다 정치제도가 아무리 비능률적이라 하더라도, 합리적 개인들은 능률적 제도로의 이행에 요구되는 어느 정도의 희생을 감수하려 하지 않을 것이다. 또 개혁을 추구하려는 정책 담당자들이 그 정치체제에서 보다 우월한 입장에 있다 하더라도, 그들 사이의 의견 충돌이나 이익갈등, 또 제도 변화로 수반될 결과에 대한 무지는 제도 개선이라는 애초의 의도와 부합하지 않는 결과로 나타나게 할 것이기 때문이다. 그렇다면 시장기제의 도입과 같은 합리적 선택 이론 진영에서의 국정 운영 방침에 대한 제안은 무의미한 것으로 보인다. 규범적 이론이 수행하는 구체적 측면들을 보면서 이를 검토하기로 한다.

어떤 이론이 규범적 기능을 한다고 할 때, 그것은 다음 세 가지 경우를 포함한다(Brennan and Hamlin, 2007). 첫째는 평가적(evaluative)인 것으로, 이 때 이론은 어떤 제도가 능률적인지 아닌지 혹은 어떤 제도가 가장 생산적인지, 그리고 그 제도가 실제 작동 가능한 것인지 여부를 판단하는 지침이 된다. 이러한 평가를 통해 우리는 어떤 제도를 선택할 것인지를 결정할 수 있다. 둘째는, 실천적(practical) 측면으로, 이 때 이론은 인간의 후생을 증진시키기 위해 우리가 할 수 있는 것을 수행하라고 요구한다. 예컨대 곤경에 처한 타인을 도우라는 것처럼, 이 측면에서의 이론은 매우 일반적인 수준에서의 권고라 여길 수 있을 것이다. 따라서 정치적 기본 제도들이 위에서 본 바처럼 결정론적 성질을 갖고 있다하더라도, 우리는 다른 사람을 도울 수 있는 행동으로 나아갈 수 있다. 규범적 이론의 세 번째 측면은, 구체적 상황에서 최적의 결과를 가져올 수 있는 유형의 제도를 직접적으로 지시하는 것과 관련된다. 여기서 이론은 정책 결정자나 입법자로 하여금, 어떤 제도를 채택해야 하는 지를 직접적으로 요구하고 있다는 점에서 행위 지시적(action guiding)이라 할 수 있다. 두 번째와 세 번째 측면의 규범적 이론은, 우리로 하여금 인간의 후생을 증진시키는 행위를 하라고 말하는 점에서는 같다. 그러나 두 번째의 이론적 관심은, 우리가 할 수 있는 것이면 무엇이든 할 것을 요구한다는 점에서, 구체적 상황에서 특정한 행동을 요구하는 세 번째의 측면과는 구분된다고 볼 수 있다. 따라서 논리적으로는 이론의 두 번째 요구만을 수행하면서, 세 번째의 요구는 거절할 수 있다.

브레넌과 햄린은, 합리적선택이론이 '경제 인간' 가정을 엄격히 고수하는 한, 규범적 측면의 첫 번째 기능 즉, 제도 간의 평가적 관심도 적합하지 않는 것이라 말한다. 자기중심적 세계의 인간들에게, 좋은 것이란 '나'에게 좋은 것, 더 구체적으로는 '나의 이익'에 좋은 것을 의미하기 때문에, 의미 있는 도덕적 혹은 정당화 논변은 가능하지 않다는 것이다(Brennan and Hamlin, 2000: 26). 그들에 의하면 결국, 경제 인간의 합리적선택이론 체계에서는 공적 영역의 제도에 관한 어떤 유형의 도덕적, 후생경제학적 접근도 적합하지 않을 것이다. 그러므로 브레넌과 햄린은 합리적선택이론의 수정주의자(revisionist)로 변신하고자 한다.

그러나 브레넌과 햄린의 이러한 판단은 지나치게 과장된 것으로 보인다. 즉 뷰캐넌과 같이 '규범적'으로도 개인주의를 고수하는 이론가들에게는 타당할 것이지만, 공리주의적 신고전파 경제학에 철저한 합리적선택논자들에게는 지나친 평가라는 것이다. 물론 공리주의 계열의 논자들도 인간행동의 주된 동기는 이기심이라는 것을 받아들인다. 그러나 공리주의에서는 인간의 이기심과, 어떤 제도가 다른 제도보다 우월한 것임을 판단하는 도덕 원칙이, 양립 불가능하다고 여기지는 않는다. 따라서 '평가적' 관점은 합리적 이기심의 경제 인간에게도 가능하다. 이는 공리주의의 기본 준칙이 '최대다수의 최대행복' 원칙임을 감안하면 쉽게 인정할 수 있다. 또 공리주의에서 어떤 행위가 옳은 행위로 귀결되는 척도가 되는 것은 그 행위의 '결과'이지, 그 행위의 배후에 있는 '동기'는 아니라고 하는 점을 보아도 그러하다. 즉 공리주의에서는 인간에 대한 도덕적 요구는 인간의 '동기'로부터 연원되어야 할 필요가 없는 것이다. 따라서 신고전파 경제학에 철저한 합리적선택논자들이, 규범적 이론의 평가적, 실천적 주장을 한다는 것이, 즉각적으로 자기모순적인 것으로 보이지 않는다.

그러나 공리주의를 토대로 하는 합리적선택이론가들이라 하더라도, 공적 영역에 대한 구체적 제도 설계의 측면에서는 어려움에 처할 것으로 보아야 할 것이다. 신고전파 경제학을 채택하고 있는 합리적선택이론의 논리 체계에서라면, 정치 제도는 민주적 절차나 인간의 의지와는 무관하게 존립 유지되는 것이어서, 최선의 제도 선택이라는 행위 지시적 주장은 무의미할 것이기 때문이다. 즉 정치제도를 사회구성원의 집합적 선호에 부합하도록 개선 한다는 것은 인간의 자발적 집합적 의지나 설계 차원을 벗어나 있는 것이기 때문이다. 따라서 엄격한 경제 인간 가정을 수정하려는 브레넌과 햄린에게, 개선이나 진보로 여겨지는 정치 제도의 변경은 '보이지 않는 손'의 통제의 결과이거나 우연일 뿐인 것이다.

스스로 만든 동굴 안의 지식

경제 인간의 국가 이미지는 학자들의 연구방향도 동일한 시각으로 이끌게 될 것이다. 즉 사회나 국가에 대한 이미지가 정부에 대한 태도나 연구주제를 결정한다(Morgan, 2004). 행정학이나 정치학의 문헌들은 정부활동에 있어서 '아젠다를 어떻게 설정하는가?'의 중요성을 말하고 있는데, 이는 이론가들의 학문세계에 대해서도 타당하다 할 수 있다. 경험적 연구가 수행되는 측면을 들어 보자면, 연구자는 실제 조사를 하기 전에, 어디에서 무엇을 찾을 것인가를 결정해야 한다. 이것은 물론 경험 이전의 것이고, 분석 이전의 것이며 또 직관적 수준에서 일어나는 것이지만, 이러한 사전적 결정이 전 연구과정에 영향을 미친다. 따라서 이런 과정을 통해 정치나 공공정책에 대한 이미지를 구성하고 다시 이것이 실제 세계에 대해 영향을 미치는 것으로 볼 수 있다.

합리적선택이론은 국가의 기본제도를 설계할 때 인간은 악당으로 취급해야 한다는 관점을 취한다. 즉 국가와 관련된 규범적 논의를 위해 인간에 대한 회의적 시각을 채택할 것을 주장한다. 그러나 이것이 연구자들에게 적용될 때, 인간이나 관료 그리고 국가에 대한 회의적 이미지는, 경험적 사실들을 분석 이전의 출발점으로 돌려놓고, 정부작용에서 나타날 수 있는 부정적 현상들을 공적 영역에서의 본질적인 것으로 쉽게 간주한다. 당구치는 사람들에 대한 연구를 예로 들어 보기로 한다.

당구를 치는 사람들은, 당구 자체가 즐겁거나 상대방을 이김으로써 얻는 기쁨을 위해서 일 수 있다. 그런데 만약 어떤 사람이 당구에는 즐거움이나 승부욕 같은 동기가 없다고 본다면, 그는 당구치는 사람들의 그와 같은 동기를 부정하는 설명을 해야 할 것이다. 실제 조사결과 당구치는 사람들의 동기는, 시간을 때우거나, 가족을 피하고 싶어서거나, 새로운 친구를 사귀기 위한 것일 수 있다. 그래서 연구자는 당구치는 사람들의 다양한 동기가 무엇인지 규명해낼 수 있을 것이다. 그러나 여기서 중요한 것은, 연구자의 애초의 가정 즉, 당구에는 즐거움이 승부욕 같은 동기는 없을 것이라는 가정이 유지될 수 있다는 점이다. 따라서 당구에 대한 연구자는 당구치는 사람들의 동기에 대한 여러 인과관계 모형을 만들어 낼 수 있고, 당구에는 즐거움을 위한 동기란 경험적으로 불가능한 것이라 이론체계를 세울 수도 있을 것이다.

그동안 합리적선택이론 진영에서의 국가나 정부과정에 대한 분석은 이와 유사한 형태의 것이라 말할 수 있다. 이익의 원천으로서의 국가 이미지 외 다른 가능성은 애초부터 차단하였으므로, 합리적선택이론가들은 간혹 다른 설명을 제시할 수 없다는 것에 대해 곤혹스러운 경우도 있었을 것이다. 이 관점에서 연구를 수행함에 있어 공익 지향적 동기를 인정하는 것은 있을 수 없기 때문이다. 대신 자기이익 추구적인 것이라 보이는 것이라면, 아무리 사소한 행동이라도 확대시켜 이를 일반적인 것에 대한 증거로 간주한다. 혹은 경험적 증거와 일치하는 설명을 제시할 수 없을 때, 이익이나 합리성 개념의 외연을 확장하거나,[2) 구

2) 이타적 행동도 개인의 심리적 이익으로 환원하는 게리 베커(G. Becker)의 경우

체적 상황에서의 일견 비이기적 행동을 세부적으로 분석하여 결국 자기이익적인 것으로 개념화하기도 하였다.[3)]

합리적선택이론은 정부 정책과정에서 소위 '비공식적' 행위자에 대해 연구 중점을 두라고 권고한다. 그러나 그 결과는 합리적선택이론 체계에 따라 자기이익에 의해 동기화되는 이익집단에만 관심을 두는 것이었다. 예컨대 다른 사회과학 분야에서 중요시되는 사회운동 단체에 대한 관심은 사전에 배제되었다. 그래서 합리적선택이론 진영에서는 그 이론 체계를 세우는 데 중요한 공헌을 한 올슨(M. Olson)의 '집단행동의 논리'를 곤궁한 처지에 놓이게 한다. 그럼에도 합리적선택이론의 논리를 지속적으로 펼칠 수 있는 것은, '사회운동 단체는 무역단체 등과 본질적으로 다르다는 것, 그 구성원들의 행동동기도 자기이익 추구적인 것으로 볼 수 없다'는 등의 문헌들을 철저히 외면함을 통해서였다.

또 합리적선택이론은 정부과정의 정책이라는 결과물이 아니라, 그것이 어떻게 입안되는 지에 대한 과정에 관심을 둘 것을 충고한다. 그동안 정치학 등의 정통적 학문이 입법부나 행정부 등을 하나의 제도 혹은 국가 구조 측면에만 연구 중점을 두었지, 실제 정부기관 등을 통해 국가가 관리되는 측면에 상대적으로 무관심한 것은 사실이다. 그러나 정책'과정'을 중시하는 합리적선택이론가들의 권고는, 입법자 등이 부패한 정책결정자들이고, 시민의 자유나 권리를 제약하는 전근대적 이미지로 그들을 묘사하는 것으로 나타났다. 따라서 만약 입법부 의원들이 재선기회를 극대화하려는 자들임을 인정한다면, 그들과는 정치제도의 설

3) 불확실성 베일 하의 인간에 대한 뷰캐넌의 경우, 표출적 투표를 설명하는 브레넌과 햄린의 경우

계를 위한 어떤 규범적 논의도 진행해서는 안 될 것이다. 의원들은 자신들의 이익만을 고려하지 정치공동체의 능률성이나 미래에 대해서는 별 관심이 없을 것이기 때문이다.

그렇다면 합리적선택이론가들은 정부제도의 설계나 국정운영의 방향에 관해 자신들의 지식으로 누구와 대화할 수 있을까? 정치인이나 관료들은 자신들을 사악한 존재로 묘사하는 이들과 진정한 대화에 나서려고 하지는 않을 것이며, 합리적으로 무지한 시민들은 정치제도나 정부 정책에 대해 관심조차 갖지 않으려 할 것인데 말이다. 결국 합리적선택이론이 축적한 지식 체계가, 개인들의 자유를 신장시키고 정치 공동체를 보다 능률적으로 변화시킬 수 있다하더라도, 합리적선택이론의 인간, 행동 동기에 대한 주장 내에서는, 대안적 제도나 정책에 관한 논의를 스스로 차단하고 있는 것은 아닐까?

2. 경제 인간의 변신 시도들

합리적선택이론가들은 자신들의 과학적 이론이 정치제도의 작동과정을 설명하고 또 그 결정론적 성격을 규명할 수 있지만, 동시에 합리적선택이론 자체의 실천적 목표를 기각하고 있는 점은 파악하지 못하고 있는 것으로 보인다. 특히 합리적선택이론이 내세우는 정치제도의 결정론적 성격이, 규제완화나 민영화 등의 집행가능성을 차단하고 있다는 것을 인지조차 못하고 있다. 합리적 인간들이 용의자 딜레마 상황에서도 파레토 효율적 결과를 낳도록 한다는 그 정책의 집행도, 결국은 합리적으로 이기적인 주체에 의해 수행되어야 하기 때문이다. 다시 말하여, 경제 인간 가정에 충실 한다면, 민영화 등이 자신을 포함한 사회 구성원의 후생을 증진시키는 것이므로, 집행자가 그렇게 행위할 것이라 기대할 수는 없다. 또 능률적 정책 결과를 담보하기 위해 정책 집행자에게 사회 순응을 확보할 충분한 권한이 주어진다면, 그는 사회에 대한 영향 등을 고려하기 전에 자신의 이익을 극대화하기 위한 권력행사로 나갈 것이라는 점도, 우리는 예견할 수 있다. 그렇다면 결국 합리적선택이론의 정책 제안 역시 무의미한 것이라 귀결될 수 있는 것이다.

누가, 어떻게 궁지에 빠진 합리적선택이론을 구해낼 것인가? 뷰캐넌과 그의 제자 브레넌은 실증주의 사회과학자 이미지와 동떨어져 보이는 메타 윤리적 논의를 전개하면서 합리적선택이론의 정당성 발판을 마련하고자 한다. 그러나 그들의 결론은 경제 인간 가정을 일관하는 것이 아니라 새로운 도덕의 창설로 나아가고 있다.

불확실성 베일(veil of uncertainty)에서의 인간

합리적선택이론의 전제들을 러커토시의 '견고한 핵'으로 옹호하고 있음에서 알 수 있는 바와 같이, 뷰캐넌은 합리적선택이론의 개념 틀에 대해 누구보다 자신 만만해 한다. 따라서 간혹 그로부터 이탈된 듯한 경우가 있다고 해서, 그가 합리적선택이론의 기본 구조에 대한 타당성을 의심한다고 단정할 수는 없을 것이다. 그러나 비록 사소해 보일 수는 있을 지라도 그가 보여주는 작은 변화는 무시하지 못할 결과를 초래 할 수 있다. 브레넌이 최근 합리적선택이론의 '수정(revision)'란 말을 쓴 것이 그러할 것인데, 사실 그 단초는 이 두 사람의 공저인 『The Reason of Rules: Constitutional Political Economy (1985)』에서 찾을 수 있다.

합리적선택이론가들이 경제 인간을 실제 인간의 이미지로 보는 것은 아니라는 점, 과학적 이론 구성을 위해서만 그러할 뿐이라는 점은 이미 언급했다. 먼저 이것이 어떻게 전개되는 지 한 예를 보기로 한다. 뷰캐넌은 인간의 규범준수행동(norm guided behavior)이 순수한 경제 인간 모델로부터는 파악할 수 없는 것이라 말한다(1986: 238). 이러한 행동은 습관이나 전통 등 '과거'의 것을 토대로 한다는 점에서, '미래'의 목표달성 행위와 관련된 효용극대화행위와 다른 것임은 누구나 수긍할 것이다. 또 여기서 더 나아가면, 인간의 행동은 다양하게 동기화된다는 점을 인정할 수 있을 것이다. 그러나 뷰캐넌은 이에 대해서도 도구적 합리성이라는 경제학적 모델을 고수하려 한다. 규범은 한 사회 내에서 행해져야 할 것을 명시하고, 개인들은 이를 준수함으로써 어느 정도 공동선에 기여할 수 있다 하더라도, 개인들은 언제나 그들이 가치 있는 것으로 여기는 것을 하려 한다는 것이 그 이유다(Brennan and Buchanan, 1985: 146-148).

또 뷰캐넌에 의하면, 인간의 이기심을 경제 인간의 뚜렷한 특징으로 보아야 할 필요는 없다. 그러나 이것이 의미하는 바는, 그가 경제 인간의 속성으로 이기심을 중요하지 않는 것으로 보고 있다는 것이 아니라, 경제학적 설명에서는 이기심이란 용어가 필요하지 않다는 것이다. 따라서 그는, 인간은 언제나 그들의 선호를 충족시키려 한다고 말하지만, 이것이 자신의 사적 이익을 극대화하려 한다는 것과 동일한 의미는 아니라고 한다(Buchanan and Tullock, 1962[1999]: 40). '인간은 선호하는 것을 한다'라는 경제학적 설명은, 그 기저에 놓인 동기가 무엇인지 까지 분명히 하는 것은 아니기 때문이라는 것이다. 따라서 인간은 선호 내용이 무엇인지 여부에 관계없이 다만 자신의 선호 체계에서 상위의 것을 만족시키는 행동을 한다고 말할 수 있을 것이다. 예컨대 어떤 개인이 다른 사람의 후생 증진을 원한다면, 자신의 상태가 어떠해질 것인지에 대해서는 고려치 않고 다른 사람을 도울 수 있고, 우리는 이러한 행동도 자기 자신을 위한 행동으로 여길 수 있다. 결국 어떤 사람은 이기적인 것보다 이타적 행동을 선호한다는 것으로 말할 수 있다는 점에서, 우리는 행동 동기가 무엇인지 여부와 관계없이, 개인과 선호를 중심으로 인간의 행동을 설명할 수 있는 것처럼 보인다.[4)]

그러나 뷰캐넌과 브레넌은 경제학적 공준을 의식적으로 위반해야 하는 상황이 있음을 인정한다(1985: 146). 그것은 인간들이 정치공동체를 구성하면서 제도를 선택해야 하는 최초의 상황 즉 사회계약을 체결할 때이다. 여기서도 경제 인간 가정은 관철되지만 다른 이유가 추가된다. 그들이 인용하는 것은 흄(D. Hume)의 다음 문구다(Brennan and Buchanan 1985: 59에서 재인용).

> 정부구조를 설계하고 정부 기관 간 견제와 균형의 원리를 정립함에 있어서, 모든 의사결정 주체들은 기본적으로 악당의(knave) 속성을 가지고 있고, 모든 의사결정에 있어서 오로지 자신의 이익만을 추구하려는 성향을 가지고 있다고 전제하는 것이 타당하다.[5)]

4) 그러나 이러한 체계로는, 어떤 것도 예측할 수 없는 것으로 귀결됨은 앞 1절에서 보았다.

5) 헌법과 같은 국가의 기본제도를 설계할 때, 인간은 사악한 존재로 전제되

그럼에도 뷰캐넌은 경제 인간 가정의 수정을 말한다. 이것이 가장 명백한 경우는 그의 헌정경제학 체계에서 정치공동체를 창설하는 '헌법 선택'을 말할 때이다. 이때 개인들은 자신의 선호체계보다 더욱 포괄적인 이익에 따라 규칙과 제도를 평가한다고 한다(1986: 272-273). 헌법 선택의 상황에서 개인들은 선택의 결과를 사전에 완전히 알 수 없는 '불확실성의 베일(veil of uncertainty)'에 가려져 있기 때문이라는 것이다(Brennan and Buchanan 1985: 35).[6] 결국 헌법 선택의 단계에서 인간은 자신의 선호체계만을 고려하는 아님을 인정한다는 점에서 신고전파 경제학의 공준을 위반하고 있고, 브레넌과 뷰캐넌은 이의 필요성을 말하고 있는 것이다.

그러나 뷰캐넌이 경제학 공준의 수정, 곧 순수한 이기심보다 넓은 인간 동기를 인정하는 것은 대단히 제한적인 것으로 보아야 한다. 인간이 불확실성의 베일 상황에서 폭넓은 이익고려를 한다는 것은, 인간은 그 경우에서도 이기적이므로 나타난 결과일 수 있기 때문이다. 그는, 모든 인간의 행동이 이기적인 것은 아니라고 말하면서 원하는 것은, "순전히 이타적인 것과 같은

어야 한다는 것을 말한 유명한 구절이다. 미국 헌법 초안자들이 실제 그러한 인간을 상정했다는 것은 널리 알려져 있고, 이는 매디슨(J. Madison)의 "만약 천사가 인간을 다스린다면, 정부에 대한 외적, 내적 통제는 필요치 않을 것이다" 말에 잘 나타나 있다. 간혹 공공선택이론이 미국적 전통을 계승하는 이론이라 평가하기도 하는데, '건국 아버지들'의 이와 같은 인간관을 받아들여 출발점으로 삼고 있기 때문이다.

6) 브레넌과 뷰캐넌이 '불확실성의 베일'이란 말을 쓸 때, 롤스의 '무지의 베일(veil of ignorance)를 의식함은 물론이다. 그러나 헌법 수준에서 서로 다른 제도를 비교 평가하는 장치로 도입된 이 장치의 역할은 롤스에서와 다르다. 롤스는 명시적으로 무지의 베일은 순전히 가정적인 것임을 말하지만(Rawls, 2003: 46), 뷰캐넌 등은 정치적 의사결정의 실제 국면에서도 나타날 것이라 간주한다는 점에서 그렇다(1985: 35).

다른 가능성을 논외로 하기 위한"(1986: 88) 것이라 하고 있다.

경제 인간의 새로운 도덕

우리가 만약 경제 인간에 반대되는 인간을 상정한다면, 합리적선택이론의 '정치제도의 결정론' 명제는 성립될 수 없을 것이다. 다시 말해, 공적영역에서 인간이 합리적이면서 동시에 도덕적 주체임을 인정한다면, 정치 공동체는 '보이는 손(visible hands)'에 의해 작동되는 것으로 볼 수 있을 것이다. 뷰캐넌의 제자 브레넌과 햄린이 스스로를 수정주의자로 말하면서 시도하고 있는 것은, 경제 인간 가정을 유지하면서 보이는 손에 의한 사회를 구상하고 있는 것에 가깝다. 무엇보다 도덕적 주체가 사회를 이끄는 것, 그리하여 정치제도의 결정론적 성격을 탈피할 수 있는, 정치공동체 구성원들이 공유하는 도덕률(moral code)의 존재를 인정하고 있기 때문이다(Brennan and Hamlin, 2008: 64). 이를 전제로 그들은, 개인들은 신뢰할만한 존재가 되려 한다는 것, 민주주의 국가에서 투표는 (자기 이익의 합리적 계산이 아닌) 사회 도덕률과 부합하는 정서를 표출하는 기제라는 것, 정치 엘리트들로 하여금 도덕적으로 행동하게 하는 제도들이 있다고 주장한다. 각각을 개관하면서, 이를 통해 과연 합리적선택이론이 실천적 능력을 회복할 수 있는지 보기로 한다.

경제 인간의 도덕적 주체로의 변신

경제학이 전제하는 합리적 인간은 원칙적으로 신뢰할 수 없는 존재라 말할 수 있다. 용의자 딜레마 상황에서 합리적 인간들이라면 사전에 합의된 행동 준칙도 위반할 것이기 때문이다. 그러나 브레넌과 햄린은 이기적 주체일지라도 도덕적 존재가 되려는 인센티브가 있고, 이의 가장 기본적인 것은 신뢰할 만한 사람이 되려는 것이라 한다(Brennan and Hamlin, 2008: 36). 인센티브와 관련하여 그들이 상정하는 것은, 타인들이 '나'의 의도나 성향을 알고 있을 때이다. 이 경우 합리적 인간은 거래를 통해 상호 이익을 증진하려는 행위자 모델이 될 수는 없다고 한다. 상대방도 '나'처럼 기회만 있으면 이익을 독식하려 할 것임을 각각의 주체는 알기 때문이다. 따라서 타인이 '나'에 대해 알고 있는 상황에서는 도덕적으로 협조적인 인간이 적합한 모델이 되고, 또 합리적 이익 극대화 추구자보다 후생이 증가된다. 그러므로 개인들은 자신들이 신뢰할 수 있는 사람으로 여겨지는 것을 바라면서, 자신의 이익만을 갈구하는 성향을 버릴 것이라 브레넌과 햄린은 말한다.

그러나 이러한 접근이, 인간들은 왜 도덕적으로 되려고 하는지를 밝히고 있다고 보기는 어려울 것이다. 기껏해야 인간들이 협조적 행동으로 나갈 수 있는 경우가 있음을 보여 줄 뿐이다. 자신의 이익추구라 할 수 만은 없는 협조가 도덕적인 것인지의 여부는, 무엇에 대해 협력하는 지 여부에 의존되어 있기 때문이다. 즉 만약 자신들이 의도한 바를 다른 사람과 함께 이뤄낼 수 있는 권력을 갖는 인간들이라면, 그들은 국외자들이 자신들의 성향을 알고 있는지 여부에는 관심을 두지 않을 것이다. 또 브레넌과 햄린의 접근은, 복잡한 사회에서 요구되는 협력적 행위가 서로 알지 못하는 사람들 사이에서도 나타나야 하는 경우를 설명하지 못한다. 이때 거래 상대방인 타인은 '나'의 의도나 성향을 알지 못할 것이므로, 도덕적으로 행동할 인센티브가 없기 때문이다.

표출적 투표

브레넌과 햄린이 경제 인간의 보편적 가정에 반하여 두 번째로 제시하고 있는 것은 '표출적 투표(expressive voting)'의 논제다. 그들은 대규모 유권자가 참여하는 투표에서, 투표자의 영향력은 영(零)에 가깝기 때문에, 유권자들은 자기이익을 계산할 인센티브가 없다고 주장한다(Brennan and Hamlin, 2008: 175). 따라서 투표자들은 도덕적 의견이나 정서적 상태를 드러내기 위해 투표를 할 것이라고 하는데, 이러한 표출적 행동에는 기회비용(opportunity cost)이 없다는 것도 추가되는 이유다. 결국 투표에 참여하는 유권자들은 합리적인 자기이익에 따라 행동하지 않고 다만 내적 상태를 드러내기 위한 행동을 한다는 점에서, 더 이상 경제 인간이라 할 수는 없다. 그렇다면 정치제도의 결정론적 성격이 극복될 수 있는 단초가 마련되었다고 할 수 있을 것인데, 이를 브레넌과 햄린은 "만약 투표가 보이지 않는 손으로 작동될 수 없다면, 적어도 원칙적으로는, 보이는 손으로 작동되는 것이다. 즉 투표자들은 자신들의 공익에 대한 관점을 체계적으로 투표 한다"라고 말하고 있다(176).

표출적 투표에 대해서는 합리적선택이론 내부에서도 대단한 관심이 되고 있다. 투표행위의 역설(voting paradox)이란 표현이 나타내는 바와 같이 시민의 투표행위는 인간의 합리성 가정으로는 설명할 수 없는 것일 뿐만 아니라, 합리적선택이론의 전 체계를 위태롭게 하는 난제인데,[7] 브레넌 등은 다운스 이래 행해져 왔던 투표에 관한 설명을, 동일한 경제학 용어를 사용하면서도 뒤집고 있기 때문이다. 그들에 의하면 투표행위는 첫째 최선의 결과를 가져오기 위한 전략적인 것은 아니며, 둘째 도덕적인 것이다. 그러나 투표행위가 전략적이라는 가설도 지지되기 어려운 것이지만, 전략적 행동이 아니라는 것도 유지되기에는 어려운 주장이다. 유권자들은 승산이 있다고 생각하는 후보에 투표하는 성향이 있다는 것은 '승자편승효과(bandwagon effects)'로 알려져 있는데, 만약 그렇다면 투표가 전략적인 것은 아니라고 단정할 수는 없다. 또 승산이 없음에도 지지투표를 한 유권자들은 거대정당 소속의 후보자들 간에는 어떤 차이를 발견할 수 없다는 이유를 들어 정당화 한다고 하는데, 이러한 주장이 가능한 것은 유권자들의 계산적 행동을 전제하여야 하기 때문이다. 반면 브레넌과 햄린은 표출적으로 투표하는 유권자는, 어떤 후보자가 자신과 동일한 정견을 가지고 있다면, 낙선이 확실시 되더라도 투표한다고 한다(137).

표출적 투표 논제에서 또 의심스러운 점은, 유권자들이 투표장소에 가는 동기 자체는 언급이 없다는 점이다. 투표행위 자체는 기회비용이 없다 하더라도, 투표 장소로 가는 행동에는 기회비용이 있을 것이고, 일반적으로 이는 투표로부터 얻는 이익을 상회하는 것으로 설명되어 왔다. 기회비용과 이익의 비교라는 기존의 설명 방식을 유지하는 브레넌과 햄린의 표출적 투표에서, 유권자들이 얻을 수 있는 이익이란 자신의 태도를 드러낸다는 점일 것이다. 그러나 이 이익이 투표장소로 가는 기회비용보

7) 이익집단이론이나 그 연장선상에 있는 지대이론 등이 가능한 것은 '합리적 무지' 가정이 근간이 되고 있음은 제10장에서 보았다.

다 클 것인지, 유권자들은 왜 투표를 통해 자신들의 태도를 표현하려 하는지는 불분명하다. 그들은 다만, 투표 자체의 기회비용은 영이라는 것과 투표이익을 비교하고 있는 것으로 보이는데, 그러나 여기에 포함되어 있는 또 다른 의미는, 만약 투표장소로 가는 기회비용이 표출의 이익보다 크다면 유권자들은 투표하지 않을 것이라는 점이다. 따라서 브레넌과 햄린이 왜 유권자들은 투표를 통해 태도를 표명하려 하는 지를 밝히지 않는 한, 표출적 투표 논제가 그리 설득력 있는 것이라 하기는 어려울 것이다. 그들은 다른 곳에서, 유권자는 시민의 책무감(sense of civic responsibility)에서 투표한다고 하고 있는데(Brennan and Hamlin, 2008: 155), 합리적 주체가 어떻게 그러한 시민의식을 갖게 되는 지에 대해서는 어떤 설명도 없다.

결론적으로, 합리적 인간을 상정하면서도 표출적 투표 논제가 건네는 의미를 전면적으로 무시할 수는 없을 것이다. 그러나 이것이, 투표행위의 설명에 관해 난관에 봉착한 합리적 인간 모델을 구제하기 위하여 등장한 것은 아닌지의 의구심은 떨칠 수 없다. 다음 사항을 함께 고려하면 더욱 그러하다.

민주적 제도에 의한 정치인 정화(淨化)

브레넌과 햄린은 민주주의의 정치 제도 중에는, 도덕적으로 고결한 정치인들만이 관직에 진출할 수 있도록 하고, 또 그만큼 정치인들로 하여금 덕을 고양토록 하는 장치들이 있다고 주장한다. 예컨대, 만약 유권자들이 자신들의 태도를 드러내기 위한 표출적 투표를 한다면, 도덕적으로 처신하여 그들에게도 호소력 있는 정치인을 지지할 것이라 생각할 수 있다. 따라서 민주주의 정체에서 정치적 대표제도는 도덕적인 정치인들만이 선출될 수 있도록 하고 또 다른 정치인이나 정치지망생들에게도 도덕적으로 행동할 인센티브를 부여하고 있는 것으로 보인다(180).

그러나 만약 다운스의 '합리적 무지' 가정을 받아들인다면, 이러한 주장이 성립될 수 있을까? 즉 유권자들이 우선적으로 자신의 이익을 고려하는 합리적 주체라면, 정당이나 정치인이 어떤 행보를 하는 지에는 무관심할 것이기 때문에, 도덕적인 정치인만이 선출될 것이라 말할 수는 없을 것이다. 브레넌과 햄린의 위 주장이 의심스러운 것은 바로 이 때문이다. 그들은 다운스의 합리적 무지 가정을 받아들이면서도(175) 그러한 논지를 펼치고 있다. 표출적 투표 논제가 기본적으로 의심스러운 점도 여기에 있다. 유권자들이 기표소(polling booth)에 있게 되면, 자신의 도덕적 정서적 상태를 표출하는 것에는 기회비용이 없기 때문에, 그러한 투표를 한다고 한다. 그러나 위에서 본 바와 같이 투표장소로 가는 행동에는 기회비용이 있을 것이며, 어느 정당 혹은 어느 후보자가 도덕적인지를 알려고 하는 것에도 기회비용이 있을 것이다. 또 기표소에서의 투표자들이 도덕적인 정치인이나 정당을 고려한다는 것도 합리적 무지 가정에 어긋나는 것이다.

선거제도 등이 정치인을 도덕적 인물로 고양시킨다는 것도 유권자의 합리적 무지 가정을 받아들이는 한 성립되기 어려운 주장이다. 합리적 투표자라면, 정치인의 성향이나 과거 행보에 대해 알려 할 특별한 인센티브가 없을 것이기 때문이다. 따라서 정치인들도 유권자들의 도덕적 기준에 맞도록 정견을 바꾼다거나 신뢰할 수 있는 인물로 되려는 인센티브가 있다고 하기 어려울 것이고, 단지 선거기간 동안만 도덕적 인물로 보이게 하는 것에 대한 인센티브가 있을 것이다. 물론 경쟁관계에 있는 정치인들은 상대 후보자의 부적절한 면모를 부각시키려는 인센티브도 있을 것이다. 그러나 정치에는 별로 관심이 없는 합리적 유권자들에게, 그러한 부정적 선거 전략이 유권자들이 선호하는 인물을 결정하는 것에 결정적 영향을 준다는 것도 성립하기 어렵다.

요약하면, '합리적 무지' 가정 하에서는, 브레넌과 햄린의 주장과는 반대로, 선거를 통해 선출되는 정치인의 기준이 도덕적인 것이라 하기는 어렵다. 정치인들은 다만 겉으로만 도덕적으로 보이려 할 뿐인 것으로 보아야 할 것이다. 그들에게는 이 이상의 행동으로 나갈 인센티브가 거의 없기 때문이다. 또 이는, 정치인을 선출하는 유권자들이 정치인 등의 진정한 성향 혹은 정견이 무엇인지 알려하지 않을 것이기 때문이다.

결국 브레넌과 햄린의 주장, 민주적 제도가 정치인들을 고결한 인물로 되게 한다는 것은 받아들이기 어렵다. 또 민주적 정치제도의 도덕적 효과가 인정될 수 없는 것이라면, 그들이 시도하는 정치제도의 결정론적 성격도 극복하기 어렵다고 보아야 한다. 그렇다면 '경제 인간' 가정을 도입하는 합리적선택이론의 실천적 측면은 한계를 갖는다고 보아야 할 것이다.

3. 현실성 있는 이론의 모색: 던리비의 경우

경제 인간 가정으로는 공적 영역의 정치 현상을 제대로 설명할 수 없다는 점은 합리적선택이론 내부에서도 일찍부터 인식하고 있었다. 앞에서는 합리적선택이론의 기틀을 닦은 다운스(A. Downs)가 인간 가정에 대한 세간의 비판을 받아들여, 공적 영역에서의 인간의 행동동기로 자기이익의 극대화만이 아닌 공익 추구도 인정하는 것으로 변신했음을 말한 바 있다. 자칭 '과격한' 이론가인 털럭도, 공익 지향의 입법 활동이나 행동 동기로서의 공익을 전적으로 무시하는 태도는 변해야 한다는 점, 공익이 정치 활동의 '주된' 동기는 아니라 해도 동기의 하나인 점을 인정한다(1984).[8] 또 뮐러(D. Mueller)는 공공선택학회 회장 재임 시절, 용의자 딜레마(Prisoner`s Dilemma) 상황에서의 인간 행동을 설명하고 예측하기 위해서는 경제학의 게임이론이 아니라, 행동주의 심리학(behaviorist psychology)에 의존할 것을 제안한바 있다. 게임이론의 합리적 인간 가정에서는 비협조적 전략(non-cooperative strategy) 최적이지만, 이는 실제 정치 상황에서 널리 관찰되는 인간의 협동적 행동을 설명할 수 없다는 것이 그 이유다(1986).

합리적선택이론 선구자들의 조언 혹은 다른 진영에서의 연구 결과에 대해, 합리적선택이론가들이 취할 수 있는 적합한 반응은, 엄격한 경제 인간 가정을 수정하고 인간 동기의 다양성을 받아들이는 것일 게다. 또 형식화된 경제학 이론에만 머무를 것이 아니라, 정치학이나 행정학 사회학 등 다른 분야에서의 지식도 수용하려는 태도일 것이다.[9] 그러나 대부분의 합리적선택이론가들은 과거를 되풀이 하고 있다. 더 이상 유지될 수도 없는 실증적이고 가치중립적인 객관성의 모토 하에, 인간의 물질적 탐

8) 어떤 경험적 증거의 예시도 없이 "경험적 연구는 평균적 인간의 약 95%가 이기적이라는 좁은 의미의 말 뜻 그대로 이기적인 것임을 보여주고 있다"(Tullock, 1976[2006]: 38)라는 표현에서 그의 과격한 단면을 볼 수 있다.

9) 오스트롬(Ostrom) 부부 중심의 블루밍턴(Bloomington) 학파가 이러한 방향으로 바뀐 점은 앞에서 언급했다.

욕을 자연적이고 합리적인 것이라 본다. 그 외의 인간 동기, 예컨대 공동체의 가치나 공익 등은 논리적으로 불가능한 것이라 말한다. 그리하여 일부 논자들은 이론의 경험적 부적합성을 인정하고 있기는 하지만, 인간의 가치나 민주적 정부의 가능성을 비관적으로 보는 모형들을 유지하려는 입장도 계속되고 있다.

던리비(P. Dunleavy)는 합리적선택이론에 대해 행해져왔던 비판을 수용하고 또 독자적인 회의적 시각을 갖고 있다. 그러면서 자신의 만의 독특한 합리적선택이론을 전개하면서 자신과 같은 합리적선택이론의 지속가능성을 낙관적으로 본다. 여기서 기존 합리적선택이론에 대한 비판에서 출발하는 그의 재구성 시도를 보기로 한다.

던리비의 합리적선택이론 비판

사회가 복잡해질수록 공공의 문제를 해결하기 위해 학제적 접근이 필요하다는 주장은 예전부터 있어왔고, 또 실제 행해지기도 하였다. 합리적선택이론에 국한해서 보더라도 정치학자와 경제학자들의 교류는 매우 빈번한 편인데, 그럼에도 경제학자들과의 협동적 연구는 쉽지 않는 것으로 표현되어 왔다. 경제학자들은 다른 언어(different language)를 사용한다는 것이 대표적으로, 이는 경제학이 사회 수학(social mathematics)화의 길을 걸은 이후 심화되었다고 봐야 할 것이다. 일반적으로 말하면, 경제학자들은 정치학자나 행정학자들을 가리켜 '제도의 묘사' 수준에 머무르는 연구로 폄하하는 반면, 상대 진영에서는 합리적 이익극대화 인간에 대해 과도한 단순화와 부적합성, 나아가 유해하기까지 하다는 것으로 경제학을 경계하여 왔다. 던리비는 『

Democracy, Bureaucracy and Public Choice(1991)』를 통해 이율배반적인 이와 같은 단절성을 극복하려고 시도한다. 그의 노력이 특히 관심을 끄는 것은, 경제학 제국주의 경향에 편승하려는 것이 아니라, 건전한 비판을 수반하고 있다는 점이다.

던리비는 과학적 방법의 하나로서 경제학의 접근방법에 호의적이다. 그러나 그간 합리적선택이론의 연구에 대해서는 회의적이기도 한데, 그것은 합리적선택이론의 전제인 인간에 대한 가정과, 연구 결과물들의 보수적, 우파적 이데올로기 편향이다. 그의 책 전반부에서 개진하고 있는 합리적선택이론에 대한 비판은 다음 두 가지로 요약할 수 있을 것이다.

첫째, 그는 합리적선택이론이 유권자인 시민을 합리적 이익극대화 추구자로 여기는 것은 적합한 경우도 있음을 인정한다. 그러나 모든 경우에 또 근본적으로 유권자를 외생적으로 주어진 선호(exogenous preferences)에 따라 자신의 후생을 극대화한다고 보는 적은 잘못일 뿐만 아니라, 경험적으로도 지지될 수 없다고 한다. 대신 그는 시민-유권자의 선호는 합리적선택의 과정 자체에서 형성될 수 있으며(endogenous preferences), 또 이것이 경험적으로도 지지되는 가설도출에 적합한 것이라고 한다(45-78).

둘째, 던리비는 그동안 경제학자들이 주도하여 온 합리적선택이론의 과학성에 대해 의문시 한다. 경제학자들은 공적 영역과 관련하여 중위수 투표자(median voter) 모형, 이익집단 이론 등으로 '예측(prediction)'을 제시하여 왔지만, 그것을 엄격한 경험적 검들의 대상으로 삼으려 하지 않았다는 것이다. 또 그 모형이나 이론 등은 정치인이나 관료, 유권자 등, 공적 영역에서의 주체들 실제 행동을 '설명(explanation)'할 법하지 않다고 한다(4-5).

그는 비록 전통적 경제학의 접근방법에 따라 아래 사항을 다루고 있지만, 경제학적 분석이 갖고 있는 한계에 대해 깊은 성찰도 함께 함으로써, 특히 합리적선택이론이 애초부터 강조해온 과학적 설명과 예측 능력을 제고하려는 것으로 보인다.

합리적선택이론의 재구성

던리비가 기존의 경제학적 분석에 대해 가장 불만인 것은, 시민-유권자의 선호를 외생적으로 주어진, 즉 고정된 것으로 가정한다는 점이다(3). 그는 주류적 경제학 방법에 따르면서도, 이 가정과 대비되는 '집단 정체성(group identity)'의 개념을 구성한다. 그는, 개개인들은 사회에 자신이 처한 구조적 상황을 반영하면서 자신의 사적 이익과 동일한 집단이 있음으로 합리적으로 확인해 낼 수 있다고 주장한다(54-59). 예컨대, 공장 근로자는 근로자로서의 자신의 이익을 지역 노조와 노동당(Labour Party)의 이익과 동일시 할 수 있다는 것이다. 만약 이 주장이 맞다면, 그 근로자의 선호는 내생적으로 형성된 것이지 외부적으로 주어진 것이라 여길 수 없을 것이다. 물론 개인들의 선호가 내생적인 것인지 아니면 외생적인 것인지에 대해서는 분명히 구별해 낼 수 없는 여지가 있다. 던리비는 인간 선호의 내생적인 것인 것임을 부각시키고 있지만, 한 개인의 이익을 어떤 조직이 가장 잘 대변하고 있는 것인지는 반드시 확실한 것이라 단정할 수 없는 것이다. 그러나 우리가 인간의 사회화 과정을 인정하거나, 모든 개인의 상황 여하에 불구하고 동질의 선호가 외부적으로 주어진 것이라 단정할 수는 없을 것이라는 점을 인정한다면, 던리비의 주장을 쉽게 부정하기란 어렵다.

인간 선호의 이 같은 성질, 특히 시민과 관료 선호의 '내생적' 성격이 그가 기존 합리적선택이론의 모형들을 수정하고자 하는 것의 핵심이다. 먼저 왜 인간은 집합적 행동을 하려고 하는 가에 대한, 올슨(M. Olson, 1965)의 경제학적 설명과 상반된 논지를 전개한다(2, 3장). 이어서 전통적 중위수 투표자 모형들과 대비되는 집단 정체성 모델을 제안하는데, 정치인들은 유권자 선호와 상응하는 정책만을 단순히 입안하는 것이 아니라, 정치인 자신의 선호와 부합하도록 유권자 선호를 형성하기도 한다는 것이다(4, 5장). 끝으로 던리비는 관료 행태에 관한 합리적선택이론 측의 모형을 대표한다고 볼 수 있는 니스카넨(W. Niskanen)의 주장에 도전한다(6, 7, 8장). 그는 여기서 공무원들의 행태에 대한 모형화는 그들의 예산 극대화 동기만이 아니라, 자신들의 부서를 확장하고 형성하는 목표도 고려해야 한다고 하는데, 던리비는 이점과 관련해서 가장 널리 알려져 있으므로 이를 구체적으로 보기로 한다.

니스카넨은 정부기관의 관료들이 자신의 권력 극대화를 위해 예산 규모의 극대화를 추구할 것임을 수학적으로 모형화시킨 최초의 인물이다. 그는, 관료는 시장에서의 인간과 같이 이기적 효용을 극대화하는 합리적 인간이라는 가정 하에, 부처 예산을 극대화하는 목표를 갖고 있다고 전제한다. 이처럼 관료들의 동기유발 요소를 예산으로 파악하고 있다는 점이 니스카넨 모형의 특징인데, 예산이야 말로 관료들의 효용함수를 구성하는 거의 모든 변수, 즉 봉급이나 직무관련 부수입, 명성 권력 등과 단조적 증가의 관계에 있다고 보기 때문이다(1971: 38). 즉 예산이 증가하면 할수록, 관료들의 특권이나 명성, 권한 등도 비례하여 커진다고 본다. 또 예산확보에는 입법부의 심의와 승인 등이 필요하긴 하지만, 정치인들은 공공서비스 생산 및 비용에 대한 정확한 정보를 확보할 수 없으므로, 결국 관료들이 원하는 데로 예산안은 통과되는 것으로 간주한다. 즉, 관료들은 정치인들에게 총편익이 총비용보다 크다는 사실만 납득시키면 예산을 배정 받는다는 것이다. 그러므로 그들은 자기들의 생산 활동에서 나오는 편익을 부풀려 보고하기도 할 것이므로, 예산은 최적의 수준보다 과잉된 상태로 책정될 수밖에 없고 따라서 정부에서의 생산은 비능률적이다는 것이 니스카넨으로부터 얻을 수 있는 결론이다.

던리비도 니스카넨처럼 관료도 합리적 인간이라 가정하는 점에서는 같다. 그러나 관료들의 행동 동기가 예산이라는 니스카넨의 전제에는 반대하는데, 관료들의 행동 동기를 '일률적으로' 예산이라 볼 수 없다는 것이다. 그 이유는 관료가 속한 조직의 속성이나 예산의 유형을 동질의 행정조직, 동질의 예산이라 볼 수는 없기 때문이라고 한다. 던리비에 대한 앞의 논의와 연결시켜서 말하면, 관료들의 동기는 예산이라는 하나의 것으로 '주어진' 것이 아니라, 그의 직급이나 소속 조직 그리고 예산의 유형에 따라 '형성되는' 것으로 봐야 한다는 것이다. 그는 먼저 예산을, 핵심예산(core budget)·관청예산(bureau budget)·사업예산(program budget)·전체(초)사업 예산(super-program budget)으로,[10] 행정 기관의 유형을 서비스 전달기관(delivery agencies)·

10) 핵심예산이란 하나의 행정조직이 운영되는데 소요되는 최소 예산으로 여기에는 직원 등의 봉급과 기타 인건비, 기관 운영비 등이 속한다 (Dunleavy, 1991, 181). 부처예산이란, 이 핵심예산에 부채이자, 민간기업과의 계약비용, 민간부문에 지출자금 등을 합한 것이고, 사업예산이란 부처예산에 다른 기관으로 이전할 자금을 합한 것, 초사업 예산이란 사업예

규제기관(regulatory agencies)·이전기관(transfer agencies)·계약기관(contract agencies)·통제 기관(control agencies) 등으로 구분한다.[11] 이처럼 관료들의 직급이나 부처 유형에 따라 관료들의 행동 동기가 다르다고 보는 것이 니스카넨의 주장과 현저하게 다른 점이다.

이상과 같이 관료들의 행동 동기를 다르다고 보게 되면, 모든 관료가 동일한 성향으로 예산극대화 행동으로 나아간다고 말할 수는 없을 것이다. 던리비는 니스카넨에 대한 반대에서 더 나아가 자신의 주장을 전개하는데, 한 부서에서의 예산 증가는 모든 직위 계층에서 집합적 행동이 수반하여야 하는 반면, 관료의 각 직급마다 예산 증가를 통한 비용과 편익이 각각 다르기 때문에, 예산 극대화 행동은 실제 일어나기 어려운 것으로 본다. 예산의 증가는 관료들 편익의 한 요소이고 또 예산 증가를 위한 영향력은 고위 관료가 크다고 할 수 있을 것이지만, 이로부터 얻을 수 있는 순 편익은 하위 관료에서 가장 크고 또 그 과정에서의 비용은 고위 관료에게 집중되기 때문이라는 것이다(178-180). 특히 그는 고위 관료들의 예산 극대화 성향은 작을 것으로 보는데,

산에 하급 기관들이 자체 조달한 자금 중 통제 대상인 자금을 합한 것이다(181-183)

11) 전달기관이란, 국방이나 치안 등 공공재나 준공공재 공급을 담당하는 전형적 기관을 말한다. 규제기관은 감시 감독기관이나 특히 민간부문에 대한 규제를 책임지는 기관들을, 이전기관은 민간부문에 대한 보조금이나 사회보장적 이전 지출을 담당하는 기관들을, 계약기관이란 공공사업과 관련된 입찰 및 계약업무를 담당하는 기관을, 통제기관은 교부금이나 양여금 형태로 다른 공공기관에 자금을 전달하고 이들의 자금사용 및 정책집행 방식을 감독하는 일을 담당하는 기관들을 가리킨다(183-186). Dunleavy는 이 다섯 가지 행정기관 유형 외에도, 조세 기관(taxing agencies), 정부의 직접 감독을 받지 않는 공기업(trading agencies), 보조 기관(servicing agencies, 민간부문과 관계없이 행정기관의 업무를 보조하는 조직)을 들고 있다(186-188).

예산 증가로 얻을 수 있는 편익은 전체 예산이 아니라, 핵심 예산이나 관청예산에 한정되어 있고 또 예산 증가를 위한 비용은 전체 사업예산과 결부되어 있기 때문이다(191).

던리비가 관료들의 효용극대화 대상으로 상정하는 것은 니스카넨의 예산이 아니라, 관료들이 공무원으로서 수행하는 직무다. 그는 이상의 분석을 토대로, 관료들의 금전적 효용 획득 능력을 제한하는 공무원 인사체계 하에서 그들이 선호하는 직무분석을 통해, 고위 관료들은 직무와 관련된 내재적 효용을 증가하기 위한 방편으로 '관청형성전략(bureau shaping strategies)을 구사할 것이라 주장한다. 예산이 증가된다고 해서 이것이 직접적인 봉급 등의 금전적 효용 만족과 연결되는 것이 어렵고 또 각종 인사제한, 중앙 감사제도 등이 관료들의 물질적 효용 추구에는 제약으로 작용한다고 보기 때문이다(200-201). 따라서 관료들은 지위나 특권, 영향력 그리고 자신들의 직무자체에 대한 흥미와 같은 비금전적(non-pecuniary) 효용을 강조하게 될 것이라 주장한다. 또 이러한 비금전적 효용은 관료들이 합리적이라면, 자신들의 직무를 "권력 중앙에 가까우면서 동등한 참모 기능"으로 전환시키려 할 것이라 본다(202).

던리비가 보기에 관료들이 채택 가능한 관청형성전략의 주요 수단은 다음 다섯 가지이다(203-206). 첫째 조직 구조 개편을 통해 자신들이 선호하는 기능은 더욱 내부화하는 반면, 그렇지 않는 직무는 다른 조직 형태로 분리하는 것이다(major internal reorganizations). 둘째, 정책 결정 수준의 관료들이 그들이 선호하는 직무에 전념할 수 있도록 보다 정교한 관리 수법들을 동원하는 것이다(transformation of internal work practices). 셋째, 다른 기관이나 계약자 등 조직 외부에 의존도가 높은 관청의 경우, 이들과의 관계를 재정비함으로써 일상적 업무 부담은 줄이고 정책관련 문제에 집중할 여지를 높인다(redefinition of relationships with external 'partners'). 넷째, 다른 관청의 직무와 경쟁관계에 있는 경우, 선호직무와 고유의 직무에 대한 관할권은 유지하고 그 외 직무는 다른 관청에 이관시키려 한다(competition with other bureaus). 끝으로 감독권이나 선호하는 직무는 유지하려 하되 집행관련 업무 등은 하위 기관이나 계약자 등에 이전하려 한다(load-shedding, hiving-off and contracting out).

던리비에 대한 평가

던리비가 경제학적 방법에 따라 자신의 논지를 전개하면서 동원하고 있는 것은, 수식 등의 형식적 모형이나 경제학적 도구 보다는, 경험적 자료와 조직이론 등 다른 분야에서의 연구 성과들이다. 경제학자들이라면 이점을 문제 삼아, 그의 설명은 보다 정교한 '제도 묘사'를 통해 새로운 유형화 등을 시도하는 것에 불과한 것이라 여길 수 있을 것이다. 그러나 그는 전통적 경제학 모형 등에 엄밀한 비판을 토대로, 유권자와 관료 선호의 내생성을 밝히고 있는 점은 경제학자들도 쉽게 무시하지는 못할 것이다. 오히려 경제학자들에게, 경험적 증거와 부합하지 못한 정치과정에 대한 기존 모형, 이로부터 도출된 잘못된 정치제도에 대한 예측에 대해서 성찰의 기회를, 던리비는 제공하고 있다고 보아야 할 것이다. 다시 말해, 만약 합리적선택이론 분야의 경제학자들이 그의 설명을 적절하지 않는 것으로 여긴다면, 그의 잘못된 논증뿐만 아니라 새로운 대안을 제시하여야 한다는 점이다.

그러나 던리비가 합리적 인간 가정을 고수하면서, 예컨대 니스카넨 모형을 보충함을 통해 합리적선택이론의 구제를 시도하는 한, 그는 합리적선택이론가들이 직면하는 한계에 다다른 것으로 보인다. 니스카넨 모형이 부적합하다는 그의 평가는, 그것이 경험적 사실과 부합하지 않다는 것에 근거하고 있다. 여기서 던리비는 니스카넨 모형을 전환시키고자 하는데, 관료들은 예산만을 극대화 하려는 것이 아니라, 특정한 유형의 조직을 원한다는 것으로 그들의 선호함수를 재구성 하는 것이다. “합리적 관료는 정치적 권력에 가까운, 규모가 작고 엘리트로 구성된, 동등한 자격으로 일할 수 있는 관청에서 근무하기를 원한다(202)”. 이를 위해 관료들은 민영화나 외주계약 등을 통해, 자신의 부서가 선호하는 직무를 담당할 수 있도록 재조직화 한다는 것이 ‘관청형성모델’의 핵심이다. 관료가 합리적 이라면 자신의 효용함수를 극대화 하려 한다는 합리적선택이론의 기본 틀은 그대로 유지되고 있는 것이다. 예산을 극대화 하려는 관료처럼 던리비의 관료도 자신의 효용만에 관심을 갖고 있는 것으로 가정된다. 여기에서도 그는 경험적 증거들을 제시하는데, “많은 증거는 이기적 관료들이 그들이 원하는 직무를 담당하고 그들이 원하는 부서에서 일하는 것과 같은 유형에 강한 선호를 갖고 있다고 말한다(201)”. 그는, 관료들이 사회적 약속이나 공적 의무를 준수하려 한다는 사실은 언급함이 없이, 특정한 업무나 조직 유형을 선호한다는 증거만을 제시한다. 이로써 ‘관청형성모델(bureau shaping model)’에서 관료들은 순전히 자신의 소속 관청을 정당화 하려는 정책을 선택한다. 즉 관료들은 공공의 목적을 위한 것이나 유권자들이 원하는 정책들을 수행하는 것이 아니라, 자기자신들의 효용만을 위한 정책을 담당한다.

결국 인간의 선호나 이기심을 말할 때 던리비는 일관된 입장을 유지하지 못하는 것으로 보인다. 그가 합리적선택이론에 대해 비판적 목소리를 낼 수 있었던 것은 실제 삶의 관찰에 의할 때였다. 공적 영역에서 인간의 동기는 복잡한 것이지, 사익만을 추구하려 하지 않는다는 것이다. 그러나 실제 삶이 아니라 '이론'을 주장할 때, 그는 합리적선택이론가로 회귀한다. 인간의 행동은 이기심에 따라 설명되고 예측될 수 있다는 것이다. 또 이러한 행동이 그가 말하는 합리적 행동이다. 던리비는 합리적선택이론에 대한 신랄한 비판에서 출발하면서도, 합리적 인간의 합리적 행동을 가정함에서 오는 함정에 매몰됨은 다른 합리적선택이론가들과 마찬가지의 처지에 있는 것으로 보인다. 합리적선택이론이 인간에 대한 가정과 행동 동기를 명시적으로 표명하는 한, 보다 정교하고 경험적으로 타당한 모형으로 수정한다고 해서 그 한계를 극복한다고 말할 수 없기 때문이다.

맺는 말

승리의 샴페인과 좌절의 탄식

1980-90년대 최고조에 달한 범세계적인 탈규제 움직임을 보고 털럭(G. Tullock)은 합리적선택이론의 승리라 자축한 바 있다. 정부의 정책 과정을 기본적으로 합리적 인간들의 탐욕의 분출장으로 보는 경제 인간의 사유에 충실한 그에게, 규제란 시민의 자유를 제한하는 것이자 전 사회의 낭비만을 초래하는 것이었을 게다. 따라서 탈규제나 정부 영역의 축소가 국가와 사회를 능률적으로 작동하게 하는 것을 넘어, 근대사의 혁명처럼 시민의 자유를 회복하는 것이라면, 그의 이 평가에 우리는 동의하여야 할 것이다.

그러나 이 책의 맨 처음에 본 바와 같이, 탈규제나 민영화 등의 개혁에 선봉장이었던 전 연방준비이사회 의장 앨런 그린스펀(A. Greenspan)은, 자신으로 하여금 그렇게 하도록 하였던 믿음체계가 잘못된 것임을 깨달았다고 고백한다. 직접적인 계기가 된 것은, 세계적 불황을 초래한 것이라고 까지 말해지는 미국 금융산업 분야에서의 규제완화와 관련된 것이지만, 인생의 말년에서야 그는 그러한 믿음을 갖게 한 현대의 주류적 경제학을 되돌아 보는 것이다. 이 극적인 사례는 자신의 학문 활동을 단순한 지적 유희로 여기지 않았던 폴 새뮤얼슨(P. Samuelson)에게서와 같이, 경제학적 방법을 적용하려는 사회과학자들에게 충분한 성찰의 기회를 주고도 남을 것이다.

그래도 같은 길을 걸을까?

민주주의 체제에서 정치주체들의 행동과 정부에서의 공공정책과정을 합리적선택이론은 어떻게 보고 있는가를 개관하였던 앞부분의 내용에 관해 우리는 이미 익숙하다. 정치인이나 정부 관료에 대한 시민들의 불만에서, 선거에 출마하는 정치인들의 소견에도 담겨 있는 내용들이다. 또 전문 학술지 등에서 '공공선택론적 관점'이나 '지대추구론적 관점'이란 부제를 달고 있는 문헌들을 우리는 쉽게 찾아 볼 수 있다.[1] 이 이론이 제시하는 공적 영역의 현상은 경제학에 문외한이라 하더라도 수긍할 수 있는 내용이었고, 그래서 뷰캐넌이 노벨 경제학상을 수상하자마자 경제학 외의 분과학문에서도 헤게모니 자리를 차지했다는 평가도 가능했을 것이다.

그러나 경험적 연구를 관련시켜 부연하자면, 연구대상 자체만을 놓고 평가할 때 그 문헌들은 우리를 충분히 설득시킬 수 있

1) 이러한 경험적 연구 중에서 합리적선택론적 시각을 기각 혹은 부정하는 문헌들은 없다. 또 뷰캐넌이나 털럭은 물론이고 뮐러(D. Mueller)나 로버트 톨리슨(R. Tollison)과 같은 중량급 학자들이 흔히 하는 말 중에 하나도 '경험적으로 확인해 보자'라는 것이다. 그러나 역설적인 것은 합리적선택이론가들은 오래전부터 그 핵심적 모형들이 경험적 증거와 일치하지 않는다는 것에 대해 부담스러워 했다는 점이다. 이 점은 브레넌이나 고프먼과 같이 공공선택학회 회장을 역임한 이들도 인정한다는 것은 본문에서 보았다.

고 더 나아가 정책적 처방까지 제시할 수 있다 하더라도, 또 각 사항 하나 하나가 이론으로 불리고 또 경험적 연구들은 이들 이론에 대한 경험적 검증을 시도하고 있더라도, 사실은 전체가 하나의 이론 체계임을 알아야 한다는 것이다. 무엇보다 이 이론의 구체적 모형들은 경제 인간 가정으로부터 연역적으로 도출되는 것들이기 때문이다. 따라서 광범한 시장기제의 도입을 요구하는 주장을 접할 때에도 특정한 정책에만 한정하여 평가할 것이 아니라, 전반적인 체계도 함께 고려해야 한다. 그런다고 할 때, 경제 인간 가정으로부터 연역되는 것이면서 합리적선택이론이 민주주의 정치 체제를 기술함에 있어 근간을 이루는 명제들 즉, 투표에서 다수결의 순환·정당들 간의 정강정책 수렴·합리적 유권자들의 불투표와 무지 등이 경험적으로 확고하지 못하다는 것은 중대한 문제라 아니할 수 없다.

우리나라의 경우 경제학적 지식은 초등학교 시절부터 학습이 이뤄지고 있다. 그러나 그 내용은 중·고를 거쳐 대학의 경제원론에 이르기까지 거의 특정한 분파의 내용으로만 채워지고 있는 것이 현실이다. 이것은 또 각종 시험의 대상인지라 어느 정도의 과정을 거친 일반인들에게도 익숙한 공적 영역에 대한 사유방식이 되었을 것이다. 그러므로 거의 유행가가 되버린 공공부문 개혁 모토들은 그리 큰 저항없이 인기를 얻을 수 있었을 것이다. 정부지출 비중이든 사회복지 수준이든 공무원 수 등이든, 어느 것을 제법 잘 산다는 국가들의 수준으로 보면, 우리나라는 거의 꼴찌인데도 말이다.

그러나 학교와 시험이라는 울타리만 벗어나면 그 부류의 경제학적 지식은 그리 미덥지않아 보이는 것이 현실이다. 시중에 판매되고 있는 경제학 관련 문헌들만 보아도 교과서나 교재용 외의 도서는, 특히 베스트 셀러라 운운되는 것들은 주류 경제학의 무익함 혹은 유해함, 나아가 허구임을 밝히고자 하는 것이 대다수다. 또 세계의 탑 랭킹 경제학 전공 대학원 생들이 갖고 있는, 우리로 치면 각종 시험의 단골 문제에 대한 인식의 편차를 보면, 고등학교의 '경제' 교과서나 대학의 경제원론 교재 등이 과연 정식적으로 학습되어도 되는지 의문을 낳는다.2) 이 책의 본문에서는 단골이 아니라 거의 주인과 동일시되는 시험문제, '시장실패 유형과 정부 대응'이라는 너무나 익숙한 논지는 완벽하게 파탄난 것임을 소개한 바 있다.

그러면 어떻게?

이 책의 출간은 이러한 사정을 알고서도 학생들 앞에 서야 하는 나 자신의 분열증과도 같은 것을 해소하기 위한 것이었다. 청춘으로 사는 것이 인생의 황금기를 구가하는 것이 아니라 전쟁과도 같은 험난한 현장이 되어버린 이 시대에, 이미 배워왔던 것들을, 책에 있는 것을, 시험에도 나오는 것을 차마 부정할 수는 없었다. 그러니 나는 학생들에게는 거짓으로 살고 있는 것이고 반복적이니 분열증일 수도…

이러한 상황을 어떻게 해소할 수 있을까? 이에 답하려면 학문(과학)이란 무엇인지, 지식은 어떤 조건을 갖추어야 하는 것인지에 관한 근원적 물음을 나름 해결할 수 있어야 할 것이다. 물론

2) 데이비드 컬랜더(D. Collander)가 시카고, 하버드, 예일, MIT, 컬럼비아, 스탠퍼드 대학의 대학원생을 대상으로 한 조사. '정부재정 정책의 효과', '자유무역의 경제적 효과', '최저임금의 효과', '중앙은행의 역할', '인플레이션의 원인' 등에 대한 것이 질문 내용이었다(Colander, 2005: 189).

정답은 없다. 그러나 그 후보는 몇 가지 갈래로 잘 정돈되어 있다. 그럼에도 이에 관한 논의는 피하고 또 합의를 향해가려는 노력마저 요원한 상황에서, 경제학적 사유를 과학적 이론이라는 것을 간주하고 광범위하고 심층적인 사용으로 나간다는 것은, 학문, 학자, 시험의 권위를 떨어뜨리는 것이 아닐까?

그러나, 그렇더라도 주류 경제학의 논리는 우리가 살아가면서 사용하는 하나의 방법, 그 언어인 것은 분명하다. 타인을 설득해가며 공존을 모색하는 그 방법과도 같은, 인간적인 것임은 맞다. 그러나 여기에 전제되어 있는 그 이 외의 다른 방법, 다른 언어를 배척해버릴 정도의 상황이 되어버린 것이 문제일것이다. 특정한 세계관을 바탕에 두고 있는 유형의 과학에 밀려 배제되어버린 것들을 다시 끌어와야 하지 않을까?

참고문헌

고길곤 (2006), 작업장 안전 및 보건 규제 순응에 대한 실증연구: 미국의 작업장 검사 사례를 중심으로, 한국행정학보 40(4): 449-468.

김광수 (2015), 애덤 스미스: 정의가 번영을 이끈다, 한길사.

김수행 (2003), 영국 노동당의 사회민주주의, 김수행·안삼환·정병기·홍태영 공저, 제3의 길과 신자유주의, 서울대학교 출판부: 3-103.

김영평·최병선·신도철 편저 (2006), 규제의 역설, 삼성경제연구소.

김충환·원동철 (2001), 한국의 정치적 예산순환, 재정논집, 16(1): 151-171.

남궁근 (2008), 정책학: 이론과 경험적 연구, 법문사.

박만섭 (2005), 경제학, 더넓은 지평을 향하여: 신고전파에 대한 12대안, 이투신서.

박민정 (2006), 정부예산배분에 관한 지대추구연구, 서울대학교 대학원 박사학위 논문.

박정순 (2019), 사회계약론적 윤리학과 합리적 선택: 홉스, 롤즈, 고티에, 한길사.

소병희 (1993), 공공선택의 정치경제학, 박영사.

이기홍 (1998), 실재론적 과학관과 사회과학의 연구방법, 경제와 사회, 39: 1-22.

이성규·김행범 (2012), 나쁜 민주주의: 정치인 관료는 왜 사익만 추구하는가? 북코리아; Butler, E. (2012), Public choice-a primer. *Institute of Economic Affairs. Occasional Paper.*

이영철 (2006), 사회과학에서 사례연구의 이론적 지위: 비판적 실재론을 바탕으로, 한국행정학보, 40: 71-90.

이정전 (2005), 경제학에서 본 정치와 정부, 박영사.

이준구 (1999), 재정학, 다산출판사.

이준구 (2019), 미시경제학, 문우사.

조홍식 (2007), 민주주의와 시장주의, 박영사.

최광 외 (2006), 공공선택의 이론과 응용, 봉명.

Arendt, H. (1958), *Human condition*, The Univ. of Chicago Press; 이진우·태정호 옮김 (1996), 인간의 조건, 한길사.

Arendt, H. (1965), *On Revolution*, Viking Press.

Aristotle, Politics; 이병길·최옥수 역(1996), 정치학, 박영사.

Arrow, K. J. (1951/1963), *Social choice and individual values*, Wiley; 윤창호 옮김 (1987), 사회적 선택과 개인의 가치, 한국경제신문사.

Arrow, K. J. (1994), Methodological individualism and social knowledge, *The American Economic Review*, 84(2): 1-9.

Arrow, K. J. (1997), The functions of Social Choice Theory, in Arrow, K. J., A. Sen, & K. Suzumura (Ed.), *Social Choice Reexamined*, vol. Ⅰ, St. Martin's Press.

Arrow, K. J. (2006), Communication, Information, Deliberative democracy, in *Oxford Handbook of Political Economy*: 971-979.

Audi, R. (1998), *Epistemology: A Contemporary Introduction to the Theory of Knowledge*, Routledge.

Austen-Smith, D. (1997), Interest Groups: Money, Information, and Influence, in Mueller, D. C. ed, *Perspectives on Public Choice*, Cambridge Univ. Press: 296-321.

Bachrach, P. (1967), *The Theory of Democratic Elitism* : A Critique, Arcade Publishing.

Barber, B. (1985), *Strong Democracy: Patticipatory Politics for a New Age*; 박재주 옮김 (1992), 강한 민주주의: 새 시대를 위한 정치참여, 인간사랑.

Barry, B. (1978), *Sociologists, Economists, and Democracy*, Chicago Univ. Press; 이봉철 옮김 (1990), 비판정치이론, 인간사랑.

Bartel, A, P. & L. G. Thomas (1985), Direct and Indirect Effects of Regulation: A New Look at OSHA`s Impact, *Journal of Law and Economics*, 28: 1-25.

Bazzoli, L. & V. Dutraive (1999), The legacy of J. R. Commons' conception of economics as a science of behaviour, in Groenewegen, J. & J. Vromen (Ed.), *Institutions and the Evolution of Capitalism: Implications of Evolutionary Economics*: 52-77, Edward Elgar.

Becker, G. (1976), *The Economic Approach to Human Behavior*, The Univ. of Chicago Press.

Becker, G. (1983), A Theory of Competition Among Pressure Groups for Political Influence, *Quarterly Journal of Economics* 98: 371-400.

Becker, G. (1986), The economic approach to human behaviour, in J. Elster (Ed.), *Rational choice*: 108-122, New York Univ. Press.

Behrouzi, M. (2008), The Idea of Democracy and Its Distortion, Journal of Public Deliberation, 4: 1-19.

Bhagwati, J. N. (1982), Directly Unproductive, Profit-seeking(DUP) Activities, *Journal of Political Economy*, 90: 988-1002.

Bhaskar, R. (1989), *Reclaiming Reality: A Critical Introduction to*

Contemporary Philosophy.; 이기홍 옮김 (2007), 비판적 실재론과 해방의 사회과학, 후마니타스.

Blaug, M. (1980), *The Methodology of Economics*, Cambridge Univ. Press; 정현식 역 (1991), 경제학 방법론, 형설출판사.

Blaug, M. (1994), Not only an Economist - Autobiographical Reflections of a Historian of Economic Thought, *The American Economist*, 38: 12- 27

Blaug, M. (1998), Equilibrium and Economic Theory, *The Economic Journal*, 108(451): 1924-1926.

Bohman, J. F. (1990), Communication, Ideology, and Democratic Theory, *American Political Science Theory*, 84: 93-109.

Boland, L. (2003), Methodological Criticism vs. Ideology and Hypocrisy, *Journal of Economic Methodology*, 10: 521-526.

Boyne, G. (2002), Public and Private Management: What`s the Difference? *Journal of Management Studies*, 39: 97-122.

Brennan, G. & A. Hamlin (2000), *Democratic Devices and Desires*, Cambridge Univ. Press.

Brennan, G. & A. Hamlin (2007), Positive Constraints on Normative Political Theory, Manchester Centre for Political Theory Working Paper Series.

Brennan, G. & A. Hamlin (2008), Revisionist Public Choice, *New Political Economy*, 13: 77-88.

Brennan, G. & J. M. Buchanan (1985), *The Reasons of Rules*, Cambridge Univ. Press.

Brennan, G. & J. M. Buchanan (1988), Is Public Choice Immoral? The case for the" Nobel" Lie, *Virginia Law Review*: 74: 179-189.

Brennan, G., & Buchanan, J. M. (1985), *The reason of rules:*

Constitutional political economy, Cambridge University Press.

Brennan, G., & Lomasky, L. (1985), The impartial spectator goes to Washington: Toward a Smithian theory of electoral behavior. *Economics & Philosophy*, 1(2): 189-211.

Buchanan, J. M. & G. Tullock (1962), *The Calculus of Consent: Logical Foundations of Constitutional Democracy*, Univ. of Michigan Press; 전상경·황수연 옮김 (1999), 국민합의의 분석, 시공아카데미.

Buchanan, J. M. & R. D. Congleton (1998), *Politics by principle, not interest: toward nondiscriminatory democracy*, Cambridge Univ. Press.

Buchanan, J. M. (1973), The institutional structure of externality, *Public Choice*, 14: 69-82.

Buchanan, J. M. (1975), *The Limits of Liberty: Between Anarchy and Leviathan*, The Univ. of Chicago Press.

Buchanan, J. M. (1976), Government Transfer Spending, in Pejovich, S. (Ed.), *Government Controls and the Free Market: The U.S. Economy in the 1970s*: 122–40, Texas A&M Univ. Press.

Buchanan, J. M. (1977), Notes on the history and direction of public choice, Paper presented at Public Choice Society in New Orleans.

Buchanan, J. M. (1980), Rent-Seeking and Profit seeking, in Buchanan, J. M., R. D. Tollison and G. Tullock (Ed.), *Toward a Theory of the Rent-Seeking Society*, Texas Univ. Press: 3-15.

Buchanan, J. M. (1984), Politics without romance: A sketch of positive public choice theory and its normative implications, in Buchanan, J. M. and R. D. Tollison (Ed.), *The Theory of Public Choice Ⅱ*, Univ. of Michigan Press: 11-22.

Buchanan, J. M. (1986), *Liberty, market, and state: Political economy in the 1980`s*, Wheatsheaf books.

Buchanan, J. M. (1987), The Constitution of Economic Policy, *American Economic Review*, 77(3): 243-250.

Buchanan, J. M. (1988), Contractarian Political Economy and Constitutional Interpretation, *The American Economic Review*, 78: 135-139.

Buchanan, J. M. (1991A), *The Economics and the Ethics of Constitutional Order*, Univ. of Michigan Press.

Buchanan, J. M. (1991B), The Minimal Politics of Market Order, *Cato Journal*, 11: 215-226.

Buchanan, J. M. (1994), Notes on the liberal constitution, *Cato Journal*, 14

Buchanan, J. M. (1996), Foundational Concerns: A Criticism of Public Choice Theory, in Padro, J. S. and F. Schneider (Ed.), *Current Issues in Public Choice*, Edward Elgar.

Buchanan, J. M. (1999), *The Collected Works of James M. Buchanan XⅥ*, Liberty Fund.

Buchanan, J. M. (2003), *Public Choice: The Origins and Development of a Research Program*, Fairfax, Va.: Center for Study of Public Choice, George Mason University.

Buchanan, J. M. (2004), Heritan Vespers, *American Journal of Economics and Sociology*, 63 (1): 263-271.

Buchanan, J. M. (2006), Politics and Scientific Enquiry: Retrospective on Half-Century, in Weingast, B and D. Wittman (Ed.), *The Oxford Handbook of Political Economy*, Oxford Univ. Press.

Buchanan, J. M.(1954A), Individual Choice in Voting and the Market, *Journal of Political Economy*, 52: 334-343.

Buchanan, J. M.(1954B), Social Choice, Democracy, and Free Market, *The Journal of Political Economy*, 62: 114-123.

Buchanan, J. M.(1954C), Positive economics, welfare economics, and political economy, *Journal of Law and Economics*, 2: 124-138.

Burnham, W. D. (1999), Constitutional Moments and Punctuated Equilibria-A Political Scientist Confronts Buruce Ackerman`s *We the People*? *Yale Law Journal*, 108: 2237-2277.

Calabresi, S.G. (1995), Some Normative Arguments for the Unitary Executive, *Arkansas Law Review*, 48: 23-104.

Canovan, M. (1994), *Hannah Arendt: A Reinterpretation of her Political Thought*, Cambridge Univ Press.

Chang, H. J. (2003), Globalization, economic development and the role of the state. Zed Books.: 이종태·황해선 옮김 (2006), 국가의 역할: 우리 모두를 위한 발전과 진보의 경제학! 부키.

Coase, R. H. (1960), The Problem of Social Cost, *Journal of Law and Economics*, 3(1): 386-405.

Coase, R. H. (1991), Prize lecture: The institutional structure of production. *Estocolmo: Nobel Prize Org*.

Colander, D. (2005), The making of an economist redux. *Journal of Economic Perspectives*, 19(1): 175-198.

Coleman, J. S. (1990), Rational action, social networks, and the emergence of norms. *Structures of power and constraint*, 91-112.

Cooter, R., & Ulen, T. (2007), Law & Economics (Ed.). Boston, EEUU: Pearson Addison Wesley.

Crain, W. M. & R. Tollison (1979), Constitutional Change in an Interest-Group Perspective." *Journal of Legal Studies* 8: 165-175.

Dahl, R. A (1989), *Democracy and Its Critics*, Yale Univ. Press, 조기제 옮김 (1999), 민주주의와 그 비판자들, 문학과 지성사.

Dahl, R. A. (1961), The Behavioral Approach in Political Science, *American Political Science Review*, 55: 763-772.

Dahl, R. A. (2000), *On democracy*, Yale Univ Press.

Derthick, M. and P. J. Quirk (1985), *The Politics of Deregulation*, Brookings Institution Press.

Dorfman, R. (1978), Forty Years of Cost-Benefit Analysis. In *Econometric Contributions to Public Policy: Proceedings of a Conference held by the International Economic Association at Urbino, Italy*. Springer.

Downs, A. (1957), *An economic theory of democracy*; 전인권·안도경 옮김 (1997), 민주주의의 경제학 이론, 나남출판.

Downs, A. (1962), The Public Interest: Its Meaning in a Democracy, *Social Research*, 29: 1-36.

Downs, A. (1967), *Inside Bureaucracy*, Little Brown.

Downs, A. (1991), Social Values and Democracy, in Monroe, K. R. (Ed.), *The Economic Approach to Politics*, Harper Collins: 143-170.

Dunleavy, P. (1991), *Democracy, Bureaucracy and Public Choice*, Harvester Wheatsheaf.

Ekelund, R. B., Jr. & R. Tollison (2000), *Economics: Private Markets and Public Choice*, 6th (Ed.), Addison-Wesley.

Elhauge, E. (1997), Are Term Limits Undemocratic? *The University of Chicago Law Review*, *64*(1): 83-201.

Elhauge, E. R. (1991), Does Interest Group Theory Justify More Intrusive Judicial Review? *Yale Law Journal*, 31: 66-87.

Elster, J. (1985), *Making sense of Marx*, Cambridge Univ. Press.

Farber, D. A. and P. P. Frickey (1991), *Law and Public Choice: A Critical Introduction*, University of Chicago Press.

Farina, C. R. (2000), Faith, Hope, and Rationality or Public Choice and the Perils of Occam's Razor. *Fla. St. UL Rev.*: *28*, 109.

Feldman, A. M. (1980), *Welfare Economics and Social Choice Theory*, Martinus Nijhoff Publishing, Boston; 김덕영 역 (1990), 후생경제학과 사회선택이론, 경문사.

Ferejohn, J. (1991), Rationality and interpretation, in Monroe, K. R. (Ed.), *The Economic Approach to Politics*, Harper Collins: 279-305.

Fiorina, M. P (1997), Voting Behavior, in Mueller, D. C. ed, *Perspectives on Public Choice*, Cambridge Univ. Press: 391-414.

Fiorina, M. P. (1977), *Congress: Keystone of the Washington Establishment*, Yale Univ Press.

Frederickson, H. G. & K. B. Smith (2003), *The Public Administration Theory Primer*, Westview Press.

Freeman, J. (2003), Extending public law norms through privatization. *Harvard Law Review*, *116*(5): 1285-1352.

Freeman, R. (1982), Rent seeking: A survey, *Kylos*, 35(4): 575-602.

Friedman, J. (1996), Introduction: Economic Approach to Politics, in J. Friedman (Ed.), *The Rational choice controversy: Economic Models of Politics Reconsidered*, Yale Univ. Press: 1-25.

Friedman, M. (1953), The Methodology of Positive Economics, in his *Essays in Positive Economics*: 3-43, Univ. of Chicago Press.

Frisch, R. (1970), Econometrics in the world today, in Eltis, W. A., M. F. Scott, & I. N. Wolfe (Ed.), *Induction, Growth and Trade: Essays in Honour of Sir Roy Harrod*, Clarendon Press.

Glass, J. C. & W. Johnson (1989), *Economics: Progression, Stagnation or Degeneration?* Harvester Wheatsheaf; 엄영석 역 (1995), 經濟學은 發展할 것인가, 退步할 것인가?: 경제학방법론 서설, 유풍출판사.

Glass, T. M. & S. A. Wilson (1994), Presidents and the Politics of Structure, *Law and Contemporary Problems*, 57(1): 1-44.

Granovetter, M. (1985), Economic action and social structure: the problem of embeddedness, *American journal of sociology*, 91: 481-510.

Green, D. P. & I. Shapiro (1996), *Pathologies of Rational Choice theory: A Critique of Applications in Political Science*, Yale Univ Press.

Greenspan, A. (2008), Testimony, Committee on Oversight and Government Reform, The Financial Crisis and the Role of Federal Regulators, 110th Cong., 2nd Sess., October 23, 2008.

Grofman, B. (2004), Reflections on Public Choice, *Public Choice*: 118: 31-51

Habermas, J. (1981), *Theorie des kommunikativen Handelns*(Vol. 1), Frankfurt: Suhrkamp, 장춘익 옮김 (2006), 의사소통행위이론 1, 나남.

Habermas, J. (1992), *Faktizität und Geltung*, Suhrkamp; 한상진·박영도 옮김(2007), 사실성과 타당성 - 담론적 법이론과 민주적 법치국가

이론, 나남.

Habermas, J. (1996), Three Normative Models of Democracy, in Benhabib, S. (Ed.), *Democracy and Difference*: 21-30, Princeton University Press.

Hacking, I. (1983), *Representing and intervening: Introductory topics in the philosophy of natural science*, Cambridge Univ. Press; 이상원 옮김 (2005), 표상하기와 개입하기, 한울 아카데미.

Hands, D. W. (2003), Did Milton Friedmans methodology license the Formalist Revolution? *Journal of Economic Methodology*: 10: 507-520

Hardin, G. (1968), The Tragedy of the Commons, *Science*, 162: 1243-1248

Hardin, R. (1999), *Liberalism, Constitutionalism and Democracy*, Oxford Univ. Press.

Harrod, R. F. (1938), Scope and method of economics. *The Economic Journal*, *48*(191): 383-412.

Hay, C. (2004), Theory, Stylized Heuristic or Self-fulfilling Prophecy? The Status of Rational Choice Theory in Public Administration, *Public Administration*, 82: 39-62.

Hay, C. (2007), *Why we hate politics*, Polity.

Hayek, F. A. von, (1960), *The Constitution of Liberty*, University of Chicago Press.

Held, D. (2006), *Models of democracy*, 3rd (Ed.), Stanford Univ. Press.

Hempel, C. (1965), *Aspects of Scientific Explanation*, The Free Press.

Hicks, J. R. (1939), The foundations of welfare economics. *The Economic Journal*, *49*(196): 696-712.

Holden Jr, M. (2000), The Competence of Political Science:

"Progress in Political Research" Revisited: Presidential Address, American Political Science Association, 1999. *American Political Science Review*: 1-19.

Hood, C. (1991), A public administration for all seasons? *Public Administration*, 69(1): 3-19.

Hovenkamp, H. (1994), The Limits of Preference-Based Legal Policy, *Northwestern Univ. Law Review*, 89: 4-91.

Hutchison, T. W. (1938), *Significance and basic postulates of economic theory*. MacMillan and Co, London.

Inman, R. P. (1987), Markets, governments, and the "new" political economy, in Auerbach, A. J. and M. S. Felstein eds, *Handbook of public economics*, North Holland, vol. 2: 647-777.

Jennings, C. & I. McLean (2008), Political Economics and Normative Analysis, *New Political Economy*, 13: 61-75.

Kahneman, D., J. L. Knetsch, and R. Thaler (1991), "The Endowment Effect, Loss Aversion, and Status Quo Bias", *Journal of Economic Perspectives*, 5: 193-206.

Kaldor, N. (1939), Welfare propositions of economics and interpersonal comparisons of utility. *The Economic Journal*: 549-552.

Kalecki, M. ([1943]1971), Political Aspects of Full Employment (Revised Version), *Selected Essays on the Dynamics of the Capitalist Economy*, 138-45. https://mronline.org/2010/05/22/political-aspects-of-full-employment/

Kay, A. & A. Marsh (2007), The methodology of the public choice research programme: the case of'voting with feet, *New Political Economy*, 12: 167-183.

Kelman, M. (1988), On Democracy-Bashing: A Skeptical Look at the Theoretical and "Empirical" Practice of the Public Choice Movement. *Virginia Law Review*: 199-273.

Keynes, J. M. (1936), *The General Theory of Employment, Interest and Money*, Harcourt, Brace and World; 조순 역 (2007), 고용, 이자 및 화폐의 일반이론, 비봉출판사.

Kirman, A. (1989), The intrinsic limits of modern economic theory: the emperor has no clothes. *The Economic Journal*, *99*(395), 126-139.

Kuhn, Thomas S. (2012[1965]), The structure of scientific revolution s: 50th anniversary edition, University of Chicago Press; 김명자 홍성욱 옮김 (2016), 과학혁명의 구조, 까치글방.

Lakatos, I. (1978), *The methodology of scientific research programmes*, Cambridge Univ. Press, 신중섭 옮김 (2002), 과학적 연구프로그램의 방법론, 아카넷.

Landes, W. M. & R. A. Posner (1975), The Independent Judiciary in an Interest Group Perspective, *Journal of Law and Economics*, 18: 875-901.

Leontief, W. (1971), Theoretical Assumptions and Nonobserved Facts, *The American Economic Review*: 61: 1-7.

Leontief, W. (1982), Letter in Science, *Issue*, 217: 104-107.

Lessig, L. & C. R. Sunstein (1994), The President and the Administration, *Columbia Law Review*, 94(1): 1 -123.

Lindblom, C. E. (1977), *Politics and Markets: The World`s Political-Economic System*, Basic Books; 주성수 옮김 (1989), 정치와 시장-세계의 정치경제 체제, 인간사랑.

Lowi, T. J. (1992), The state in political science: How we become what we study, *American Political Science Review*, 86(1):

1-7.

Macey, J. R. (1986), Promoting Public-Regarding Legislation through Statutory Interpretation: An Interest Group Model, *Columbia Law Review*, 86(2): 223-268.

Machiavelli, N. (1517/1772), *Discourses on Livy*, Translated by Henry Neville, available at www.constitution.org/mac/disclivy_.htm.

Mackie, G. (2003), *Democracy Defended*, Cambridge Univ. Press.

Macpherson, C. B. (1977), *The Life and Times of Liberal Democracy*, Oxford Univ. Press; 이상두 역 (1982), 자유민주주의에 희망은 있는가, 범우사.

Mäki, U. (2002), *Fact and Fiction in Economics: Models, Realism and Social Construction*, Cambridge Univ. Press.

Mankıw, N. G. (2016), *Principles of Economics (Eigtheen Ed.),* Boston, USA: Cengage Learning., 김경환·김종석 옮김 (2018), 맨큐의 경제학, 센게이지러닝코리아.

Marciano, A. (2009), Buchanan's constitutional political economy: exchange vs. choice in economics and in politics. *Constitutional political economy*, *20*(1): 42-56.

Marglin, S. A. (2008), *The dismal science: How thinking like an economist undermines community*. Harvard University Press.

Marwell, G., & Ames, R. E. (1981), Economists free ride, does anyone else. *Journal of public economics*, *15*(3): 295-310.

Mashaw, J. L. (1997), *Greed, chaos, and governance: using public choice to improve public law*, Yale Univ. Press.

McChesney, F. S. (1987), Rent Estraction and Rent Creation in the economic theory of regulation, *The Journal of Legal Studies*, 16(1): 101-118.

McCormick, R. E., W. F. Shughart II, R. D. Tollison (1984), The Disinterest in Deregulation, *The American Economic Review*, 74(5): 1075-1079.

McCubbins, M., R. Noll and B. Weingast (1989), Structure and Process, Politics and Policy: Admidnistrative Arrangements and the Political Control of Agencies, *Virginia Law Review* 75: 413-482.

McLean, I. (1986), Some Recent Work in Public Choice, *British Journal of Political Science*, 16: 377-394.

Miller, A. H. (1974), Political Issues and Trust in Government: 1964-1970. *American Political Science Review*, 68: 951-972.

Miller, D. (1992), Deliberative Democracy and Social Choice, *Political Studies*, 11, Special Issues: 54-67.

Mitchell, W. C. (1988), Virginia, Rochester, and Bloomington: Twenty-five years of public choice and political science, *Public Choice*, 56: 101-119.

Moe, T. M. (1979), On the Scientific Status of Rational Models, *American Journal of Political Scienc*e, 23: 215-243.

Mueller, D. (1986), Rational egoism vs. Adaptive egoism as Fundamental Postulates for a Descriptive Theory of Human Behaviour, *Public Choice*, 51: 3-23.

Mueller, D. (2003), *Public Choice Ⅲ*, Cambridge Univ. Press.

Muir, W. K. Jr. (1982), *Legislature: California s School for Politics*, Univ. of Chicago Press.

Niskanen, W. A. (1971), *Bureaucracy and Representative Government*, Aldine-Atherton.

Nordhaus, W. D. (1975), The political business cycle. *The review of economic studies*,42(2): 169-190.

O`Hara, P.A. (2002), The Contemporary Relevance of Thorstein Veblen's Institutional-Evolutionary Political Economy, *History of Economics Review*, 35: 78-103.

Olson, M. (1965), *The Logic of Collective Action: Public goods and the theory of groups*, Harvard Univ Press; 윤여덕 옮김 (2003), 집단행동의 논리, 한국학술정보.

Orchard, L. & H. Stretton (1997), Public choice, *Cambridge Journal of Economics*, 21: 409-430.

Ordeshook, P. (1990), The Emerging Discipline of Political Economy, in Alt, J. and K. Shepsle, *Perspectives on positive political economy*, Cambridge University Press: 9-30.

Ostrom, E. (1990), *Governing the Commons*, Cambridge Univ. Press; 윤홍근 옮김 (1999), 집합행동과 자치제도 - 집합적 행동을 위한 제도의 진화, 자유기업센터.

Palast, G., Oppenheim, J., & MacGregor, T. (2003), *Democracy and regulation: how the public can govern essential services*. Pluto Pr.

Pateman, C. (1970), *Participation and Democratic Theory*, Cambridge Univ. Press.

Peltzman, S. (1975), The Effects of Automobile Safety Regulation, *The Journal of Political Economy*, 83: 677-726.

Peltzman, S. (1976), Toward a More General Theory of Regulation, *Journal of Law and Economics* 19: 211-240.

Peltzman, S. (1984), Constituent Interest and Congressional Voting, *Journal of Law and Economics*, 27: 181-210.

Posner, R. A. (1975), The Social Costs of Monopoly and Regulation, *The Journal of Political Economy*, 83: 807-828.

Posner, R. A. (1995), *Overcoming Law*, Harvard Univ. Press.

Posner. R. A. (2007), *Economics Analysis of Law,* 7th (Ed.), Wolters Kluwer

Pressman, S. (2004), What is wrong with public choice, *Journal of post keynsian economics*, 27(1): 3-18.

Putnam, H. (1981), *Reason, Truth and History*, Cambridge Univ. Press.

Rawls, J. (1971/1999), *A Theory of Justice*, Revised (Ed.), Harvard Univ. Press, 황경식 옮김 (2003), 정의론, 이학사.

Rawls, J. (1985), Justice as Fairness: Political Not Metaphysical, *Philosophy and Public Affairs*, 14: 224-25.

Rhodes, R. A. W. (1991), Theory and Methods in British Public Administration: the view from Political Science, *Political Studies*, 39: 533-554.

Riker, W. H. & B. R. Weingast (1988), Constitutional Regulation of Legislative Choice: The Political Consequences of Judical Deference to Legislatures, *Virginia Law Reviews*, 74: 373-402.

Riker, W. H. & P. C. Ordeshook (1968), A Theory of the Calculus of Voting, *The American Political Science Review*: 62: 25-42.

Riker, W. H. & P. C. Ordeshook (1973), *Introduction to positive political theory*, Prentice Hall.

Riker, W. H. (1962), *The theory of political coalitions*. Yale University Press.

Riker, W. H. (1982), *Liberalism against populism: A confrontation between the theory of democracy and the theory of social choice*, Waveland Press.

Riker, W. H. (1986), *The Art of Political Manipulation*, Yale Univ. Press.

Riker, W. H. (1988), The place of political science in public choice,

Public Choice, 57: 247-257.

Robbins, L. C., & Robbins, B. (1935), *An Essay on the Nature & Significance of Economic Science, Revised and Extended*, London.

Rowley, C. K. (2008), Public Choice and Constitutional Political Economy; in Rowley, C. K. and F. G. Schneider, eds., *Readings in Public Choice and Constitutional Political Economy*, Springer.

Samuelson, (2008), Interview, http://www.theatlantic.com/politics/archive/2009/06/aninterview-with-paul-samuelson-part-two/19627/

Samuelson, P. A.(1963A), "Problems of methodology: Discussion." *American Economic Review*, 53: 231-236.

Samuelson, P. A.(1963B), Theory and Realism: A Reply, *The American Economic Review*, 54: 736-739.

Schumpeter, J. A. (1942/1950), *Capitalism, Socialism, and Democracy*, Harper and Row.

Seldon, A. (2000), Introduction, in Tullock et al. (2000), *Government: Whose obedient servant?* The Institute of Economic Affairs: xi- x vi.

Sen, A. K. (1970), *Collective Choice and Social Welfare*, Holden-Day.

Sen, A. K. (1977), Rational Fools: A Critique of the Behavioral Foundations of Economic Theory, *Philosophy and Public Affairs*, 6: 317-344.

Shepsle, K. A., & Weingast, B. R. (1984), Political solutions to market problems. *American Political Science Review*, *78*(2): 417-434.

Shughart, W. F. Jr. and L. Razzolini, Introduction: Public choice at the millenium, in Shughart, W. F. Ⅱ and L. Razzolini (Ed.) (2001), *The Elgar companion to public choice*, Edward Elgar.

Shughart, W. F., & Razzolini, L. (Eds.), (2003), *The Elgar companion to public choice*. Edward Elgar Publishing.

Shughart, W. F., & Tollison, R. D. (1998), Collusion, profits, and rational antitrust. *The Antitrust Bulletin*, *43*(2), 365-374.

Steele, B. J. (2007), Liberal-idealism: A constructivist critique. *International Studies Review*, *9*(1): 23-52.

Stigler, G. J. (1971), The Theory of Economic Regulation, *The Bell journal of economics and management science*, 2: 3-21

Stigler, G. J. (1975), *The citizen and the state: Essays on regulation*, Univ. of Chicago Press.

Stiglitz, J. E. (1994), *Whither Socialism?* The MIT Press; 강신욱 옮김(2003), 시장으로 가는 길, 한울 아카데미.

Stout, L. A. (2001), Other-regarding preferences and social norms. Georgetown Law and Economics Research Paper, (265902).

Taylor, P. W. (1961), *Normative Discourse*, Prentice-Hall.

Thaler, R. H. (1992), *The Winner`s Curse: Paradoxes and Anomalies of Economic Life*, Princeton Univ. Press; 최정규·하승아 옮김 (2007), 승자의 저주: 경제현상의 패러독스와 행동경제학, 이음.

Tollison, R. (1988), Public Choice and Legislation, *Virginia Law Review* 74: 339-371.

Tollison, R. (2001), The Interest-Group Theory of Government: Problems and Prospects, *Kylos*, 54: 465-472.

Tullock, G. (1967A), The Welfare Costs of Monopolies, Tariffs and Theft, *Western Economic Journal*, 5: 1-19.

Tullock, G. (1967B), *Toward a mathematics of politics*, Univ. of Michigan Press.

Tullock, G. (1976[2006]), *The Vote Motive*, The Institute of Economic Affairs.

Tullock, G. (1981), Why So Much Stability? *Public Choice*, 37: 189-202.

Tullock, G. (1984), A (Partial) Rehabilitation of the Public Interest Theory, *Public Choice*, 42: 89-99.

Tullock, G. (1998), 한국어판 서문: Buchanan and Tullock (1962), *The calculus of consent: Logical foundations of constitutional democracy*, Univ. of Michigan Press; 전상경·황수연 옮김 (1999), 국민합의의 분석, 시공아카데미.

Tullock, G. (2005), *Public Goods, Redistribution and Rent Seeking*, Edward Elgar, 황수연 옮김, 공공재, 재분배 그리고 지대 추구, 경성대학교출판부.

Tullock, G., A. Seldon, and G. L. Brady (2000), *Government: Whose obedient servant? A primer in public choice theory*, The Institute of Economic Affairs.

Udehn, L. (2002), The changing face of methodological individualism, *Annual Review of Sociology*, 28: 479-507.

Udehn, L. (2003), The Methodology of Rational Choice, in *The Blackewell Guide to Philosophy of the Social Science*, Collets Newly.

Weale, A. (1984), Social Choice versus Populism? An Interpretation of Riker's Political Theory, *British Journal of Political Science*, 14: 369-385.

Weingast, B. and M. Moran (1983), Bureaucratic Discretion or Congressional Control? Regulatory Policymaking by the

Federal Trade Commission, *The Journal of Political Economy*, 91: 765-800.

Wiebe, R. H. (1995), *Self-rule: A cultural history of American democracy,* University of Chicago Press; 이영옥·박인찬·유홍림 공역 (1999), 미국 민주주의 문화사, 한울 아카데미.

Williamson, O. E. (1981), The economics of organization: The transaction cost approach. *American journal of sociology*, *87*(3): 548-577.

Wilson, R. A. (1994), Casual depth, theoretical appropriteness, and individualism in psychology, *Philosophy of Science*, 61: 55-75.

Wittman, D. A. (1989), Why democracies produce efficient results, *The Journal of Political Economy*, 97: 1395-1424.

Wittman, D. A. (1995), *The Myth of Democratic Failure: Why Political Institutions are Efficient?* Univ. of Chicago Press.

Wittman, D. A. (2008), The End of Special Interests Theory and Beginning of a More Positive View of Demoocratic Politics, Working Paper.

Wolf, C., Jr. (1978), *A Theory of Nonmarket Failure: Framework for Implementation Analysis*, The RAND Corporation.

Wolf, C., Jr. (1979), A Theory of Nonmarket Failure: Framework for Implementation Analysis, *Journal of Law and Economics*, 22: 107-139.

Wolf, C., Jr. (1989), *Markets or Governments*, The RAND Corporation.

찾아보기

사 항

ㅂ

ㅅ

인 물